Stefan Zweig

Le Monde d'hier

Traduit de l'allemand
par Dominique Tassel

Gallimard

Cette édition est extraite du volume
Romans, nouvelles et récits, II,
publié sous la direction de Jean-Pierre Lefebvre
dans la « Bibliothèque de la Pléiade ».

Stefan Zweig naît à Vienne le 28 novembre 1881. Issu d'une famille aisée appartenant à la communauté juive, il a tout loisir de poursuivre ses études supérieures en philosophie et en histoire de la littérature, qui déboucheront sur un doctorat en philosophie. Grand amateur de voyages, il parcourt l'Europe (Belgique, France, Espagne, Italie, Angleterre, Écosse, Pays-Bas) et se rend en Algérie, avant de partir pour un long périple en Birmanie, à Ceylan et en Inde. En 1912, il fait la connaissance de sa future femme, la romancière Friderike Maria Burger. Il a alors déjà publié deux recueils de poèmes et plusieurs nouvelles parmi lesquelles *L'amour d'Erika Ewald* et *Le voyage*. Durant la Première Guerre mondiale, il est affecté au service des archives militaires: son expérience du conflit développera son pacifisme, inébranlable et maintes fois réaffirmé, et qui le conduira à s'associer au mouvement pacifiste international fin 1917. Installé à Salzbourg après la guerre, Zweig est un pilier de la vie intellectuelle autrichienne, et son œuvre acquiert une renommée internationale. Traducteur (Baudelaire, Verlaine, Émile Verhaeren, Romain Rolland), poète, dramaturge, auteur d'un livret d'opéra pour Richard Strauss — *La femme silencieuse* —, c'est surtout en tant que nouvelliste qu'il rencontre une très large audience, des recueils comme *Amok* ou *La confusion des sentiments* connaissant un succès considérable. Influencé par la psychanalyse de Freud, auquel il consacre un essai intitulé *La guérison par l'esprit*, Zweig est un maître de l'analyse psychologique, qui se déploie dans ses nouvelles comme dans ses essais littéraires critiques — tels *Trois maîtres*, consacré à Balzac, Dickens et Dostoïevski, ou encore *Trois poètes de leur vie*, sur Stendhal, Casanova et Tolstoï — et ses biographies romancées — parmi lesquelles *Fouché, Marie-Antoinette, Marie Stuart, Montaigne*. Désespéré par l'arrivée au pouvoir d'Hitler, et par le sort réservé aux Juifs sous l'égide du pouvoir nazi, Zweig émigre en Angleterre en 1934. Il poursuit néanmoins son activité littéraire et intellectuelle et part pour une tournée de conférences aux États-Unis. En 1937 est publié à Vienne *La pitié dangereuse*, son seul roman achevé. Séparé de son épouse, ayant vendu sa maison de Salzbourg, il voyage sans cesse. En 1938, Zweig est déchu de sa nationalité autrichienne à la suite de l'annexion de l'Autriche par l'Allemagne. La nationalité britannique lui est accordée en mars 1940, mais Zweig souffre et se considère comme apatride. Après une série de conférences à Paris, à New York et en Amérique du Sud, il s'installe au Brésil avec sa nouvelle épouse, Lotte Altmann. Il écrit son autobiographie, *Le Monde d'hier*. La nouvelle intitulée *Le joueur d'échecs* sera sa dernière œuvre : Zweig ne veut plus vivre dans un monde dominé par les nazis dont la victoire finale lui semble inévitable, dans lequel sa « patrie spirituelle, l'Europe, s'est détruite elle-même ». Pessimiste, déprimé, il se suicide avec sa femme en absorbant des médicaments.

Présentation

Le Monde d'hier est souvent défini comme « l'auto-biographie » de Stefan Zweig, par l'effet d'un sous-titre qui convoque un point de vue d'outre-tombe : *Souvenirs d'un Européen*. L'ouvrage a été lu avec émotion, depuis sa parution en 1942, comme la dernière lettre d'un condamné innocent, l'ultime message d'une victime de la barbarie, dans l'ombre de la mort volontaire de l'auteur et de sa femme. Même Thomas Mann, qui avait peu de tendresse pour Stefan Zweig, semble avoir approché ce sentiment. Il ne fait aucun doute que cet affect a contribué au succès constant d'un livre publié peu après un suicide auquel la presse avait donné un retentissement mondial.

Il faut cependant imputer ce succès à des raisons plus intrinsèques et objectives, à l'alchimie particulière qui cristallise, autour de la sympathie émue pour le sort tragique de l'homme de lettres, quelques facteurs remarquables : l'inscription évidente et précise du *Monde d'hier* dans la partition historique traumatisante du XXᵉ siècle, l'indulgence nostalgique et durable des lecteurs à l'égard d'une Autriche-Hongrie exemptée de toute responsabilité dans les catastrophes de l'époque, l'incontestable qualité d'écriture de l'ensemble, l'absence de tout équivalent concurrent dans le monde du livre, enfin, un équilibre original entre l'objectivité apparente du vaste matériau historique évoqué et la subjectivité de la mémoire ou du jugement de l'individu Zweig. L'affect émotif lié aux circonstances de la parution rend cette alchimie efficiente et admirable : les lecteurs, de surcroît, y reconnaissent l'auteur de nouvelles tant aimées, où ils se sont eux-mêmes reconnus, se constituent dans le deuil en communauté, sinon en Église invisible. C'est encore cette dimension affective qui anime sans doute quelques réceptions moins favorables, dénonçant les omissions, les ambiguïtés et les dissimulations plus ou moins conscientes de l'ouvrage sur lesquelles les lecteurs non avertis ou aveuglés risquent de passer naïvement. À plusieurs égards, *Le Monde d'hier* est la matrice d'un vaste symptôme et la permanence de son succès un phénomène qui doit intéresser comme tel l'historien du xxe siècle.

Ce n'est pas une autobiographie au sens strict ou ordinaire. Dans une lettre du 19 septembre 1941 à son traducteur argentin Alfredo Cahn[1], Zweig, qui avait songé d'abord au titre « Mes trois vies » (« Meine drei Leben »), en envisageait d'autres, en plusieurs langues, d'inscription plus historique, dans le registre nostalgique ou mélancolique : « Génération éprouvée » (« Geprüfte Generation »), « Ces jours enfuis » (« These Days Are Gone »), « Les Années qu'on ne fera pas revenir » (« Die unwiederbringlichen Jahre »), ou encore « Une vie pour l'Europe » (« Ein Leben für Europa ») et « Vie d'un Européen » (« Vida de un Europeo »).

En omettant d'y faire figurer les personnes de son entourage privé le plus proche (les femmes de sa vie, en particulier, pas plus que les amis intimes, n'y jouent pratiquement aucun rôle), en privilégiant l'évocation de figures historiques déjà reconnues, Zweig ne s'engage pas, malgré les apparences, dans le dégagement de la sphère subjective. Bien au contraire. Il la fait triompher. Il faut citer ici son biographe Serge Niémetz, également traducteur du *Monde d'hier* : « Plus d'un s'y est laissé prendre, et a lu *Le Monde d'hier* comme si chaque phrase en était d'une scrupuleuse exactitude, alors que l'auteur s'y révèle avant tout de façon subjective, comme malgré lui, dans son prodigieux talent d'évocation, mais aussi dans les distorsions du réel que son art exige, dans l'idéologie spontanée qui imprègne son livre et lui donne forme, et peut-être au premier chef dans l'insistance qu'il met à se présenter en humaniste apolitique, en Européen dont la culture pacifique et conciliatrice, synthèse d'apports judéo-chrétiens et antiques, germains et latins, unis par l'esprit des Lumières, est appelée malgré tout à transcender le mal historique[2]. »

En intitulant son grand livre testamentaire *Le Monde d'hier*, Zweig insiste plus que ne le fait la langue française sur la « proximité » personnelle de cet « hier » englouti, dans le même temps que le déictique « le » élargit aux dimensions du monde entier l'univers humain, politique et culturel de la double monarchie austro-hongroise : comme si l'auteur avait pressenti, outre la nature universelle de la catastrophe en cours dont son pays natal était l'épicentre, l'intégration progressive de cet univers dans un monde « globalisé » (l'allemand a conservé ce mot anglais auquel le français a substitué « mondialisé ») où il n'existerait plus de zones vivant pour soi dans un équilibre intérieur et une apparente sécurité, après un long cycle de désastres inclinant l'opinion générale à regretter la disparition d'une mythique Cacanie[3], Atlantide idyllique et bon-homme, encore visible sur les seize images-seconde des vieilles actualités en noir et blanc, dont Zweig sait débusquer, à l'occasion, la part d'ombre.

Si l'on peut parler malgré tout d'une autobio-graphie, elle serait d'un troisième genre, ni récit éminemment personnel comme celui de Jakob Wassermann en 1921, *Mein Weg als Deutscher und Jude* (*Mon chemin d'Allemand et de Juif*) ni bilan résolument tourné vers l'extérieur comme celui que fait Heinrich Mann en 1945 dans *Ein Zeitalter wird besichtigt* (*Visite d'une époque*). Dans ce troisième genre, le narrateur raconte sur le mode mineur du témoignage l'histoire que se raconte l'auteur. Mais dès lors que l'ensemble structuré par les principales phases de l'existence du sujet Stefan Zweig demeure entraîné par un vaste brassage du monde exté-rieur, il emmène en permanence ses lecteurs dans un carrousel de remarques personnelles pleines d'intelligence tournées tantôt vers l'histoire, tantôt vers la sociologie, tantôt vers l'analyse esthétique, anthropologique, psychologique ou explicitement politique. L'analyse du comportement ambigu de l'Angleterre à l'égard de l'Allemagne nationale-socialiste, par exemple, est tout à fait intéressante de la part d'un homme qui avait acquis la nationa-lité britannique et avait acheté une maison à Bath, l'antique Aquae Sulis, qui restait à l'Angleterre ce que Salzbourg avait été à l'Autriche. C'est ce kaléi-doscope, en fin de compte, qui a fasciné et fascine encore les lecteurs.

L'ouvrage a irrité certains témoins du siècle : Han-nah Arendt, en particulier, a vilipendé la mollesse et la cécité de Zweig face à l'antisémitisme autrichien dans le compte rendu rédigé pour le *Menorah Journal*, la revue qu'Israel Zangwill avait célébrée comme « l'unique périodique intellectuel dont dispose la communauté juive anglophone », et qui s'était fortement marquée à gauche dans les années 1930 sous l'impulsion d'Elliott E. Cohen et Herbert Solow[4]. La lecture du *Monde d'hier* pouvait cristalliser le souvenir des indécisions et fuites devant la prise de parti qui avaient émaillé la vie publique de l'auteur.

On ne perdra pas de vue cependant les conditions concrètes de sa rédaction, qui l'assignaient d'emblée à la subjectivité des archives mentales, loin de toutes les sources documentaires dont l'auteur aurait aimé disposer, qui parfois auraient pu le tirer d'affaire ou l'inciter à un souvenir plus complet, mais auraient plus vraisemblablement ralenti et inhibé la genèse de l'ouvrage. Le monde d'aujourd'hui avait englouti jusqu'aux archives de celui d'hier, mais offert ainsi à la mémoire de celui d'hier, par la grâce du poète exilé, un salut plus assuré.

*

Le manuscrit de la première version du *Monde d'hier*, intitulé dans un premier temps « Blick auf mein Leben » (« Regard sur ma vie »), comporte à la dernière page l'indication « Ossining [États-Unis], 1-30 juillet 1941 ». Il est rédigé à la main d'une écriture très serrée, et a fait l'objet d'une révision ultérieure, dans laquelle des passages entiers sont supprimés et d'autres introduits. Zweig l'a offert à la bibliothèque du Congrès à Washington, en remerciement des belles heures passées dans les bibliothèques publiques américaines. C'est Lotte Altmann, la seconde épouse de l'écrivain, qui a dactylographié le texte en intégrant toutes les corrections.

Dans ce manuscrit, à la fin du dernier chapitre, intitulé « L'Agonie de la paix », Zweig avait écrit sous la date trois phrases qu'il ne reprit pas dans la version définitive: « Tel fut le premier jour. Puis il en vint d'autres, clairs et sombres, ennuyeux et vides, vint tout le temps roulant de la guerre, dont je ne parle pas. Tandis que j'écris ces lignes, sa main écrit d'une écriture plus dure et plus sanglante sa chronique de bronze, et nous n'en sommes encore qu'au commencement du commencement. C'est seulement quand elle sera finie, qu'il conviendra pour nous de recommencer. »

À notre connaissance, il n'existe pas d'édition allemande annotée de cet ouvrage, expédié à l'éditeur quelques jours avant le suicide de Zweig et publié à titre posthume en 1942 aux Éditions Bermann-Fischer à Stockholm, sous le titre *Die Welt von Gestern. Erinnerungen eines Europäers.* Zweig avait songé quelque temps à publier la version allemande au Brésil.

Jean-Pierre Lefebvre

LE MONDE D'HIER

SOUVENIRS D'UN EUROPÉEN

Allons à la rencontre du temps
Comme il nous cherche

SHAKESPEARE, *Cymbeline*[1].

AVANT-PROPOS

Jamais je n'ai donné à ma personne une importance telle que me séduise la perspective de faire à d'autres le récit de ma vie. Il a fallu que s'en produisent des choses, infiniment plus de choses que le lot d'événements, de catastrophes et d'épreuves généralement imparti à une seule génération, pour que je trouve le courage de commencer un livre dont je suis le personnage principal ou — plus exactement dit — le centre. Rien ne m'est plus étranger que d'en profiter pour me mettre en avant, sinon comme commentateur d'une projection de photographies; l'époque fournit les images et je ne fais que donner les mots qui vont avec, si bien qu'à proprement parler ce n'est pas *mon* destin que je raconte mais celui d'une génération entière, cette génération si particulière à laquelle j'appartiens, chargée de destin comme peu l'ont été dans le cours de l'histoire. Chacun d'entre nous, même le plus modeste et le plus insignifiant, a été retourné dans son existence la plus intime par les secousses volcaniques quasi ininterrompues de notre terre européenne; et la seule préséance que je puisse m'accorder dans cette foule innombrable est celle d'avoir été à chaque fois, en tant qu'Autrichien, que Juif, qu'écrivain, qu'humaniste et que pacifiste, à l'endroit précis où ces séismes se sont manifestés avec le plus de violence. Ils ont saccagé trois fois ma maison et mon existence, m'ont détaché de tout jadis et de tout passé, et leur véhémence dramatique m'a précipité dans le vide, dans ce « nulle part où aller » qui m'était déjà familier. Mais je ne m'en plains pas ; celui qui n'a pas de patrie acquiert justement une autre liberté, celui qui n'est plus lié à qui ou quoi que ce soit n'a plus besoin de ménager qui ou quoi que ce soit. Ainsi puis-je espérer pouvoir satisfaire à l'une au moins des principales conditions requises pour donner une image assez juste de son époque : la sincérité et l'impartialité.

Détaché de toute racine et même de la terre qui nourrissait ces racines — voilà ce que je suis comme peu l'ont été dans les siècles des siècles. Je suis né en 1881 dans un grand et puissant empire, la monarchie des Habsbourg, mais qu'on ne la cherche pas sur la carte : elle a été rayée sans laisser de trace. J'ai grandi à Vienne, métropole supranationale vieille de deux mille ans, et j'ai dû la quitter comme un criminel avant sa dégradation en ville de province allemande. Mon œuvre littéraire, dans la langue où je l'ai écrite, a été brûlée et réduite en cendres, dans le pays même où mes livres avaient gagné l'amitié de millions de lecteurs. Aussi je n'ai plus de place nulle part, étranger partout, hôte de passage dans le meilleur des cas ; même la patrie que mon cœur avait élue, l'Europe, est perdue pour moi depuis qu'elle se déchire et se suicide pour la seconde fois dans une guerre fratricide. Contre ma volonté, je suis devenu le témoin de la défaite la plus terrifiante de la raison et du triomphe le plus sauvage de la brutalité dans

la chronique des temps ; jamais — et je le relève sans
aucune fierté mais avec un sentiment de honte —
jamais une génération n'a subi comme la nôtre une
telle rechute morale après un tel sommet de l'esprit.
Dans ce petit intervalle qui sépare le moment où
la barbe a commencé à me pousser et celui où elle
commence à devenir grise, dans ce demi-siècle, il
s'est produit plus de métamorphoses et de changements radicaux qu'autrefois dans le courant de dix
générations, et chacun d'entre nous le sent : presque
trop ! Et mon aujourd'hui est si différent de chacun
de mes hier, avec mes périodes ascendantes et mes
chutes brutales, qu'il me semble parfois que j'ai vécu
non pas une mais plusieurs existences absolument
différentes les unes des autres. Car il m'arrive souvent, quand je dis sans y penser « ma vie », de me
demander involontairement : « *Quelle* vie ? » Celle
d'avant la guerre mondiale, d'avant la Première ou
d'avant la Seconde, ou la vie d'aujourd'hui ? Et puis
je me surprends une nouvelle fois à dire « ma maison » sans savoir immédiatement de laquelle je parlais parmi celles d'autrefois, si c'était celle de Bath,
celle de Salzbourg ou la maison de mes parents à
Vienne. Ou à dire « chez nous » et à devoir me rappeler avec frayeur que pour les gens de ma patrie il
y a beau temps que je suis aussi peu des leurs que
pour les Anglais ou les Américains, que là-bas je n'ai
plus de lien d'appartenance organique et qu'ici je ne
suis jamais tout à fait intégré ; le monde dans lequel
j'ai grandi, celui d'aujourd'hui et celui qui se trouve
entre les deux se séparent de plus en plus pour ma
sensibilité en mondes totalement différents. Chaque
fois que je parle avec des amis plus jeunes et leur
raconte des épisodes d'avant la Première Guerre,
je remarque en écoutant leurs questions étonnées

combien de choses sont devenues pour eux historiques ou inconcevables parmi celles qui relèvent
encore pour moi de la réalité évidente. Et il y a en
moi un instinct secret qui leur donne raison : entre
notre aujourd'hui, notre hier et notre avant-hier,
tous les ponts ont été coupés. Moi-même, je ne
peux m'empêcher d'être étonné par l'abondance et
la diversité que nous avons resserrées dans l'espace
exigu d'une existence unique — il est vrai on ne peut
plus inconfortable et menacée —, dès le moment
où je la compare simplement, pour commencer,
avec la forme de vie de mes aïeux. Mon père et mon
grand-père, qu'ont-ils vu ? Ils vécurent chacun leur
vie sur un mode uniforme. Une vie homogène du
début à la fin, sans ascension ni chute, sans bouleversement ni danger, une vie de légères tensions,
de transitions imperceptibles ; c'est sur un rythme
égal, tranquille et paisible que la vague du temps les
a portés du berceau à la tombe. Ils vécurent dans
le même pays, dans la même ville et même, pour la
majorité, dans la même maison ; ce qui se passait
à l'extérieur dans le monde n'avait finalement lieu
que dans les journaux et ne frappait pas à la porte
de leur chambre. On ne sait quelle guerre eut bien
lieu de leur temps on ne sait trop où, mais ce n'était
qu'une toute petite guerre à l'aune de celles d'aujourd'hui, et elle se déroulait loin à la frontière, on
n'entendait pas les canons et au bout de six mois elle
était éteinte, oubliée, feuille morte de l'histoire, et la
vie ancienne, la même, pouvait reprendre. Quant à
nous, tout ce que nous avons vécu l'a été sans retour,
rien n'est resté de ce qui précédait, rien n'est revenu ;
c'est à nous qu'a été réservé de subir au maximum
ce que l'histoire répartit ordinairement avec parcimonie, l'assignant à chaque fois à tel pays particu-

lier, tel siècle particulier. Telle génération avait subi tout au plus une révolution, une autre un putsch, la troisième une guerre, la quatrième une famine, la cinquième une banqueroute d'État — et bien des pays bénis, des générations bénies n'avaient même absolument rien enduré de tout cela. Mais nous qui avons aujourd'hui soixante ans et qui, formellement, devrions bien avoir encore un bout de temps devant nous, qu'est-ce que nous n'avons *pas* vu, *pas* enduré, *pas* vécu? Nous avons pioché d'un bout à l'autre le catalogue de toutes les catastrophes à peu près imaginables (sans être même parvenus à la dernière page). À moi seul, j'ai été contemporain des deux plus grandes guerres de l'humanité et j'ai même vécu chacune d'elles sur un front différent, l'une côté allemand, l'autre antiallemand. Avant-guerre, j'ai connu le plus haut degré et la plus haute forme de liberté individuelle, et ensuite leur plus bas niveau depuis des siècles; j'ai été célébré et cloué au pilori, libre et asservi, riche et pauvre. Tous les chevaux livides de l'Apocalypse se sont rués dans ma vie, révolution et famine, dévaluation et terreur, épidémies et émigration; j'ai vu croître et se propager sous mes yeux les grandes idéologies de masse, le fascisme en Italie, le national-socialisme en Allemagne, le bolchevisme en Russie et par-dessus tout cette peste par excellence qu'est le nationalisme, qui a empoisonné la fleur de notre culture européenne. J'ai dû être le témoin impuissant et sans défense de l'inimaginable régression de l'humanité à un état de barbarie qu'on croyait oublié depuis longtemps, avec son dogme conscient et programmatique de l'antihumanité. C'est à nous qu'a été réservé de revoir, après des siècles, des guerres sans déclaration de guerre, des camps de concentration, des tortures, des spoliations massives et des bombardements de villes sans défense, bestialités que tout cela, inconnues des cinquante générations précédentes et que les suivantes n'auront plus, espérons-le, à endurer. Mais paradoxalement, à cette même époque où notre monde connaissait une brusque régression morale d'un millénaire, j'ai vu la même humanité s'élever à des sommets insoupçonnés dans l'ordre de la technique et de l'esprit, dépassant d'un coup d'aile tout ce qui avait été réalisé pendant des millions d'années : la conquête de l'éther par l'avion, la transmission à la seconde de la parole terrestre sur toute l'étendue du globe, scellant notre victoire sur l'espace, la fission de l'atome, la maîtrise des maladies les plus insidieuses, et ce qui était encore impossible hier devenu presque quotidiennement possible. Jusqu'à notre heure, jamais l'humanité dans son ensemble ne s'est comportée aussi diaboliquement et jamais elle n'a fait œuvre aussi semblable à celle de Dieu.

Témoigner de cette vie qui fut la nôtre, dramatiquement pleine de rebondissements, me semble être une obligation morale, car — je le répète — chacun fut témoin de ces formidables transformations, chacun fut témoin malgré lui. Notre génération n'eut aucun des moyens de se dérober ou de se mettre à l'abri dont disposèrent les générations précédentes. Du fait de notre nouveau régime de la simultanéité, nous étions constamment impliqués dans l'époque. Lorsque des bombes pulvérisaient les maisons de Shanghai, nous le savions en Europe dans nos chambres avant même que les blessés ne fussent évacués de leurs maisons. Ce qui se produisait à mille lieues au-delà des mers nous sautait physiquement dessus en images. Rien ne nous protégeait, rien ne nous mettait à l'abri, il fallait constamment que nous fussions informés et impliqués. Il n'y avait aucun pays dans lequel se réfugier, aucune tranquillité que l'on pût acheter, partout et toujours la main du destin nous saisissait et nous ramenait de force dans son jeu insatiable.

Constamment, il fallait se soumettre aux exigences de l'État, accepter d'être la proie de la politique la plus stupide, s'adapter aux changements les plus fantastiques, on était toujours rivés à la cause commune quel que fût l'acharnement avec lequel on s'y opposait ; elle vous happait, inexorablement. Tous ceux qui ont traversé cette époque, ou plutôt qui y furent trimballés et traqués — nous avons connu peu de répit —, ont vécu plus d'histoire qu'aucun de leurs aïeux. Aujourd'hui encore nous sommes de nouveau à un tournant, une conclusion et un nouveau début. C'est pourquoi je ne choisis pas du tout au hasard la date à laquelle je mets provisoirement fin à ce regard rétrospectif sur ma vie. Car ce jour de septembre 1939 tire un trait définitif sur l'époque qui a formé et éduqué les sexagénaires que nous sommes[1]. Mais si ce témoignage nous permet de sauver des décombres ne fût-ce qu'une parcelle de vérité et de la transmettre ainsi à la génération qui nous suit, nous n'aurons pas œuvré en pure perte.

Je suis conscient des circonstances défavorables mais très caractéristiques de notre époque dans lesquelles je cherche à donner forme à mes souvenirs. Je les écris en pleine guerre, je les écris sur une terre étrangère et sans aucune aide pour soutenir ma mémoire. Je n'ai pas un seul exemplaire de mes livres, pas de notes, pas de lettres d'amis à portée de main dans ma chambre d'hôtel. Je ne peux me procurer des informations nulle part, car dans le monde entier le courrier d'un pays à l'autre est interrompu ou paralysé par la censure. Chacun d'entre nous vit aussi seul et coupé du monde qu'il y a plusieurs siècles, avant que ne fussent inventés bateaux à vapeur, chemin de fer, avions et poste. De tout mon passé je n'ai donc avec moi que ce que j'ai en tête. À cette heure, tout le reste est inaccessible ou perdu. Mais notre génération a parfaitement appris l'art bienfaisant de ne pas se lamenter sur ce qui est perdu, et peut-être que la perte des documents et des détails sera même un gain pour ce livre. Car je ne considère pas que notre mémoire est un élément qui conserve *telle ou telle chose* uniquement par hasard et en élimine *telle ou telle autre* également par hasard, mais qu'elle est une force qui crée un ordre en connaissance de cause et élimine par sagesse. Tout ce qu'on oublie de sa propre vie, un instinct intérieur l'avait depuis longtemps condamné à être oublié. Seul ce que je veux moi-même conserver mérite d'être conservé pour d'autres. Ainsi, parlez et choisissez à ma place, ô souvenirs, et donnez au moins un reflet de ma vie avant qu'elle tombe dans l'obscurité.

LE MONDE DE LA SÉCURITÉ

Élevés dans le calme et la retraite et le repos,
On nous jette tout d'un coup dans le monde;
Cent mille vagues nous baignent,
Tout nous sollicite, bien des choses nous plaisent,
Bien d'autres nous affligent, et d'heure en heure,
Légèrement inquiète notre âme chancelle;
Nous éprouvons des sensations et ce que nous
*   avons éprouvé,*
Le tourbillon varié du monde l'emporte loin de
nous.

GOETHE[1].

Quand je tente de trouver une formule commode pour caractériser l'époque d'avant la Première Guerre mondiale dans laquelle j'ai grandi, j'espère avoir trouvé la plus frappante quand je dis: ce fut l'âge d'or de la sécurité. Tout, dans notre monarchie autrichienne presque millénaire, semblait fondé sur la durée et l'État lui-même être le garant suprême de cette pérennité. Les droits qu'il accordait à ses citoyens étaient scellés par le Parlement, représentation du peuple librement élue, et chacun des devoirs précisément délimité. Notre monnaie, la couronne

autrichienne, circulait en luisantes pièces d'or, gage
de son immuabilité. Chacun savait ce qu'il possédait
et ce qui lui revenait, ce qui était autorisé et ce qui
était interdit. Tout avait sa norme, sa mesure et son
poids définis. Qui possédait un patrimoine pouvait
calculer avec précision le montant annuel des intérêts qu'il lui rapportait et, de son côté, le fonctionnaire, l'officier pouvait se reposer sur le calendrier
pour connaître l'année où il aurait de l'avancement
et celle où il prendrait sa retraite. Chaque famille
avait son budget précis, elle savait ce qu'elle pouvait dépenser pour le logement et la nourriture,
les vacances d'été et les frais de représentation, en
plus de quoi on mettait toujours de côté une petite
somme de précaution pour les imprévus, pour la
maladie et le médecin. Qui possédait une maison la
considérait comme un abri sûr pour ses enfants et
petits-enfants, une ferme et un commerce se transmettaient par héritage de génération en génération; un nourrisson était encore dans son berceau
qu'on déposait déjà dans sa tirelire ou à la caisse
d'épargne une première obole pour l'accompagner
dans la vie, une petite « réserve » pour l'avenir. Tout
dans ce vaste empire était solidement ancré à sa
place immuable et à la plus élevée il y avait le vieil
empereur; mais s'il venait à mourir, on savait (ou
pensait) qu'un autre viendrait et que rien ne change-
rait dans cet ordre bien conçu. Personne ne croyait
à la guerre, à des révolutions ou à des bouleversements. Toute forme d'extrémisme, toute forme de
violence semblait d'ores et déjà impossible dans ce
siècle de la raison.

Ce sentiment de sécurité était le bien le plus dési-
rable pour des millions de personnes, l'idéal de vie
commun. Il fallait cette sécurité pour que la vie fût

jugée digne d'être vécue, et des cercles de plus en plus larges désiraient acquérir leur part de ce bien précieux. Au début, seuls les possédants jouissaient de ce privilège, mais petit à petit les larges masses se bousculèrent pour y accéder; le siècle de la sécurité devint l'âge d'or des assurances. On assura sa maison contre le feu et le cambriolage, son champ contre la grêle et les intempéries, son corps contre les accidents et les maladies, on s'acheta des rentes viagères pour la vieillesse et on déposa dans le berceau des filles une police pour leur dot future. Pour finir, les ouvriers eux-mêmes s'organisèrent et conquirent un salaire normalisé ainsi que des caisses de maladie, les domestiques firent des économies pour avoir une assurance-vieillesse et des versements anticipés à une caisse de décès pour financer leur propre enterrement. Seul celui qui pouvait regarder l'avenir sans appréhension jouissait du présent avec sérénité.

Dans cette certitude touchante de pouvoir barricader sa vie sans la moindre brèche pour la protéger de toute intrusion du destin, il y avait, malgré le sérieux et la modestie de cette conception de la vie, une grande et dangereuse présomption. Le XIXe siècle, avec son idéalisme libéral, était sincèrement convaincu d'être sur la voie qui menait en droite ligne et infailliblement au « meilleur des mondes ». On jetait un regard méprisant sur les époques antérieures avec leurs guerres, leurs famines et leurs révoltes, époques où l'humanité n'avait pas encore atteint l'âge de raison et n'était pas suffisamment éclairée. Mais à présent, ce n'était plus qu'une question de décennies avant que les derniers restes de mal et de violence ne fussent définitivement éliminés, et cette foi dans un « progrès » ininterrompu, irrésistible, avait pour ce siècle la force d'une vraie

religion; on croyait à ce « progrès » déjà plus qu'à
la Bible et son évangile semblait irréfutablement
démontré par les nouveaux miracles quotidiens de
la science et de la technique. Et, de fait, une ascension générale devenait de plus en plus visible à la fin
de ce siècle de paix, de plus en plus rapide, de plus
en plus variée. Dans les rues, la flamme des lampes
électriques remplaçait les lumières pâles, les magasins portaient leur splendeur nouvelle et leur séduction des grandes artères jusqu'aux faubourgs de la
ville, déjà les hommes pouvaient se parler à distance
grâce au téléphone, déjà ils filaient dans des voitures
sans chevaux à des vitesses inconnues et s'élan-
çaient dans les airs, accomplissant le rêve d'Icare. Le
confort sortait des demeures aristocratiques pour se
répandre dans les maisons bourgeoises, on n'était
plus obligé d'aller chercher l'eau à la fontaine ou
dans le couloir, d'allumer laborieusement le feu dans
la cheminée, l'hygiène se répandait, la saleté disparaissait. Les hommes devenaient plus beaux, plus
robustes, plus sains, depuis que le sport endurcis-
sait leur corps, on voyait de moins en moins d'estropiés, de goitreux, de mutilés dans les rues et tous ces
miracles étaient l'œuvre de la science, cet archange
du progrès. On progressait aussi dans le domaine
social, d'année en année, de nouveaux droits étaient
accordés à l'individu, la justice procédait avec plus
de douceur et d'humanité, et même le problème des
problèmes, la pauvreté des masses, ne semblait plus
insurmontable. Des cercles de plus en plus larges se
voyaient accorder le droit de vote et donc la possibilité de défendre légalement leurs intérêts, socio-
logues et professeurs rivalisaient pour rendre plus
saine et même plus heureuse la vie économique du
prolétariat — alors pourquoi s'étonner que ce siècle

savourât complaisamment ses propres réalisations et ne ressentît chaque décennie révolue que comme le prélude à une décennie encore meilleure ? Quant aux rechutes dans la barbarie telles que les guerres entre peuples européens, on y croyait aussi peu qu'aux sorcières et aux fantômes ; nos pères étaient pétris d'une confiance persistante dans le pouvoir de la tolérance et de l'esprit de conciliation qu'ils voyaient comme une obligation à laquelle tout le monde serait tenu de souscrire. Ils pensaient sincèrement que les lignes de divergence entre nations et confessions s'estomperaient progressivement pour se fondre dans une dimension humaine commune et que les biens suprêmes que sont la paix et la sécurité deviendraient le lot de l'humanité entière.

Il nous est aujourd'hui facile, à nous qui avons rayé depuis longtemps de notre vocabulaire le mot « sécurité », tenue pour une chimère, de railler l'illusion optimiste de cette génération aveuglée par un idéalisme lui faisant croire que le progrès technique de l'humanité devait fatalement entraîner une ascension morale aussi rapide. Nous qui avons appris dans le nouveau siècle à ne plus nous laisser surprendre par aucune explosion de bestialité collective, nous qui attendions de chaque jour à venir plus d'abominations encore que du jour précédent, nous sommes devenus singulièrement plus sceptiques quant à la possibilité d'une éducation morale de l'être humain. Nous avons dû donner raison à Freud quand il ne voyait dans notre culture, dans notre civilisation qu'une mince couche susceptible à tout instant d'être transpercée par les forces de destruction des bas-fonds, nous avons dû progressivement nous habituer à vivre sans avoir de sol sous nos pieds, sans droit, sans liberté, sans sécurité. Il

y a longtemps que pour notre propre existence nous
avons abjuré la religion de nos pères, leur foi en une
ascension rapide et perpétuelle de l'humanité ; pour
nous qui sommes instruits par de cruelles leçons
cet optimisme précipité paraît bien fade au vu d'une
catastrophe qui nous a rejetés d'un seul coup mille
ans en arrière, effaçant tant d'efforts vers plus d'humanité. Pourtant, même si ce fut une illusion, c'était
une illusion merveilleuse et noble que servaient
nos pères, plus humaine et plus noble que les slogans d'aujourd'hui. Et il y a en moi quelque chose
qui, mystérieusement, en dépit de tout ce que nous
savons et de notre déception, ne peut tout à fait se
détacher d'elle. Ce qu'un homme a absorbé de l'air
du temps pendant son enfance, il ne pourra l'éliminer de son sang. Et malgré tout, malgré tout ce que
chaque jour me hurle aux oreilles, malgré tout ce
que moi-même et mes innombrables compagnons
d'infortune avons subi d'humiliation et d'épreuves,
je suis incapable de renier tout à fait la croyance
de ma jeunesse et je crois toujours que recommen-
cera un jour le mouvement ascendant. Même du
fond de l'abîme d'horreur dans lequel nous tâton-
nons aujourd'hui, à moitié aveugles, l'âme égarée et
brisée, je ne cesse de lever les yeux vers les astres
anciens qui brillaient sur mon enfance, et je me
console avec la confiance héréditaire qui me fait
penser que cette rechute n'apparaîtra plus un jour
que comme une pause dans le rythme éternel de la
marche en avant.

Aujourd'hui que le gros orage l'a fracassé depuis
longtemps, nous savons définitivement que ce monde
de la sécurité fut un château de rêve. Et pourtant,
mes parents y ont vécu comme dans une maison de
pierre. Pas une seule fois, une tempête ou un violent

courant d'air n'a fait irruption dans leur existence chaude et confortable; assurément ils avaient encore une protection particulière contre les vents: c'étaient des gens fortunés, qui s'étaient enrichis petit à petit jusqu'à devenir vraiment riches, et à cette époque cela calfeutrait efficacement murs et fenêtres. Leur style de vie me paraît typique de ce qu'on appelait la « bonne bourgeoisie juive », celle qui a donné tant de valeurs essentielles à la culture viennoise et en a été remerciée par son extermination totale, si typique qu'en décrivant son existence heureuse et discrète je raconte en réalité quelque chose d'impersonnel: ce sont dix ou vingt mille familles viennoises qui ont vécu comme mes parents dans ce siècle des valeurs assurées.

La famille de mon père était originaire de Moravie. Les communautés juives y vivaient dans de petites agglomérations campagnardes en parfaite entente avec la paysannerie et la petite bourgeoisie; ils n'étaient donc nullement prostrés, pas plus qu'ils ne manifestaient l'impatience d'arriver mêlée de souplesse propre aux Juifs orientaux de Galicie[2]. Rendus forts et vigoureux par la vie à la campagne, ils allaient leur chemin d'un pas sûr et tranquille comme les paysans de leur terre natale sur leurs champs. Tôt émancipés de l'orthodoxie religieuse, ils étaient des disciples passionnés de la religion du Progrès et fournissaient, à l'ère politique du libéralisme, les députés les plus respectés du Parlement. Lorsqu'ils quittaient leur région natale pour s'installer à Vienne, ils s'adaptaient avec une rapidité surprenante aux plus hautes sphères culturelles, et leur ascension personnelle avait un lien organique avec l'essor général du siècle. Notre famille offrait également un exemple représentatif de cette forme de transition. Mon grand-père paternel avait fait le commerce des articles manufacturés. Puis l'expansion industrielle commença en Autriche dans la seconde moitié du siècle. La rationalisation opérée par les métiers à tisser et à filer mécaniques importés d'Angleterre entraîna une prodigieuse baisse des prix par rapport au tissage à la main traditionnel, et les négociants juifs, avec leur don d'observation commercial et leur intelligence de la situation internationale, furent justement les premiers en Autriche à discerner la nécessité et les avantages d'un passage à la production industrielle. Avec des capitaux le plus souvent modestes, ils créèrent ces fabriques improvisées à la hâte, d'abord mues par la seule énergie hydraulique, qui se développèrent progressivement pour devenir la puissante industrie textile dominant toute l'Autriche et les Balkans. Aussi, tandis que mon grand-père, représentant type de l'époque antérieure, n'avait été qu'un grossiste commercialisant des produits finis, mon père passa déjà résolument dans l'époque nouvelle en créant à l'âge de trente-trois ans, dans le nord de la Bohême, un petit atelier de tissage qu'il développa ensuite au fil du temps, lentement et prudemment, jusqu'à en faire une entreprise d'importance.

Cette prudence dans le développement, malgré les tentations d'une conjoncture favorable, était tout à fait dans l'esprit du temps. De plus, elle correspondait aussi parfaitement à la nature réservée de mon père, que l'appât du gain ne motivait pas du tout. Il avait intériorisé le credo de son époque, « *Safety first*[3] » ; il jugeait beaucoup plus important de posséder une entreprise « solide » — autre mot favori de l'époque — dotée de capitaux propres, plutôt que de la développer et de lui donner une dimension supé-

rieure en recourant au crédit bancaire ou aux hypo-
thèques. Que, de son vivant, personne n'ait jamais
vu son nom sur une reconnaissance de dette ou une
lettre de change, qu'il ait toujours eu un compte
créditeur à sa banque — qui ne pouvait être que la
plus solide, la banque Rothschild, l'établissement de
crédit —, voilà ce qui fut la seule fierté de sa vie.
Tout gain comportant ne fût-ce que l'ombre d'un
risque lui était insupportable et durant toutes ces
années il ne prit aucune participation dans aucune
autre entreprise. S'il devint néanmoins de plus en
plus riche, ce n'est nullement dû à des spéculations
risquées ou à des opérations particulièrement clair-
voyantes, mais pour s'être conformé à la méthode
générale de cette époque prudente : ne jamais dépenser qu'une modeste partie de ses revenus et augmenter ainsi son capital d'année en année d'un montant
de plus en plus important. Comme la plupart des
gens de sa génération mon père aurait déjà considéré comme un dangereux dilapidateur celui qui
consommait tranquillement la moitié de ses revenus
sans « penser à l'avenir », autre expression constante
de ce siècle de la sécurité. Grâce à cette constante
épargne des bénéfices, l'enrichissement des possédants n'était à dire vrai qu'une opération passive
dans cette époque de prospérité croissante, où, en
outre, l'État ne pensait pas à prélever plus d'un petit
pour cent sur les plus grandes fortunes au titre de
l'impôt, et où, d'autre part, les obligations d'État et
les valeurs industrielles rapportaient de gros intérêts. Et cette opération était rentable ; on n'en était
pas encore à l'époque de l'inflation où celui qui avait
des économies se voyait spolié, où l'homme rangé
se voyait escroqué, et où les plus patients, ceux qui
refusaient la spéculation, faisaient les bénéfices les

plus appréciables. C'est en se conformant au système
général de son époque que, dès l'âge de cinquante
ans, mon père a pu passer pour un homme très fortuné, y compris à l'échelle internationale. Mais c'est
seulement avec beaucoup d'hésitations que le train
de vie de notre famille suivit l'accroissement de plus
en plus rapide de notre fortune. On s'octroya petit à
petit de modestes commodités, nous quittâmes un
petit appartement pour nous installer dans un plus
grand, on retint pour les après-midi une voiture de
louage, on voyagea en wagon-lit de seconde classe,
mais ce n'est pas avant cinquante ans que mon père
s'offrit pour la première fois le luxe de partir un mois
d'hiver pour Nice avec ma mère. Dans l'ensemble,
l'attitude de base resta exactement la même : jouir
de sa richesse du seul fait qu'on l'avait et non en la
montrant ; devenu millionnaire, mon père n'a jamais
fumé aucun cigare d'importation, mais — comme
l'empereur François-Joseph ses virginia bon marché — le simple Trabucos de la régie, et quand il
jouait aux cartes, il ne misait jamais que de petites
sommes. Il maintint inflexiblement son cap, restant sur la réserve et vivant dans l'aisance mais sans
ostentation. Bien qu'il fût infiniment plus distingué
et cultivé que la plupart de ses collègues — c'était un
excellent pianiste, il écrivait avec élégance et clarté,
parlait le français et l'anglais —, il déclina obstinément toute distinction et toute charge honorifique,
ne sollicita ni n'accepta de sa vie aucun titre ni
aucune dignité, bien qu'on lui en fît souvent la proposition en sa qualité de grand industriel. N'avoir
jamais demandé quoi que ce soit à quiconque, ne
s'être jamais mis dans l'obligation de dire « s'il vous
plaît » ou « merci », cette fierté secrète avait pour lui
plus de prix que tout signe extérieur de distinction.

Et puis, dans la vie de tout un chacun, vient inévitablement l'époque où l'on retrouve son père dans l'image qu'on a de sa propre personnalité profonde. Ce penchant naturel pour la sphère privée, pour l'anonymat dans la conduite de sa vie commence maintenant à l'emporter chez moi au fil des années, même s'il est en parfaite contradiction avec ma profession, qui donne au nom et à la personne une publicité en quelque sorte forcée. Mais c'est la même fierté secrète qui m'a conduit à décliner depuis toujours toute forme de distinction extérieure, à n'accepter ni décoration, ni titre, ni présidence de quelque association que ce soit, à refuser d'être membre d'une académie, d'un comité ou d'un jury ; même le fait de m'asseoir à une table officielle est pour moi un supplice, et la simple idée d'aborder quelqu'un pour lui demander quelque chose me dessèche la bouche avant même d'avoir dit un mot, y compris quand c'est en faveur d'un tiers. Je sais à quel point ces inhibitions sont obsolètes dans un monde où l'on ne peut garder sa liberté qu'en rusant et en fuyant, et où, comme le disait sagement le père Goethe, « les ordres et les titres vous évitent bien des bourrades dans la cohue[4] ». Mais c'est mon père en moi et sa fierté secrète qui me retient, et je n'ai pas le droit de lui résister ; car c'est à lui que je dois ce qui est peut-être mon seul bien sûr : le sentiment de liberté intérieure.

Ma mère, Brettauer de son nom de jeune fille, était d'une origine différente, car internationale. Née à Ancône dans le sud de l'Italie, l'italien était la langue de son enfance autant que l'allemand ; dès qu'elle discutait avec ma grand-mère ou sa sœur d'un sujet que les domestiques ne devaient pas comprendre, elle passait à l'italien. J'ai connu dès

ma plus tendre enfance le risotto et les artichauts,
encore rares à l'époque, de même que les autres par-
ticularités de la cuisine méridionale et, plus tard,
chaque fois que je me rendais en Italie, je me sentais
chez moi dès la première heure. Pourtant la famille
de ma mère n'était pas du tout italienne, mais résolument internationale ; les Brettauer possédaient à
l'origine un établissement bancaire à Hohenems,
petite localité à la frontière suisse et de là — sur
le modèle des grandes familles de banquiers juives
mais naturellement dans des proportions bien plus
modestes — ils avaient essaimé de bonne heure dans
le monde entier. Les uns allèrent à Saint-Gall, les
autres à Vienne et à Paris, mon grand-père en Italie,
un oncle à New York, et ce réseau international leur
fit acquérir un style de vie plus raffiné, un horizon
plus large et en outre un certain orgueil familial. Il
n'y eut plus dans cette famille de petits marchands
et de courtiers, mais uniquement des banquiers, des
directeurs, des professeurs, des avocats et des médecins, chacun parlant plusieurs langues, et je me souviens avec quel naturel on passait de l'une à l'autre
à la table de ma tante de Paris. C'était une famille
qui veillait à « tenir son rang », et quand une jeune
fille de parents plus pauvres était en âge de se marier,
toute la famille se cotisait pour lui assurer une dot
respectable afin d'éviter tout simplement qu'elle
« se mésallie ». Certes mon père était respecté en sa
qualité de grand industriel, mais ma mère, bien que
leur union fût des plus heureuses, n'aurait jamais
souffert que sa famille à lui fût mise sur le même
pied que la sienne. Cette fierté d'être issus d'une
« bonne » famille était inextirpable chez tous les
Brettauer, et plus tard, quand l'un d'entre eux souhaitait me témoigner sa bienveillance particulière, il

déclarait avec condescendance : « Finalement tu es quand même un vrai Brettauer », comme s'il voulait dire pour reconnaître mes mérites : « Tu es quand même tombé du bon côté. »

Cette sorte de noblesse que plus d'une famille juive s'octroyait elle-même du seul fait de sa toute-puissance tantôt nous amusait tantôt nous irritait, mon frère et moi, quand nous étions enfants. On nous répétait continuellement que ceux-là étaient des gens « distingués » et les autres non, on faisait des recherches sur chacun de nos amis pour savoir s'il était ou non de « bonne » famille et on vérifiait, en remontant les générations, l'origine tant de la famille que de la fortune. Cette sempiternelle classification, qui constituait en fait le sujet principal de toutes les conversations en famille et en ville, nous paraissait alors hautement ridicule et snob, parce qu'elle ne tourne en somme, chez toutes les familles juives, qu'autour d'une différence de cinquante ou cent ans pour savoir quand ils étaient partis, autrefois, du même ghetto juif. J'ai compris beaucoup plus tard que cette notion de « bonne » famille, que, jeunes garçons, nous considérions comme la parodie d'une pseudo-aristocratie artificielle, exprime une des tendances intrinsèques et des plus mystérieuses de la personnalité juive. On suppose généralement que s'enrichir est vraiment le but typique que tout Juif se fixe dans la vie. Rien n'est plus faux. Devenir riche n'est pour lui qu'une étape intermédiaire, un moyen d'atteindre son véritable objectif et nullement son but intérieur. La volonté vraie du Juif, son idéal immanent, est de s'élever dans la sphère de l'esprit, à un niveau culturel supérieur. Chez les Juifs orthodoxes de l'Est, chez qui les défauts aussi bien que les qualités de la race entière se dessinent

avec plus d'intensité, cette suprématie de la volonté
d'ascension intellectuelle et spirituelle sur ce qui est
simplement matériel s'exprime avec plus de relief:
l'homme pieux, l'érudit versé dans la Bible est mille
fois plus considéré que le riche au sein de la communauté; même le plus fortuné préférera donner
sa fille en mariage à un homme archipauvre mais
voué aux choses de l'esprit plutôt qu'à un marchand.
Chez les Juifs, cette suprématie de l'esprit traverse
uniformément toutes les couches sociales; même
le plus misérable camelot traînant partout ses bal-
lots qu'il pleuve ou qu'il vente essaiera de faire faire
des études à l'un au moins de ses fils, au prix des
plus lourds sacrifices, et on considérera comme un
titre honorifique pour la famille entière d'avoir en
son sein quelqu'un qui jouit d'une reconnaissance
manifeste dans l'ordre de l'esprit, un professeur, un
savant, un musicien, comme si sa réussite à *lui* les
anoblissait tous. Chez l'homme juif, quelque chose
cherche inconsciemment à échapper à ce que tout
négoce, tout ce qui est simplement commercial
comporte de moralement douteux, de répugnant, de
mesquin et d'étranger à l'esprit, cherche à s'élever
dans la sphère plus pure de l'esprit, où l'argent ne
compte pas, comme s'il voulait — pour utiliser un
langage wagnérien — se délivrer lui-même et délivrer du même coup toute sa race de la malédiction
de l'argent. C'est aussi pourquoi, chez les Juifs, le
besoin de s'enrichir s'épuise presque toujours en
deux, tout au plus trois générations au sein d'une
même famille, et les dynasties les plus puissantes
sont aussi celles qui voient leurs fils peu désireux
de reprendre les banques et les usines, les affaires
prospères et confortables de leurs pères. Ce n'est pas
un hasard si un Lord Rothschild est devenu orni-

thologue, un Warburg historien d'art, un Cassirer philosophe, un Sassoon écrivain[5]; tous obéissaient à la même impulsion inconsciente: se libérer de ce qui avait étriqué le judaïsme, le souci exclusif et froid de gagner de l'argent, et peut-être même que s'y manifeste aussi le désir secret de se réfugier dans la sphère de l'esprit pour quitter ce qui n'est que juif et se fondre dans l'humanité générale. La « bonne » famille désigne donc plus qu'une simple qualité sociale qu'elle s'attribue elle-même en se dénommant telle; elle désigne un judaïsme que l'assimilation d'une autre culture et si possible d'une culture universelle a libéré ou commence à libérer des tares, des mesquineries et des médiocrités imposées par le ghetto. Que cette fuite dans la sphère de l'esprit se soit traduite par l'encombrement disproportionné des professions intellectuelles, qui a fini par être aussi fatal aux Juifs que leur confinement antérieur à la sphère matérielle, fait il est vrai partie des éternels paradoxes du destin juif.

On aurait du mal à trouver une autre ville d'Europe dans laquelle le désir de culture était aussi passionné qu'à Vienne. C'est justement parce que la monarchie, parce que l'Autriche n'avait eu depuis plusieurs siècles ni grande ambition politique ni beaucoup de succès dans ses actions militaires, que la fierté du pays s'était expressément tournée vers le désir de suprématie artistique. Le vieil empire des Habsbourg, puissance jadis dominante en Europe, avait depuis longtemps perdu des provinces essentielles et précieuses entre toutes, allemandes et italiennes, flamandes et wallonnes; mais rien n'avait entamé l'antique splendeur de la capitale, refuge de la Cour et garante d'une tradition millénaire. Les Romains avaient posé les premières pierres de cette ville pour en faire un *castrum*, un poste avancé, destiné à protéger la civilisation latine contre la barbarie, et plus de mille ans après, l'assaut des Ottomans contre l'Occident s'était brisé contre ces murs. C'est ici que les Nibelungen étaient passés, ici que l'immortelle pléiade de la musique a brillé sur le monde, Gluck, Haydn et Mozart, Beethoven, Schubert, Brahms et Johann Strauss, ici qu'avaient conflué tous les courants de la culture européenne ; à la Cour, dans la noblesse, dans le peuple, la composante allemande avait des liens de sang avec les composantes slave, hongroise, espagnole, italienne, française, flamande, et ce fut le génie propre de cette ville de la musique de fondre harmonieusement tous ces contrastes et de les transformer en quelque chose de neuf et de particulier, qu'on peut dire autrichien, viennois. Accueillante et douée d'une réceptivité particulière, cette ville attirait à elle les énergies les plus disparates, les détendait, les allégeait, les amendait ; il était délectable de vivre ici, dans cette atmosphère de bienveillance intellectuelle et, inconsciemment, tout citoyen de cette ville recevait une éducation cosmopolite qui transcendait les limites nationales et faisait de lui un citoyen du monde.

Cet art de l'assimilation, des transitions délicates et musicales se manifestait déjà dans la configuration extérieure de la ville. Ayant grandi lentement au fil des siècles, rayonné à partir d'un cercle intérieur, elle était assez peuplée, avec ses deux millions d'habitants, pour assurer tout le luxe et la diversité d'une grande ville, mais sans être surdimensionnée au point de se couper de la nature comme Londres ou New York. Les dernières maisons de la ville se reflétaient dans le cours puissant du Danube ou don-

naient sur la vaste plaine ou se perdaient dans des
jardins et des champs ou grimpaient dans de douces
collines sur les derniers contreforts des Alpes, que
la forêt tapissait de vert ; on sentait à peine où commençait la nature, où commençait la ville, et tout
fusionnait sans résistance ni contradiction. À l'intérieur, on sentait que la ville avait grandi comme
un arbre qui accroît ses anneaux ; et au lieu d'être
enserré dans d'anciennes fortifications, le cœur de
la ville, son noyau le plus précieux, l'était dans l'anneau de la Ringstrasse[6] avec ses majestueuses maisons. À l'intérieur, les antiques palais de la Cour et
de la noblesse parlaient d'histoire dans le langage
de la pierre ; ici, Beethoven avait joué chez les Lich-
nowski, ici Haydn avait été l'hôte des Esterházy,
ici, dans l'enceinte de la vieille université, on avait
entendu pour la première fois *La Création* de Haydn,
la Hofburg avait vu des générations d'empereurs et
Schönbrunn Napoléon[7], dans la cathédrale Saint-
Étienne les princes alliés de la chrétienté s'étaient
agenouillés pour une prière d'action de grâces après
la victoire la délivrant des Turcs, et l'université avait
vu passer entre ses murs d'innombrables lumières
scientifiques. Entre tous ces monuments, l'architecture nouvelle étalait son faste orgueilleux avec ses
avenues étincelantes et ses boutiques flamboyantes.
Mais il n'y avait pas de querelle entre l'ancien et le
nouveau, pas plus qu'entre la pierre de taille et la
nature vierge. Qu'il était merveilleux de vivre ici,
dans cette ville offrant son hospitalité à tout ce qui
était étranger, se livrant volontiers, et dans son air
léger, animé par la gaieté comme l'était l'air de Paris,
il était plus naturel de jouir de la vie. Vienne était,
on le sait, une ville de jouissance, mais qu'est-ce donc
que la culture si ce n'est d'extraire de la matière brute

de la vie ce qu'elle a de plus fin, de plus délicat, de plus subtil par les douceurs de l'art et de l'amour? Gourmet au sens culinaire du terme, sachant apprécier le bon vin, l'amertume d'une bière fraîche, la richesse des pâtisseries et des tartes, on était également exigeant, dans cette ville, en matière de plaisirs plus subtils. Faire de la musique, de la danse, du théâtre, converser, se conduire avec goût et civilité, c'était ici tout un art que l'on pratiquait avec soin. Ce n'étaient pas les affaires militaires, politiques ou commerciales qui occupaient la première place dans la vie individuelle comme dans la vie collective; le premier coup d'œil que le bourgeois viennois moyen jetait tous les matins dans le journal n'était pas pour les discussions au Parlement ou les événements mondiaux, mais pour les programmes de théâtre, car celui-ci prenait dans la vie publique une place dont l'importance était à peine compréhensible pour d'autres villes. Car le théâtre impérial, le Burgtheater, était pour les Viennois, pour les Autrichiens, plus qu'une simple scène sur laquelle des comédiens jouaient des pièces de théâtre; c'était le microcosme qui servait de miroir au macrocosme, le reflet multicolore dans lequel la société s'examinait elle-même, le seul vrai *cortigiano* du bon goût. L'acteur du Hoftheater[8] servait au spectateur de modèle pour voir comment s'habiller, comment pénétrer dans une pièce, comment mener une conversation, quels mots utiliser pour se comporter en homme de goût, et quels mots il convenait d'éviter; au lieu d'un simple lieu de divertissement, la scène était un guide parlé et imagé de la bonne manière de se comporter, de la manière juste de prononcer, et un nimbe de respect enveloppait comme l'auréole d'un saint tout ce qui avait un rapport, fût-il le plus lointain, avec le Hoftheater. Le Ministre-Président ou le magnat le plus riche pouvait parcourir les rues de Vienne sans que personne se retournât; mais un acteur du Hoftheater, une chanteuse de l'opéra, n'importe quelle vendeuse et n'importe quel cocher de fiacre les reconnaissaient; jeunes garçons, quand nous avions croisé l'un d'entre eux (dont chacun collectionnait les photos et les autographes), nous en parlions avec fierté, et ce culte de la personnalité quasi religieux allait si loin qu'il s'étendait même à leur entourage; le coiffeur de Sonnenthal, le cocher de Josef Kainz[9] étaient des personnages respectés que l'on enviait secrètement; de jeunes élégants étaient fiers d'être habillés par le même tailleur. Chaque jubilé, chaque enterrement devenait un événement qui reléguait dans l'ombre tous les événements politiques. Être joué au Burgtheater était le rêve suprême de tout écrivain viennois, parce que cela représentait une sorte de noblesse à vie et impliquait une série d'honneurs tels que des billets gratuits à perpétuité et une invitation permanente à toutes les manifestations officielles; car on était l'invité d'une maison impériale, et je me souviens encore de la façon solennelle dont eut lieu ma propre admission. Le matin, le directeur du Burgtheater m'avait invité à venir le voir à son bureau pour m'informer — après félicitations préalables — que ma pièce avait été acceptée par le théâtre; de retour chez moi le soir, je trouvai sa carte de visite à mon domicile. Il m'avait rendu ma visite dans les formes, à moi qui avais vingt-six ans, car en tant qu'auteur de la scène impériale, du seul fait de mon admission, j'étais devenu un « gentleman » qu'un directeur de l'institution impériale se devait de traiter en égal. Et ce qui se passait dans ce théâtre concernait indirectement tout un chacun, y

compris celui qui n'avait aucun rapport direct avec
lui. Je me souviens par exemple qu'à l'époque où
j'étais encore très jeune notre cuisinière fit un jour
irruption dans ma chambre les larmes aux yeux :
on venait de lui dire que Charlotte Wolter[10] — l'actrice la plus célèbre du Burgtheater — était morte.
Le grotesque de cette bruyante affliction était bien
entendu que cette vieille cuisinière à moitié anal-
phabète n'avait jamais mis les pieds dans ce théâtre
distingué ni vu de ses propres yeux Mme Wolter,
que ce fût sur scène ou dans la vie ; mais à Vienne,
une grande actrice nationale faisait tellement partie du capital collectif de la ville entière que même
celui qui en était le plus éloigné ressentait sa mort
comme une catastrophe. Toute perte, le décès d'un
chanteur ou d'un artiste populaire se transformait inévitablement en deuil national. Quand fut
démoli l'« ancien » Burgtheater, où avaient été créé
Les Noces de Figaro de Mozart, toute la société viennoise s'était réunie dans ses locaux avec émotion et
solennité, comme s'il s'agissait d'un enterrement ;
le rideau à peine tombé, chacun se précipita sur
la scène pour récupérer au moins un éclat du bois
des planches sur lesquelles avaient joué ses artistes
favoris et le rapporter chez lui comme une relique,
et dans des dizaines de maisons bourgeoises on
voyait encore plusieurs décennies après ces éclats de
bois insignifiants conservés dans de précieuses cas-
settes comme les morceaux de la Sainte Croix dans
les églises. Quant à nous, nous n'avons pas agi plus
raisonnablement quand la fameuse salle Bösendorfer
fut démolie[11].

En soi, cette petite salle de concerts exclusivement réservée à la musique de chambre était une
construction sans la moindre valeur architectu-

rale, qui servait autrefois de manège au prince
Liechtenstein et qu'on avait revêtue d'un lambris-
sage en bois pour l'adapter sans aucun luxe à sa destination musicale. Mais elle avait la sonorité d'un
violon ancien, c'était le lieu sacré des amateurs
de musique, parce que Chopin et Brahms, Liszt
et Rubinstein y avaient donné des concerts, parce
que beaucoup de quatuors célèbres s'y étaient fait
entendre pour la première fois. Et voilà qu'il devait
céder la place à un bâtiment utilitaire ; c'était inconcevable pour nous qui y avions vécu des heures
inoubliables. Lorsque se furent éteintes les dernières
mesures de Beethoven, joué plus magnifiquement
que jamais par le quatuor Rosé[12], personne ne quitta
sa place. Nous applaudîmes bruyamment, quelques
femmes sanglotaient d'émotion, personne n'acceptait que ce fût un adieu. On éteignit les lumières
dans la salle pour nous chasser. Aucun des quatre à
cinq cents fanatiques ne bougea. Nous restâmes une
demi-heure, une heure, comme si nous pouvions
obtenir, par notre seule présence, que l'antique lieu
sacré fût sauvé. Et combien de pétitions, de manifestations, de proclamations n'avons-nous pas faites
pour empêcher que fût rasée la maison où Beethoven était mort ! Chacune de ces maisons historiques
de Vienne était comme un morceau d'âme qu'on
nous arrachait du corps.

Ce fanatisme de l'art et particulièrement de
l'art dramatique concernait toutes les couches de
la société. Du fait de sa tradition multiséculaire,
Vienne était en soi une ville divisée en strates clairement définies, mais en même temps — comme je
l'ai écrit un jour — merveilleusement orchestrée. Au
pupitre, on avait toujours la maison impériale. Le
château impérial était le centre de la supranationalité

monarchique, non seulement du point de vue spa-
tial mais aussi culturel. Autour de ce château, les
palais de la haute noblesse autrichienne, polonaise,
tchèque, hongroise formaient en quelque sorte la
seconde enceinte. Ensuite venait la « bonne société »
constituée par la petite noblesse, les hauts fonctionnaires, l'industrie et les « vieilles » familles, puis en
bas la petite bourgeoisie et le prolétariat. Toutes ces
couches sociales vivaient chacune dans leur propre
cercle et même dans des arrondissements propres,
la haute noblesse dans ses palais au cœur de la ville,
les diplomates dans le troisième arrondissement,
les industriels et les marchands à proximité de la
Ringstrasse, la petite bourgeoisie dans les arrondissements du centre, du deuxième au neuvième, le
prolétariat dans le cercle extérieur; mais tous com-
muniaient au théâtre et lors des grandes festivités
comme le corso fleuri sur le Prater[13], où trois cent
mille personnes acclamaient avec enthousiasme
« les dix mille de la haute » dans leurs chars merveilleusement décorés. À Vienne, tout ce qui s'accompagnait de couleur ou de musique devenait prétexte à
festivité, les processions religieuses comme celle de
la Fête-Dieu, les parades militaires, la Burgmusik;
même les enterrements connaissaient une affluence
enthousiaste, et c'était la fierté de tout vrai Viennois
d'avoir un « beau convoi » avec un cortège fastueux
et beaucoup de monde pour l'accompagner; quant à
sa propre mort, un vrai Viennois la métamorphosait
en spectacle attrayant pour les autres. Ce goût de
la couleur, du son et de la fête, ce plaisir du théâtre
en tant que jeu et miroir de la vie, que ce fût sur la
scène ou dans la vie réelle, était unanimement partagé dans toute la ville.

   Il n'était vraiment pas difficile de railler la

« théâtromanie » des Viennois, avec cette façon
de fouiller la vie de leurs artistes favoris dans les
moindres détails, car elle versait parfois réellement
dans le grotesque, et notre indolence autrichienne en
matière politique, notre retard économique par rapport à la détermination de l'empire allemand voisin
peuvent être effectivement attribués pour partie à
cette surestimation du plaisir. Mais du point de vue
culturel, cette valorisation excessive de l'événement
culturel a produit quelque chose d'unique — d'abord
un respect extraordinaire de toute production artistique, puis, grâce à plusieurs siècles de pratique,
un capital d'appréciation sans équivalent et enfin,
grâce à ce capital, un niveau exceptionnel dans tous
les domaines de la culture. C'est toujours là où il
est estimé, voire surestimé, que l'artiste se sent le
mieux et en même temps le plus motivé. C'est toujours là où il devient l'affaire de tout un peuple que
l'art atteint son sommet. Et de même que Florence,
de même que Rome attiraient à elles les peintres et
leur apprenaient la grandeur, parce que chacun sentait qu'il lui fallait surpasser les autres et lui-même
dans une concurrence permanente sous les yeux de
tous les citoyens, de même, à Vienne, les musiciens
et les acteurs savaient parfaitement quelle était leur
importance dans la ville. À l'opéra de Vienne, au
Burgtheater de Vienne, on ne laissait rien passer ;
la moindre fausse note était immédiatement rele-
vée, toute attaque incorrecte, toute coupure répri-
mandées, et ce contrôle n'était pas seulement exercé
lors des premières par les critiques professionnels,
mais jour après jour par l'oreille attentive du public
entier, qu'une confrontation permanente avait formée. Alors que dans le domaine de la politique, de
l'administration et des mœurs, tout se passait sans

trop d'acrimonie, qu'on manifestait une aimable
indifférence pour le laisser-aller et de l'indulgence
pour tout manquement, rien n'était pardonné en
matière artistique ; ici, l'honneur de la ville était en
jeu. Chaque chanteur, chaque acteur, chaque musicien était tenu de donner le maximum, sans quoi il
était perdu. C'était fantastique d'être un artiste aimé
à Vienne, mais il n'était pas facile de le rester ; on ne
pardonnait aucun relâchement. Et la conscience de
cette surveillance permanente et impitoyable obligeait tout artiste à donner le meilleur de lui-même,
ce qui produisait un merveilleux niveau d'ensemble.
De ses années de jeunesse chacun d'entre nous a
hérité pour la vie de critères stricts et inflexibles
pour évaluer une production artistique. Quand on
a connu la discipline de fer imposée jusque dans le
moindre détail par la direction de Gustav Mahler à
l'Opéra[14], cette alliance quasi naturelle entre dynamisme et rigoureuse précision chez les musiciens
de l'orchestre philharmonique, on est, aujourd'hui,
rarement comblé par une représentation théâtrale
ou musicale. Mais cela nous a appris la rigueur, y
compris vis-à-vis de nous-mêmes, pour toute proposition artistique ; un certain niveau était et restait pour nous exemplaire, peu de villes au monde
procurant une telle formation à l'artiste naissant.
Ce sens du rythme et de la dynamique justes descendait aussi dans les profondeurs du peuple, car
le plus humble citoyen assis devant son verre de vin
nouveau exigeait de l'orchestre qu'il lui joue de la
bonne musique comme de l'aubergiste qu'il lui serve
du bon vin ; et il en allait de même au Prater, où
le peuple savait exactement quelle fanfare militaire
avait le plus de verve, les « Maîtres allemands » ou
les « Hongrois » ; celui qui vivait à Vienne respirait

en quelque sorte avec l'air le sens du rythme. Et de même que cette musicalité s'exprimait chez nous, écrivains, dans une prose particulièrement soignée, ce sens de la cadence imprégnait chez les autres le comportement en société et la vie quotidienne. Un Viennois qui n'aurait pas le sens artistique et le plaisir de la forme était inconcevable dans ce qu'on appelait la « bonne société », mais même dans les couches inférieures de la société il suffisait au plus pauvre de puiser dans le paysage, dans l'atmosphère de gaieté humaine un certain instinct de la beauté qui imprégnait sa vie ; on n'était pas un vrai Viennois sans cet amour de la culture, sans cette sensibilité, faite de jouissance et d'esprit critique, au plus sacré des biens superflus que la culture représente dans la vie.

Or l'adaptation au milieu, peuple ou pays, dans lequel ils vivent n'est pas seulement, pour les Juifs, une mesure de protection extérieure mais un besoin ancré au plus profond d'eux-mêmes. Leur aspiration à trouver une patrie, la tranquillité, le repos, la sécurité, une place où ils ne soient plus des étrangers, les pousse à nouer un lien passionnel avec la culture du monde qui les entoure. Et si l'on excepte l'Espagne du xve siècle, c'est sans doute en Autriche que ce lien s'est établi avec le plus de bonheur et de fécondité. Installés dans la ville impériale depuis plus de deux siècles, les Juifs y rencontrèrent un peuple insouciant, d'humeur conciliante, habité, sous une forme apparemment légère, par le même instinct profond des valeurs spirituelles et esthétiques auxquelles ils attachaient eux-mêmes autant d'importance. Et Vienne leur offrit même beaucoup plus ; ils y trouvèrent une tâche personnelle à accomplir. Dans l'Autriche du siècle dernier, la culture avait perdu

ses protecteurs traditionnels : la maison impériale
et l'aristocratie. Alors qu'au XVIIIe siècle, Marie-
Thérèse chargeait Gluck d'enseigner la musique à
ses filles, que Joseph II discutait en connaisseur avec
Mozart des opéras de celui-ci, que Léopold III composait lui-même, les empereurs suivants, François
II et Ferdinand, ne manifestaient plus le moindre
intérêt pour la chose artistique, et notre empereur
François-Joseph, qui, à quatre-vingts ans, n'avait
jamais lu ni même pris dans ses mains d'autre livre
que son *Annuaire de l'armée*, manifestait même une
antipathie déclarée pour la musique. De même, la
haute noblesse avait abandonné son rôle protecteur ;
finie la glorieuse époque où les Esterházy héber-
geaient un Haydn, où les Lobkowitz, les Kinsky et les
Waldstein rivalisaient pour avoir dans leur palais une
création de Beethoven, où une comtesse von Thun
se jetait à genoux devant le grand démon pour qu'il
accepte de ne pas retirer son *Fidélio* de l'Opéra. Déjà,
Wagner, Brahms, Hugo Wolf et Johann Strauss ne
trouvaient plus le moindre appui auprès d'eux ; pour
maintenir les concerts de l'orchestre philharmonique au niveau antérieur, pour assurer l'existence
des peintres et des sculpteurs, la bourgeoisie fut
obligée de sauter dans la brèche, et ce fut justement
la fierté et l'ambition de la bourgeoisie juive de pouvoir contribuer au premier rang à maintenir dans
son ancien éclat la gloire de la culture viennoise. Ils
avaient toujours aimé cette ville et s'étaient intégrés
au plus profond d'eux-mêmes, mais seul l'amour de
l'art viennois leur avait enfin permis d'acquérir droit
de cité et d'être vraiment des Viennois. Sinon, ils
n'exerçaient à proprement parler qu'une influence
assez limitée dans la vie publique ; la splendeur de
la maison impériale reléguait dans l'ombre toute

fortune privée, les positions supérieures dans la conduite de l'État se transmettaient de père en fils, la diplomatie était réservée à l'aristocratie, l'armée et la haute fonction publique aux vieilles familles, et les Juifs n'essayaient d'ailleurs pas non plus de pénétrer par ambition dans ces cercles privilégiés. Ils respectaient avec tact ces privilèges traditionnels, jugeant qu'ils allaient de soi ; je me souviens par exemple que mon père s'abstint toute sa vie d'aller manger chez Sacher[15], non par économie — car la différence par rapport à d'autres grands hôtels était proprement ridicule —, mais du fait de cette distance naturelle : il lui eût paru pénible ou inconvenant de dîner à une table voisine de celle d'un prince Schwarzenberg ou Lobkowitz. À Vienne, c'est uniquement dans le rapport à l'art que tous se sentaient égaux en droit, parce que l'amour et l'art y étaient tenus pour un devoir communément partagé, et l'on ne peut mesurer la part qu'a prise la bourgeoisie juive au développement de la culture viennoise tant elle l'a soutenu et encouragé. Ils formaient son véritable public, ils remplissaient les théâtres et les salles de concerts, ils achetaient les livres et les tableaux, ils allaient aux expositions et avec leur compréhension plus mobile, moins grevée par la tradition, ils furent les promoteurs et les pionniers de tout ce qui était nouveau. Ce sont eux qui constituèrent la plupart des grandes collections d'œuvres d'art du XIXe siècle, ce sont eux qui rendirent possibles la plupart des tentatives artistiques ; sans l'intérêt inlassable et stimulant de la bourgeoisie juive, l'indolence de la Cour, de l'aristocratie et des millionnaires chrétiens, qui préféraient entretenir des écuries de chevaux de course et des chasses plutôt que de soutenir l'art, aurait relégué Vienne à la traîne de Berlin en matière artistique

comme l'Autriche l'était de l'Empire allemand en
matière politique. Quiconque voulait faire du neuf
à Vienne, quiconque cherchait une compréhension
et un public à Vienne en tant qu'hôte venu d'ailleurs
était obligé de solliciter cette bourgeoisie juive; la
seule fois, à cette époque antisémite, qu'on tenta de
créer un théâtre dit « national », il ne se trouva ni
auteurs, ni acteurs, ni public; au bout de quelques
mois, ce théâtre « national » s'effondra lamentablement, et voici, justement, ce que cet exemple manifestait pour la première fois: les neuf dixièmes de
ce que le monde célébrait sous le vocable de culture
viennoise du XIXe siècle étaient une culture promue,
alimentée, voire créée par les Juifs viennois.

Car précisément dans ces dernières années — de
la même façon qu'en Espagne avant une fin tout
aussi tragique —, le judaïsme viennois était devenu
productif en matière artistique, il est vrai sur un
mode qui n'avait rien de spécifiquement juif, mais
donnait au contraire, par un miracle d'empathie,
son expression la plus intense au génie viennois,
au génie autrichien. Goldmark, Gustav Mahler et
Schönberg devinrent des figures internationales
de la création musicale, Oscar Straus, Leo Fall,
Kálmán firent refleurir la valse et l'opérette, Hofmannsthal, Arthur Schnitzler, Beer-Hofmann, Peter
Altenberg donnèrent à la littérature autrichienne un
rang européen qu'elle n'avait même pas occupé avec
Grillparzer et Stifter, Sonnenthal, Max Reinhardt
restaurèrent dans le monde entier la renommée de
la ville du théâtre, Freud et les grandes autorités
scientifiques attirèrent l'attention sur l'université de
vieille renommée — ils s'affirmèrent partout comme
savants, virtuoses, peintres, metteurs en scène et
architectes, journalistes, occupant sans contesta-

tion possible des positions élevées, voire les plus élevées dans la vie intellectuelle de Vienne. Grâce à leur amour passionné pour cette ville, grâce à leur volonté d'intégration, ils s'étaient parfaitement adaptés et étaient heureux de servir la gloire de l'Autriche; ils ressentaient leur identité autrichienne comme une mission devant le monde, et — il faut le redire par souci d'honnêteté — une bonne partie, sinon la plus grande partie de ce que l'Europe, de ce que l'Amérique admire comme manifestation d'une culture autrichienne rénovée dans les domaines de la musique, de la littérature, du théâtre et des arts appliqués fut une création du judaïsme viennois qui, de son côté, atteignait avec ce dessaisissement le but suprême de l'effort spirituel instinctif qui était le sien depuis des millénaires. Une énergie intellectuelle qui avait cherché sa voie des siècles durant s'associait ici avec une tradition déjà fatiguée pour la nourrir, la vivifier, l'exalter, la rafraîchir par l'apport d'une force neuve, d'un dynamisme infatigable; seules les décennies suivantes montreront quel crime on a commis contre Vienne en essayant de nationaliser et de provincialiser par la violence cette ville dont le sens et la culture résidaient justement dans la rencontre des éléments les plus hétérogènes, dans sa supranationalité intellectuelle et spirituelle. Car le génie de Vienne — génie spécifiquement musical — avait toujours consisté à harmoniser en elle toutes les oppositions ethniques et linguistiques, sa culture avait toujours été une synthèse de toutes les cultures occidentales; celui qui vivait et travaillait là se sentait libre de toute étroitesse et de tout préjugé. Nulle part il n'était plus facile d'être un Européen, et je sais que je suis pour partie redevable à cette ville, qui défendait l'esprit romain d'universalité dès l'époque de Marc Aurèle, d'avoir appris de bonne heure à aimer l'idée de communauté si chère à mon cœur.

On vivait bien, une vie facile et insouciante, dans cette vieille ville de Vienne, et les Allemands, au nord, nous regardaient de haut, avec une touche de dépit et de mépris, nous autres voisins du Danube : au lieu d'être des valeureux adeptes du travail et d'un ordre rigide, nous nous laissions vivre avec jouissance, mangions bien, prenions du plaisir aux fêtes et au théâtre et faisions en plus de l'excellente musique. Au lieu de cette valeureuse mentalité laborieuse des Allemands, qui a fini par pourrir et contrarier l'existence de tous les autres peuples, au lieu de ce désir forcené de devancer tous les autres, de ce tempérament de fonceur, à Vienne on aimait bavarder agréablement, on éprouvait du bien-être à se réunir fréquemment, laissant à chacun sa part, sans aucune envie, dans un esprit de conciliation bienveillante et peut-être facile. « Vivre et laisser vivre » était la célèbre devise viennoise, qui me paraît aujourd'hui encore plus humaine que tous les impératifs catégoriques, et elle s'imposait irrésistiblement dans tous les milieux. Riches et pauvres, Tchèques et Allemands, juifs et chrétiens cohabitaient en paix tout en se taquinant parfois, et même les mouvements sociaux et politiques étaient dépourvus de cette hargne affreuse, qui fut d'abord un reliquat de la Première Guerre mondiale et dont le poison s'est insinué dans les veines de l'époque. On se combattait en chevaliers dans la vieille Autriche, certes on s'invectivait dans les journaux, au Parlement, mais ensuite, après leurs tirades cicéroniennes, les mêmes députés se retrouvaient pour

boire une bière ou un café et se tutoyaient amicalement; même lorsque Lueger, chef du parti antisémite, devint maire[16], les relations privées n'en
furent aucunement affectées, et personnellement
je dois reconnaître que ni à l'école, ni à l'université, ni dans le monde littéraire, je n'ai jamais rencontré le moindre obstacle ou signe de mépris du
fait que j'étais juif. La haine de pays à pays, d'un
peuple à l'autre, d'une table à l'autre, ne vous assaillait pas encore quotidiennement dans les journaux,
elle ne séparait pas les hommes des hommes ni les
nations des nations; l'esprit de masse et de troupeau
n'avait pas encore l'emprise écœurante qu'il exerce
aujourd'hui dans la vie publique; la liberté des faits
et gestes dans le privé allait de soi, évidence qu'on a
du mal à concevoir aujourd'hui; la tolérance n'était
pas décriée comme elle l'est aujourd'hui où elle
passe pour une mollesse ou une faiblesse: on la prô-
nait comme une force éthique.

Car ce n'est pas dans un siècle de passion que
je suis né et que j'ai été éduqué. C'était un monde
ordonné avec des stratifications claires et des transitions sans heurt, un monde sans fièvre. Les nouvelles
vitesses de l'automobile, du téléphone, de la radio
et de l'avion n'avaient pas encore communiqué leur
rythme à l'homme, le temps et l'âge se mesuraient
autrement. On vivait plus tranquillement, et quand
j'essaie de ressusciter en moi l'image des adultes qui
entourèrent mon enfance, je suis frappé de voir à
quel point la plupart d'entre eux étaient corpulents.
Mon père, mon oncle, mes professeurs, les vendeurs
dans les magasins, les musiciens de l'orchestre philharmonique derrière leurs pupitres, tous, à quarante ans, avaient déjà la corpulence des hommes
« dignes ». Ils marchaient d'un pas lent, ils parlaient

sur un ton mesuré et, dans la conversation, se caressaient une barbe très soignée et déjà grisonnante. Mais cette barbe grise n'était qu'un nouveau signe de dignité, et l'homme « posé » évitait consciemment les gestes et l'exubérance de la jeunesse, qu'il tenait pour une inconvenance. Même dans ma plus tendre enfance, quand mon père n'avait pas quarante ans, je ne me rappelle pas l'avoir jamais vu monter ou descendre un escalier à la hâte ni même faire quoi que ce soit avec une hâte ostensible. Non seulement la précipitation était tenue pour un manque de distinction, mais elle était de fait superflue, car dans ce monde de stabilité bourgeoise avec ses innombrables petites mesures de protection pour assurer ses arrières, il n'arrivait jamais rien d'inattendu ; ce qui survenait tout au plus à la périphérie du monde en fait de catastrophe ne transperçait jamais les parois capitonnées de la vie protégée. La guerre des Boers, le conflit russo-japonais et même la guerre des Balkans ne pénétraient pas plus d'un pouce dans l'existence de mes parents. Ils sautaient les nouvelles des combats dans le journal avec autant d'indifférence que la rubrique des sports. Et de fait, en quoi étaient-ils concernés par ce qui se passait hors de l'Autriche, qu'est-ce que cela changeait dans leur vie ? Dans leur Autriche, à cette époque de calme plat, aucun bouleversement n'affectait l'État, aucune valeur ne se trouvait brutalement détruite ; si par hasard la Bourse baissait de quatre ou cinq pour cent, on s'empressait d'y voir un « krach » et on parlait de « catastrophe » en plissant le front. On se plaignait plus par habitude que par réelle conviction du montant « élevé » des impôts, car par comparaison avec ceux de l'après-guerre ils ne représentaient en fait qu'une sorte de modeste

pourboire accordé à l'État. Dans les testaments, on
stipulait encore avec force détails comment protéger ses petits-enfants et arrière-petits-enfants contre
toute perte de fortune, comme si la sécurité était
garantie par une invisible reconnaissance de dettes
des puissances éternelles, et pour le reste on vivait
agréablement en caressant ses petits soucis comme
des animaux domestiques bons et dociles, desquels,
tout compte fait, on n'avait rien à craindre. Aussi,
chaque fois que le hasard me met entre les mains un
vieux journal de cette époque et que je lis les articles
surexcités consacrés à une modeste élection municipale, quand je cherche à me remémorer les pièces
du Burgtheater avec leurs infimes petits problèmes
ou la fièvre disproportionnée de nos discussions
juvéniles sur des sujets au fond insignifiants, je ne
peux retenir un sourire involontaire. Que de soucis
lilliputiens, quel calme plat en ce temps-là ! Elle a eu
la meilleure part, cette génération de mes parents
et de mes grands-parents, elle a vécu d'un bout à
l'autre une vie claire, droite et tranquille. Et pourtant, je ne suis pas sûr de la leur envier. Car cette vie
ne fut qu'une longue somnolence, comme au-delà
des vraies amertumes, des sournoiseries et pouvoirs
du destin, ignorante des crises et des problèmes qui
broient le cœur mais l'élargissent aussi prodigieuse-
ment ! Enveloppés dans le cocon de leur sécurité, de
leur patrimoine et de leur confort ils ont à peine su
que la vie peut être aussi démesure et tension, qu'on
y est perpétuellement surpris et désarçonné ; dans
leur libéralisme et leur optimisme touchant ils ont
à peine pressenti que l'aube qui point à la fenêtre
peut briser notre vie. Et dans les rêves de leurs nuits
les plus noires, comme ils ont sous-estimé le danger que l'homme peut devenir pour l'homme, mais

aussi la force qu'il a de vaincre les dangers et de
surmonter les épreuves! Nous qui sommes emportés par tous les rapides de la vie, nous qui sommes
arrachés à toutes les racines de nos liens, nous qui
ne cessons de recommencer au début quand nous
sommes acculés à une fin, nous qui sommes les
victimes mais aussi les serviteurs dociles de puissances mystiques inconnues, nous pour qui le bien-
être n'est plus qu'une légende et la sécurité un rêve
d'enfant, nous avons ressenti la tension d'un pôle
à l'autre et le frisson de l'éternelle nouveauté dans
chaque fibre de notre corps. Chaque heure de nos
années était reliée au destin du monde. Dans la
souffrance et la joie, nous avons vécu le temps et
l'histoire bien au-delà de notre petite existence, tandis qu'eux se recroquevillaient en eux-mêmes. Aussi
chacun d'entre nous, y compris le plus humble de
notre génération, en sait-il aujourd'hui beaucoup
plus sur les réalités que le plus sage de nos aïeux.
Mais rien ne nous fut donné en cadeau et nous en
avons payé le prix fort.

L'ÉCOLE AU SIÈCLE PASSÉ

Il allait de soi qu'après l'école primaire on m'enverrait au lycée. Dans toutes les familles fortunées, on tenait absolument, ne fût-ce que pour des raisons sociales, à avoir des fils « cultivés » ; on leur faisait apprendre le français et l'anglais, on les initiait à la musique, on mettait d'abord à leur disposition des gouvernantes, puis des précepteurs pour les bonnes manières. Mais seule la formation dite « académique » menant à l'université vous valait une totale reconnaissance à cette époque de libéralisme « éclairé » ; aussi l'ambition de toute « bonne » famille était notamment qu'au moins un de ses fils portât quelque titre de docteur devant son nom. Or le chemin menant à l'université était assez long et n'était rien moins que rose. Il fallait faire cinq ans d'école primaire et huit ans de lycée assis sur des bancs de bois cinq à six heures par jour, venir à bout de ses devoirs pendant le temps libre, et par-dessus le marché, pour satisfaire à l'exigence de « culture générale », apprendre les langues « vivantes » — français, anglais, italien — en plus des langues classiques — le latin et le grec — enseignées à l'école, à quoi s'ajoutaient la géométrie, la physique

et les autres disciplines scolaires. C'était plus que
trop et cela ne laissait pratiquement aucune place
pour le développement du corps, le sport et les
promenades à pied, encore moins pour la bonne
humeur et les plaisirs. Je me souviens vaguement
qu'à l'âge de sept ans on nous obligea à apprendre et
à interpréter en chœur je ne sais quelle chanson parlant d'« enfance joyeuse et débordante de bonheur ».
J'ai encore dans l'oreille la mélodie de cette chanson-
nette, simple et niaise, mais à l'époque les paroles
avaient déjà du mal à sortir de ma bouche et plus
encore à persuader mon cœur. Car, pour être honnête, toute ma période scolaire ne suscita chez moi
qu'un ennui et un dégoût permanents, exaspérés
d'année en année par l'impatience d'échapper enfin
à cette galère. Je ne me rappelle pas avoir jamais
été « joyeux » ou « heureux » dans cette machine
scolaire au fonctionnement monotone, sans cœur et
sans esprit, qui nous a complètement empoisonné
l'époque la plus belle et la plus libre de l'existence,
et j'avoue même qu'aujourd'hui encore je ne peux
me défendre d'éprouver une certaine envie quand
je vois le bonheur, la liberté, l'autonomie dont peut
bénéficier l'enfant pour s'épanouir dans ce siècle-ci.
Et j'ai encore du mal à le croire, quand je vois les
enfants d'aujourd'hui bavarder avec un tel naturel et
presque d'égal à égal avec leurs professeurs, se hâter
de rejoindre l'école sans angoisse, là où nous accompagnait un sentiment permanent d'insuffisance,
pouvoir manifester ouvertement tant à l'école qu'à
la maison les désirs et les penchants de leur jeune
âme curieuse — comme des êtres libres, autonomes,
naturels, alors que nous, à peine franchi le seuil de
l'établissement détesté, nous devions en quelque
sorte nous recroqueviller en nous-mêmes pour ne

pas nous cogner le front contre le joug invisible. L'école était pour nous une contrainte, un désert, un ennui, un endroit où l'on devait ingurgiter en portions exactement découpées la « science de ce qui ne mérite pas d'être su », matières scolaires ou rendues scolaires dont nous sentions qu'elles ne pouvaient avoir le moindre rapport avec le réel ou nos centres d'intérêt personnels. Ce que nous imposait la vieille pédagogie, c'était un enseignement aride et morne, se désintéressant de la vie et ne s'intéressant qu'à lui-même. Le seul moment de bonheur et de véritable allégresse dont je suis redevable à l'école fut le jour où je claquai pour toujours sa porte derrière moi.

Ce n'est pas que nos écoles autrichiennes eussent été mauvaises en soi. Au contraire, leur « programme » était soigneusement élaboré en fonction d'une expérience séculaire, et s'il avait été transmis de façon stimulante, il aurait pu servir de base à une formation fructueuse et à une culture assez universelle. Mais c'est justement cette programmation sourcilleuse et sa schématisation desséchée qui rendaient nos heures de classe terriblement arides et creuses, machine à enseigner qui ne tenait jamais compte de l'individu et indiquait comme un distributeur automatique avec les mentions « bien », « passable », « insuffisant » dans quelle mesure on avait satisfait aux « exigences » du programme. Mais c'est justement ce manque d'humanité, cette impersonnalité froide et ce régime de caserne qui nous aigrissaient inconsciemment. On nous obligeait à apprendre notre pensum et on nous examinait pour vérifier ce que nous avions appris ; en huit ans, pas un professeur n'a demandé une seule fois ce que nous désirions personnellement apprendre, et

l'encouragement que recherche en secret tout être
jeune pour se motiver faisait parfaitement défaut.

Cette aridité se manifestait déjà extérieurement
dans l'architecture de notre école, type même du
bâtiment utilitaire maçonné à la hâte cinquante ans
auparavant, à peu de frais et sans réflexion. Avec ses
murs froids, enduits de mauvaise chaux, ses salles
de classe basses de plafond, sans aucune image ni
autre ornement susceptible d'attirer l'œil, ses lieux
d'aisances qui parfumaient tout le bâtiment, cette
caserne scolaire avait quelque chose du vieux meuble
d'hôtel que des multitudes avaient déjà utilisé avant
vous et que des multitudes utiliseraient encore avec
autant d'indifférence que de répulsion ; aujourd'hui
encore je ne peux oublier l'odeur de moisi et de renfermé propre à cet établissement comme à tous les
bureaux autrichiens, et qu'on appelait chez nous
« l'odeur institutionnelle », cette odeur de pièces
surchauffées, surpeuplées, jamais vraiment aérées,
qui s'attachait d'abord aux vêtements avant de s'attacher à l'âme. On était assis par deux comme les
galériens sur des bancs de bois assez bas, qui vous
courbaient la colonne vertébrale, et on restait assis
jusqu'à ce que les os vous fassent mal ; en hiver, la
lumière bleuâtre des flammes libres des becs de gaz
vacillait au-dessus de nos livres, alors qu'en été on
masquait soigneusement les fenêtres pour empêcher
que le regard rêveur ne pût se délecter du petit carré
de ciel bleu. Ce siècle n'avait pas encore découvert
que les jeunes corps dont la croissance n'est pas
achevée ont besoin d'air et de mouvement. Une
pause de dix minutes dans un couloir étroit et froid
était jugée suffisante au milieu de quatre ou cinq
heures d'immobilité ; deux fois par semaine, on nous
conduisait dans la salle de gymnastique où, toutes

fenêtres soigneusement closes, nous errions pesam-
ment sur le plancher, d'où chacun de nos pas faisait
remonter d'immenses nuages de poussière ; on avait
ainsi satisfait à l'hygiène, l'État s'était acquitté de
son « devoir » envers nous et avait promu le *mens
sana in corpore sano*. Des années plus tard, quand
je passais devant ce bâtiment sordide et lugubre,
j'éprouvais un sentiment de soulagement à l'idée
que je n'étais plus obligé d'entrer dans ce cachot
où on avait enfermé notre jeunesse, et lorsqu'une
fête fut organisée pour le cinquantième anniversaire de la création de cet illustre établissement et
qu'en ma qualité d'ancien élève brillant on me sollicita pour prononcer le discours solennel en présence du ministre et du maire, je déclinai poliment
l'invitation. Je n'avais pas à témoigner la moindre
reconnaissance à cette école, et tout ce que j'aurais
pu dire dans ce sens eût été un mensonge.

Quant à nos professeurs, ils n'étaient pas non plus
responsables de ce système désolant. Ils n'étaient ni
bons ni méchants, ce n'étaient pas des tyrans et pas
non plus de bons camarades susceptibles de vous
aider, juste de pauvres diables esclaves du schéma,
du programme prescrit par les autorités, tenus
d'exécuter leur « pensum » comme nous le nôtre et
qui se réjouissaient autant que nous-mêmes, nous
le sentions bien, quand la cloche sonnait à midi et
nous libérait tous, eux et nous. Ils ne nous aimaient
pas, ne nous haïssaient pas, et du reste comment
l'auraient-ils pu puisqu'ils ne savaient rien de nous ?
Même au bout de plusieurs années ils connaissaient
très peu d'entre nous par leur nom, le seul souci
qu'ils avaient en tête, conformément à la pédagogie
de l'époque, étant d'enregistrer combien de fautes
« l'élève » avait faites dans son dernier devoir. Ils

étaient assis en haut sur leur chaire et nous en bas,
ils interrogeaient et nous devions répondre, il n'y
avait, sinon, aucun rapport entre nous. Car entre
professeur et élève, entre chaire et bancs, haut et
bas ostensibles, se dressait « l'Autorité » invisible qui
interdisait tout contact. Qu'un professeur dût considérer l'élève comme un individu, dont les caractéristiques particulières requièrent un traitement
particulier, ou même qu'il eût à rédiger sur lui des
reports, c'est-à-dire des observations et des commentaires le concernant, comme c'est aujourd'hui
l'usage, cela, à l'époque, eût dépassé de loin ses attri-
butions et ses capacités, mais d'un autre côté une
conversation privée eût amoindri son autorité, car
elle nous eût placés, nous qui étions ses « élèves »,
pratiquement au même niveau que lui, qui était
notre « supérieur ». Rien ne me paraît plus caractéristique de cette absence totale de relations intellectuelles et spirituelles entre nos professeurs et nous
que le fait d'avoir oublié leurs noms et leurs visages.
Ma mémoire conserve encore avec une netteté photographique l'image de la chaire et du cahier de
classe sur lequel nous ne cessions de loucher parce
que nos notes y étaient consignées ; je vois le petit
calepin rouge dans lequel ils notaient notre clas-
sement et le court crayon noir qui inscrivait les
chiffres, je vois mes propres cahiers parsemés des
corrections du professeur à l'encre rouge, mais je ne
vois plus aucun de leurs visages devant moi — peut-
être parce que nous avons toujours gardé les yeux
baissés ou indifférents devant eux.

Ce déplaisir de l'école ne m'était pas propre ; je
ne peux me souvenir d'aucun camarade qui n'eût
senti avec répugnance que cette mécanique insipide
contrariait, lassait et réprimait nos meilleures inten-

tions et nos plus vives curiosités. Mais il m'a fallu bien des années pour prendre conscience que cette méthode d'éducation de la jeunesse sans amour et sans âme ne pouvait être imputée disons à la négligence des pouvoirs publics, mais qu'elle était l'expression d'une intention déterminée, bien que soigneusement cachée. Le monde que nous avions devant nous ou au-dessus de nous, dont toutes les pensées étaient obsédées par le fétiche de la sécurité, ce monde-là n'aimait pas la jeunesse ou plutôt nourrissait une méfiance permanente envers elle. Fière de son progrès systématique et de son ordre, la société bourgeoise proclamait que mesure et quiétude dans la vie sous toutes les formes étaient les seules vertus efficaces de l'être humain ; s'agissant de nous faire progresser, il convenait d'éviter toute précipitation. L'Autriche était un vieil État, avec un empereur sénile à sa tête, gouverné par des ministres âgés, un État dépourvu d'ambition, dont l'unique espoir était de rester indemne dans l'espace européen en se défendant de tout changement radical ; comme on sait qu'instinctivement les jeunes gens veulent toujours des changements rapides et radicaux, ils passaient pour des éléments suspects qu'il fallait maintenir aussi longtemps que possible à l'écart ou dans une position inférieure. On n'avait donc pas intérêt à rendre notre scolarité agréable ; il nous fallait commencer par attendre patiemment avant de mériter quelque ascension que ce soit. Cette façon de tout repousser en permanence faisait que les tranches d'âge prenaient une tout autre importance qu'aujourd'hui. Le lycéen de dix-huit ans était traité comme un enfant, il était puni quand on le surprenait avec une cigarette, il devait lever docilement le doigt quand il voulait quitter son banc

pour satisfaire un besoin naturel ; l'homme de trente
ans était encore tenu pour incapable de voler de ses
propres ailes, et même le quadragénaire n'était toujours pas jugé assez mûr pour occuper un poste de
responsabilité. Le jour où se produisit une exception surprenante, quand Gustav Mahler fut nommé
directeur de l'Opéra impérial à l'âge de trente-huit
ans, un murmure d'étonnement et d'effroi parcourut Vienne : comment pouvait-on confier à un « si
jeune homme » la première institution artistique
de la ville ? On oubliait complètement que Mozart
avait achevé son œuvre à trente-six ans et Schubert
à trente et un. Cette méfiance conduisant à penser
qu'un homme n'était « pas tout à fait crédible » tant
qu'il était jeune se rencontrait dans tous les milieux.
Mon père n'aurait jamais engagé un homme jeune
dans son entreprise, et celui qui avait le malheur
de paraître particulièrement jeune devait surmonter une méfiance générale. Le résultat de tout cela,
aujourd'hui quasi incompréhensible, était que la
jeunesse devenait un obstacle dans toutes les car-
rières et que l'âge seul constituait un avantage. Alors
qu'à notre époque, où tout a changé, les hommes
de quarante ans font tout pour paraître en avoir
trente et ceux de soixante ans en avoir quarante,
alors qu'aujourd'hui la jeunesse, l'énergie, le dynamisme et la confiance en soi sont un atout et une
référence, à cette époque de la sécurité, quiconque
voulait aller de l'avant était obligé de recourir à tous
les déguisements possibles pour avoir l'air plus âgé.
Les journaux vantaient des recettes pour accélérer
la croissance de la barbe, de jeunes médecins âgés
de vingt-quatre ou vingt-cinq ans, qui venaient tout
juste d'obtenir leur diplôme, portaient des barbes
épaisses et s'affublaient de lunettes dorées, même si

leurs yeux n'en avaient aucunement besoin, à seule fin de donner l'impression à leurs premiers patients qu'ils possédaient de « l'expérience ». On revêtait une longue redingote noire, on adoptait une démarche grave et affichait, si possible, un léger embonpoint pour incarner le sérieux souhaitable, et quand on avait de l'ambition, on s'efforçait de récuser, du moins dans son apparence extérieure, cette jeunesse dont on incriminait le manque de sérieux ; dès la sixième ou septième année de classe, nous refusions de porter des cartables pour ne plus être identifiés comme des lycéens, et nous les remplacions par des serviettes. Tout ce qui nous paraît aujourd'hui un trait enviable de la jeunesse : fraîcheur, fierté, audace, curiosité et joie de vivre, était jugé suspect par cette époque qui ne jurait que par le « sérieux ».

Seul cet état d'esprit étrange permet d'expliquer le fait que l'État exploitait l'école comme moyen de sauvegarder son autorité. L'éducation que nous recevions était d'abord destinée à nous faire respecter l'ordre existant, puisqu'il était réputé parfait, l'avis du professeur, puisqu'il était réputé infaillible, la parole du père, puisqu'elle ne pouvait être contredite, les institutions de l'État, puisque leur validité était réputée absolue et donc éternelle. Un second principe cardinal de cette pédagogie, qu'on appliquait aussi au sein de la famille, était que les jeunes gens ne doivent pas avoir la vie trop facile. Avant de se voir accorder le moindre droit, ils devaient apprendre qu'ils avaient des devoirs et en premier lieu celui de se montrer absolument dociles. À nous qui n'avions encore rien fait dans la vie et ne possédions aucune expérience, il fallait donc inculquer depuis le début que nous devions simplement nous montrer reconnaissants pour tout ce qu'on

nous accordait, sans pouvoir prétendre demander ou revendiquer quoi que ce fût. À mon époque,
la méthode appliquée dès la plus tendre enfance
était une absurde intimidation. Des bonnes et des
mères stupides menaçaient déjà les enfants de trois
et quatre ans d'aller chercher le « gendarme » s'ils
n'arrêtaient pas immédiatement d'être méchants. Et
même au lycée, quand nous rapportions à la maison
une mauvaise note dans une quelconque matière
secondaire, on nous menaçait de nous retirer de
l'école et de nous faire apprendre un métier manuel
— la pire des menaces qui fût dans la société bourgeoise, celle de retomber dans le prolétariat —, et
quand des jeunes gens sincèrement désireux de se
former et de se cultiver cherchaient des éclaircisse-
ments sur d'importants problèmes d'actualité, les
adultes les rabrouaient avec arrogance : « Tu ne peux
pas encore comprendre. » Cette technique se pratiquait partout, à la maison, à l'école et dans l'État.
On ne se lassait pas de rabâcher au jeune homme
qu'il n'était pas encore « mûr », qu'il ne comprenait rien, qu'il n'avait qu'à écouter crédulement,
mais qu'il n'était jamais autorisé à participer à la
conversation ni surtout à porter la contradiction.
C'est en vertu du même principe qu'à l'école aussi ce
pauvre diable de professeur, siégeant là-haut sur sa
chaire, devait rester une potiche sacrée inaccessible
et concentrer notre sensibilité et nos aspirations
exclusivement sur le « programme ». Que nous nous
sentions bien ou non à l'école était accessoire. Dans
l'esprit du temps, sa vraie mission n'était pas tant de
nous faire progresser que de nous retenir, pas tant
de nous former de l'intérieur que de nous conformer
à l'ordre établi en provoquant le moins de résistance

possible, pas tant d'accroître notre énergie que de la discipliner et de la niveler.

Une telle pression psychologique, ou plutôt dépourvue de psychologie, exercée sur la jeunesse ne peut avoir que deux sortes d'effets : paralysant ou stimulant. Combien de « complexes d'infériorité » cette pédagogie absurde a pu développer, il suffit pour s'en rendre compte de feuilleter les actes des psychanalystes ; ce n'est sans doute pas un hasard si ce complexe a été décelé justement par des hommes qui sont passés eux-mêmes par nos vieilles écoles autrichiennes. Personnellement, c'est à cette pression que je dois la manifestation précoce du désir passionné d'être libre, à un degré de véhémence que la jeunesse d'aujourd'hui ne connaît plus, à quoi s'ajoute la haine de tout ce qui est autoritaire, de tout discours venu « d'en haut », qui m'a accompagné toute ma vie. Pendant des années et des années, cette aversion contre les affirmations catégoriques et le dogmatisme fut chez moi instinctive et j'avais déjà oublié d'où elle me venait. Mais un jour, pendant une tournée de conférences, alors qu'on avait choisi pour moi le grand auditorium de l'université et que je découvrais subitement que j'étais supposé parler du haut d'une chaire alors que mes auditeurs étaient assis en bas sur des bancs comme nous l'étions à l'école, sagement et sans possibilité de discuter, je fus brusquement saisi d'un malaise. Je me rappelai combien j'avais souffert pendant toute ma scolarité de cette parole dépourvue de camaraderie, autoritaire, doctrinaire, altière, et je fus saisi d'angoisse à l'idée qu'en parlant ainsi du haut d'une chaire je pourrais donner l'impression d'impersonnalité que nous donnaient autrefois nos professeurs ; je dois à cette gêne que cette conférence fut aussi la plus mauvaise de ma vie.

Jusqu'à l'âge de quinze ou seize ans nous nous accommodions encore sincèrement de l'école. Nous nous moquions des professeurs, nous apprenions nos leçons avec une froide curiosité. Mais l'heure vint ensuite où l'école ne fit plus que nous ennuyer et nous contrarier. Un phénomène étrange s'était produit secrètement : nous étions des gamins de dix ans en entrant au lycée, mais dès les quatre premières années, sur les huit que nous devions y passer, notre esprit avait déjà dépassé l'école ; nous sentions d'instinct qu'elle n'avait plus rien à nous apprendre d'essentiel et que, dans bien des matières qui nous intéressaient, nous en savions même plus que nos malheureux professeurs qui n'avaient plus ouvert un seul livre par intérêt personnel depuis la fin de leurs études. Une autre contradiction devenait également plus sensible de jour en jour : sur les bancs, où nous n'étions plus assis, de fait, qu'avec nos culottes, nous n'entendions rien de nouveau ou rien qui nous parût mériter d'être su, et au-dehors il y avait une ville fourmillant d'incitations, une ville avec des théâtres, des musées, des librairies, des universités, de la musique, où chaque jour apportait de nouvelles surprises. Aussi notre soif de connaissances endiguée, notre curiosité intellectuelle et artistique, notre appétit de plaisirs, que l'école ne nourrissait plus, se jetèrent avec passion sur tout ce qui avait lieu à l'extérieur. Tout d'abord, seuls deux ou trois d'entre nous découvrirent en eux-mêmes cet intérêt pour les arts, la littérature, la musique, puis ce fut le cas d'une dizaine et pour finir de presque tous.

Car l'enthousiasme des jeunes gens est une sorte

de phénomène contagieux. À l'intérieur d'une classe, il se transmet de l'un à l'autre comme la rougeole ou la scarlatine, et de même que les néophytes, mus par un orgueil puéril et vaniteux, cherchent à rivaliser dans le savoir, ils s'aiguillonnent les uns les autres. Aussi est-ce plus ou moins un pur hasard si la passion prend telle ou telle direction ; s'il se trouve dans une classe un élève qui collectionne les timbres, il ne tardera pas à en convertir une dizaine à sa folie, s'il s'en trouve trois qui s'entichent des danseuses, les autres aussi iront attendre tous les jours à l'Opéra devant l'entrée des artistes. Trois ans après la nôtre, il y eut une classe qui s'emballa pour le football, et avant nous il s'en trouva une qui s'enthousiasma pour le socialisme ou pour Tolstoï. Le fait que je me sois retrouvé dans une classe où mes camarades étaient fanatiques d'art a peut-être déterminé tout le cours de ma vie.

En soi, cet enthousiasme pour le théâtre, la littérature et l'art était on ne peut plus naturel à Vienne ; les journaux consacraient beaucoup de place aux événements culturels, où qu'on allât, on entendait de gauche et de droite les adultes discuter sur l'Opéra ou sur le Burgtheater, toutes les papeteries exposaient les photos des grands acteurs dans leur vitrine ; le sport passait encore pour une chose brutale, dont un lycéen devait plutôt avoir honte, et le cinématographe, avec ses idéaux de masse, n'avait pas encore été inventé. Même à la maison, aucune résistance n'était à craindre ; le théâtre et la littérature étaient rangés parmi les passions « innocentes » à l'inverse des jeux de cartes ou des amitiés pour les jeunes filles. Après tout, mon père avait eu dans sa jeunesse, comme tous les pères viennois, la même passion pour le théâtre et il avait assisté à la représentation

de *Lohengrin* sous la direction de Richard Wagner
avec le même enthousiasme que le nôtre aux premières de Richard Strauss et de Gerhart Hauptmann[1]. Car il était entendu que les lycéens que nous
étions couraient à chaque première ; comme nous
aurions eu honte devant nos camarades plus heureux si, le lendemain matin à l'école, nous n'avions
pu raconter la soirée dans le moindre détail. S'ils
n'avaient pas fait preuve d'une aussi grande indifférence, nos professeurs auraient quand même dû
remarquer que chaque après-midi précédant une
grande première — pour laquelle nous étions obligés de faire la queue dès 3 heures pour obtenir des
places debout, les seules qui nous fussent accessibles —, les deux tiers des élèves tombaient mystérieusement malades. En étant plus attentifs, ils
auraient dû également remarquer que la couverture
de nos grammaires latines recelait des poèmes de
Rilke et que nous utilisions nos cahiers de mathématiques pour recopier les plus beaux poèmes
extraits des livres que nous empruntions. Nous
inventions tous les jours de nouvelles techniques
pour détourner l'ennui des heures de classe au profit
de nos lectures ; pendant que le professeur rabâchait
son cours sur la « Poésie naïve et sentimentale » de
Schiller, nous lisions sous nos pupitres Nietzsche et
Strindberg, dont ce brave homme âgé n'avait jamais
entendu le nom. Nous étions pris d'une véritable
fièvre de savoir, désireux de connaître tout ce qui
se produisait dans tous les domaines de l'art et de
la science ; l'après-midi, nous nous pressions parmi
les étudiants pour écouter les cours donnés à l'université, nous allions à toutes les expositions, nous
nous rendions dans les amphithéâtres d'anatomie
pour assister à des dissections. Nous fourrions le

nez partout avec curiosité. Nous nous glissions aux répétitions de l'orchestre philharmonique, nous furetions chez les bouquinistes, nous inspections les vitrines des libraires pour savoir quelles nouveautés avaient été publiées depuis la veille. Et surtout nous lisions, nous lisions tout ce qui nous tombait entre les mains. Nous allions chercher des livres dans toutes les bibliothèques publiques, nous nous prêtions mutuellement ce que nous pouvions dénicher. Mais pour toutes les nouveautés, le meilleur endroit pour se cultiver restait le café.

Pour le comprendre, il faut savoir qu'à Vienne le café est une institution d'un genre particulier, qui ne peut être comparée à aucune autre dans le monde. C'est, à dire vrai, une sorte de club démocratique, accessible à tout un chacun au prix d'une simple tasse de café, où tout client, pour cette modeste obole, peut rester des heures entières et discuter, écrire, jouer aux cartes, recevoir son courrier et, surtout, consommer un nombre incalculable de journaux et de revues. Dans un bon café de Vienne, tous les journaux viennois étaient à la disposition de la clientèle, mais pas seulement, car on y trouvait aussi ceux de l'Empire allemand, et les français, et les anglais, et les italiens, et les américains, sans parler de toutes les revues littéraires et artistiques importantes du monde, le *Mercure de France* tout comme la *Neue Rundschau*, le *Studio* et le *Burlington Magazine*. Ainsi, nous étions informés de tout ce qui se passait dans le monde, et ce de première main, nous étions au courant de tous les livres qui venaient de paraître, de toutes les représentations où qu'elles eussent lieu, et nous comparions les critiques dans tous les journaux; rien n'a peut-être autant contribué à la mobilité intellectuelle et à l'orientation

internationale de l'Autrichien que la possibilité qu'il
avait de recevoir une information complète sur ce
qui se passait dans le monde et en même temps d'en
discuter entre amis. Nous y passions quotidiennement plusieurs heures, et rien ne nous échappait.
Car grâce au caractère collectif de nos intérêts, nous
suivions l'*orbis pictus*[2] de nos intérêts non seulement
avec une paire, mais avec dix et vingt paires d'yeux.
Ce que l'un ne voyait pas, l'autre le remarquait pour
lui, et comme, avec une ostentation puérile et un
esprit de compétition quasi sportif, nous cherchions
inlassablement à rivaliser dans la connaissance des
nouveautés et parmi elles des dernières, nous nous
trouvions en fait dans une sorte de jalousie permanente, toujours à l'affût de ce qui pouvait faire
sensation. Quand nous discutions par exemple de
Nietzsche, encore vilipendé à cette époque, l'un
d'entre nous déclarait brusquement avec une supériorité affectée : « Mais dans l'idée de l'égotisme,
Kierkegaard est quand même supérieur », et nous
voilà tous plongés dans l'inquiétude. « Qui est Kierkegaard, que X connaît et pas nous ? » Le jour suivant, nous nous précipitions à la bibliothèque pour
dénicher les livres de ce philosophe danois mis
aux oubliettes, car ne pas connaître quelque chose
d'étranger qu'un autre connaissait était perçu par
nous comme une humiliation : le plus récent, le plus
nouveau, le plus extravagant, l'inhabituel, ce sur
quoi personne — à commencer par la critique littéraire officielle de nos vénérables quotidiens — ne
s'était encore appesanti, la découverte avant tout
le monde, telle était justement notre passion (que,
d'ailleurs, j'ai personnellement continué à cultiver
pendant bien longtemps). Connaître, justement, ce
qui ne jouissait pas encore de la reconnaissance

générale, ce qui était difficile d'accès, excentrique,
insolite, extrême, c'était cela que nous aimions particulièrement ; aussi rien n'était-il assez dissimulé,
assez marginal, pour que notre curiosité collective
exaltée ne parvînt à le tirer de sa cachette. À l'époque
où nous étions lycéens, Stefan George[3] ou Rilke, par
exemple, avaient été publiés en tout et pour tout à
deux cents ou trois cents exemplaires, dont trois ou
quatre tout au plus étaient parvenus jusqu'à Vienne ;
aucun libraire ne les avait en magasin, aucun des
critiques officiels n'avait jamais mentionné le nom
de Rilke. Mais par un miracle de la volonté notre
bande connaissait chaque vers et chaque ligne de
lui. Nous qui étions des garçons imberbes et mal
dégrossis, encore obligés de rester toute la journée
sur les bancs de l'école, nous formions vraiment
le public idéal dont un jeune poète pouvait rêver,
curieux, d'intelligence critique et enthousiaste de
l'enthousiasme. Car notre capacité d'enthousiasme
était illimitée ; pendant nos heures de classe, en
allant à l'école ou en en revenant, au café, au théâtre,
en promenade, nous n'avons rien fait d'autre à
l'époque de notre adolescence que discuter de livres,
de tableaux, de musique, de philosophie ; quiconque
se produisait en public, qu'il fût acteur ou chef d'orchestre, quiconque avait publié un livre ou écrivait
dans un journal, était une étoile à notre firmament.
Je fus presque effrayé, quelques années plus tard, en
lisant chez Balzac, dans la description qu'il fait de
sa jeunesse, la phrase suivante : « Les gens célèbres
étaient pour moi comme des dieux qui ne parlaient
pas, ne marchaient pas, ne mangeaient pas comme
les autres hommes[4]. » Car c'était exactement notre
sentiment. Avoir vu Gustav Mahler dans la rue était
un événement qu'on racontait le lendemain matin à

ses camarades avec autant de fierté que s'il s'était agi
d'un triomphe personnel, et lorsque étant enfant, je
fus présenté un jour à Johannes Brahms et qu'il me
tapota gentiment l'épaule, cet événement prodigieux
me mit la tête à l'envers pour plusieurs jours. Avec
mes douze ans, je n'avais certes qu'une très vague
idée de ce que Brahms avait fait, mais le simple fait
de sa gloire, l'aura du créateur, suffisait à me bouleverser. Une première de Gerhart Hauptmann au
Burgtheater excitait notre classe entière plusieurs
semaines avant le début des répétitions ; nous réus-
sissions à approcher des acteurs et de modestes
figurants pour être les premiers — avant tous les
autres ! — à connaître le déroulement de l'action et
la distribution ; nous nous faisions couper les cheveux chez le coiffeur du Burgtheater (je ne crains
pas de rapporter aussi nos absurdités), à seule fin
de glaner quelque information secrète sur la Wolter
ou sur Sonnenthal, et nous les grands, choyions et
soudoyions avec toutes sortes d'attentions un élève
d'une petite classe, pour la seule raison qu'il était le
neveu d'un éclairagiste de l'Opéra et que, grâce à lui,
nous étions parfois introduits clandestinement sur
la scène pendant les répétitions — cette scène sur
laquelle nous entrions avec un frisson tel qu'il sur-
passait celui qui saisit Dante lorsqu'il s'éleva dans
les cercles sacrés du paradis. Le rayonnement de la
renommée était pour nous si fort que même réfrac-
tée par sept intermédiaires elle forçait encore notre
respect ; parce qu'elle était la petite-nièce de Franz
Schubert, une pauvre vieille pouvait nous apparaître
comme un être surnaturel, et nous suivions respectueusement des yeux, quand il passait dans la rue, le
valet de chambre de Josef Kainz[5], parce qu'il avait la

chance de pouvoir approcher personnellement cet
acteur, le plus aimé et le plus génial de tous.

À présent, je sais évidemment très bien ce qu'avait
d'inepte cet enthousiasme indifférencié, quelle était
la part de pure et simple singerie réciproque, de
plaisir sportif de se surpasser, de vanité puérile à se
croire supérieur au monde borné de la famille et des
professeurs en s'occupant d'art. Mais aujourd'hui,
je m'étonne encore de la somme de connaissances
accumulée grâce à cette exaltation de la passion littéraire alors que nous n'étions que des gamins, de
la précocité avec laquelle nous nous étions appro-
prié un tel discernement critique grâce à cette
pratique ininterrompue de la discussion et de l'analyse méticuleuse. À dix-sept ans, non seulement je
connaissais tous les poèmes de Baudelaire ou de
Walt Whitman, mais je pouvais réciter par cœur
les plus importants et je crois n'avoir plus jamais lu
dans toute ma vie ultérieure de façon aussi intensive
que dans ces années de lycée et d'université. Certains
noms nous étaient parfaitement familiers, qui ne
furent honorés par le public que dix ans plus tard,
même le plus éphémère nous restait en mémoire
tant nous mettions d'ardeur à nous en saisir. Racontant un jour à mon vénérable ami Paul Valéry à
quand remontait en fait ma rencontre littéraire avec
lui, je lui indiquai que j'avais déjà lu et aimé sa poésie trente ans auparavant. Valéry se mit à rire et me
dit gentiment : « Ne cherchez pas à m'abuser, cher
ami ! Mes poèmes ont été publiés pour la première
fois en 1916. » Mais il fut étonné, quand je lui décrivis ensuite avec la plus grande précision la couleur
et le format de la petite revue littéraire dans laquelle
nous avions trouvé ses premiers vers en 1898 à
Vienne. « Mais elle était pratiquement inconnue à

Paris, dit-il surpris, comment avez-vous pu vous
la procurer à Vienne ? — Exactement comme vous
l'avez fait, quand vous étiez au lycée dans votre ville
de province, avec les poèmes de Mallarmé que la littérature officielle connaissait aussi peu », ai-je pu
lui répondre. Et il me donna raison : « Les jeunes
gens découvrent chacun leurs poètes, parce que chacun veut les découvrir pour lui-même. » Nous sentions effectivement venir le vent avant même qu'il
eût passé la frontière, car nous avions toujours
les narines dilatées. Nous trouvions du neuf parce
que nous voulions du neuf, parce que nous avions
faim de quelque chose qui nous appartînt et n'appartînt qu'à nous — et pas au monde de nos pères,
au monde qui nous entourait. La jeunesse possède,
comme certains animaux, un excellent instinct pour
les brusques variations atmosphériques, et c'est
ainsi que notre génération flairait, avant que nos
professeurs et les universités le sachent, qu'avec le
siècle finissant quelque chose parvenait aussi à son
terme dans les conceptions artistiques, qu'une révolution ou tout au moins un renversement des valeurs
était en train de naître. Les bons maîtres établis de
l'époque de nos pères — Gottfried Keller en littérature, Ibsen en art dramatique, Johannes Brahms en
musique, Leibl en peinture, Eduard von Hartmann[6]
en philosophie —, nous avions le sentiment qu'ils
portaient en eux toute la circonspection de l'époque
de la sécurité ; en dépit de leur maîtrise technique
et intellectuelle, ils ne nous intéressaient plus. Nous
sentions d'instinct que leur rythme froid, bien tem-
péré, était étranger à celui de notre sang turbulent et
qu'il n'était même plus accordé au tempo accéléré de
l'époque. Or c'est justement à Vienne que vivait l'esprit le plus éveillé de la jeune génération allemande,

Hermann Bahr, infatigable bagarreur intellectuel qui se dépensait furieusement pour défendre l'avenir en gestation et c'est grâce à lui que s'ouvrit à Vienne la « Sécession », qui épouvanta la vieille école en exposant les impressionnistes et les pointillistes venus de Paris, Munch venu de Norvège, Rops de Belgique et tous les extrémistes imaginables ; ce qui ouvrait en même temps la voie à leurs prédécesseurs méconnus, Grünewald, Greco et Goya. On apprenait subitement un nouveau regard et, en même temps, des rythmes et des timbres nouveaux en musique avec Moussorgski, Debussy, Strauss et Schönberg, le réalisme faisait irruption dans la littérature avec Zola, Strindberg et Hauptmann, le démonisme slave avec Dostoïevski, une sublimation et un raffinement encore inconnus du verbe poétique avec Verlaine, Rimbaud et Mallarmé. Nietzsche révolutionnait la philosophie et, à la place de la surcharge classici-sante, une architecture plus audacieuse et plus libre promouvait la construction fonctionnelle sans orne-ment. Le vieil ordre confortable se trouvait subite-ment contrarié, ses normes du « beau esthétique », jugées jusque-là infaillibles (Hanslick[7]), se voyaient contestées, et tandis qu'épouvantés par des expé-riences souvent téméraires les critiques officiels de nos journaux bourgeois « établis » tentaient d'endi-guer ce courant irrésistible en le traitant de déca-dent ou d'anarchiste pour le disqualifier, nous les jeunes, nous nous jetions avec enthousiasme dans la vague, là où elle écumait le plus furieusement. Nous avions le sentiment que l'époque qui commençait était faite pour nous, que c'était notre époque, celle qui rendrait enfin justice à la jeunesse. Par là même, notre quête passionnée et turbulente prenait tout à coup un sens : nous les jeunes, sur nos bancs d'école,

nous pouvions prendre part à ces combats furieux et
souvent enragés pour l'Art nouveau. Là où l'on tentait une expérience, par exemple une représentation
de Wedekind[8], une lecture de poésie nouvelle, nous
répondions immanquablement présent avec toute la
vigueur non seulement de notre âme mais aussi de
nos mains; lors de la première exécution d'une des
œuvres atonales du jeune Schönberg, j'ai été témoin
de la gifle magistrale que mon ami Buschbeck admi-
nistra à un monsieur qui sifflait de la façon la plus
stridente; nous étions partout la troupe de choc
et l'avant-garde de l'Art nouveau sous toutes ses
formes, simplement parce qu'il était nouveau, simplement parce qu'il voulait changer le monde pour
nous, dont c'était enfin le tour de vivre notre vie.
Car, nous le sentions, *nostra res agitur*[9].

Mais autre chose encore nous intéressait et nous
fascinait démesurément dans l'Art nouveau: c'était
un art quasi exclusivement fait par des gens jeunes.
Dans la génération de nos pères, un écrivain, un
musicien n'acquérait la considération qu'après
avoir « fait ses preuves », qu'après s'être conformé
à l'esprit de pondération qui dominait le goût de la
société bourgeoise. Tous les hommes qu'on nous
avait appris à respecter se comportaient et se pré-
sentaient comme des gens respectables. Ils portaient de belles barbes grisonnantes sur des gilets
de velours poétiques — les Wilbrandt, Ebers, Felix
Dahn, Paul Heyse, Lenbach, ces auteurs favoris de
l'époque, oubliés aujourd'hui depuis belle lurette.
Ils se faisaient photographier le regard pensif, toujours dans une attitude « digne » et « poétique »,
ils adoptaient le maintien des conseillers auliques
et des excellences et comme eux ils étaient décorés.
Quant aux jeunes écrivains, peintres ou musiciens,

on les cataloguait, dans le meilleur des cas, « talents prometteurs », et on mettait en revanche au réfrigérateur toute appréciation positive ; cette époque de prudence n'aimait pas accorder de faveur prématurée, préférant attendre qu'on ait fait la preuve de ses capacités par de longues années de production « sérieuse ». Or les nouveaux écrivains, peintres et musiciens étaient tous jeunes ; Gerhart Hauptmann, brusquement sorti de l'anonymat, régnait sur la scène allemande à l'âge de trente ans, et à vingt-trois ans — c'est-à-dire moins que l'âge requis par la législation autrichienne pour être déclaré majeur —, Stefan George et Rainer Maria Rilke connaissaient la gloire littéraire et avaient des admirateurs fanatiques. Dans notre propre ville, se forma du jour au lendemain le groupe Jung Wien avec Arthur Schnitzler, Hermann Bahr, Richard Beer-Hofmann et Peter Altenberg, avec qui la culture spécifiquement autrichienne, par un raffinement de tous les moyens artistiques, trouva pour la première fois une expression européenne. Mais c'était avant tout *une* figure qui nous fascinait, qui nous séduisait, qui nous enivrait et nous transportait d'enthousiasme, ce phénomène unique et prodigieux qu'incarnait Hugo von Hofmannsthal, dans lequel notre jeunesse voyait réalisées non seulement ses plus hautes ambitions, mais aussi la perfection poétique absolue par quelqu'un qui avait notre âge.

L'apparition du jeune Hofmannsthal était et reste mémorable comme un des plus grands miracles de perfection précoce ; à cet âge, je ne connais personne d'autre dans la littérature mondiale, à part Keats et Rimbaud, qui ait fait preuve d'une infaillibilité comparable dans la maîtrise de la langue, d'une telle ampleur et d'une telle allégresse d'idées, d'une telle densité de substance poétique jusque dans les vers les plus occasionnels, génie prodigieux qui s'est inscrit, dès sa seizième et dix-septième année, dans les annales éternelles de la langue allemande avec des vers ineffaçables et une prose insurpassée à ce jour. Ses débuts soudains, qui étaient en même temps un accomplissement, constituaient un phénomène qui ne se produit guère une seconde fois au sein de la même génération. Aussi les premiers à en avoir eu connaissance furent-ils sidérés par cette apparition improbable qu'ils considéraient comme un événement quasi surnaturel. Hermann Bahr me racontait souvent quelle avait été sa surprise quand il reçut de Vienne même pour sa revue un article d'un inconnu signé « Loris » — au lycée, il était interdit de publier sous son propre nom ; jamais parmi les contributions venant du monde entier il n'avait reçu un travail écrit dans une langue aussi ailée et aussi noble, qui répandait pour ainsi dire d'une main légère une telle richesse de pensée. Qui est ce « Loris », qui est cet inconnu ? se demandait-il. Sûrement un vieil homme, qui avait silencieusement mûri ses découvertes pendant des années et des années, et cultivé dans une mystérieuse retraite les plus sublimes essences de la langue pour en faire une magie quasi voluptueuse. Or ce sage, ce poète béni des dieux vivait dans la même ville, et il n'en avait jamais entendu parler ! Bahr écrivit aussitôt à l'inconnu pour lui donner rendez-vous dans un café — le célèbre Café Griensteidl[10], quartier général de la jeune littérature. Soudain, un lycéen svelte, encore imberbe et en culotte courte le rejoignit à sa table d'un pas rapide et léger, s'inclina et dit d'une voix aiguë, qui n'avait pas encore tout à fait mué, bref et décidé : « Hofmannsthal ! Je suis Loris. » Des

années après, quand Bahr faisait de nouveau part de
sa stupéfaction, il tremblait encore d'excitation. Au
début, il ne voulait pas y croire. Un lycéen, posséder un tel art, une telle envergure, une telle profondeur, une connaissance aussi ahurissante de la vie
avant la vie! C'est presque dans les mêmes termes
que m'en parla Arthur Schnitzler. À l'époque, il était
encore médecin car ses premiers succès littéraires
semblaient encore loin d'assurer sa subsistance ;
mais il passait déjà pour le chef du mouvement Jung
Wien et ses cadets s'adressaient volontiers à lui, en
quête de conseils et d'appréciations. Ayant rencontré le jeune lycéen élancé chez des connaissances
occasionnelles, il fut frappé par l'agilité de son intelligence, et lorsque ce lycéen sollicita la faveur de
lui lire une petite pièce de théâtre en vers, il ne fit
aucune difficulté pour l'inviter dans sa garçonnière,
il est vrai sans en attendre grand-chose — ça va être
évidemment une pièce de lycéen, sentimentale ou
pseudo-classique, pensait-il. Il invita quelques amis ;
Hofmannsthal se présenta en culotte courte, un
peu nerveux et intimidé, et se mit à lire. « Au bout
de quelques minutes, me raconta Schnitzler, nous
dressâmes subitement l'oreille et échangeâmes des
regards étonnés, quasi effrayés. Des vers d'une telle
perfection, d'une beauté formelle aussi sûre, d'une
sensibilité aussi musicale, nous n'en avions jamais
entendus d'aucun poète vivant, et pensions même
que c'était presque impossible après Goethe. » Mais
plus merveilleuse encore que cette maîtrise unique
de la forme (à laquelle personne d'autre n'est parvenu depuis dans la langue allemande) était cette
connaissance du monde qui ne pouvait provenir
que d'une intuition magique chez un garçon qui
passait sa journée sur les bancs de l'école. « Quand

Hofmannsthal eut terminé, tous restèrent muets.
J'avais le sentiment, dit Schnitzler, d'avoir rencontré pour la première fois de ma vie un génie-né, et
jamais, de toute mon existence, je n'ai éprouvé ce
sentiment avec autant de force. » Celui qui faisait
ses débuts à seize ans — ou plutôt qui ne faisait pas
ses débuts mais parvenait à la perfection dès ses
débuts — allait nécessairement devenir un frère de
Goethe et de Shakespeare. Et en effet, la perfection
sembla se parfaire de plus en plus: cette première
pièce en vers, *Hier,* fut suivie du grandiose fragment
La Mort du Titien[11], dans lequel la langue allemande
atteignait les sonorités harmonieuses de l'italien,
puis de poèmes, qui étaient pour chacun d'entre
nous un événement, et dont aujourd'hui encore je
connais chaque vers par cœur, puis de petits drames
et d'essais qui concentraient magiquement richesse
du savoir, intelligence artistique infaillible, ampleur
de vue sur le monde, dans l'espace merveilleusement limité de quelques dizaines de pages: tout ce
qu'écrivait ce lycéen, cet étudiant à l'université, ressemblait à du cristal, illuminé de l'intérieur, sombre
et brûlant tout à la fois. Le vers et la prose se modelaient dans ses mains comme la cire parfumée de
l'Hymette[12]; immanquablement, par un miracle
impossible à répéter, chaque œuvre trouvait sa juste
mesure, jamais trop peu, jamais trop, immanquablement on sentait que quelque chose d'inconscient,
d'incompréhensible, devait nécessairement lui servir
de guide mystérieux sur les voies qui menaient dans
des territoires que personne n'avait encore foulés.

J'ai bien du mal à rendre compte de la fascination qu'un tel phénomène exerçait sur nous qui
nous étions éduqués à repérer les valeurs. Car quoi
de plus enivrant pour une jeune génération que de

savoir près d'elle, en son sein, dans une proximité physique, le poète-né, le poète pur, le poète sublime qu'on ne s'était imaginé que sous la forme légendaire des Hölderlin, Keats et Leopardi, inaccessibles et déjà moitié rêve et vision ? C'est pourquoi je garde un souvenir aussi précis du jour où j'ai vu pour la première fois Hofmannsthal en personne. J'avais seize ans et comme nous suivions avidement tout ce que faisait celui-ci, notre mentor idéal, je fus extraordinairement excité par une petite note dans un coin du journal annonçant qu'il ferait une conférence sur Goethe au Club scientifique (inimaginable pour nous que pareil génie prît la parole dans un lieu aussi modeste ; dans notre adoration de collégiens, nous nous serions attendus à ce que la plus grande salle fût pleine à craquer dès lors qu'un Hofmannsthal consentait à paraître en public). Mais à cette occasion, je constatai une nouvelle fois quelle avance nous avions, nous lycéens, sur le grand public et la critique officielle dans notre évaluation, notre instinct pour les valeurs durables, dont la justesse s'avéra, là comme ailleurs ; environ cent vingt à cent cinquante auditeurs au total s'étaient rassemblés dans la salle exiguë : il n'eût donc pas été nécessaire que, dans mon impatience, je me fusse mis en route une demi-heure trop tôt pour m'assurer une place. Nous attendîmes un certain temps, puis subitement, un jeune homme svelte, que rien en soi ne distinguait des autres, traversa nos rangs pour gagner le pupitre et commença si abruptement que j'eus à peine le temps de l'examiner vraiment. Avec sa petite moustache tendre, à peine dessinée, et sa silhouette élastique, Hofmannsthal avait l'air encore plus jeune que je ne l'avais imaginé. Son visage effilé, légèrement basané comme celui d'un

Italien, semblait manifester une certaine tension nerveuse, impression à laquelle contribuait encore la mobilité inquiète de ses yeux très sombres, velou-tés, mais atteints d'une forte myopie, et il se jeta presque d'un seul bond dans son discours comme un nageur dans le flot complice, et plus il parlait, plus ses gestes se faisaient libres, plus son attitude se faisait sûre ; à peine dans l'élément esprit, sa timi-dité initiale se mua (comme je l'ai souvent remar-qué plus tard dans les conversations privées) en un miracle de légèreté et de grâce aérienne propres à l'homme inspiré. C'est uniquement dans les pre-mières phrases que je pus encore remarquer que sa voix n'était pas belle, parfois très proche du faus-set, devenant légèrement suraiguë, mais déjà ses paroles nous élevaient si haut, dans un air si libre, que nous ne percevions plus sa voix et à peine son visage. Il parlait sans manuscrit, sans notes, peut-être même sans préparation, mais grâce au sens inné, magique, de la forme, qu'il avait naturelle-ment, chaque phrase était parfaitement équilibrée. Les antithèses les plus audacieuses se déployaient de façon éblouissante pour se résoudre ensuite en formulations claires et néanmoins surprenantes. On avait le sentiment impérieux que ce qu'il nous offrait là n'était que quelques graines répandues au hasard d'une bien plus grande abondance, et que transporté comme il l'était dans des sphères supé-rieures il pourrait continuer à parler ainsi pendant des heures et des heures sans s'appauvrir ni baisser son niveau. Même dans les conversations privées au cours des années qui suivirent, j'ai ressenti le pou-voir magique de cet « inventeur d'un chant roulant et de dialogues d'une pétillante élégance » que louait Stefan George ; il était inquiet, instable, émotif, sensible à la moindre variation de l'atmosphère, souvent morose et nerveux dans les relations privées, et l'approcher n'était pas chose facile. Mais dès l'instant où un problème l'intéressait, c'était une sorte de mise à feu ; d'un seul envol brûlant comme celui d'une fusée à la vitesse d'un éclair, il emportait alors toute discussion dans une sphère qui *lui* était propre et à laquelle *lui* seul pouvait accéder complètement. À l'exception de Valéry, par instants, qui avait une pensée plus mesurée et plus cristalline, et de l'impétueux Keyserling[13], je n'ai jamais connu de conversation d'un niveau intellectuel comparable à la sienne. Au cours de ces instants vraiment inspirés, tout était concrètement proche de sa mémoire d'une vigilance démoniaque, tous les livres qu'il avait lus, tous les tableaux qu'il avait vus, tous les paysages ; les métaphores s'enchaînaient aussi naturellement qu'une main qui tient une autre main, des perspectives s'élevaient comme des coulisses soudaines derrière un horizon qu'on croyait fermé — au cours de cette conférence, pour la première fois, et plus tard au cours de rencontres personnelles, j'ai vraiment senti chez lui le *flatus*, le souffle vivifiant, exaltant, de l'incommensurable, de ce que la raison ne peut saisir dans sa plénitude.

En un certain sens, Hofmannsthal n'a plus jamais dépassé le miracle exceptionnel qu'il a été de sa seizième jusqu'à sa vingt-quatrième année environ. Je n'en admire pas moins nombre de ses œuvres plus tardives comme les magnifiques essais, le fragment d'*Andreas*, ce torse du plus beau, peut-être, des romans de langue allemande, et certaines parties de ses drames, mais du fait de sa subordination plus marquée aux réalités du théâtre et aux intérêts de son époque, du caractère nettement conscient et

ambitieux de ses projets, une part de cette justesse
somnambulique, de l'inspiration pure de ces premières œuvres d'adolescent s'est perdue, et par là
même aussi une part de l'ivresse et de l'extase de
notre propre jeunesse. Avec la prescience magique
propre à l'immaturité nous savions à l'avance que
ce miracle de notre jeunesse serait unique et sans
retour dans notre vie.

Balzac a mis en scène de façon incomparable
comment l'exemple de Napoléon a galvanisé, en
France, toute une génération. Pour lui, l'ascension
éblouissante qui fit du petit lieutenant Bonaparte
l'empereur du monde ne signifiait pas simplement le
triomphe d'une personne mais la victoire de l'idée de
jeunesse. Qu'il n'était pas nécessaire d'être né prince
pour accéder de bonne heure au pouvoir, qu'on pouvait être issu d'une famille quelconque, modeste et
même pauvre, et devenir général à vingt-quatre ans,
souverain de la France à trente ans et peu après du
monde entier, cette réussite exceptionnelle poussa
des centaines de jeunes gens à abandonner leurs
petits métiers et leurs villes de province — le lieutenant Bonaparte échauffa les esprits de toute une jeunesse. Il donna du ressort à leur ambition ; il créa les
généraux de la Grande Armée, et les héros comme
les arrivistes de *La Comédie humaine*. Un jeune
homme seul qui atteint du premier coup un sommet
jusque-là inaccessible dans quelque domaine que ce
soit enhardit toujours, du seul fait de sa réussite,
toute la jeunesse autour de lui et après lui. En ce
sens, Hofmannsthal et Rilke représentèrent pour
nous, leurs cadets, un extraordinaire stimulant pour
nos énergies en pleine fermentation. Sans espérer
qu'un seul d'entre nous pût jamais répéter le miracle
de Hofmannsthal, nous étions néanmoins affermis

par sa simple existence physique. Elle était la preuve vraiment visuelle que même à notre époque, dans notre ville, dans notre milieu, le poète était possible. Son père, directeur de banque, n'était-il pas issu de la bourgeoisie juive, le même milieu que nous, le génie avait grandi dans une maison identique à la nôtre, avec les mêmes meubles et la même morale de classe, il avait fréquenté un lycée tout aussi stérile, il avait appris dans les mêmes manuels scolaires et passé huit ans sur les mêmes bancs de bois, aussi impatient que nous l'étions, avec la même passion pour les valeurs de l'esprit; alors qu'il devait user ses culottes sur ces bancs et piétiner dans la salle de gymnastique, voilà qu'il avait réussi, surmontant l'exiguïté de l'espace, la ville et la famille, en prenant son essor dans l'illimité. Grâce à Hofmannsthal, nous voyions démontré en quelque sorte *ad oculos* qu'il était absolument possible, même à notre âge, même dans l'atmosphère de cachot d'un lycée autrichien, de créer de la poésie, et même de la poésie parfaite. Il était même possible — énorme séduction pour une sensibilité d'adolescent ! — de se faire publier, d'être déjà loué, déjà célébré, tandis qu'à la maison et à l'école on passait encore pour un être immature et insignifiant.

Rilke, de son côté, constituait un encouragement d'une autre nature, qui complétait de façon tranquillisante celui que nous prodiguait Hofmannsthal. Car rivaliser avec Hofmannsthal eût été considéré comme un blasphème, y compris par le plus téméraire d'entre nous. Nous le savions: il était un miracle unique de perfection précoce, qui ne pouvait se reproduire, et quand, à seize ans, nous comparions nos vers avec les vers célèbres qu'il avait écrits au même âge, la honte nous effrayait;

de même nous sentions-nous humiliés dans notre
savoir devant le vol d'aigle qui lui avait fait parcourir dès le lycée l'univers de l'esprit. Rilke, quant à lui,
avait certes commencé aussi tôt, à l'âge de dix-sept
ou dix-huit ans, à écrire et publier des vers. Mais
ces premiers vers de Rilke, comparés à ceux de Hofmannsthal et même dans l'absolu, étaient des vers
immatures, enfantins et naïfs, dans lesquels il fallait faire preuve d'indulgence pour trouver quelques
minces pépites de talent. C'est petit à petit, à l'âge de
vingt-deux, vingt-trois ans, que ce merveilleux poète
que nous aimions tant avait commencé à élaborer
un ton personnel, ce que nous considérions déjà
comme une énorme consolation. On n'était donc pas
tenu d'atteindre la perfection dès le lycée comme
Hofmannsthal, on pouvait tâtonner, essayer, se former, s'améliorer comme le faisait Rilke. On n'était
pas obligé de renoncer tout de suite parce qu'on
écrivait pour l'instant des choses insatisfaisantes,
qui manquaient de maturité, dont on ne pouvait
répondre, et à défaut du miracle de Hofmannsthal,
on pouvait peut-être renouveler en soi-même l'ascension de Rilke, plus tranquille et plus normale.

Car il allait de soi que nous avions tous commencé depuis longtemps à écrire de la prose ou des
vers, à faire de la musique ou à réciter; la passion
passive est déjà, en soi, une position qui n'a rien de
naturel chez la jeunesse, car il est dans sa nature
de ne pas se contenter d'accueillir des impressions
mais d'y répondre productivement. Pour des jeunes,
aimer le théâtre veut dire au moins qu'ils souhaitent
et rêvent de travailler eux-mêmes sur la scène ou
pour le théâtre. Admirer dans l'extase le talent
sous toutes ses formes les conduit irrésistiblement
à rechercher en eux-mêmes s'ils ne découvriraient

pas quelque trace ou quelque possibilité de cette essence précieuse entre toutes dans leur propre corps inexploré ou dans leur âme encore à moitié nébuleuse. C'est ainsi que dans notre classe, compte tenu de l'atmosphère viennoise et des conditions particulières de l'époque, l'aspiration à la production artistique devint proprement épidémique. Chacun cherchait en lui-même un talent et tentait de le développer. Quatre ou cinq d'entre nous voulaient devenir comédiens. Ils imitaient la diction de nos acteurs du Burgtheater, ils récitaient et déclamaient sans relâche, prenaient déjà des cours de théâtre en secret et, pendant les récréations, ils improvisaient, en se partageant les rôles, des scènes entières du théâtre classique, pour lesquelles nous formions un public curieux mais sévère dans ses critiques. Deux ou trois avaient une excellente formation musicale, mais n'avaient pas encore décidé s'ils voulaient devenir compositeurs, virtuoses ou chefs d'orchestre; c'est à eux que je dois ma première connaissance de la nouvelle musique, encore sévèrement proscrite dans les concerts officiels de la philharmonie — cependant qu'en contrepartie nous leur fournissions des textes pour leur lieder et leurs chœurs. Un autre, fils d'un peintre mondain célèbre à cette époque, remplissait de dessins nos cahiers pendant les cours et faisait le portrait de tous les futurs génies de la classe. Mais c'est de loin à la littérature qu'étaient consacrés les plus grands efforts. Grâce à l'émulation réciproque qui nous incitait à une perfection de plus en plus rapide et aux critiques que nous échangions sur chacun de nos poèmes, le niveau que nous atteignions à seize ans dépassait de loin le simple dilettantisme, se rapprochant même, chez certains, de celui d'une œuvre vraiment réussie. La preuve en est que nos productions étaient acceptées, non par d'obscures feuilles de province, mais par les principales revues de la nouvelle génération, qui les imprimaient et — preuve suprême — allaient même jusqu'à les rétribuer. Un de mes camarades, Ph. A., que j'idolâtrais comme un génie, brillait en première place dans la luxueuse revue *Pan*[14], à côté de Dehmel et de Rilke, un autre, A. M., sous le pseudonyme d'August Oehler était parvenu à s'introduire dans la plus fermée, la plus éclectique de toutes les revues allemandes, les *Blätter für die Kunst* (*Feuilles pour l'art*), que Stefan George réservait à son cercle consacré, sept fois passé au crible. Un troisième, encouragé par Hofmannsthal, écrivait un drame sur Napoléon, un quatrième une nouvelle théorie esthétique et de remarquables sonnets; pour ma part, j'étais introduit à *Die Gesellschaft* (*La Société*), principale revue de la modernité, et à *Die Zukunft* (*L'Avenir*) de Maximilian Harden[15], hebdomadaire qui joua un rôle décisif dans l'histoire politique et culturelle de l'Allemagne nouvelle. Quand je jette maintenant un regard en arrière, je dois reconnaître objectivement que la somme de nos connaissances, le raffinement de notre technique littéraire et notre niveau artistique étaient vraiment étonnants pour des jeunes de seize ans, et que seul pouvait l'expliquer l'exemple galvanisant de la prodigieuse précocité de Hofmannsthal, qui nous contraignait à une tension extrême et passionnée pour faire tant soit peu bonne figure les uns devant les autres. Nous maîtrisions tous les procédés, toutes les bizarreries et toutes les audaces de la langue, nous avions fait d'innombrables essais pour expérimenter toutes les formes de versification, tous les styles, du pathos à la Pindare jusqu'à la diction naturelle du *Volkslied*, nous échangions quotidiennement nos productions pour nous signaler mutuellement les plus légers défauts et discuter de tous les détails métriques. Tandis que nos braves professeurs, qui ne se doutaient encore de rien, corrigeaient nos devoirs en signalant à l'encre rouge la moindre absence de virgule, nous nous critiquions les uns les autres avec une rigueur, une connaissance des règles de l'art et une méticulosité dont ne faisait preuve aucun des papes littéraires patentés de nos grands quotidiens quand il s'agissait des chefs-d'œuvre classiques; et ces critiques installés et célèbres, nous leur étions infiniment supérieurs à la fin de notre scolarité, grâce à notre fanatisme, pour la compétence et le style d'expression.

Cette description vraiment fidèle de notre précocité littéraire risque d'induire l'opinion erronée que nous formions une classe particulière d'enfants prodiges. Or il n'en était rien. Dans une dizaine d'écoles voisines, à Vienne, on pouvait observer alors le même phénomène: même fanatisme et même précocité du talent. Cela ne pouvait être dû au hasard. Il régnait une atmosphère particulièrement propice, conditionnée par l'humus artistique de la ville, le caractère apolitique de l'époque, la pression exercée par la constellation des nouvelles orientations intellectuelles et artistiques au tournant du siècle, qui se combinait chimiquement en nous avec la volonté de produire, facteur immanent quasi inéluctable à cet âge de la vie. À l'âge de la puberté, la poésie ou l'élan vers la poésie traverse effectivement tout être jeune, mais la plupart du temps ce n'est qu'une vague fugitive, et il est rare qu'une telle inclination survive à la jeunesse puisqu'elle n'est elle-même qu'une émanation de cette jeunesse. Des cinq comédiens sur les

bancs de l'école, aucun n'est devenu ensuite acteur
sur la scène réelle, les poètes de *Pan* et des *Blätter
für die Kunst* se sont enlisés après ce premier essor
surprenant pour finir avocats ou fonctionnaires,
qui sourient peut-être aujourd'hui avec ironie ou
mélancolie de leurs ambitions d'autrefois — je
suis le seul parmi tous ceux-là chez qui la passion
de produire a persisté, devenant le sens et le cœur
de toute sa vie. Mais avec quelle gratitude j'évoque
encore la mémoire de cette camaraderie ! Combien elle m'a aidé ! Comme ces discussions enflam-
mées, cette surenchère acharnée, cette admiration
et cette critique mutuelles m'ont exercé de bonne
heure la main et les nerfs, quelles perspectives et
quel horizon n'ont-elles pas donnés au regard que je
portais sur le cosmos intellectuel, quel ressort pour
m'élever au-dessus de l'aridité et de la grisaille de
notre école ! « Art plein de grâces, à tant d'heures
grises... », chaque fois que j'entends résonner le lied
immortel de Schubert[16], je nous vois, dans une sorte
de vision picturale, les épaules recroquevillées sur
nos misérables bancs d'école, puis, sur le chemin
du retour, le regard rayonnant, excité, critiquant et
récitant des poèmes, oubliant dans la passion toute
subordination à l'espace et au temps, littéralement
« ravis dans un monde meilleur ».

Un tel fanatisme monomaniaque de l'art, une
telle surestimation de l'esthétique poussée jusqu'à
l'absurde ne pouvait bien entendu se vivre qu'aux
dépens des intérêts normaux de notre âge. Si je
me demande aujourd'hui quand nous trouvions le
temps de lire tous ces livres, tant notre journée était
déjà plus que remplie par les heures de classe et les
leçons particulières, je me rends compte que cela
se faisait en majeure partie au détriment de notre

sommeil et donc de notre fraîcheur physique. Alors
que je devais me lever à 7 heures, il ne m'est jamais
arrivé d'abandonner ma lecture avant 1 ou 2 heures
du matin — mauvaise habitude que j'ai d'ailleurs
prise à cette époque pour le restant de mes jours :
lire encore une ou deux heures même si la nuit est
déjà très avancée. Ainsi je ne peux me souvenir de
m'être jamais rué à l'école autrement qu'à la dernière
minute, sans avoir assez dormi et habillé en dépit du
bon sens, dévorant ma tartine beurrée en courant ;
pas étonnant qu'avec toute notre intellectualité nous
ayons tous eu l'air maigre et aussi vert qu'un fruit
pas mûr, sans parler de nos vêtements passablement négligés. Car le moindre sou de notre argent
de poche était dépensé pour le théâtre, les concerts
ou les livres et, par ailleurs, il nous importait peu
de plaire aux jeunes filles, nous qui avions l'intention d'en imposer à d'autres instances, évidemment
supérieures. Nous promener avec des jeunes filles
nous semblait une perte de temps car, dans notre
arrogance intellectuelle, nous tenions l'autre sexe
pour intellectuellement inférieur et ne souhaitions
pas gaspiller nos heures si précieuses en platitudes.
Il serait certainement difficile de faire comprendre
à un jeune d'aujourd'hui à quel point nous igno-
rions et même méprisions tout ce qui touche au
sport. Il est vrai qu'au siècle dernier, la vague sportive venue d'Angleterre n'avait pas encore gagné le
continent. Il n'y avait pas encore de stade, où cent
mille personnes hurlent d'enthousiasme quand un
boxeur abat son poing sur le menton de l'autre ; les
journaux n'envoyaient pas encore de reporters chargés de remplir des colonnes en relatant un match
de hockey avec une fougue homérique. À notre
époque, les combats de lutte, les clubs d'athlétisme,

les records d'haltérophilie étaient réputés concer-
ner les faubourgs, bouchers et portefaix constituant
effectivement leur public ; à la rigueur les courses
de chevaux, sport assez noble et aristocratique, attiraient deux ou trois fois par an la prétendue « bonne
société » sur le champ de courses, mais pas nous
qui considérions toute activité physique comme une
perte de temps pure et simple. À treize ans, lorsque
cette infection intellectuelle et littéraire germa chez
moi, j'arrêtai le patin à glace, utilisai pour acheter
des livres l'argent que mes parents m'allouaient
pour un cours de danse, à dix-huit ans je ne savais
toujours pas nager, ni danser, ni jouer au tennis,
aujourd'hui je ne sais toujours pas faire de la bicyclette ni conduire une voiture, et en matière de sport
n'importe quel enfant de dix ans est en mesure de
m'en remontrer. Aujourd'hui même, en 1941, la différence entre base-ball et football, entre hockey et
polo est tout sauf évidente à mes yeux, et la page
sportive d'un journal avec ses chiffres inexplicables
me semble écrite en chinois. Vis-à-vis de tout record
sportif de vitesse ou d'adresse, j'en suis imperturbablement resté au point de vue du shah de Perse, qui,
lorsqu'on voulut le persuader d'assister à un derby,
fit cette réponse d'une sagesse orientale : « Pour quoi
faire ? Je sais bien qu'un cheval peut courir plus vite
que l'autre. Ça ne m'intéresse pas de savoir lequel. »
Gaspiller notre temps aux jeux nous paraissait tout
aussi méprisable que d'entraîner le corps ; seuls les
échecs trouvaient quelque grâce à nos yeux parce
qu'ils nécessitaient un effort de l'esprit ; et — plus
absurde encore —, bien que nous nous sentîmes
poètes en herbe ou tout au moins en puissance, nous
nous intéressions très peu à la nature. Au cours de
mes vingt premières années, je n'ai pratiquement

rien vu de cette merveille qu'étaient les environs de Vienne ; les journées d'été les plus belles et les plus chaudes, la ville étant déserte, avaient même pour nous un charme particulier parce que, dans notre café, nous obtenions journaux et revues plus rapidement et en plus grand nombre. Il m'a fallu encore des années et des décennies pour rééquilibrer cet excès de tension d'une avidité puérile et compenser un peu mon inévitable maladresse physique. Mais globalement, je n'ai jamais regretté ce fanatisme de mes années de lycée, où je ne vivais que par les yeux et par les nerfs. Cette époque m'a mis dans le sang une passion pour les choses de l'esprit que je voudrais ne plus jamais perdre, et tout ce que j'ai lu et appris depuis se dresse sur le socle consolidé de ces années-là. Ce qu'on a refusé à ses muscles peut toujours se rattraper ; mais l'élan vers les choses de l'esprit, mais la faculté intérieure de préhension propre à l'âme est quelque chose qui s'exerce uniquement dans les années décisives de la formation, et seul celui qui a appris de bonne heure à élargir son âme est capable, plus tard, de saisir en lui-même la totalité du monde.

Quelque chose de nouveau se préparait dans le domaine de l'art, quelque chose de plus passionné, de plus problématique, de plus séduisant que ce qui avait satisfait nos parents et notre entourage, et c'est cela qui fut le véritable événement de nos années de jeunesse. Mais fascinés par ce seul secteur de l'existence, nous ne remarquions pas que ces mutations dans le champ esthétique n'étaient que des secousses périphériques et des signes annonciateurs de changements d'une tout autre ampleur qui allaient ébranler et finalement anéantir le monde de nos pères, le monde de la sécurité. Un singulier bouleversement social commençait à se préparer dans notre vieille Autriche somnolente. Les masses, qui, des décennies durant, avaient tacitement et docilement laissé le pouvoir à la bourgeoisie libérale, se mirent brusquement à s'agiter, s'organisèrent et revendiquèrent leurs droits. C'est justement dans les dix dernières années du siècle que la politique fit irruption par de violentes bourrasques dans le calme plat de la vie confortable. Le siècle nouveau voulait un ordre nouveau, des temps nouveaux.

En Autriche, le premier de ces grands mouvements de masse fut le mouvement socialiste. Jusque-là, le suffrage nommé à tort « universel » avait été accordé, chez nous, aux seuls possédants qui pouvaient faire état d'un cens déterminé. Or les avocats et les fermiers élus par cette classe croyaient honnêtement et sincèrement être les porte-parole et les représentants du « peuple » au Parlement. Ils étaient très fiers d'être cultivés, d'avoir suivi autant que possible une formation universitaire, ils attachaient de l'importance à la dignité et à la décence du comportement ainsi qu'à la qualité du style ; pour cette raison, tout se passait aux sessions parlementaires comme dans une soirée de discussions organisée par un club distingué. Grâce à leur foi libérale en un monde marchant inéluctablement vers le progrès, grâce à la raison et à la tolérance, ces démocrates bourgeois croyaient sincèrement que de petites concessions et des améliorations progressives étaient la meilleure façon de promouvoir le bien de tous les sujets. Mais ils avaient complètement oublié qu'ils ne représentaient que les cinquante ou cent mille habitants aisés des grandes villes et pas les centaines de milliers et les millions de gens du pays tout entier. Entre-temps, la machine avait fait son œuvre et rassemblé autour de l'industrie les travailleurs autrefois dispersés ; sous la direction d'un homme éminent, le docteur Victor Adler, il se forma en Autriche un parti socialiste chargé de faire triompher les revendications du prolétariat, qui réclamait un suffrage réellement universel et égal pour tous ; à peine fut-il accordé ou plus exactement arraché par la force qu'on dut constater à quel point le libéralisme, quelle que fût sa grande valeur, n'était qu'une couche très mince de la société. Avec lui, c'est la tolérance politique qui disparut de la vie publique, désormais les intérêts affrontaient durement les intérêts, et la lutte commença.

Je me rappelle encore le jour de ma plus tendre enfance qui marqua le tournant décisif dans l'ascension du parti socialiste autrichien ; voulant faire la première démonstration visuelle de leur puissance et de leur masse, les ouvriers avaient donné pour mot d'ordre que le 1er mai serait déclaré jour férié du peuple travailleur et décidé de se rendre au Prater en cortège groupé pour défiler dans l'allée principale où d'habitude, dans la belle et large avenue de marronniers, seuls les voitures et les équipages de l'aristocratie et de la riche bourgeoisie faisaient leur corso ce jour-là. À l'annonce de cette nouvelle, l'épouvante paralysa la bonne bourgeoisie libérale. Socialistes ! ce terme avait alors en Allemagne et en Autriche un arrière-goût de sang et de terrorisme, comme auparavant « jacobin » et plus tard « bolchevique ». Sur le moment, on n'arrivait pas à concevoir que cette horde rouge venue des faubourgs parviendrait à défiler sans incendier des maisons, piller des magasins et commettre toutes les violences imaginables. Une sorte de panique se répandit. Toute la police de la ville et des environs fut postée sur le

Prater, l'armée mise en réserve, prête à tirer. Pas un
fiacre, pas un équipage n'osa s'aventurer à proximité
du Prater, les commerçants baissèrent les rideaux
de fer devant leurs boutiques, et je me souviens que
nos parents avaient strictement interdit aux enfants
de descendre dans la rue ce jour-là, jour de terreur
qui pouvait voir Vienne en flammes. Or il ne se
passa rien. Les ouvriers descendirent le Prater en
rangs serrés par quatre avec femmes et enfants, et
une discipline exemplaire, chacun arborant à la bou-
tonnière un œillet rouge, insigne du parti. Ils chan-
tèrent *L'Internationale* en défilant, mais ensuite,
dans la belle verdure de la « noble allée » qu'ils
foulaient pour la première fois, les enfants enton-
nèrent leurs insouciantes chansons d'écoliers. Personne ne fut insulté, personne ne fut frappé, il n'y
eut pas de poings serrés, et c'est en camarades que
policiers et soldats leur répondaient par des rires.
Grâce à cette conduite exemplaire, il n'était désormais plus possible à la bourgeoisie de stigmatiser
les ouvriers comme une « horde révolutionnaire » et
on en vint — comme toujours dans la vieille et sage
Autriche — à des concessions mutuelles ; le système
actuel du matraquage et de l'extermination n'avait
pas encore été inventé, l'idéal d'humanité (il est vrai
déjà en train de s'étioler) était encore vivant, y compris chez les chefs de partis.

À peine l'œillet rouge avait-il fait son apparition
comme insigne de parti qu'une autre fleur se montra
subitement aux boutonnières, l'œillet blanc, signant
l'appartenance au parti chrétien-social (n'est-il pas
touchant de voir qu'à cette époque on ait encore
choisi des fleurs comme insignes de partis au lieu
des bottes à revers, des poignards et des têtes de
mort ?). Le parti chrétien-social, parti absolument

petit-bourgeois, n'était à dire vrai que le mouvement organisé pour s'opposer à celui des prolétaires et finalement un produit équivalent de la victoire de la machine sur la main. Car en réunissant de grandes masses dans les usines, ce qui donnait du pouvoir aux ouvriers et leur ouvrait la voie de l'ascension sociale, la machine menaçait en même temps le petit artisanat. Les grands magasins et les productions de masse causaient la ruine de la classe moyenne et des petits patrons d'entreprises artisanales. Ce mécontentement et cette inquiétude furent exploités par un dirigeant habile et populaire, le docteur Karl Lueger[17], et avec son slogan « Il faut aider les petites gens » il entraîna derrière lui toute la petite bourgeoisie et la classe moyenne en colère, beaucoup moins par jalousie à l'égard des possédants que par crainte de perdre leur condition bourgeoise pour tomber dans le prolétariat. C'était la même couche sociale apeurée que celle qu'Adolf Hitler a rassemblée plus tard pour en faire sa première base de masse, et Karl Lueger fut aussi son modèle dans un autre sens, puisqu'il lui fit comprendre la rentabilité du slogan antisémite désignant un adversaire bien visible aux cercles petits-bourgeois mécontents et, d'autre part, détournant par là même insensiblement leur haine des grands propriétaires fonciers et de la richesse féodale. Mais la vulgarité, la brutalité qui ont gagné depuis la politique, l'effrayante régression de notre siècle, tout cela se manifeste justement quand on compare les deux personnages. Karl Lueger, qui en imposait avec sa grande barbe blonde et soyeuse — on l'appelait « le beau Karl » dans le langage populaire viennois —, avait une formation universitaire et ce n'est pas pour rien qu'il avait fait des études, à une époque qui plaçait la culture

intellectuelle au-dessus de tout. Il savait parler le
langage du peuple, se montrer véhément et spirituel, mais même dans ses discours les plus virulents
— ou ceux qui passaient à l'époque pour virulents —
il ne dépassait jamais les bornes de la décence et
tenait soigneusement en bride son Streicher[18], un
mécanicien du nom de Schneider, qui opérait avec
des histoires de meurtres rituels et autres vulgarités.
Irréprochable et frugal dans sa vie privée, il gardait
toujours une certaine noblesse vis-à-vis de ses adversaires, et son antisémitisme officiel ne l'a jamais
empêché de rester bienveillant et obligeant avec ses
anciens amis juifs. Quand son mouvement finit par
conquérir le conseil municipal de Vienne et qu'il fut
nommé maire — après que l'empereur François-
Joseph eut refusé deux fois de ratifier sa nomina-
tion car il abominait la tendance antisémite —, son
administration de la ville resta d'une équité irréprochable et même exemplairement démocratique ; les
Juifs, que ce triomphe du parti antisémite avait fait
trembler, continuèrent à vivre sans perdre aucun
des droits ni la considération dont ils jouissaient.
Le venin de la haine et la volonté de s'anéantir les
uns les autres n'étaient pas encore passés dans le
système sanguin de l'époque.

Mais déjà paraissait une troisième fleur, le bleuet,
fleur favorite de Bismarck et emblème du parti
national-allemand, qui était, bien qu'on ne l'eût pas
compris à l'époque, un parti consciemment révolutionnaire dont le but était de travailler à la destruction de la monarchie autrichienne au profit d'une
Grande Allemagne — déjà rêvée avant Hitler —,
sous hégémonie prussienne et protestante. Alors
que le parti chrétien-social était enraciné à Vienne
et dans le monde rural, le parti socialiste dans

les centres industriels, le parti national-allemand
ne recrutait pratiquement ses partisans que dans
les marches de Bohême et des Alpes ; numérique-
ment faible, il compensait cette faiblesse par une
agressivité furieuse et une brutalité démesurée. Ses
quelques députés devinrent la terreur et (au sens
ancien) la honte du Parlement autrichien ; c'est dans
leurs idées, dans leur technique que Hitler, lui aussi
autrichien des marches, trouve son origine. C'est de
Georg von Schönerer[19] qu'il a repris le mot d'ordre
« Débarrassons-nous de Rome » que des milliers
de nationaux-allemands suivirent alors avec une
docilité allemande afin d'exaspérer l'empereur et
le clergé, abandonnant le catholicisme pour passer
au protestantisme, de lui qu'il a repris la théorie
raciale antisémite — « La saloperie, c'est la race »,
disait un illustre modèle —, mais surtout la création
et l'utilisation d'une troupe d'assaut sans scrupule,
d'une brutalité aveugle, et par là même la stratégie
consistant à intimider par la terreur exercée par un
petit groupe la majorité bien supérieure en nombre
mais d'une passivité tout humaine. Le rôle que les
S.A. jouèrent pour le national-socialisme, dispersant
les réunions à coups de matraque en caoutchouc,
assaillant de nuit leurs adversaires, les jetant à terre
et les rouant de coups, les étudiants des corporations
l'avaient joué pour les nationaux-allemands, faisant
régner la terreur sous le couvert de l'immunité académique, militairement organisés pour se rassem-
bler à l'appel et au sifflet et intervenir dans toute
manifestation politique. Regroupés dans des corporations étudiantes qu'on appelait *Burschenschaften*[20],
le visage balafré, ivres et brutaux, ils régnaient en
maîtres sur le territoire universitaire, parce qu'ils ne
se contentaient pas comme les autres de porter des

rubans et des casquettes, mais étaient équipés de
lourds gourdins ; pratiquant la provocation permanente, ils s'attaquaient aux étudiants slaves ou juifs
ou catholiques ou italiens et chassaient de l'université les étudiants sans défense. Le sang coulait
à chaque *Bummel*, parade étudiante qui avait lieu
certains samedis. La police, à qui un vieux privilège
interdisait de pénétrer dans l'enceinte de l'université, était obligée d'observer de l'extérieur, et sans
intervenir, les agissements de ces lâches, de ces fauteurs de troubles, et devait se borner à emporter les
blessés, que les voyous nationaux précipitaient en
sang au bas de l'escalier. Chaque fois qu'en Autriche
le parti national-allemand, minuscule mais grande
gueule, voulait obtenir quelque chose par la force,
il dépêchait cette troupe d'assaut étudiante ; lorsque
le comte Balendi eut obtenu l'agrément de l'empereur et du Parlement pour promulguer une ordonnance sur les langues destinée à établir la paix entre
les nations de l'Autriche et qui eût sans doute pro-
longé l'existence de la monarchie pour quelques
décennies, cette poignée de jeunes enragés occupa
le Ring. Il fallut mobiliser la cavalerie, on sabra et
on tira. Mais si grande était la répulsion qu'inspiraient tout tumulte violent et toute effusion de sang
à cette époque libérale d'une faiblesse tragique et
d'une humanité touchante que le gouvernement
recula devant la terreur nationale-allemande. Le
Ministre-Président démissionna et l'ordonnance sur
les langues, bien qu'absolument loyale, fut rapportée. L'irruption de la brutalité dans le domaine politique pouvait enregistrer son premier succès. Toutes
les fissures et les failles souterraines qui séparaient
les races et les classes, que l'époque du compromis
avait eu tant de peine à replâtrer, se rouvrirent et

devinrent des abîmes et des gouffres. En réalité, au cours de cette dernière décennie qui précède le siècle nouveau, la guerre de tous contre tous avait déjà commencé en Autriche.

Mais nous autres jeunes gens, complètement enfermés dans le cocon de nos ambitions littéraires, n'avions presque aucune conscience des dangereuses mutations que connaissait notre patrie : nous n'avions d'yeux que pour les livres et les tableaux. Les problèmes politiques et sociaux ne suscitaient pas chez nous le moindre intérêt : que signifiaient dans notre vie ces bruyantes querelles ? La ville s'excitait à l'occasion des élections, et nous allions dans les bibliothèques. Les masses se révoltaient, et nous écrivions et discutions des poèmes. Nous ne voyions pas les signes de feu sur le mur, nous festoyions avec insouciance comme autrefois le roi Balthazar[21], savourant tous les mets délicieux de l'art, sans jeter sur l'avenir des regards craintifs. Et c'est seulement quelques dizaines d'années plus tard, quand le toit et les murs s'effondrèrent sur nos têtes, que nous le comprîmes : les fondations étaient minées depuis longtemps et avec le siècle nouveau c'était aussi le déclin de la liberté individuelle qui avait commencé en Europe.

EROS MATUTINUS

Au cours de ces huit années d'enseignement secondaire se produisit pour chacun d'entre nous un fait très personnel : d'enfants de dix ans, nous devînmes petit à petit des jeunes gens pubères de seize, dix-sept, dix-huit ans, et la nature commença à faire valoir ses droits. Or cet éveil de la puberté semble être un problème absolument privé, que tout adolescent doit affronter pour lui-même et qui, à première vue, n'est pas fait pour être discuté sur la place publique. Mais pour notre génération, cette crise débordait sa sphère de départ. Elle suscitait en même temps un éveil dans un autre sens, car elle nous apprit pour la première fois à observer d'un œil plus critique le monde social dans lequel nous avions grandi et ses conventions. Les enfants et même les adolescents inclinent généralement, dans un premier temps, à se conformer respectueusement aux lois de leur milieu. Mais s'ils se soumettent aux conventions qui leur sont imposées, c'est uniquement tant qu'ils voient que tous les autres les respectent eux aussi loyalement. Il suffit d'une imposture chez ses maîtres ou ses parents et le jeune homme est inévitablement incité

à observer tout son entourage d'un regard méfiant
et donc aiguisé. Il ne nous a pas fallu beaucoup de
temps pour découvrir que les autorités auxquelles
nous avions accordé jusque-là notre confiance, que
l'école, la famille et la morale publique avaient une
attitude curieusement hypocrite sur ce point précis
de la sexualité — et même plus : qu'elles exigeaient
aussi de nous le secret et la sournoiserie en cette
matière.

Car il y a trente ou quarante ans on avait là-dessus
une autre opinion que dans le monde actuel. Il n'y
a peut-être aucun domaine de la vie publique où,
sous l'influence d'une série de facteurs — l'émancipation de la femme, la psychanalyse freudienne,
le culte sportif du corps, l'autonomie acquise par
la jeunesse —, se soit produite en l'espace d'une
génération une transformation aussi radicale que
dans les relations entre les sexes. Si l'on tente de
formuler la différence entre la morale bourgeoise
du XIXe siècle, essentiellement victorienne, et les
conceptions actuelles, plus libres et moins soumises
aux préjugés, on cernera peut-être au mieux la réalité si l'on dit que cette époque, mue par un sentiment d'incertitude intérieure, fuyait anxieusement
le problème de la sexualité. Certaines époques antérieures, encore sincèrement religieuses, en particulier les époques strictement puritaines, ne s'étaient
pas posé autant de questions. Pénétrées en toute
bonne foi de la conviction que le désir sensuel était
l'aiguillon du diable et le plaisir physique luxure et
péché, les autorités du Moyen Âge avaient affronté
directement le problème et imposé leur morale
sévère à coups d'interdits abrupts et, en particulier
dans la Genève calviniste, de châtiments cruels.
Mais comme notre siècle, lui, était tolérant, ne

croyait plus depuis longtemps au diable et à peine plus en Dieu, il n'avait plus le courage de jeter un anathème aussi radical, tout en ayant le sentiment que la sexualité était un facteur d'anarchie et donc de perturbation, qu'il n'était pas possible d'intégrer dans son éthique et qu'on ne devait pas laisser s'étaler au grand jour, car toute forme d'amour libre, extraconjugal contrevient à la « bienséance » bourgeoise. Pour résoudre ce conflit intérieur, l'époque inventa donc un curieux compromis. Elle limita sa morale, certes sans interdire aux adolescents de pratiquer leur *vita sexualis*, mais en leur imposant de traiter cette affaire embarrassante comme ils l'entendaient pourvu que cela passât inaperçu. La sexualité ne pouvant être, décidément, bannie du monde, qu'au moins elle ne fût pas visible dans leur monde moral. On passa donc un accord tacite pour n'aborder aucun aspect de cette affaire complexe, ni à l'école, ni en famille, ni en public, et pour étouffer tout ce qui pourrait rappeler son existence.

Pour nous qui savons depuis Freud que refouler de la conscience ses impulsions naturelles ne permet aucunement de les éliminer mais ne fait que les déplacer dangereusement dans l'inconscient, il est facile, aujourd'hui, de moquer l'ignorance dont témoigne cette technique naïve de dissimulation. Mais tout le XIXe siècle fut sincèrement pris dans cette folle illusion qu'on peut résoudre tous les problèmes avec la raison raisonnante et que plus on dissimule le besoin naturel plus on en tempère le potentiel d'anarchie ; il suffirait donc de ne pas informer les adolescents de son existence pour qu'ils oublient leur propre sexualité. Dans cette illusion que la continence pût être le fruit de l'ignorance, on trouvait réunies toutes les instances pour pratiquer solidairement un boycott par le silence hermétique. L'École et la pastorale de l'Église, les salons et la justice, les journaux et les livres, la mode et les mœurs évitaient par principe toute mention du problème, et même la science, dont la tâche essentielle devrait être pourtant d'aborder tous les problèmes avec une égale absence de préjugé, s'associa scandaleusement à ce *naturalia sunt turpia*[1]. Elle aussi capitula en alléguant que traiter des thèmes aussi scabreux était indigne d'elle. Quel que soit le livre de cette époque qu'on feuillette, qu'il soit de philosophie, de droit et même de médecine, on s'apercevra de leur accord unanime pour éluder craintivement toute discussion. Quand les spécialistes de droit pénal faisaient des congrès pour discuter des méthodes propres à humaniser les prisons et des préjudices moraux causés par la vie carcérale, ils esquivaient pudiquement le problème en fait central. Quant aux médecins soignant les maladies nerveuses, bien qu'ils sachent parfaitement, dans bien des cas, ce qu'il en était de l'étiologie de certaines affections hystériques, ils n'osaient pas plus avouer le fond des choses, comme on peut s'en assurer en lisant chez Freud que Charcot, son maître vénéré, lui avouait en privé qu'ayant beau connaître la vraie cause, il ne l'avait jamais divulguée publiquement. Et la littérature relevant à l'époque de ce qu'on appelait les « Belles Lettres » était bien la dernière à qui on accordait le droit d'oser une peinture véridique, parce qu'on lui assignait le domaine du Beau esthétique à l'exclusion de tout autre. Alors que dans les siècles précédents l'écrivain ne craignait pas de délivrer un tableau sincère et complet de la civilisation de son temps, alors que chez Defoe, l'abbé Prévost, Fielding et Rétif de La Bretonne on trouve encore des

descriptions authentiques de ce qui se passe dans la
réalité, l'époque dont nous parlons croyait ne pouvoir montrer que le « sentimental » et le « sublime »,
mais pas le vrai et le pénible. C'est pourquoi les
périls, les ombres et les désarrois propres à la jeunesse des grandes villes ne trouvent qu'un écho fugi-
tif dans la littérature du XIXe siècle. Même quand un
écrivain avait l'audace d'évoquer la prostitution, il se
croyait tenu de l'ennoblir et donnait à son héroïne le
parfum de *La Dame aux camélias*. Nous voici donc
devant ce fait curieux que lorsqu'un jeune homme
d'aujourd'hui, désireux de savoir comment la jeunesse de la génération d'hier et d'avant-hier luttait
pour se frayer un chemin dans l'existence, ouvre
les romans des grands maîtres de l'époque, ceux
de Dickens et de Thackeray, de Gottfried Keller[2] et
de Björnson, il ne trouve représentés — sauf chez
Tolstoï et Dostoïevski, qui se situaient, en tant que
Russes, au-delà du pseudo-idéalisme européen —
que des événements sublimes et tempérés, parce
que toute cette génération en butte à la pression
de l'époque se voyait empêchée de s'exprimer librement. Et rien ne montre mieux la surexcitation
quasi hystérique de cette morale de nos prédécesseurs et l'atmosphère presque inimaginable pour
nous aujourd'hui que le fait que même cette retenue littéraire ne suffisait toujours pas. Car peut-on
encore concevoir qu'un roman de bout en bout aussi
sobre que *Madame Bovary* eût été interdit pour obs-
cénité par un tribunal français ? Qu'à l'époque de
ma jeunesse les romans de Zola aient été jugés por-
nographiques et qu'un romancier d'un classicisme
aussi tranquille que Thomas Hardy ait soulevé des
vagues d'indignation en Angleterre et en Amérique ?

Si retenus qu'ils fussent, ces livres en avaient déjà trop dit sur les réalités.

Or c'est dans cet air étouffant et malsain, saturé de miasmes parfumés, que nous avons grandi. Cette morale hypocrite du silence et de la dissimulation, dénuée de toute psychologie, est celle qui a pesé tel un cauchemar sur nos jeunes années, et comme les documents authentiques sur la littérature et l'histoire de la civilisation font défaut du fait de cette technique du silence solidaire, il n'est sans doute pas facile de reconstruire ce qu'on a déjà du mal à croire. On a tout de même une référence : il suffit de jeter un regard sur la mode, car celle d'un siècle donné, en indiquant à quoi tend son goût, trahit aussi involontairement sa morale. On ne peut vraiment pas parler de hasard quand aujourd'hui, en 1940, des hommes et des femmes de la société de 1900 apparaissant sur l'écran d'un cinéma dans leurs costumes de l'époque provoquent l'hilarité générale et irrépressible du public dans chaque ville, dans chaque village d'Europe ou d'Amérique. C'est parce qu'ils y voient des caricatures que les plus naïfs se moquent aussi de ces étranges créatures d'antan — pantins en costumes contre nature, inconfortables, peu pratiques et sans hygiène ; et pour nous qui avons encore vu nos mères, nos tantes et nos amies dans ces robes absurdes, pour nous qui, gamins, portions des vêtements tout aussi ridicules, c'est une sorte de cauchemar que toute une génération ait pu accepter sans résistance un accoutrement aussi aberrant. Déjà la mode masculine de ces hauts cols durs appelés « parricides », qui interdisaient toute liberté de mouvement, des redingotes noires agitant la queue provoque l'hilarité, mais que dire alors de la « dame » d'autrefois dans

sa toilette laborieuse et forcée, dont chaque détail
violentait la nature! Serrée à la taille comme une
guêpe par un corset de baleines, puis la partie inférieure du corps bombée à son tour en gigantesque
cloche, le cou enserré jusqu'à hauteur du menton
et les pieds recouverts jusqu'aux orteils, les cheveux
qu'un empilage d'innombrables bouclettes, volutes
et tresses érige en tour chapeautée d'un monstre, les
mains enfoncées dans des gants y compris au plus
chaud de l'été — ce personnage de la « dame », qui
nous semble aujourd'hui appartenir depuis longtemps à l'histoire, nous donne l'impression, malgré
le nuage de parfum qui l'enveloppait, la parure dont
elle était chargée, et toutes ses dentelles précieuses,
ses ruches et ses chutes de tissus, d'être une malheureuse dont on plaint la détresse. On se rend compte
au premier coup d'œil qu'une fois cuirassée d'une
toilette pareille comme un chevalier de son armure,
une femme ne pouvait pas se mouvoir librement,
avec grâce et légèreté, que, dans ce costume, chaque
mouvement, chaque geste, et de fil en aiguille tout
son maintien et son comportement devenaient
forcément artificiels, que non seulement ils manquaient de naturel mais qu'ils étaient contraires à
la nature. Le simple fait de s'accoutrer en « dame »
— sans même parler de l'éducation mondaine —, de
mettre ce genre de robe et de l'enlever était une opération laborieuse, impossible à exécuter sans l'aide
d'un tiers. Il fallait d'abord fermer par-derrière, de
la taille jusqu'au cou, un nombre infini d'agrafes et
d'œillets, serrer le corset en s'aidant de toute la force
de la femme de chambre, puis les longs cheveux
— je rappelle aux jeunes gens d'aujourd'hui qu'il y
a trente ans, hormis quelques dizaines d'étudiantes
russes, toutes les femmes d'Europe pouvaient dérou-

ler leurs cheveux jusqu'aux hanches — devaient être frisés, aplatis, brossés, lissés, montés par une coiffeuse appelée tous les matins, avec une armée de fers et de bigoudis, avant que jupons, camisoles, vestes et jaquettes, en la recouvrant comme des pelures d'oignons l'aient tant métamorphosée que le dernier reste de forme féminine et personnelle avait complètement disparu. Mais ce non-sens avait son sens caché. Cette manipulation était censée si bien dissimuler les formes d'une femme qu'au repas de noces le nouveau marié lui-même ne pouvait deviner le moins du monde si la future compagne de sa vie avait la taille droite ou voûtée, le corps maigre ou plantureux, les jambes courtes ou longues ; cette époque « morale » ne jugeait pas du tout illicites les artifices employés pour gonfler la chevelure, la poitrine et autres parties du corps à seule fin de donner le change et de conformer le corps à l'idéal général de beauté. Plus une femme était tenue d'avoir l'air d'une « dame », moins ses formes naturelles devaient être discernables ; en suivant ce principe, la mode ne faisait au fond que servir docilement la tendance morale de cette époque, dont le souci principal était de recouvrir et dissimuler.

Mais ce qu'oubliait complètement cette morale si sage c'est que quand on ferme la porte au diable, il force ordinairement l'entrée par la cheminée ou une porte de derrière. Aujourd'hui, ce qui nous frappe tout simplement dans cet accoutrement, qui cherchait désespérément à recouvrir la moindre trace de peau nue et de franchise physique, ce n'est vraiment pas sa décence mais, au contraire, la façon provocante, et finalement navrante, dont cette mode faisait ressortir la polarité des sexes. Tandis que le jeune homme et la jeune femme actuels, tous deux grands et minces, tous deux imberbes et les cheveux courts, affichent une camaraderie d'apparence, les deux sexes s'éloignaient à l'époque l'un de l'autre autant qu'ils le pouvaient. Les hommes arboraient une barbe longue ou frisaient au moins une épaisse moustache, dont ils faisaient l'attribut ostentatoire de leur virilité, tandis que, chez la femme, le corset faisait valoir la poitrine, caractère essentiel de leur féminité. Le sexe dit fort accusait aussi sa différence au regard du sexe faible dans l'attitude qu'on exigeait de lui, rude, chevaleresque et agressive pour l'homme, pudique, craintive et défensive pour la femme, chasseur et proie au lieu d'égal à égal. Cette exaspération contre nature des différences extérieures ne pouvant qu'aggraver la tension intérieure entre les pôles, l'érotisme, la société d'alors, grâce à sa méthode fort peu psychologique du silence et de la dissimulation, obtint exactement le contraire. Car comme sa crainte et sa pruderie permanentes la conduisaient à traquer sans répit l'immoralité dans toutes les formes de la vie, de la littérature, de l'art et du vêtement, pour prévenir toute excitation, elle était finalement obligée de penser en permanence à l'immoralité. Comme elle cherchait sans discontinuer ce qui pourrait être inconvenant, elle se trouvait dans un état de vigilance permanent ; pour le monde d'alors, la « décence » semblait toujours en danger de mort : à chaque geste, à chaque mot. Aujourd'hui, on concevra peut-être encore qu'à l'époque il eût été jugé criminel qu'une femme se mît en pantalon pour faire du sport ou jouer. Mais comment faire comprendre la pruderie hystérique qui interdisait alors à une dame de proférer ne fût-ce que le mot « pantalon » ? Il lui fallait, si elle en venait même à faire simplement mention de l'existence d'un objet aussi dangereux pour les sens qu'un pantalon d'homme, choisir le terme innocent de *Beinkleid*, littéralement « vêtement des jambes », ou l'expression élusive inventée tout exprès : *les inexprimables*. Il était par exemple vraiment inconcevable que deux jeunes gens de même condition mais de sexe différent fussent autorisés à faire une excursion sans surveillance — ou plus exactement, la première pensée était qu'il pût alors se passer « quelque chose ». Il était à la rigueur admissible que les jeunes gens pussent être ensemble si les accompagnait pas à pas un chaperon quelconque, mère ou gouvernante. Que même par le plus chaud des étés des jeunes filles jouent au tennis dans des robes dégageant les pieds ou même les bras nus eût été jugé scandaleux, et quand une femme bien élevée croisait les pieds en société, les « bonnes mœurs » trouvaient cela épouvantablement choquant, parce que ainsi elle aurait pu dénuder ses chevilles sous l'ourlet de la robe. Même aux éléments de la nature, le soleil, l'eau et l'air, la faveur n'était pas accordée de toucher la peau nue d'une femme. Dans la mer, elles devaient, pour avancer, se contorsionner dans de lourds costumes, habillées du cou jusqu'aux talons, et dans les pensionnats et les couvents, les jeunes filles, pour oublier qu'elles avaient un corps, devaient même prendre leur bain domestique dans de longues chemises blanches. Ce n'est ni une légende ni une exagération quand on raconte que des femmes sont mortes à un âge avancé sans que personne hormis l'accoucheur, l'époux et le laveur de cadavres n'ait vu de leur corps ne fût-ce que la ligne de l'épaule ou le genou. Tout cela paraît aujourd'hui, quarante ans après, un conte ou une exagération de l'humour. Mais cette angoisse du physique et du naturel était passée des plus hautes couches de la société dans les profondeurs du peuple avec la virulence d'une véritable névrose. Car peut-on encore concevoir aujourd'hui qu'au tournant du siècle, quand pour la première fois des femmes eurent l'audace de monter à bicyclette et même à cheval sur une selle d'homme, les paysans jetèrent des pierres sur ces effrontées ? Qu'à l'époque où j'allais encore à l'école, les journaux viennois consacrèrent des colonnes entières à la discussion d'une proposition de nouveauté abominablement indécente obligeant les ballerines de l'Opéra impérial à danser sans bas de tricot ? Que ce fut une sensation inégalée quand Isadora Duncan[3], dans ses danses pourtant fort classiques, montra pour la première fois sous sa tunique blanche, ondulant heureusement jusqu'en bas, la plante nue de ses pieds au lieu des habituels chaussons de soie ? Et pensez à présent aux jeunes gens qui grandissaient à cette époque avec le regard vif, imaginez combien ces craintes pour une décence sempiternellement menacée devaient leur paraître ridicules, sitôt qu'ils s'étaient aperçus que le manteau pudique dont on voulait couvrir ces choses avec mystère était tout élimé, plein de déchirures et de trous. En fin de compte, il était pratiquement inévitable qu'un des cinquante collégiens tombât sur son professeur dans quelque ruelle obscure, ou que, dans le cercle familial, on surprît un propos vous apprenant que tel ou tel, qui affichait devant vous un air on ne peut plus respectable, avait plusieurs péchés sur la conscience. En réalité, rien n'aiguisait, rien n'échauffait plus notre curiosité que cette technique malhabile de la dissimulation ; et comme on ne voulait pas laisser le naturel suivre son cours librement et ouvertement, la curiosité, dans une grande ville, se fabriquait ses voies d'écoulement souterraines et pas toujours des plus propres. Dans toutes les couches de la société, on sentait, chez les jeunes, une surexcitation souterraine qui s'exprimait sur un mode puéril et maladroit. On aurait eu du mal à trouver une palissade ou un endroit reculé qui ne fût barbouillé d'inscriptions ou de dessins obscènes, une piscine dont les cloisons de bois isolant le bain réservé aux dames ne fussent percées de trous par les voyeurs. De véritables industries, aujourd'hui disparues depuis que les mœurs sont devenues plus naturelles, florissaient secrètement, avant tout celle des photos de nus que, dans toutes les auberges, des colporteurs proposaient sous la table aux adolescents. Ou celle de la littérature pornographique *sous le manteau** — dès lors que la littérature sérieuse devait forcément être idéaliste et prudente —, des livres du genre le plus détestable, imprimés sur du mauvais papier, écrits dans un mauvais style, qui s'arrachaient pourtant comme des petits pains, ainsi que des revues du « genre piquant », comme on n'en trouve plus aujourd'hui d'aussi répugnantes et lubriques. À côté du Hoftheater, chargé de servir l'idéal de l'époque avec sa noblesse d'esprit et sa pureté blanche comme neige, il y avait des théâtres et des cabarets au service exclusif de la plus vulgaire grivoiserie ; ce qu'on refrénait se frayait partout des voies et des issues secrètes et détournées. En fin de compte, cette génération à qui la pruderie refusait tout éclaircissement et toute rencontre spontanée avec l'autre sexe se retrouvait dans des dispositions mille fois plus érotiques que la jeunesse actuelle avec sa plus grande liberté d'aimer. Car c'est le manque qui obsède le désir, l'interdit qui excite la convoitise, et moins on donnait à voir aux yeux et à entendre aux oreilles,

plus les pensées formaient de rêves. Moins on laissait d'air, de lumière et de soleil au corps, plus les
sens s'échauffaient. En résumé, la pression exercée
sur notre jeunesse, loin d'élever notre niveau moral,
n'a fait que susciter en nous amertume et méfiance
contre toutes les instances de la société. Du premier
jour où nous nous sommes éveillés, nous avons senti
d'instinct qu'en pratiquant le silence et la dissimulation cette morale hypocrite voulait nous prendre
quelque chose qui appartenait de plein droit à notre
âge et qu'elle sacrifiait notre volonté d'être honnête
à une convention depuis longtemps mensongère.

Cette « morale sociale », qui, d'un côté, présuppo-
sait en privé l'existence de la sexualité et son cours
naturel, qu'elle se refusait obstinément, de l'autre,
à reconnaître publiquement, était même deux
fois mensongère. Car tandis que, pour les jeunes
hommes, elle fermait un œil non sans cligner de
l'autre pour les encourager à « jeter leur gourme »,
comme on disait alors dans le jargon gentiment
moqueur des familles de l'époque, elle fermait les
deux yeux quand il s'agissait de la femme, et se faisait aveugle. Qu'un homme eût des pulsions et qu'on
lui permît de les ressentir était quelque chose que
même la convention était bien obligée d'accepter
en silence. Mais qu'une femme pût être soumise à
des pulsions identiques, que la Création, pour ses
desseins éternels, eût aussi besoin d'un pôle féminin, l'admettre sincèrement eût été une entorse à la
notion de « sainteté de la femme ». À cette époque
préfreudienne, on se mit donc d'accord pour imposer cet axiome qu'une créature de sexe féminin
n'éprouve aucune sorte de désir physique autre
que celui éveillé par l'homme, ce qui, bien entendu,
ne pouvait être officiellement autorisé que dans le

mariage. Mais comme même à cette époque morale l'air était saturé d'agents érotiques infectieux, fort dangereux spécialement à Vienne, une jeune fille de bonne famille, de la naissance jusqu'au jour où elle quittait l'autel au bras de son époux, était tenue de vivre dans une atmosphère absolument stérile. Pour mettre les jeunes filles à l'abri, on ne les laissait pas une minute seules. On leur donnait une gouvernante chargée de faire en sorte que pour rien au monde elles ne fissent un pas hors de leur maison sans être surveillées, on les accompagnait à l'école, à leur cours de danse, à leur cours de musique, et on revenait les chercher. On contrôlait tout livre qu'elles lisaient, et surtout on occupait les jeunes filles pour les distraire de toute pensée potentiellement dangereuse. Elles devaient pratiquer le piano, apprendre le chant, et le dessin, et des langues étrangères, et l'histoire de l'art, et l'histoire de la littérature: on les cultivait et on les surcultivait. Mais tandis qu'on s'efforçait de leur donner la meilleure culture et la meilleure éducation mondaine qu'on pût imaginer, en même temps, on veillait soucieusement à les maintenir dans une ignorance de toutes les choses naturelles qui est aujourd'hui inconcevable pour nous. Une jeune fille de bonne famille ne devait pas avoir la moindre idée de l'anatomie d'un corps masculin, ni savoir comment les enfants viennent au monde, puisque l'ange devait évidemment entrer dans le mariage le corps immaculé, mais également l'âme absolument « pure ». Chez la jeune fille, être « bien éduquée » revenait purement et simplement à « s'aliéner la vie », et cette aliénation a souvent été celle d'une vie entière pour les femmes de cette époque. M'amuse aujourd'hui encore l'histoire grotesque d'une de mes tantes qui retourna subitement chez ses parents à 1 heure du matin la nuit de ses noces et sonna le tocsin, déclarant qu'elle ne voulait plus jamais voir l'être abominable à qui on l'avait mariée, que c'était un fou et un monstre, car il avait très sérieusement tenté de la déshabiller, ajoutant qu'elle avait eu toutes les peines du monde à se sauver de ce désir évidemment morbide.

Je ne peux néanmoins passer sous silence cet autre fait que pareille ignorance prêtait aux jeunes filles d'autrefois un mystérieux attrait. Ces créatures incapables de voler de leurs propres ailes pressentaient qu'à côté ou derrière leur propre monde il y en avait un autre dont elles ne savaient rien et ne devaient rien savoir, et cela les rendait curieuses, mélancoliques et rêveuses, donnait du charme à leur désarroi. Quand on les saluait dans la rue, elles rougissaient — existe-t-il encore aujourd'hui des jeunes filles qui rougissent? Quand elles étaient entre elles, elles ne se lassaient pas de pouffer, de chuchoter et de rire comme prises d'une légère ivresse. Dans l'attente de tout cet inconnu dont elles étaient exclues, elles se formaient un rêve romantique de la vie, mais se montraient en même temps honteuses que quelqu'un pût découvrir combien leur corps réclamait des tendresses dont elles ne savaient rien de précis. Une sorte de léger égarement chatouillait sans répit toutes leurs manières. Elles avaient une autre démarche que les jeunes filles d'aujourd'hui dont les corps sont aguerris par le sport et qui circulent avec aisance et naturel parmi les jeunes gens qu'elles considèrent comme leurs semblables; à mille pas, on pouvait déjà distinguer à la démarche et aux manières une jeune fille d'une femme qui avait déjà connu un homme. Elles étaient plus jeunes filles et moins femmes que ne le sont les jeunes filles d'aujourd'hui, semblables dans leur être à la délicatesse exotique des plantes de serre, cultivées dans une maison de verre avec son atmosphère artificiellement surchauffée, à l'abri de tout mauvais coup de vent; produits raffinés d'une certaine éducation et d'une certaine culture.

Mais c'est la jeune fille que voulait la société d'alors, exaltée et ignorante, bien élevée et naïve, curieuse et pudique, incertaine et dépourvue de sens pratique, destinée d'emblée par cette éducation contraire à la vie à être ensuite formée et guidée passivement par un mari. La morale sociale semblait la protéger parce qu'elle était l'incarnation de son idéal le plus secret, le symbole de la pudicité féminine, de la virginité, de la désincarnation. Mais quelle tragédie par la suite quand une de ces jeunes filles avait passé l'âge et n'était toujours pas mariée à vingt-cinq ans, à trente ans! Impitoyable, la convention exigeait en effet que même la jeune fille de trente ans conservât sans faiblir une candeur, une abstinence et une naïveté, qui n'étaient plus depuis longtemps de son âge — au nom de la « famille » et de la « décence ». Mais ensuite la tendre image se transformait en caricature d'une dureté cruelle. La jeune fille restée célibataire devenait une « laissée-pour-compte », puis la jeune fille laissée-pour-compte une « vieille fille », aux dépens de laquelle les feuilles satiriques ne se lassaient pas d'exercer leur verve insipide. Celui qui feuillette aujourd'hui une vieille série des *Fliegende Blätter* ou d'autres magazines satiriques de l'époque découvre avec horreur, dans chaque numéro, les plaisanteries les plus ineptes sur les filles vieillissantes, qui, les nerfs dérangés, ne savent comment dissimuler leur désir d'amour pourtant bien naturel. Au lieu de reconnaître la tragédie qui s'est jouée dans ces existences sacrifiées, forcées, au nom de la famille et de son bon renom, de réprimer en elles les exigences de la nature, le désir d'amour et de maternité, on les raillait avec une incompréhension qui suscite aujourd'hui notre dégoût. Mais son extrême cruauté, la société la réserve toujours à ceux qui trahissent et révèlent publiquement son secret, quand son hypocrisie lui fait commettre un forfait contre la nature.

Si la convention bourgeoise se cramponnait encore à la fiction qu'une femme de la « bonne société » n'avait pas de sexualité et ne devait pas en avoir tant qu'elle n'était pas mariée — faute de quoi, elle devenait une « personne immorale », une *outcast*[4] de la famille —, on n'en était pas moins forcé de reconnaître que de telles pulsions existaient bel et bien chez le jeune homme. Comme l'expérience montrait qu'on ne pouvait empêcher des jeunes gens pubères de vivre leur *vita sexualis*, on se bornait à formuler le vœu modeste qu'ils se procurent leurs plaisirs indignes hors les murs de la morale sacrée. De même que les villes, sous les rues proprement balayées avec leurs magasins de luxe et leurs élégantes promenades cachent des canalisations souterraines, dans lesquelles se déversent les eaux sales, toute la vie sexuelle de la jeunesse devait se dérouler, pour ne pas être vue, sous la surface morale de la « société ». Peu importe à quels dangers le jeune homme s'exposait alors et dans quelles zones il entrait, et l'école aussi bien que la famille évitaient craintivement de l'en avertir. Les dernières années, il y avait bien ici et là quelques pères prévoyants, ou comme on disait alors « d'esprit éclairé », désireux d'aider leur fils, aux premiers signes de barbe naissante, à trouver le droit chemin.

On faisait alors appel au médecin de famille, lequel priait incidemment le jeune homme de le suivre dans une chambre, essuyait minutieusement ses lunettes, avant de se mettre à discourir sur le danger des maladies vénériennes et de recommander instamment au jeune homme, qui, la plupart du temps, s'était déjà instruit à ce moment-là par sa propre expérience, d'éviter les excès et de ne pas négliger certaines précautions. D'autres pères usaient d'un moyen encore plus saugrenu: ils engageaient pour la maison une jolie servante, dont la tâche consistait à initier le garçon par des travaux pratiques. Ils préféraient en effet que le jeune homme règle sous leur propre toit cette fâcheuse affaire, ce qui avait le mérite de garder le décorum et d'exclure, de surcroît, le danger qu'il pût tomber entre les mains de quelque « rouée ». Mais il y avait *une* méthode résolument proscrite dans tous les cas et par toutes les instances: la franchise et la sincérité.

Quelles possibilités s'offraient alors au jeune homme appartenant au monde de la bourgeoisie? Dans toutes les autres couches de la société, celles qu'on disait « inférieures », ce problème n'en était pas un. À la campagne, le valet couchait avec une servante dès l'âge de dix-sept ans et si cette relation avait des suites, elles étaient sans importance; dans la plupart de nos villages alpins, le nombre des bâtards l'emportait largement sur celui des enfants légitimes. Et dans le prolétariat, l'ouvrier vivait en « union libre » avec l'ouvrière avant de pouvoir se marier. Chez les Juifs orthodoxes de Galicie, on attribuait une épouse au garçon de dix-sept ans, donc à peine nubile, et à quarante ans il pouvait déjà être grand-père. C'est uniquement dans notre société bourgeoise qu'était proscrit le véritable

remède, le mariage précoce, parce que aucun père
de famille n'aurait confié sa fille à un jeune homme
de vingt ou vingt-deux ans, estimant qu'un homme
aussi « jeune » n'était pas encore assez mûr. Ce qui
révélait là encore une hypocrisie intérieure, car le
calendrier bourgeois ne s'accordait pas du tout avec
celui de la nature. Alors que pour la nature le jeune
homme était pubère à seize ou dix-sept ans, il ne
l'était pour la société qu'à partir du moment où il
avait acquis une « position sociale », c'est-à-dire pas
avant sa vingt-cinquième ou sa vingt-sixième année.
Ainsi s'ouvrait un intervalle de six, huit ou dix ans
entre sa nubilité réelle et celle de la société, intervalle pendant lequel le jeune homme était prié de
s'occuper lui-même de ses « opportunités » ou de ses
« aventures ».

Pour ce faire, l'époque ne lui offrait pas trop de
possibilités. Seul un très petit nombre de jeunes
gens particulièrement riches pouvait se payer le luxe
d'« entretenir » une maîtresse, c'est-à-dire de lui procurer un logement et de quoi satisfaire ses besoins.
De même, seuls quelques-uns étaient assez heureux
pour réaliser l'idéal amoureux alors prôné par la littérature, le seul que le roman fût autorisé à peindre :
la liaison avec une femme mariée. La plupart des
autres se rabattaient sur des boutiquières ou des
serveuses, ce qui leur procurait une médiocre satisfaction intérieure. Car à l'époque précédant l'émancipation de la femme et sa participation active et
autonome à la vie publique, seules les filles issues
du prolétariat le plus pauvre étaient à la fois assez
insouciantes et assez libres pour assumer de telles
relations passagères sans intention sérieuse de se
marier. Mal habillées, épuisées par une journée de
travail de douze heures pour un salaire de misère,

peu soignées de leur personne (à cette époque, la salle de bains était encore un privilège des familles riches), ayant mené une vie étriquée, ces malheureuses créatures étaient si inférieures au niveau de leurs amants que, la plupart du temps, ces derniers redoutaient eux-mêmes d'être vus en leur compagnie. Assurément, la convention était assez prévoyante pour inventer des remèdes spécifiques de cette affaire pénible, les *chambres séparées**, où l'on pouvait souper avec une fille sans être vu, et tout le reste se passait dans les petits hôtels des rues sombres adjacentes, exclusivement réservées à ce trafic. Mais toutes ces rencontres devaient rester fugitives et sans vraie beauté, du sexe plus que de l'éros, car toujours hâtives et secrètes, expédiées comme une chose interdite. Il y avait encore tout au plus la possibilité d'une liaison avec une de ces créatures amphibies qui se situaient à moitié dans la société à moitié hors d'elle : actrices, danseuses ou artistes — les seules femmes « émancipées » de cette époque. Mais généralement, le fondement de la vie érotique de l'époque en dehors du mariage restait la prostitution ; elle constituait en quelque sorte la voûte de la cave obscure au-dessus de laquelle s'élevait l'édifice somptueux de la société bourgeoise avec sa façade d'une aveuglante pureté.

La monstrueuse extension de la prostitution en Europe jusqu'à la Guerre mondiale est sans doute difficile à imaginer pour la génération actuelle. Alors qu'aujourd'hui il est aussi rare de croiser des prostituées dans les rues des grandes villes que des chevaux sur la chaussée, à l'époque, les trottoirs étaient si encombrés de femmes vénales qu'il était plus difficile de les éviter que d'en trouver. À quoi

il faut ajouter les innombrables « maisons closes »,
les boîtes de nuit, les cabarets, les bastringues avec
leurs danseuses et leurs chanteuses, les bars avec
leurs entraîneuses. La marchandise féminine s'étalait publiquement à toute heure et à tous les prix, et
il coûtait aussi peu de temps et d'efforts à un homme
de se payer une femme, un quart d'heure, une heure
ou une nuit, qu'un paquet de cigarettes ou un journal. Rien ne me paraît confirmer le surcroît d'honnêteté et de spontanéité qui caractérise les formes
actuelles de la vie et de l'amour comme le fait qu'il
soit devenu possible et quasi naturel pour la jeunesse
d'aujourd'hui de se passer de cette institution jadis
indispensable, et que ni la police ni les lois n'aient
fait reculer la prostitution hors de notre monde,
mais que ce produit tragique d'une pseudo-morale
se soit résorbé de lui-même, à quelques restes près,
pour cause de diminution de la demande.

Il est vrai que la position officielle de l'État et de sa
morale sur cette sombre affaire n'a jamais été des
plus confortables. Du point de vue moral, on n'osait
pas reconnaître ouvertement à une femme le droit
de se vendre, mais d'un autre point de vue, celui
de l'hygiène, on ne pouvait se passer de la prostitution puisqu'elle canalisait une sexualité extra-
conjugale fort embarrassante. Aussi les autorités
cherchaient-elles à s'en tirer par un double discours :
elles faisaient une distinction entre prostitution
clandestine, que l'État combattait pour son immoralité et sa dangerosité, et prostitution autorisée,
dotée d'une sorte de licence et assujettie à l'impôt.
Une fille ayant résolu de devenir prostituée recevait de la police une certaine concession et un livret
personnel lui servant d'autorisation d'exercer. En
se soumettant au contrôle de la police et en satis-

faisant à l'obligation de passer une visite médicale deux fois par semaine, elle avait acquis le droit professionnel de louer son corps au prix qui lui convenait. Elle était reconnue comme une professionnelle parmi toutes les autres, mais — c'est là qu'était le hic moral — sans être tout à fait reconnue. Par exemple, sa marchandise, c'est-à-dire son corps, une fois vendue à un homme, si celui-ci refusait ensuite de payer le prix convenu, une prostituée ne pouvait déposer plainte contre lui. D'un coup, sa réclamation — *ob turpem causam*[5], comme le motivait la loi — était devenue subitement immorale et ne pouvait donc recevoir l'appui de l'autorité.

Ces détails suffisent pour faire sentir la contradiction d'une conception qui, d'un côté, classait ces femmes dans une activité professionnelle autorisée par l'État, mais les plaçait personnellement en dehors du droit commun en les traitant comme des *outcasts*. Mais l'hypocrisie proprement dite se manifestait dans l'application pratique qui réservait toutes ces restrictions aux classes les plus pauvres. À Vienne, une danseuse de ballet, que tout homme pouvait avoir à toute heure pour deux cents couronnes comme la fille des rues pour deux couronnes, n'avait évidemment pas besoin de licence ; et dans leurs reportages, les journaux mentionnaient même parmi les notabilités présentes aux courses ou à un derby le nom des grandes demi-mondaines, justement parce qu'elles faisaient elles-mêmes partie de la « haute société ». De même, quelques-unes des entremetteuses les plus distinguées qui approvisionnaient la Cour, l'aristocratie et la bourgeoisie riche en articles de luxe, transgressaient la loi qui punissait par ailleurs le proxénétisme d'une lourde peine de prison. La discipline sévère, la surveillance impitoyable et la mise au ban de la société n'avaient cours que dans l'armée des milliers et des milliers de femmes, dont on chargeait le corps et l'âme humiliée de défendre une vieille conception de la morale, minée depuis longtemps, contre des formes libres et naturelles de l'amour.

Cette gigantesque armée de la prostitution était divisée en genres particuliers, exactement comme l'était la véritable armée en diverses armes — cavalerie, artillerie, infanterie, artillerie de forteresse. À l'artillerie de forteresse correspondait le mieux, dans la prostitution, le groupe qui occupait complètement certaines rues de la ville où il avait pris ses quartiers. Il s'agissait le plus souvent d'endroits où se trouvait autrefois, au Moyen Âge, le gibet ou une léproserie ou un cimetière, où les « hommes libres », les bourreaux et autres bannis de la société trouvaient à s'abriter, donc des endroits où depuis des siècles les bourgeois préféraient déjà ne pas habiter. Là, les autorités concédaient quelques ruelles au marché de l'amour: comme dans le Yoshiwara au Japon ou le marché aux poissons du Caire, en plein XXe siècle, deux cents ou cinq cents femmes étaient assises, porte à porte, l'une à côté de l'autre, s'exhibant aux fenêtres de leurs rez-de-chaussée — marchandise bon marché qui travaillait en deux équipes, l'équipe de jour et l'équipe de nuit.

À la cavalerie ou à l'infanterie correspondait la prostitution ambulante, les innombrables filles vénales qui se cherchaient des clients dans la rue. À Vienne, on les appelait *Strichmädchen*, « filles de trait », parce que la police délimitait d'un trait invisible le trottoir qu'elles avaient le droit d'utiliser pour exercer leur commerce. Jour et nuit jusqu'aux premières lueurs de l'aube, qu'il gèle ou qu'il pleuve,

elles traînaient par les rues une fausse élégance ache-
tée avec peine, forçant inlassablement leur visage
fatigué, mal maquillé, à sourire pour allécher tout
homme qui passait. Et toutes les villes me paraissent
aujourd'hui plus belles et plus humaines depuis que
ces hordes n'en peuplent plus les rues, toutes ces
femmes maussades et affamées qui vendaient du
plaisir sans plaisir, déambulaient sans fin d'un coin
de rue à l'autre et finissaient toujours par prendre
inexorablement le même chemin : celui de l'hôpital.

Or ces masses elles-mêmes ne suffisaient toujours pas à cette consommation permanente. Bien
des hommes souhaitaient plus de commodité et de
discrétion qu'ils n'en avaient en chassant dans les
rues ces chauves-souris voltigeantes et ces tristes
oiseaux de paradis. Ils voulaient plus de confort
dans l'amour : de la lumière et de la chaleur, de la
musique et de la danse et un semblant de luxe. Il
y avait pour ces clients des « maisons closes », des
bordels. On y trouvait rassemblées dans ce qu'on
appelait un « salon », aménagé avec un faux luxe,
les filles, partie en toilette de dame, partie dans des
négligés sans équivoque. Un pianiste était chargé du
divertissement musical, on buvait, on dansait et on
causait, avant que les couples se retirent discrètement dans une chambre à coucher ; dans certains de
ces établissements raffinés jouissant d'une réputation internationale, en particulier à Paris et à Milan,
un esprit naïf pouvait succomber à l'illusion d'être
invité dans une maison privée avec des dames hono-
rables quelque peu pétulantes. Extérieurement, les
filles de ces maisons donnaient l'impression d'être
mieux loties que les filles des rues. Elles n'étaient
pas obligées de parcourir des ruelles fangeuses dans
le vent et sous la pluie, elles séjournaient dans des

pièces chauffées, recevaient des vêtements corrects,
avaient à manger et surtout à boire en abondance.
Mais en contrepartie, elles étaient véritablement
prisonnières de leurs hôtesses qui leur imposaient
les vêtements qu'elles portaient à des prix usuraires
et trafiquaient à ce point les comptes concernant le
prix de leur pension que même la fille la plus zélée
et la plus endurante restait en quelque sorte leur
débitrice et ne pouvait jamais quitter la maison de
son propre gré.

Il serait passionnant d'écrire l'histoire secrète de
bon nombre de ces maisons et ce serait même un
document essentiel sur la culture de l'époque, car
elles recelaient les mystères les plus singuliers, dont
les autorités, par ailleurs si sourcilleuses, étaient
parfaitement informées. Il y avait là des portes dérobées et un escalier particulier par lequel les membres
de la plus haute société — et même de la Cour, si
on en croit la rumeur — pouvaient s'introduire
sans être vus du commun des mortels. Il y avait des
chambres pourvues de miroirs et d'autres qui permettaient de regarder dans les chambres voisines
dans lesquelles des couples s'ébattaient sans se douter de rien. Il y avait les déguisements les plus sau-
grenus, de l'habit de nonne à la tenue de ballerine,
serrés dans des tiroirs et des coffres à la disposition
de certains fétichistes. Et c'étaient la même ville, la
même société, la même morale qui s'indignaient
quand des jeunes filles faisaient de la bicyclette,
qui décrétaient la dignité de la science outragée
quand Freud, à sa manière tranquille, limpide et
pénétrante, faisait le constat des vérités qu'elles se
refusaient à reconnaître. Ce monde qui défendait
la pureté de la femme avec tant de pathos tolérait

l'abominable commerce qu'on faisait de sa propre personne, l'organisait et en tirait même profit.

Qu'on ne se laisse donc pas abuser par les nouvelles ou les romans sentimentaux de cette époque. Pour la jeunesse, ce fut une époque maudite, les jeunes filles hermétiquement isolées de la vie et contrôlées par leur famille, contrariées dans le libre épanouissement de leur corps et de leur esprit, les jeunes gens contraints aux cachotteries et aux sournoiseries par une morale à laquelle, au fond, personne ne croyait ni ne se soumettait plus. Les relations franches et spontanées, celles qui sont justement de nature à procurer bonheur et félicité à la jeunesse, n'étaient accordées qu'au plus petit nombre. Et un homme de cette génération qui voudrait penser de bonne foi à ses toutes premières rencontres avec des femmes trouvera peu d'épisodes dont il puisse vraiment évoquer le souvenir avec une joie sans mélange. Car, outre la pression sociale qui requérait constamment la prudence et le secret, un autre facteur offusquait aussi l'âme après et même pendant les instants les plus tendres : la peur d'une infection. Là encore la jeunesse d'alors se trouvait désavantagée par rapport à celle d'aujourd'hui, car on ne doit pas oublier qu'il y a quarante ans les maladies vénériennes étaient cent fois plus répandues qu'aujourd'hui et surtout que leurs effets étaient cent fois plus dangereux et plus terribles, parce que la médecine clinique de cette époque ne savait pas comment y remédier. Il n'existait pas encore de moyen scientifique de les éliminer aussi vite et aussi radicalement qu'on le fait aujourd'hui où elles ne sont presque plus qu'un mal passager. Alors que de nos jours dans les hôpitaux de petites ou moyennes universités, grâce à la thérapeutique

de Paul Ehrlich[6], il se passe souvent plusieurs
semaines avant que le professeur puisse présenter
à ses étudiants un seul cas d'infection syphilitique
récente, les statistiques faites à l'armée et dans les
grandes villes indiquaient que sur dix jeunes gens au
moins un ou deux avaient déjà été victimes de ces
infections. On avertissait inlassablement la jeunesse
du danger encouru; quand on parcourait les rues
de Vienne, une maison sur six ou sept portait une
plaque sur laquelle on pouvait lire: « Spécialiste des
maladies de la peau et des maladies sexuelles », et à
la crainte d'être contaminé s'ajoutait l'horreur de la
forme répugnante et déshonorante que prenaient les
cures, dont le monde actuel ne sait plus rien. Pendant des semaines et des semaines on frictionnait
le corps entier du syphilitique avec du mercure, ce
qui provoquait par ailleurs la chute des dents ainsi
que d'autres altérations de la santé; la malheureuse victime d'un fâcheux hasard se sentait donc
souillée dans son âme mais aussi dans son corps,
et même après une cure aussi abominable l'intéressé ne pouvait être sûr de toute sa vie que le malin
virus[7] n'allait pas se réveiller de son enkystement,
paralysant ses membres à partir de la moelle épi-
nière, amollissant le cerveau derrière le front. Pas
étonnant qu'à l'époque de nombreux jeunes gens se
soient saisis d'un revolver, sitôt le diagnostic établi, car ils trouvaient insupportable qu'eux-mêmes
ou leurs proches puissent nourrir le soupçon que
c'était incurable. À cela s'ajoutaient les autres soucis
d'une vie sexuelle qui ne pouvait être que clandestine. Si je cherche honnêtement dans mes souvenirs, je ne trouve presque aucun de mes camarades
de jeunesse qui ne soit pas arrivé un jour le visage
blême et l'œil hagard, l'un parce qu'il était malade

ou redoutait de l'être, le deuxième parce qu'il était
victime d'un chantage à cause d'un avortement, le
troisième parce qu'il n'avait pas assez d'argent pour
subir un traitement à l'insu de sa famille, le quatrième parce qu'il ne savait pas comment payer la
pension alimentaire d'un enfant qu'une serveuse lui
imputait, le cinquième parce qu'on lui avait volé son
portefeuille dans un bordel et qu'il n'osait pas porter
plainte. La jeunesse était donc un âge bien plus dramatique et d'autre part plus malsain, bien plus passionnant et en même temps plus déprimant à cette
époque pseudo-morale que l'image qu'en donnent
les romans et les pièces de théâtre de ses écrivains
de Cour. Dans la sphère d'Eros comme à l'école et à
la maison, jamais la jeunesse ne se voyait accorder
la liberté et le bonheur auxquels la destinait son âge.

Il fallait absolument souligner tout cela pour
donner une image honnête de l'époque. Car souvent, quand je m'entretiens avec des camarades
plus jeunes de la génération d'après-guerre, je dois
presque leur faire violence pour les convaincre que
notre jeunesse n'était nullement privilégiée en comparaison de la leur. Certes nous avons joui de plus
de liberté, du point de vue civique, que la génération
actuelle assujettie au service militaire, au service
du travail, à une idéologie de masse dans de nombreux pays, et tout compte fait entièrement livrée
à l'arbitraire d'une politique internationale stupide. Nous rencontrions moins d'obstacles si nous
voulions nous consacrer à notre art et aux inclinations de notre esprit, donner une forme plus individuelle, plus personnelle à notre existence privée.
Nous pouvions mener une vie plus cosmopolite,
le monde entier nous était ouvert. Ni passeport ni
visa n'étaient nécessaires pour voyager où nous le

souhaitions, personne n'examinait nos opinions, notre origine, notre race et notre religion. Nous avions de fait — je ne le nie pas du tout — infiniment plus de liberté individuelle et nous ne l'avons pas seulement aimée, nous en avons fait usage. Mais comme Friedrich Hebbel[8] le dit fort joliment : « Tantôt c'est le vin qui nous manque, tantôt c'est la coupe. » Il est rare que les deux soient donnés à une seule et même génération ; si les mœurs laissent de la liberté à l'homme, c'est l'État qui l'assujettit. Si l'État lui laisse sa liberté, ce sont les mœurs qui tentent de le façonner. Nous avons eu une expérience plus grande et plus vaste du monde, mais la jeunesse d'aujourd'hui est plus vivante et elle vit plus consciemment sa propre jeunesse. Aujourd'hui, quand je vois les jeunes gens sortir de leur école et de leur université le front haut et clair, l'air gai, quand je vois réunis garçons et filles dans un rapport de franche et libre camaraderie, sans fausse pudeur ni fausse honte, pendant qu'ils étudient, font du sport ou jouent ensemble, quand je les vois glisser sur la neige avec leurs skis, rivaliser librement dans la piscine à la manière antique, filer à deux dans une automobile à travers le pays, liés comme frères et sœurs sur qui rien ne pèse à l'intérieur d'eux-mêmes ni à l'extérieur dans toutes les formes d'une vie insouciante, j'ai alors l'impression que ce ne sont pas quarante mais mille ans qui nous séparent, eux et nous qui étions obligés de rechercher l'ombre et une cachette pour donner de l'amour et en recevoir. C'est d'un œil réjoui que je constate quelle prodigieuse révolution s'est opérée dans les mœurs au profit de la jeunesse, quelle liberté elle a reconquise dans l'amour et dans la vie, combien elle s'est assainie physiquement et moralement grâce à cette nouvelle liberté. Les femmes me semblent plus belles depuis qu'il leur est permis de montrer librement leurs formes, leur port plus droit, leurs yeux plus clairs, leur conversation moins artificielle. Quelle nouvelle assurance caractérise cette nouvelle jeunesse, elle qui ne doit de comptes à personne d'autre qu'à elle-même et à sa responsabilité intérieure pour sa façon d'être et de faire, elle qui s'est affranchie du contrôle des mères et des pères et des tantes et des maîtres d'école, elle qui, depuis longtemps, ne soupçonne plus rien des entraves, des intimidations et des tensions qu'on a fait peser sur notre développement, elle qui ne sait plus rien des détours et des dissimulations dont nous devions subrepticement user pour obtenir les choses défendues qu'elle ressent à bon droit comme lui étant dues. Elle jouit heureusement de son âge avec l'élan, la fraîcheur, la légèreté et l'insouciance propres à celui-ci. Mais dans ce bonheur, le plus grand bonheur me semble être qu'elle n'est pas obligée de mentir aux autres, qu'elle peut être honnête avec elle-même, avec ses sentiments et ses désirs naturels. Il se peut que l'insouciance avec laquelle les jeunes gens d'aujourd'hui mènent leur vie les prive en partie du respect des choses de l'esprit qui animait notre propre jeunesse. Il se peut que la spontanéité, la facilité avec laquelle ils prennent et ils donnent les privent, en amour, de bien des choses qui nous paraissaient précieuses et attrayantes, de bien des entraves mystérieuses dues à la timidité et à la honte, de bien des délicatesses propres à la tendresse. Il est même possible qu'ils ne soupçonnent pas à quel point le frisson de l'interdit et du refus, justement, sont un ressort mystérieux de la volupté. Mais tout cela me paraît secondaire quand on considère la délivrance opérée par cette

seule et unique transformation qui a permis à la
jeunesse d'aujourd'hui de s'affranchir de la crainte
et de l'abattement, de jouir pleinement d'une chose
qui nous a été refusée pendant toutes ces années:
une sensation d'assurance et de spontanéité.

UNIVERSITAS VITAE

Avec la dernière année du siècle passé, le moment si longtemps désiré était enfin venu : nous pouvions aussi claquer derrière nous la porte du lycée détesté. Ayant péniblement réussi l'examen final — car enfin quelles étaient nos connaissances en mathématiques, en physique et dans les matières scolaires ? — le directeur de l'école nous fit l'honneur, et pour la circonstance nous étions tenus de revêtir de solennelles redingotes noires, de nous gratifier d'un discours plein d'élan : nous étions désormais des adultes qui devaient faire honneur à leur patrie par leur application et leurs compétences. Voilà qui brisait une camaraderie de huit ans, et je n'ai revu depuis qu'un petit nombre de mes compagnons de galère. La plupart d'entre nous s'inscrivaient à l'université et ceux qui durent se contenter d'autres professions ou d'autres occupations nous regardaient avec envie.

Car l'université autrichienne, en ces temps révolus, était encore environnée d'un nimbe romantique ; la condition étudiante procurait certains privilèges qui plaçaient le jeune étudiant bien au-dessus de ses camarades du même âge ; cette singularité très

ancienne est probablement peu connue dans les
autres pays que ceux de langue allemande et doit
donc être expliquée dans son absurdité et son ana-
chronisme. La plupart de nos universités avaient
été créées au Moyen Âge, donc à une époque où les
études savantes passaient pour quelque chose d'extraordinaire et, dans le but d'inciter les jeunes gens
à étudier, on leur accordait certains privilèges de
caste. Les « écoliers » du Moyen Âge n'étaient pas
soumis aux juridictions ordinaires, ils ne pouvaient
être recherchés ou importunés par les argousins
dans leurs collèges, portaient un costume particulier, avaient le droit de se battre en duel sans être
punis et on les reconnaissait comme une guilde
fermée ayant ses coutumes propres, bonnes ou
mauvaises. Au fil du temps, compte tenu de la démo-
cratisation croissante de la vie publique, lorsque
toutes les autres guildes et corporations du Moyen
Âge se furent dissoutes, les privilèges du statut
académique se perdirent ; il n'y a qu'en Allemagne
et dans l'Autriche allemande, où la conscience de
classe l'a toujours emporté sur la conscience démocratique, que les étudiants s'attachèrent obstinément à ces privilèges devenus depuis longtemps
absurdes, allant même jusqu'à les élargir pour en
faire un code exclusivement étudiant. L'étudiant
allemand s'aménagea surtout une forme particulière d'« honneur » estudiantin, distinct de celui du
bourgeois et de tout un chacun. Celui qui l'offensait
était tenu de lui donner « satisfaction », c'est-à-dire
de se battre en duel avec lui l'arme à la main, pourvu
que son statut lui permît de le faire. Or en fonction
de cette appréciation vaniteuse, le statut permettant
de « donner satisfaction » excluait par exemple un
commerçant ou un banquier, étant réservé à celui

qui avait une formation et des diplômes académiques ou à un officier — aucun des millions d'autres ne pouvant se voir octroyer l'honneur de croiser le fer avec un de ces jeunes imbéciles encore imberbes. D'autre part, pour être reconnu comme « authentique » étudiant, il fallait avoir « prouvé » sa virilité, c'est-à-dire avoir livré le plus grand nombre de duels possible et même porter sur le visage les marques authentifiant ces exploits sous forme de « balafres » ; des joues lisses et un nez sans estafilade étaient indignes d'un étudiant authentiquement germanique. Les *Couleurstudenten*, ainsi nommés parce qu'ils étaient membres d'une association étudiante que distinguait une couleur particulière, étaient donc obligés de se provoquer constamment les uns les autres et de provoquer d'autres étudiants ainsi que des officiers tout à fait paisibles. Dans ces associations, tout nouvel étudiant était « initié » en salle d'armes à cette activité honorable d'une importance capitale ainsi qu'aux us et coutumes de la corporation. Tout bizuth, appelé *Fuchs*, était confié à un « frère », auquel il devait une obéissance d'esclave et qui l'instruisait, en contrepartie, dans le noble art du *Komment*, qu'on peut ainsi détailler : *comment* boire jusqu'à vomir, comment vider d'un trait rubis sur l'ongle (jusqu'à la dernière goutte) un lourd hanap de bière et démontrer glorieusement qu'on n'est pas une chiffe molle, ou brailler en chœur des chansons d'étudiants et, la nuit, brocarder la police en défilant tapageusement dans les rues au pas de l'oie. Tout cela passait pour « viril », pour « estudiantin », pour « allemand », et quand les corporations paradaient le samedi avec leurs bannières au vent, leurs casquettes bigarrées et leurs rubans, ces jeunes imbéciles, gonflés d'un orgueil absurde par leurs propres agissements, se pensaient les vrais représentants de la jeunesse intellectuelle. Ils toisaient d'un œil méprisant la « plèbe » incapable d'apprécier à sa juste valeur cette culture universitaire et cette virilité allemande.

Aux yeux d'un petit lycéen de province, blanc-bec débarquant à Vienne, cette forme de vie étudiante gaillarde et joyeuse pouvait sans doute passer pour la quintessence du romantisme. Dans leurs villages, plusieurs dizaines d'années plus tard, les notaires et les médecins âgés levaient effectivement des yeux ivres d'émotion vers les sabres et les armes factices bariolées[1] croisés sur les murs de leur chambre, et arboraient fièrement leurs balafres comme autant de signes authentifiant leur statut « académique ». Mais sur nous, ces agissements stupides et brutaux avaient un effet proprement répulsif et quand nous tombions sur une de ces hordes enrubannées, nous tournions sagement au coin de la rue ; car pour nous, la liberté individuelle était le bien le plus précieux et ce plaisir de l'agressivité, qui était en même temps un plaisir de la servilité grégaire, manifestait on ne peut plus clairement ce que l'esprit allemand avait de pire et de plus dangereux. Qui plus est, nous savions parfaitement que ce romantisme artificiel et momifié masquait des buts pratiques, habilement prémédités, car l'appartenance à ces corporations dites *Schlagende Burschenschaften*[2] assurait à chacun de leurs membres la protection des anciens occupant de hautes fonctions et facilitait ainsi sa carrière future. Des « Borusses » de Bonn partait la seule voie sûre permettant d'entrer dans la diplomatie allemande, les corporations catholiques autrichiennes pourvoyaient les sinécures du parti chrétien-social au pouvoir, et la plupart de ces « héros » savaient

parfaitement que leurs rubans colorés remplace-
raient à l'avenir les études intensives qu'ils avaient
omis de faire et que, pour obtenir un emploi, une
ou deux balafres sur la tête pourraient être un jour
une meilleure recommandation que ce qu'ils avaient
dedans. La seule vue de ces bandes de brutes milita-
risées, de ces faces couturées d'une provocante arrogance, m'a ôté toute envie de fréquenter les salles de
cours et les étudiants vraiment désireux d'apprendre
évitaient l'aula quand ils voulaient se rendre à la
bibliothèque, préférant la discrétion de la porte de
derrière pour ne pas rencontrer ces tristes héros.

Que je dusse étudier à l'université avait été décidé
d'emblée en conseil de famille. Mais pour quelle
faculté opter ? Mes parents me laissèrent une entière
liberté de choix. Mon frère aîné était déjà entré dans
l'entreprise industrielle de mon père, si bien qu'il
n'y avait aucune urgence pour le second fils. Car
il ne s'agissait, tout compte fait, que d'assurer un
titre de docteur à l'honneur familial, peu importait
lequel. Et curieusement le choix m'était tout aussi
indifférent. Ayant voué depuis longtemps mon âme
à la littérature, aucune des disciplines scientifiques
enseignées par les spécialistes ne m'intéressait en
elle-même, j'avais même une méfiance secrète, qui
n'a toujours pas disparu, pour ce qui se faisait à
l'université. À mes yeux, l'axiome d'Emerson pour
qui les bons livres remplacent la meilleure des universités a gardé toute sa pertinence et aujourd'hui
encore je reste persuadé qu'on peut devenir un
excellent philosophe, historien, philologue, juriste
ou tout ce qu'on voudra sans jamais avoir été à l'université ou au lycée. J'ai pu vérifier de nombreuses
fois dans la vie pratique que libraires et bouquinistes sont souvent mieux informés sur les livres que

les professeurs spécialisés, que les marchands d'art sont de meilleurs connaisseurs que les historiens d'art, qu'une grande partie des instigations et des découvertes essentielles dans tous les domaines sont dues à des outsiders. Si pratique, si utile et si stimulant que soit le système universitaire pour un esprit moyennement doué, il me semble que peuvent s'en dispenser les natures individuellement productives dont il peut même finir par entraver l'épanouissement. En particulier dans une université comme la nôtre avec ses six ou sept mille étudiants, dont la surpopulation restreignait d'emblée le contact personnel si fructueux entre professeurs et élèves et qui, de surcroît, retardait sur son temps en restant trop fidèle à sa tradition, je ne voyais pas un seul homme qui pût me fasciner pour sa discipline. Aussi le vrai critère qui détermina mon choix ne fut-il pas de savoir quelle discipline pourrait emporter mon adhésion, mais au contraire laquelle me pèserait le moins et me laisserait le maximum de temps et de liberté pour m'adonner à ma véritable passion. Je me décidai finalement pour la philosophie — ou plus précisément pour la philosophie « exacte », comme on l'appelait chez nous conformément au vieux schéma —, mais ce ne fut vraiment pas par un sentiment de vocation intérieure, car je n'ai pas de grande disposition pour la pensée purement abstraite. Mes pensées ont besoin de s'attacher à des objets concrets, à des événements et à des personnages pour se développer, tout ce qui est purement théorique et métaphysique me restant impossible à acquérir. Toujours est-il que la matière à étudier était des plus limitées et que c'était en philosophie « exacte » qu'il était le plus facile de manquer les cours et les séminaires. Tout ce qu'on exigeait de

nous était de rendre une dissertation à la fin du huitième semestre et de passer quelques examens. Je pla-
nifiai donc d'emblée mon temps de la façon suivante :
pendant trois ans, je ne me soucierais pas le moins du
monde des études universitaires ! Puis en une seule
année, la dernière, je concentrerais toutes mes forces
pour assimiler l'intégralité de la matière scolaire et
rédiger rapidement une dissertation quelconque !
Alors l'université m'aurait donné la seule chose que je
voulais d'elle : quelques années de liberté totale pour
ma vie et mes entreprises artistiques : *universitas vitae*.

Quand j'embrasse ma vie d'un coup d'œil, j'ai du
mal à trouver des moments aussi heureux que ces
années d'université sans université. J'étais jeune et
ne ressentais donc pas encore l'obligation de créer
quelque chose d'accompli. J'étais assez indépendant, la journée avait vingt-quatre heures et toutes
m'appartenaient. Je pouvais lire et travailler ce que
je voulais, n'ayant de comptes à rendre à personne,
les nuages de l'examen ne s'amoncelaient pas encore
à mon horizon lumineux, car trois années c'est long
quand on a dix-neuf ans, et on peut faire en sorte
qu'elles soient riches, pleines et vous apportent bien
des surprises et des cadeaux.

La première chose que j'entrepris fut de réunir
mes poèmes en faisant un choix — que je jugeais draconien. Je n'ai pas honte d'avouer que pour le jeune
homme de dix-neuf ans que j'étais, frais émoulu du
lycée, il n'y avait pas sur terre d'odeur plus exquise
que celle de l'encre d'imprimerie, plus exquise
encore que l'huile de roses de Chiraz ; chaque fois
qu'un de mes poèmes était accepté par un journal,
la confiance que j'avais en moi, plutôt chancelante
de nature, s'en trouvait revigorée. Le temps n'était-il

pas venu de s'apprêter à faire le pas décisif et tenter
de publier un volume entier ? Ce furent les encouragements de mes camarades, croyant plus en moi
que moi-même, qui emportèrent la décision. J'envoyai le manuscrit, non sans audace, justement à
la maison d'édition alors la plus représentative
pour la poésie allemande, Schuster & Löffel, les
éditeurs de Liliencron, Dehmel, Bierbaum, Mombert[3], toute la génération qui a créé, avec Rilke et
Hofmannsthal, la nouvelle poésie allemande. Et
— quel miracle et quel présage ! — arrivèrent l'un
après l'autre des moments de bonheur inoubliables,
comme il ne s'en reproduit plus dans la vie d'un écrivain, même à la suite du plus grand succès. Arriva
d'abord une lettre avec le cachet de l'éditeur, que
l'on tenait fébrilement dans les mains sans avoir le
courage de l'ouvrir. Arriva la seconde où on lisait
en retenant son souffle que l'éditeur avait décidé
de publier le livre et se réservait même un droit de
priorité pour les suivants. Arriva le paquet avec les
premières épreuves, qu'on dénouait avec une excitation démesurée pour voir le caractère, la composition, la forme embryonnaire du livre, et quelques
semaines plus tard le livre lui-même, les premiers
exemplaires qu'on ne se lassait pas de regarder, de
palper, de comparer, une première fois, une deuxième fois et encore une troisième. Puis la course
puérile chez les libraires pour voir s'ils avaient déjà
des exemplaires en vitrine et s'ils trônaient au milieu
du magasin ou se cachaient modestement dans un
coin. Enfin l'attente des lettres, des premières critiques, de la première réponse venant de l'inconnu,
de l'imprévisible — toutes ces tensions, ces excita-
tions, ces exaltations que j'envie secrètement à tout
être jeune qui jette dans le monde son premier livre.

Mais ce ravissement ne faisait que manifester l'émoi amoureux de ce premier instant et nullement de la suffisance. Quant à savoir ce que je ne tardai pas à penser moi-même de ces premiers vers, on en jugera par le simple fait que non seulement je n'ai jamais fait réimprimer ces *Cordes d'argent*[4] (tel était le titre de ce premier-né entre-temps oublié), mais encore que je n'ai jamais autorisé qu'on reprenne un seul de ces poèmes dans mes *Œuvres poétiques complètes*. Ces vers alliaient l'intuition vague avec des réminiscences inconscientes, étant issus non pas de mon expérience personnelle mais de ma passion pour les mots. Ils témoignaient cependant d'une certaine musicalité et d'un sens suffisant de la forme pour être remarqués par certains cercles de connaisseurs et je n'avais pas à me plaindre de manquer d'encouragements. Liliencron et Dehmel, les poètes les plus importants à cette époque, accordèrent au jeune homme de dix-neuf ans une reconnaissance chaleureuse et déjà confraternelle. Rilke, que j'idolâtrais tant, m'envoya en échange du « livre si gentiment offert » un tirage à part, dédicacé « avec gratitude », de ses derniers poèmes, souvenir le plus précieux de ma jeunesse que j'ai réussi à sauver des décombres de l'Autriche et à emporter en Angleterre (où peut-il bien être aujourd'hui ?). Ce premier don amical de Rilke — qui fut suivi de nombreux autres — finit, il est vrai, par me paraître spectral, car il était vieux de quarante ans et l'écriture familière me saluait du royaume des morts. Mais la surprise la plus inattendue de toutes vint de Max Reger, le plus grand des compositeurs vivants de cette époque avec Richard Strauss, qui s'adressa à moi pour me demander l'autorisation de mettre en musique six poèmes extraits de ce volume ; que de fois, depuis, j'ai entendu l'un

ou l'autre dans des concerts — mes propres vers
que j'avais moi-même oubliés et reniés depuis longtemps, portés à travers le temps par l'art fraternel
d'un maître.

Ces approbations inespérées, également accompagnées de critiques bienveillantes dans les journaux,
eurent en tout cas pour effet de m'encourager à tenter une démarche qu'avec mon incurable méfiance
de moi-même je n'aurais jamais entreprise ou tout
du moins pas aussi tôt. Étant encore au lycée,
j'avais déjà publié, outre des poèmes, de petites nouvelles et des essais dans les revues littéraires de la
« modernité », mais je n'avais jamais osé proposer
un de ces premiers travaux à un journal important et largement diffusé. À Vienne, il n'y avait tout
compte fait qu'une seule publication de premier
rang, la *Neue Freie Presse*, qui par sa haute tenue,
son ambition culturelle et son prestige politique
avait la même importance dans toute la monarchie
austro-hongroise que le *Times* dans le monde anglo-
saxon et *Le Temps* dans le monde français ; et dans
l'Empire allemand, aucun journal n'ambitionnait
même d'atteindre un niveau culturel aussi remarquable. Son directeur, Moriz Benedikt, un homme
aux dons d'organisateur prodigieux et d'une activité inlassable, apportait toute son énergie proprement démoniaque à surpasser tous les journaux
allemands dans le domaine de la littérature et de la
culture. Quand il voulait quelque chose d'un auteur
réputé, on ne reculait devant aucune dépense, on lui
envoyait coup sur coup dix à vingt télégrammes, on
lui consentait d'avance des honoraires de n'importe
quel montant ; les numéros des fêtes de Noël et du
Nouvel An avec leur supplément littéraire faisaient
des volumes entiers comportant les plus grands

noms de l'époque: Anatole France, Gerhart Hauptmann, Ibsen, Zola, Strindberg et Shaw étaient réunis pour l'occasion dans ce journal, qui a fourni une contribution incommensurable à l'orientation littéraire de toute la ville, de tout le pays. Bien entendu « progressiste » et libérale pour l'orientation politique, sérieuse et prudente dans l'attitude, cette feuille attestait de façon exemplaire le haut niveau culturel de la vieille Autriche.

Or ce temple du « progrès » abritait encore un sanctuaire particulier, le « feuilleton », qui, à l'instar des grands quotidiens parisiens, *Le Temps* et le *Journal des débats*, publiait « au rez-de-chaussée », nettement distingués de l'éphémère politique et journalier, les articles les mieux argumentés et les plus accomplis sur la littérature, le théâtre, la musique et l'art. Ici, il fallait être une autorité, il fallait avoir fait ses preuves depuis longtemps pour être autorisé à prendre la parole. Seuls un jugement solide, une expérience assez longue pour permettre les comparaisons et la perfection de la forme pouvaient ouvrir à un auteur, après des années de mise à l'épreuve, l'accès à ce lieu sacré. Ludwig Speidel, maître de la miniature, et Eduard Hanslick faisaient office de papes pour le théâtre et la musique, à l'égal d'un Sainte-Beuve, à Paris, dans ses « lundis »; leur « oui » ou leur « non » décidait, pour Vienne, du succès d'une œuvre, pièce de théâtre ou livre, et souvent, par là même, de l'avenir d'un homme. Chacun de ces articles faisait l'objet des conversations du jour dans les cercles cultivés, on les discutait, on les critiquait, on les admirait ou on les vouait aux gémonies, et quand il arrivait qu'un nouveau nom apparût parmi les « feuilletonistes » reconnus, jouissant depuis longtemps du respect général, c'était un

véritable événement. Dans la jeune génération, Hofmannsthal était le seul à y avoir placé occasionnellement quelques-uns de ses merveilleux textes, alors
qu'en dehors de lui les jeunes auteurs devaient se
contenter de s'introduire en contrebande, dissimu-
lés dans la page littéraire de la fin. À Vienne, celui
qui écrivait en première page avait gravé son nom
dans le marbre. Aujourd'hui, il m'est devenu difficile de concevoir comment j'ai trouvé le courage de
proposer mon petit travail littéraire à la *Neue Freie
Presse*, oracle de mes pères et Saint des saints de la
presse. Mais, tout compte fait, je ne pouvais guère
essuyer plus qu'un refus. Le rédacteur du feuilleton
ne recevait au journal qu'un jour par semaine entre
2 et 3, car la présence régulière des collaborateurs
fixes et réputés qui s'y succédaient ne laissait que très
rarement de la place pour le travail d'un outsider. Le
cœur palpitant, je montai le petit escalier en colima-
çon menant au bureau et me fis annoncer. Au bout de
quelques minutes, le domestique réapparut, m'avisa
que Monsieur le rédacteur du feuilleton me priait
d'entrer, et je pénétrai dans la petite pièce étroite.

Le rédacteur du feuilleton de la *Neue Freie Presse*
s'appelait Theodor Herzl[5], et ce fut le premier
homme d'envergure historique que je rencontrai
dans mon existence — il est vrai sans savoir moi-
même quel prodigieux changement sa personne
était appelée à opérer dans le destin du peuple juif
et dans l'histoire de notre temps. À l'époque, sa
position était encore contradictoire et impossible
à cerner. Il avait débuté avec des essais poétiques,
manifesté très tôt de brillants dons journalistiques,
puis il était devenu le favori du public viennois,
d'abord comme correspondant à Paris puis comme

feuilletoniste de la *Neue Freie Presse*. Ses articles, qui nous enchantent encore aujourd'hui par la richesse de leurs observations, pénétrantes et souvent avisées, par la grâce de leur style et leur charme distingué, qui ne perdait jamais sa noblesse native qu'il s'agît de divertir ou de critiquer, étaient ce qu'on pouvait imaginer de plus cultivé en matière de journalisme et faisaient les délices d'une ville qui avait aiguisé elle-même son sens de la subtilité. Il avait même connu le succès au Burgtheater avec une pièce de théâtre, et c'était désormais un homme en vue, idolâtré par la jeunesse, respecté par nos pères, jusqu'au jour où l'inattendu arriva. Le destin sait toujours trouver une voie pour aller chercher l'homme dont il a besoin pour ses desseins secrets, même quand cet homme désire se cacher.

À Paris, Theodor Herzl avait vécu un événement qui bouleversa son âme, un de ces moments qui changent votre existence; il avait assisté comme correspondant du journal à la dégradation publique d'Alfred Dreyfus, il avait vu arracher les épaulettes à cet homme livide s'écriant haut et fort : « Je suis innocent. » Et à cette seconde même, au plus profond de son cœur, il avait su que Dreyfus était innocent et que si pesait sur lui cet abominable soupçon de trahison, c'était uniquement parce qu'il était juif. Or Theodor Herzl, dans sa vaillante et mâle fierté, avait déjà souffert du destin juif lorsqu'il était étudiant — mieux encore, sa souffrance en avait déjà anticipé le caractère tragique, à une époque où celui-ci n'était pas vraiment pris au sérieux, grâce à la prescience de son instinct prophétique. Avec le sentiment d'être né pour diriger, légitimé par son apparence extérieure d'une majesté imposante tout autant que par la générosité de sa pensée et sa connaissance

du monde, il avait alors conçu le projet fantastique
de résoudre une fois pour toutes le problème juif
en réunissant judaïsme et christianisme par la voie
d'un baptême de masse volontaire. Toujours théâtral dans sa pensée, il s'était imaginé conduisant le
long cortège de milliers et de milliers de Juifs autrichiens jusqu'à la cathédrale Saint-Étienne, où, par
un acte symbolique, le peuple traqué et sans patrie
serait délivré pour toujours de la malédiction de la
haine et de la ségrégation. Il ne tarda pas à se rendre
compte que ce plan était impossible à réaliser, plusieurs années de travail personnel l'avaient détourné
du problème fondamental de sa vie, dont il reconnaissait que la « solution » était la vraie tâche qui
lui était assignée ; mais pour l'heure, à cette seconde
de la dégradation de Dreyfus, la pensée de l'éternelle
proscription de son peuple lui transperça la poitrine
comme un poignard. Si la ségrégation est inévitable,
se dit-il, qu'elle soit donc totale et définitive ! Si l'avi-
lissement est notre sort constant, il faut y répondre
par la fierté ! Si nous souffrons de ne pas avoir de
patrie, alors il faut nous en construire une ! C'est
ainsi qu'il publia sa brochure intitulée *L'État juif*,
dans laquelle il proclamait que toute assimilation,
tout espoir de tolérance totale était impossible pour
le peuple juif. Il fallait, concluait-il, que celui-ci
fonde une nouvelle patrie qui lui soit propre dans
son ancienne patrie, la Palestine.

Quand parut cette brochure, qui avait la force
d'impact d'un pilon d'acier malgré sa brièveté,
j'étais encore au lycée mais je me souviens parfaitement de la stupéfaction et de l'irritation générale
au sein de la bourgeoisie juive de Vienne. Quelle
mouche, disait-on avec hargne, a donc piqué cet
écrivain autrement si avisé, si spirituel et si raf-

finé ? Qu'est-ce qu'il fabrique et qu'est-ce qu'il écrit
comme inepties ? Pourquoi irions-nous en Palestine ? Notre langue, c'est l'allemand et pas l'hébreu,
notre patrie, c'est la belle Autriche. Notre situation
n'est-elle pas excellente sous le bon empereur François-Joseph ? N'avons-nous pas de quoi vivre comme
il faut et une position assurée ? N'avons-nous pas les
mêmes droits civiques que les autres, ne sommes-
nous pas des citoyens loyaux, enracinés depuis longtemps dans cette Vienne que nous aimons ? Et ne
vivons-nous pas une époque de progrès, qui aura éli-
miné tous les préjugés confessionnels dans quelques
dizaines d'années ? Lui qui parle en tant que Juif
et veut aider le judaïsme, pourquoi donne-t-il des
arguments à nos pires ennemis et essaie-t-il de nous
isoler, alors que chaque jour nous lie plus étroitement et plus intimement au monde allemand ? Les
rabbins s'échauffaient du haut de leurs chaires, le
directeur de la *Neue Freie Presse* interdit même la
simple mention du mot sionisme dans son journal
progressiste. Le Thersite[6] de la littérature viennoise,
le maître de la raillerie venimeuse, Karl Kraus, écrivit un pamphlet intitulé *Une couronne pour Sion*, et
quand Theodor Herzl pénétrait dans le théâtre, un
murmure moqueur parcourait tous les rangs : « Sa
Majesté fait son entrée ! »

Sur le coup, Herzl put se sentir incompris ;
Vienne, où il se sentait le plus à l'abri du fait de
la popularité dont il jouissait depuis de longues
années, Vienne l'abandonnait et même le raillait.
Mais ensuite, il en eut le retour dans un grondement
si brusque, avec tant de force et d'exaltation, qu'il
fut presque effrayé d'avoir appelé dans le monde,
avec ses quelques dizaines de pages, un mouvement
aussi puissant et qui le dépassait largement. Cette

réponse, il est vrai, ne venait pas des Juifs bourgeois de l'Ouest, vivant dans le confort et bénéficiant
d'une bonne position sociale, mais des gigantesques
masses de l'Est, du prolétariat des ghettos galiciens,
polonais et russes. Sans le pressentir, Herzl, avec
sa brochure, avait embrasé le noyau du judaïsme
couvant sous la cendre étrangère, le rêve messia-
nique millénaire, confirmé par les livres sacrés, du
retour dans la Terre promise — cet espoir, qui était
en même temps une certitude religieuse, susceptible
de donner du sens à la vie de millions d'êtres foulés aux pieds et asservis. Chaque fois que quelqu'un
— prophète ou imposteur — avait touché cette
corde au cours de deux mille ans de diaspora, l'âme
entière du peuple s'était mise à vibrer, mais jamais
avec autant de force que cette fois-là, jamais avec
un écho aussi retentissant. Quelques dizaines de
pages avaient suffi pour qu'un homme seul unifie
une masse dispersée et déchirée.

Ce premier moment, celui où l'idée avait encore
les contours d'un rêve flou, était destiné à être le plus
heureux dans la brève existence de Herzl. Dès qu'il
se mit à fixer les objectifs dans l'espace réel, à relier
les forces, il fut obligé de reconnaître à quel point
son peuple était devenu disparate dans la diversité
des peuples et des destinées, ici les Juifs religieux,
là les libéraux, ici les Juifs socialistes, là les capita-
listes, rivalisant les uns avec les autres dans toutes
les langues et tous aussi peu disposés que possible à
se soumettre à une autorité unique. En cette année
1901, quand je le vis pour la première fois, il était
en plein combat et combattait peut-être aussi avec
lui-même ; il n'était peut-être pas encore assez sûr
du succès pour renoncer à la situation qui assurait
sa subsistance et celle de sa famille. Il était encore

obligé de se partager entre son petit service de journaliste et la mission qui était sa vraie vie. C'était
encore le Theodor Herzl rédacteur du feuilleton qui
me reçut à l'époque.

Theodor Herzl se leva pour me saluer et j'eus,
malgré moi, le sentiment que le surnom de « roi
de Sion » dont on l'affublait ironiquement avait
quelque chose de vrai : il avait en effet l'allure d'un
roi avec son haut front dégagé, ses traits lumineux,
sa longue barbe de prêtre d'un noir presque bleuâtre
et ses yeux mélancoliques d'un bleu profond. Les
gestes amples, quelque peu théâtraux, ne paraissaient pas affectés chez lui, parce qu'ils étaient l'effet d'une noblesse naturelle, et il n'y aurait pas eu
besoin de cette circonstance particulière pour me
le rendre imposant. Même derrière son bureau
vétuste, surchargé de papiers, dans cette pièce de la
rédaction misérablement exiguë, avec une fenêtre
unique, il donnait l'impression d'être un cheikh
bédouin du désert ; un burnous blanc ondulant l'eût
aussi naturellement habillé que son *cutaway*[7] noir
d'une coupe soignée, visiblement fait d'après un
modèle de Paris. Après un bref silence, introduit à
dessein — il aimait ces petits effets, comme je l'ai
remarqué plus tard, qu'il avait sans doute étudiés
au Burgtheater —, il me tendit une main condescen-
dante et néanmoins tout à fait bienveillante. Désignant le siège à côté du sien, il me demanda : « Je
crois avoir déjà entendu ou lu votre nom quelque
part. Des poèmes, n'est-ce pas ? » Je dus acquiescer.
« Eh bien ! » ajouta-t-il en se renversant dans son
fauteuil, « que m'apportez-vous ? »

Je lui expliquai que j'aurais bien aimé lui présenter un petit texte en prose, et lui tendis le manuscrit. Il regarda la page de titre, passa au dernier

feuillet pour en évaluer la longueur, puis il s'enfonça
encore plus profondément dans son fauteuil. Et
à ma grande surprise (je ne m'y attendais pas), je
remarquai qu'il avait déjà commencé à lire le manuscrit. Il lisait lentement, reposant chaque feuillet
après l'avoir lu, sans lever les yeux. Ayant lu la dernière page, il plia lentement le manuscrit et le glissa
précautionneusement, toujours sans me regarder,
dans une enveloppe sur laquelle il écrivit une note
à l'encre bleue. Et à ce moment-là seulement, après
m'avoir tenu assez longtemps en haleine avec ses
mystérieuses manipulations, il leva sur moi son
regard lourd et sombre, tout en disant avec une
lenteur solennelle et calculée: « Je suis heureux de
pouvoir vous dire que votre beau texte est accepté
dans le feuilleton de la *Neue Freie Presse*[8]. » C'était
comme si Napoléon, sur le champ de bataille, épin-
glait la croix de chevalier de la Légion d'honneur sur
la poitrine d'un jeune sergent.

En soi, cela paraît un épisode sans importance.
Mais il faut être viennois et un Viennois de cette
génération pour comprendre quelle brusque ascension représentait cette promotion. J'avais dix-neuf
ans et, du jour au lendemain, elle me propulsait
dans une position éminente, et Theodor Herzl, qui
m'a toujours gardé sa bienveillance depuis cette
première heure, saisit la première occasion venue
pour écrire dans un de ses articles suivants qu'on ne
devait pas croire à une décadence de l'art à Vienne.
Au contraire, puisqu'il y avait maintenant, à côté de
Hofmannsthal, une série de jeunes talents dont on
pouvait attendre le meilleur, et il citait mon nom
au premier rang. J'ai toujours considéré comme une
distinction particulière qu'un homme aussi éminent
que Theodor Herzl fût le premier à intervenir publi-

quement en ma faveur, dans une position aussi en vue et qui engageait donc sa responsabilité, et ce fut pour moi une décision difficile à prendre que celle — témoignant apparemment de mon ingratitude — de ne pouvoir devenir, comme il l'aurait souhaité, un membre actif et même dirigeant de son mouvement sioniste.

Mais j'avais du mal à nouer une véritable relation; ce qui me déconcertait avant tout était un certain irrespect, difficile à concevoir aujourd'hui, que témoignaient justement les véritables partisans de Herzl envers sa personne. Les Juifs orientaux lui reprochaient de ne rien comprendre au judaïsme, de ne même pas en connaître les usages, les économistes le considéraient comme un feuilletoniste, chacun lui reprochait quelque chose de particulier et pas toujours sur le mode le plus respectueux. Je savais combien des gens absolument dévoués et en particulier des jeunes eussent fait du bien à Herzl et lui eussent été nécessaires précisément à cette époque-là, mais l'esprit querelleur, chicanier de cette opposition permanente, le manque de soumission sincère et chaleureuse dans ce cercle m'éloigna du mouvement dont je m'étais rapproché avec curiosité, uniquement par sympathie pour Herzl. Un jour que nous abordions le sujet, je lui avouai franchement mon insatisfaction du manque de discipline dans les rangs de ses partisans. Il sourit avec un peu d'amertume et me dit: « N'oubliez pas que nous sommes habitués depuis des siècles à jouer avec les problèmes, à nous quereller pour des idées. Il est évident que depuis deux mille ans nous, Juifs, n'avons aucune expérience historique de ce que cela signifie d'introduire quelque chose de réel dans le monde. Il faut d'abord apprendre ce qu'est le don de soi inconditionnel et moi-même je ne l'ai pas encore appris, puisque je continue, par intermittence, à écrire des articles pour le feuilleton, que je suis toujours rédacteur du feuilleton de la *Neue Freie Presse* alors que mon devoir serait de n'avoir aucune autre pensée que cette *unique* pensée, de ne pas coucher sur le papier la moindre ligne consacrée à autre chose. Mais j'ai déjà entrepris de me corriger sur ce point, je veux commencer par apprendre moi-même le don de soi inconditionnel et peut-être que les autres apprendront avec moi. » Je me souviens que ces paroles firent sur moi une profonde impression, car nous ne comprenions pas pourquoi Herzl tardait tant à prendre la décision d'abandonner son poste à la *Neue Freie Presse* — à notre avis à cause de sa famille. Qu'il n'en fût rien et qu'il eût même sacrifié à la cause sa propre fortune personnelle, le monde ne l'apprit que beaucoup plus tard. Et combien il souffrait lui-même de cette contradiction intérieure, cette conversation n'en est pas le seul témoignage car bien des passages de ses journaux l'attestent également.

Je le vis encore plusieurs fois par la suite, mais de toutes ces rencontres une seule m'a paru inoubliable, essentielle à retenir, peut-être parce qu'elle fut la dernière. J'étais resté longtemps à l'étranger, n'ayant plus que des liens épistolaires avec Vienne, quand je finis par tomber un jour sur lui dans le parc de la ville. Manifestement, il sortait de la rédaction, marchant d'un pas lent et un peu voûté; ce n'était plus l'ancienne démarche pleine d'allégresse. Je le saluai poliment et m'apprêtais à poursuivre mon chemin, mais il se redressa rapidement et vint à moi la main tendue : « Pourquoi vous cachez-vous ? Ce n'est vraiment pas nécessaire ! » Il me déclara que c'était tout à mon mérite de me réfugier aussi souvent à l'étranger. « C'est notre seule voie. Tout ce que je sais, je l'ai appris à l'étranger. Il n'y a que là qu'on s'habitue à prendre des distances pour penser. Je suis convaincu qu'ici je n'aurais jamais eu le courage de cette première conception, on me l'aurait détruite tant qu'elle était encore en germe, en train de se développer. Mais Dieu merci, quand je l'ai apportée ici, tout était déjà achevé, et la seule chose qu'ils pouvaient faire était de me mettre des bâtons dans les roues. » Il parla ensuite de Vienne avec beaucoup d'amertume ; c'est ici qu'il avait rencontré les plus fortes contrariétés, et si de nouvelles impulsions n'étaient pas venues de l'extérieur, en particulier de l'Est et maintenant d'Amérique aussi, il se serait fatigué depuis longtemps. « Tout compte fait, ajouta-t-il, mon erreur a été que j'ai commencé trop tard. Victor Adler, lui, a pris la tête de la social-démocratie à trente ans, dans ses meilleures, ses véritables années de combat, et je ne parle même pas des grands noms de l'histoire. Si vous saviez combien je souffre à la pensée des années perdues — de ne pas m'être mis plus tôt à ma tâche. Si ma santé était aussi bonne que ma volonté est forte, tout irait encore pour le mieux, mais les années, ça ne se rachète pas. » Je l'accompagnai encore tout le long du chemin qui le menait chez lui. Arrivé à sa porte, il s'immobilisa, me tendit la main et dit : « Pourquoi ne venez-vous jamais me voir ? Vous n'êtes jamais venu chez moi. Téléphonez-moi avant, je saurai me libérer. » Je le lui promis, bien décidé à ne pas tenir ma promesse, car plus j'aime quelqu'un, plus je respecte son temps.

Mais je suis pourtant allé le voir, à peine quelques mois plus tard. La maladie qui commençait déjà à le voûter l'avait brusquement terrassé, et il ne me

restait plus qu'à l'accompagner au cimetière. Ce fut
une journée étrange, une journée de juin inoubliable
pour tous ceux qui l'ont vécue. Car subitement,
débarquèrent dans toutes les gares de la ville, avec
chaque train, de jour comme de nuit, venant de tous
les empires et de tous les pays, des Juifs de l'Ouest
et de l'Est, des Juifs de Russie et de Turquie, ils
affluaient de toutes les provinces et des petites villes,
le visage encore marqué par la nouvelle ; jamais on
ne sentit plus distinctement ce qu'avaient autrefois
recouvert les disputes et les bavardages : c'était le
chef d'un grand mouvement qu'on enterrait ici. Ce
fut un interminable cortège. Tout à coup, Vienne
s'aperçut qu'ici ce n'était pas simplement un écrivain ou un poète moyen qui venait de mourir, mais
un de ces créateurs d'idées comme il ne s'en lève vic-
torieusement qu'à de grands intervalles dans la vie
d'un pays et d'un peuple. Au cimetière, un tumulte
se produisit ; trop de gens affluèrent d'un coup
pour approcher son cercueil, avec des pleurs, des
sanglots et des cris dans une explosion sauvage de
désespoir, provoquant un déchaînement à la limite
de la furie ; tout l'ordonnancement fut brisé par une
sorte d'affliction brute et extatique, comme je n'en
ai jamais connu, ni avant ni après, à l'occasion d'un
enterrement. Et cette immense douleur, qui s'élevait
convulsivement des profondeurs de tout un peuple
de plusieurs millions d'hommes, me fit mesurer
pour la première fois quelle somme de passion et
d'espérance ce seul homme solitaire avait répandue
dans le monde par la seule force de sa pensée.

C'est dans la sphère privée que se fit sentir pour
moi la véritable importance de cette admission
solennelle dans le feuilleton de la *Neue Freie Presse*.
Elle me permit d'acquérir une assurance inatten-

due vis-à-vis de ma famille. Mes parents s'intéressaient peu à la littérature et ne s'autorisaient pas le
moindre jugement; pour eux, comme pour toute la
bourgeoisie viennoise, ce qui importait était ce que
louait la *Neue Freie Presse*, et ce que celle-ci blâmait
ou ignorait leur était indifférent. Ce qui figurait dans
le « feuilleton » leur paraissait garanti par la plus
haute autorité, car quiconque jugeait et critiquait
provoquait le respect du seul fait de sa position.
Qu'on se représente maintenant une telle famille,
portant chaque jour un regard plein de respect et
d'attention sur la première page de son quotidien et
découvrant un beau matin avec incrédulité que le
jeune homme de dix-neuf ans pour le moins agité
qui est assis à sa table, qui est loin d'exceller à l'école,
dont elle eut la bonté de prendre les gribouillis pour
des passe-temps « innocents » (en tout cas préfé-
rables à des parties de cartes ou au flirt avec des filles
frivoles), que ce jeune homme, donc, a pu prendre la
parole sur ce site représentatif parmi des hommes
célèbres et expérimentés pour y défendre ses idées
(auxquelles, jusque-là, on n'avait pas prêté grande
attention à la maison). Si j'avais écrit les plus beaux
poèmes de Keats, de Hölderlin ou de Shelley, cela
n'eût pas entraîné un tel changement de situation
dans tout mon entourage; quand j'allais au théâtre,
on se désignait cet énigmatique benjamin entré
par des voies fort mystérieuses dans l'enclos sacré
des personnages âgés et vénérables. Et comme je
publiais fréquemment, presque régulièrement dans
le feuilleton, je courus bientôt le danger de devenir
une personnalité locale en vue; mais heureusement
j'échappai à temps à ce danger en surprenant un
beau matin mes parents: je leur annonçai mon désir
d'étudier le semestre suivant à Berlin. Et ma famille

nourrissait trop de respect pour moi ou plutôt pour la *Neue Freie Presse*, qui m'abritait de son ombre dorée, pour ne pas m'accorder ce que je désirais.

Il va de soi que je n'avais pas du tout l'intention d'« étudier » à Berlin. Là-bas comme à Vienne, je ne me suis rendu à l'université que deux fois dans le semestre, la première pour m'inscrire aux cours, la seconde pour me faire attester que je les avais prétendument suivis. Ce que je cherchais à Berlin n'était ni des cours ni des professeurs, mais une forme de liberté encore plus élevée et plus parfaite. À Vienne, je me sentais malgré tout encore lié à mon milieu. Les collègues littéraires que je fréquentais étaient presque tous issus de la même bourgeoisie juive que moi; dans cette ville exiguë, où chacun savait tout de chacun, je restais inévitablement le fils d'une « bonne » famille et la prétendue « bonne » société me fatiguait; je recherchais même une société expressément « mauvaise », une forme d'existence sans contrainte et sans contrôle. Quant à savoir qui enseignait la philosophie à l'université de Berlin, je ne m'étais même pas donné la peine de le rechercher dans la liste des cours; il me suffisait de savoir que la « nouvelle » littérature y était plus active et plus fougueuse que chez nous, qu'on pouvait y rencontrer Dehmel et d'autres écrivains de la jeune génération, qu'on n'arrêtait pas d'y créer des revues, des cabarets et des théâtres, bref, qu'il s'y passait toujours quelque chose, comme on disait à Vienne.

De fait, j'arrivai à Berlin à un moment particulièrement intéressant de son histoire. Depuis 1870, date à laquelle Berlin, de petite capitale du royaume de Prusse, prosaïque et sans opulence, était deve-

nue résidence de l'empereur d'Allemagne, la petite
cité insignifiante des bords de la Spree avait pris un
essor prodigieux. Mais la prépondérance en matière
artistique et culturelle n'était pas encore échue à
Berlin ; Munich, avec ses peintres et ses écrivains,
passait pour le véritable centre de l'art, l'opéra de
Dresde prédominait dans la musique, les petites rési-
dences attiraient à elles des éléments de valeur ; mais
c'était surtout Vienne avec sa tradition séculaire, sa
force concentrée, son talent naturel, qui était restée jusque-là très supérieure à Berlin. Pourtant, dans
les dernières années, avec l'essor économique rapide
de l'Allemagne, le vent avait commencé à tourner.
Les grands *Konzern*, les familles fortunées venaient
s'installer à Berlin, et une nouvelle richesse, associée
à un goût prononcé du risque, ouvrait ici de meilleures opportunités à l'architecture et au théâtre
que dans aucune autre grande ville d'Allemagne.
Les musées s'agrandissaient sous la protection de
l'empereur Guillaume, le théâtre trouvait un directeur exemplaire en la personne d'Otto Brahm[9], et
l'absence de véritable tradition, de culture séculaire,
incitait justement la jeunesse à expérimenter. Car
la tradition est toujours en même temps un frein.
Vienne, attachée à l'ancien, idolâtrant son propre
passé, se montrait prudente, expectative à l'endroit
des jeunes gens et des expériences audacieuses.
Mais à Berlin, qui voulait se développer rapidement
et sous une forme personnelle, on recherchait le
nouveau. Aussi était-il naturel que les jeunes gens
y affluent de tout l'empire et même d'Autriche, et
les succès donnèrent raison à ceux d'entre eux
qui avaient du talent ; à Vienne, le Viennois Max
Reinhardt[10] aurait dû attendre patiemment deux

décennies pour acquérir la position à laquelle il parvint en deux ans à Berlin.

C'est justement à cette époque de transition, où la simple capitale devenait une métropole mondiale, que j'arrivai à Berlin. La première impression, après la beauté saturée de Vienne, léguée par de grands ancêtres, était encore assez décevante. La migration décisive en direction de l'ouest, où allait se développer la nouvelle architecture au lieu des bâtiments quelque peu prétentieux du Tiergarten, venait tout juste de commencer. La Friedrichstrasse et la Leipzigerstrasse, d'un faste maladroit et d'une morne architecture, formaient encore le centre de la ville. On ne pouvait se rendre dans les faubourgs de Wilmersdorf, Nikolassee et Steglitz qu'avec difficulté, en empruntant le tramway, les lacs de la marche de Brandebourg et leur âpre beauté nécessitaient encore une sorte d'expédition. En dehors de la vieille avenue Unter den Linden, il n'y avait pas de centre à proprement parler, ni de corso où l'on pouvait se promener comme chez nous sur le Graben, et du fait de la vieille parcimonie prussienne une élégance générale faisait totalement défaut. Les femmes allaient au théâtre habillées de vêtements sans goût qu'elles taillaient elles-mêmes, on regrettait partout l'absence de la main légère, habile et prodigue qui, à Vienne comme à Paris, s'entendait à faire d'un petit rien une superfluité ravissante. Chaque détail trahissait la radinerie frédéricienne[11] ; le café était clair et mauvais, parce qu'on économisait le plus petit grain, la nourriture sinistre, sans suc ni force. C'étaient la propreté ainsi qu'un ordre rigide et appliqué qui régnaient partout au lieu de notre entrain musical. Rien ne me paraît par exemple plus caractéristique que le contraste entre ma logeuse de Vienne et celle de Berlin. La Viennoise était une femme enjouée et bavarde, qui n'était pas une adepte de l'extrême propreté, oubliait étourdiment ceci ou cela, mais se montrait toujours prête à rendre service avec enthousiasme. La Berlinoise était scrupuleuse et tenait tout en parfait état ; mais quand elle me présenta le premier compte du mois, je trouvai comptabilisé, d'une écriture propre et anguleuse, le plus petit service qu'elle m'avait rendu : trois pfennigs pour avoir recousu un bouton de pantalon, vingt pfennigs pour avoir nettoyé une tache d'encre sur le plateau de la table, l'addition finale, sous un trait vigoureux, se montant à la petite somme de soixante-sept pfennigs pour l'ensemble des services qu'elle s'était donné la peine de me rendre. Je commençai par en rire ; mais ce qui est caractéristique, c'est qu'au bout de quelques jours j'aie moi-même succombé à cette manie prussienne de l'ordre et tenu, pour la première et dernière fois de ma vie, un compte exact de mes dépenses.

Mes amis viennois m'avaient donné une série de lettres de recommandation. Mais je n'en déposai aucune, le véritable sens de mon escapade étant de me soustraire à toute atmosphère sûre et bourgeoise, de vivre, au contraire, détaché de tout lien, en ne comptant que sur moi-même. Je voulais rencontrer uniquement des gens chez qui ma propre activité littéraire m'aurait introduit — et des gens aussi intéressants que possible ; après tout, on n'avait pas lu *La Bohème* pour rien et, à vingt ans, il fallait bien vivre quelque chose de semblable.

Je n'eus pas besoin de chercher très longtemps un de ces cercles de gens réunis au hasard, produit hétéroclite de rencontres fortuites et sans principe établi. De Vienne, j'avais collaboré depuis longtemps

au journal le plus important de la « modernité » berlinoise, titré quasi ironiquement *Die Gesellschaft* et
dirigé par Ludwig Jacobowski. Peu avant sa mort
précoce, ce jeune poète avait créé une association
répondant au nom de « Die Kommenden[12] », propre
à séduire la jeunesse, qui se réunissait une fois par
semaine au premier étage d'un café de la Nollen-
dorfplatz. Dans ce cercle inspiré par celui de La
Closerie des Lilas à Paris se pressaient les éléments
les plus hétérogènes, poètes et architectes, snobs
et journalistes, jeunes filles prenant la pose de l'artiste, arts décoratifs ou sculpture, étudiants russes et
Scandinaves blondes comme les blés, qui voulaient
se perfectionner dans la langue allemande. L'Allemagne elle-même y avait des représentants de toutes
ses provinces, Westfaliens anguleux, braves Bavarois, Juifs de Silésie : tout cela se mêlait dans de
fougueuses discussions, avec la plus grande spontanéité. On faisait de temps à autre des lectures de
poèmes ou de pièces de théâtre, mais pour tous
l'essentiel était d'apprendre à se connaître mutuellement. Au milieu de ces jeunes gens qui se comportaient délibérément en bohèmes, trônait un vieil
homme à barbe grise aussi émouvant qu'un Père
Noël, respecté et aimé de tous, parce que c'était un
vrai poète et un vrai bohème : Peter Hille[13]. Ce septuagénaire aux yeux bleus de chien fidèle jetait un
regard bienveillant et innocent sur cette bande d'enfants, toujours enveloppé dans son imperméable
gris qui recouvrait un costume complètement effilo-
ché et du linge fort sale ; cédant toujours volontiers à
notre insistance, il extrayait de l'une des poches de
sa redingote des manuscrits chiffonnés et se mettait à lire ses poèmes. C'étaient des poèmes inégaux,
en réalité les improvisations d'un génie lyrique, mais

d'une forme trop relâchée et trop hasardeuse. Il les écrivait au crayon dans le tramway ou au café, puis il les oubliait et il avait bien du mal, en lisant, à retrouver les mots presque effacés sur son bout de papier couvert de taches. Il n'avait jamais d'argent, mais se souciait fort peu de l'argent, dormant tantôt chez l'un tantôt chez l'autre, et son oubli du monde, son manque absolu d'ambition étaient d'une authenticité pathétique. À dire vrai, on ne comprenait pas quand ni comment ce brave homme des bois avait pu atterrir dans la grande ville de Berlin et ce qu'il y cherchait. Or il ne voulait absolument rien, ni être célèbre ni être fêté, ce qui ne l'empêchait pas, grâce à sa disposition poétique au rêve, d'être plus insoucieux et plus libre qu'aucun homme que j'ai pu rencontrer par la suite. Autour de lui, les discutailleurs ambitieux et tapageurs s'égosillaient; il écoutait avec indulgence, n'en contredisait aucun, levait parfois son verre pour un salut amical, mais se mêlait à peine à la conversation. On avait le sentiment que même au plus fort du tumulte vers et mots se cherchaient dans sa tête hirsute et un peu lasse, sans vraiment se toucher et se trouver.

L'authenticité et la grâce enfantine émanant de ce poète naïf — aujourd'hui presque oublié en Allemagne même — détournèrent peut-être intuitivement mon attention du directeur élu des « Kommenden », bien qu'il fût un homme dont les idées et les mots allaient exercer plus tard une influence décisive sur la formation d'innombrables personnes. Ici, en la personne de Rudolf Steiner, futur fondateur de l'anthroposophie[14], à qui ses disciples édifièrent plus tard écoles et académies somptueuses pour l'aider à imposer sa doctrine, je rencontrai de nouveau, pour la première fois depuis Theodor

Herzl, un homme que le destin allait charger de
devenir le guide de millions de gens. Personnellement, il n'avait pas l'allure de chef de Theodor
Herzl, mais il était plus séduisant. Ses yeux sombres
recelaient une force hypnotique, et je l'écoutais
mieux, d'une oreille plus critique, quand je ne le
regardais pas, car son visage d'une maigreur ascétique, marqué d'une passion spirituelle, était certainement de nature à impressionner, et pas seulement
les femmes. À cette époque, Rudolf Steiner ne s'était
pas encore approché de sa propre doctrine, car c'était
encore quelqu'un qui cherchait et qui apprenait ; à
l'occasion, il nous exposait ses commentaires sur la
théorie des couleurs de Goethe, qui prenait, dans la
présentation qu'il en faisait, un aspect plus faustien
et plus paracelsien. L'écouter nous stimulait, car
sa culture était stupéfiante et surtout, comparée à
la nôtre, qui se limitait à la littérature, d'une prodigieuse diversité ; après ses conférences et plus d'une
agréable conversation privée, je revenais chez moi
tout à la fois enthousiasmé et quelque peu déprimé.
Il n'empêche — quand je me demande aujourd'hui
si j'aurais prophétisé à ce jeune homme une telle
influence éthique et philosophique sur les masses,
je dois dire à ma grande honte que ce n'était pas
le cas. J'attendais de son esprit de chercheur de
grandes choses dans le domaine scientifique, et je
n'aurais été aucunement surpris d'entendre parler
d'une grande découverte en biologie due à son esprit
intuitif ; mais bien des années plus tard, quand je vis
à Dornach le grandiose Goetheanum, cette « École
de la sagesse » que ses élèves avaient fondée pour
lui comme académie platonicienne de l'« anthroposophie », je fus plutôt déçu que son influence se
soit autant élargie dans le grand public et même,

pour partie, banalisée. Je ne m'autorise pas à juger l'anthroposophie, car aujourd'hui encore je ne vois pas bien ce qu'elle veut et ce qu'elle signifie; je crois même que pour l'essentiel la séduction qu'elle exerce n'est pas liée à une idée, mais à la personnalité fascinante de Rudolf Steiner. Quoi qu'il en soit, la rencontre avec un homme d'un tel magnétisme, à ce stade précoce où il s'ouvrait encore amicalement et sans dogmatisme à de plus jeunes que lui, fut pour moi d'un apport inestimable. Son savoir fantastique et en même temps approfondi me fit comprendre que la véritable universalité, à laquelle notre fatuité de lycéens nous faisait croire que nous avions déjà accédé, ne peut s'acquérir par des lectures et des discussions superficielles, mais qu'elle est le produit de nombreuses années de travail fiévreux.

Pendant toute cette période de réceptivité, où les amitiés sont faciles à nouer et les différences sociales ou politiques pas encore figées, un être jeune en apprend finalement plus de ceux avec lesquels il partage les mêmes aspirations que de ceux qui lui sont supérieurs. Je sentis de nouveau — mais cette fois à un stade plus élevé et plus international qu'au lycée — quelle peut être la fécondité de l'enthousiasme collectif. Alors que mes amis viennois étaient presque tous issus de la bourgeoisie et même pour les neuf dixièmes d'entre eux de la bourgeoisie juive, si bien que nous ne pouvions que nous dupliquer et nous multiplier avec nos inclinations, les jeunes gens de ce monde nouveau provenaient de milieux complètement opposés, d'en haut, d'en bas, l'un aristocrate prussien, l'autre fils d'un armateur de Hambourg, le troisième d'une famille paysanne de Westphalie; je vivais subitement dans un cercle où il y avait aussi une réelle pauvreté, des vêtements

déchirés et des chaussures éculées, une sphère,
donc, que je n'avais jamais approchée à Vienne.
Je partageais la table d'alcooliques invétérés, d'homosexuels et de morphinomanes, je serrai — avec
fierté — la main d'un escroc relativement connu et
déjà condamné (qui publia ensuite ses Mémoires
et rejoignit ainsi les rangs des écrivains que nous
étions). Tout ce que j'avais eu du mal à croire dans
les romans réalistes se glissait et se pressait dans
les petits cabarets et cafés où l'on m'introduisait, et
plus la réputation d'un homme était mauvaise, plus
je brûlais de faire personnellement connaissance
avec lui. Ce goût ou cette curiosité particulière pour
les êtres menacés m'a du reste accompagné tout au
long de ma vie ; même dans les années où il eût été
opportun de se montrer plus exigeant, mes amis
m'ont souvent blâmé de fréquenter des gens d'une
telle immoralité, d'une telle inconstance et réellement compromettants. Peut-être étaient-ce justement le sérieux et le conformisme du monde d'où
je venais comme le fait que je me sentais moi-même
affecté jusqu'à un certain point du complexe de
la « sécurité » qui me faisaient paraître fascinants
tous ceux qui gaspillaient leur vie, leur temps, leur
argent, leur santé, leur réputation, voire les mépri-
saient, ces passionnés, ces maniaques de l'existence
pure et simple sans but assigné, et on remarquera
peut-être dans mes romans et mes nouvelles cette
prédilection pour les natures intenses et effrénées. À
quoi s'ajoutait l'attrait de l'exotique et de l'étranger ;
pratiquement chacun d'eux apportait à ma pres-
sante curiosité un cadeau venu d'un autre monde.
En la personne d'E. M. Lilien, fils d'un pauvre
maître tourneur orthodoxe de Drohobycz, je rencontrai pour la première fois un véritable Juif de l'Est et

avec lui un judaïsme dont la vigueur et le fanatisme
opiniâtre m'étaient restés inconnus jusque-là. Un
jeune Russe me traduisit les plus beaux passages des
Frères Karamazov encore inconnus à cette époque
en Allemagne, une jeune Suédoise me montra pour
la première fois les tableaux de Munch ; je hantai les
ateliers de peintres (à dire vrai mauvais) pour observer leur technique, un adepte m'emmena dans un
cercle de spirites — c'est sous des milliers de formes
et dans toute sa diversité que je goûtais l'existence
et ne m'en lassais pas. L'intensité, qui ne se dépensait au lycée que dans le monde des formes pures,
rime, vers et mot, se tournait désormais vers les
hommes ; du matin jusque dans la nuit je côtoyais,
à Berlin, des gens toujours nouveaux et toujours différents, enthousiasmé, déçu, voire escroqué par eux.
Je crois qu'en dix ans je ne me suis abandonné à
pareil compagnonnage intellectuel que dans ce bref
et unique semestre à Berlin, le premier de ma liberté
inconditionnelle.

Il eût été logique que cette extrême richesse de
stimulants dût déboucher sur une intensification
extraordinaire de mon envie de créer. Dans la réalité,
ce fut exactement le contraire ; l'estime que j'avais
de moi-même, d'abord fouettée par l'exaltation
intellectuelle au lycée, s'étiola de façon inquiétante.
Quatre mois après la publication, je ne comprenais plus où j'avais puisé le courage de publier ce
volume de poésie immature ; j'estimais toujours que
ces vers étaient du bon artisanat, habile et même,
pour partie, impeccable, nés du plaisir ambitieux
de jouer avec les formes, mais d'un sentimentalisme dépourvu d'authenticité. De même, depuis ce
contact avec la réalité, je trouvais à mes premières
nouvelles une odeur de papier parfumé ; écrites dans

l'ignorance totale des réalités, elles utilisaient chacune une technique empruntée de seconde main. Un roman achevé, à l'exception du dernier chapitre, que j'avais apporté à Berlin pour faire le bonheur de mon éditeur, ne tarda pas à chauffer mon poêle, car ma foi dans la compétence de ma classe de lycée en avait pris un rude coup avec ce premier regard sur la vie réelle. J'avais l'impression d'être un écolier qu'on eût rétrogradé de plusieurs classes. De fait, j'ai marqué une pause de six ans après mon premier volume de poésie, et j'ai attendu trois ou quatre ans avant de publier mon premier livre de prose; suivant le conseil de Dehmel, dont je lui suis encore reconnaissant, j'ai employé mon temps à traduire des langues étrangères, ce qu'aujourd'hui encore j'estime être la meilleure opportunité dont puisse se saisir un jeune poète pour avoir une compréhension plus profonde et plus créatrice de sa propre langue. Je traduisis les poèmes de Baudelaire, quelques-uns de Verlaine, de Keats, de William Morris, un petit drame de Charles Van Lerberghe, un roman de Camille Lemonnier[15] *pour me faire la main**. Toute langue étrangère, dans ses tournures les plus personnelles, commence par susciter des résistances au travail de recréation et, du coup, elle sollicite des forces expressives qui, n'étant pas recherchées, ne pourront donc être exploitées, et cette lutte opiniâtre pour arracher à la langue étrangère ce qu'elle a de plus original et l'inscrire dans sa propre langue sans nuire à sa plasticité a toujours représenté pour moi un plaisir artistique très particulier. Parce que ce travail silencieux et au fond jamais récompensé exige patience et persévérance, vertus que j'avais royalement ignorées au lycée par facilité et par présomption, j'ai appris à l'aimer tout particulièrement; car cette humble activité de transmission d'illustres biens artistiques me fit éprouver pour la première fois la certitude de faire quelque chose qui eût vraiment du sens et justifiât mon existence.

À l'intérieur de moi-même, ma voie était désormais tracée pour les années à venir ; beaucoup voir, beaucoup apprendre et puis, après, commencer vraiment ! Ne pas monter sur la scène du monde avec des publications prématurées — commencer par apprendre du monde ce qu'il a d'essentiel ! Berlin, avec son atmosphère épicée, n'avait fait qu'augmenter ma soif. Et je fis un tour d'horizon pour décider dans quel pays faire mon voyage d'été. Mon choix tomba sur la Belgique. Ce pays avait pris un essor artistique extraordinaire au tournant du siècle et, dans une certaine mesure, dépassé la France en intensité.

Khnopff, Rops en peinture, Constantin Meunier et Minne en sculpture, Van de Velde dans les arts décoratifs, Maeterlinck, Eekhoud, Lemonnier en littérature, donnaient une mesure grandiose de la nouvelle énergie européenne. Mais c'était surtout Émile Verhaeren qui me fascinait, parce qu'il ouvrait à la poésie lyrique une voie complètement neuve ; encore parfaitement inconnu en Allemagne — la critique officielle l'a longtemps confondu avec Verlaine de même que Rolland avec Rostand —, il avait été pour moi une découverte en quelque sorte privée. Et être seul à aimer quelqu'un, c'est toujours aimer deux fois plus.

Il est peut-être temps d'introduire une petite parenthèse. Notre époque vit trop de choses en trop de peu de temps pour conserver une bonne mémoire, et je ne sais pas si le nom d'Émile Verhaeren représente encore quelque chose aujourd'hui.

Verhaeren avait été le premier des poètes français
à tenter de donner à l'Europe ce que Walt Whitman avait donné à l'Amérique : une profession de
foi en son époque, une profession de foi en l'avenir.
Il s'était pris à aimer le monde moderne et désirait
le gagner à la poésie. Alors que pour les autres la
machine était le mal, les villes la laideur, le présent l'absence de toute poésie, il s'enthousiasmait
pour toute nouvelle invention, pour toute réalisation technique, et il s'enthousiasmait même de son
propre enthousiasme, il s'enthousiasmait délibérément, pour se sentir plus fort de cette passion. Les
petits poèmes du début devinrent de grands hymnes
torrentiels. *Admirez-vous les uns les autres* * était son
mot d'ordre à l'adresse des peuples de l'Europe. Tout
l'optimisme de notre génération, cet optimisme que
l'époque actuelle de notre atroce régression ne peut
plus comprendre depuis longtemps, trouva chez lui
sa première expression poétique et certains de ses
meilleurs poèmes témoigneront encore longtemps
de l'Europe et de l'humanité dont nous rêvions alors.

À dire vrai, c'était pour faire la connaissance de
Verhaeren que j'étais venu à Bruxelles. Mais Camille
Lemonnier, l'auteur puissant, aujourd'hui injustement oublié d'*Un mâle*, dont j'ai moi-même traduit un roman en allemand, me dit avec regret que
Verhaeren quittait rarement son petit village pour
venir à Bruxelles et qu'en ce moment il était d'ailleurs absent. Pour me dédommager de ma déception, il me donna des lettres d'introduction du ton
le plus chaleureux auprès des autres artistes belges.
C'est ainsi que je vis le très vieux maître Constantin Meunier, ce travailleur héroïque qui fut le plus
puissant sculpteur du travail, et après lui Van der
Stappen[16], dont le nom est aujourd'hui quelque

peu oublié dans l'histoire de l'art. Et pourtant, quel homme aimable que ce petit Flamand joufflu, et avec quelle cordialité ils reçurent le jeune homme que j'étais, lui et sa femme, une grande Hollandaise plantureuse et joviale. Il me montra ses œuvres, nous parlâmes longuement, par cette matinée lumineuse, d'art et de littérature, et la bonté de ces deux personnes m'ôta bientôt toute timidité. Je leur avouai sans détour mon regret de manquer à Bruxelles celui-là même que j'étais venu y voir : Verhaeren.

En avais-je trop dit ? Avais-je dit une insanité ? En tout cas, je remarquai qu'aussi bien Van der Stappen que sa femme s'étaient mis à sourire légèrement et se lançaient des regards à la dérobée. Je sentis que mes paroles avaient suscité entre eux une entente secrète. L'embarras me gagna et je voulus prendre congé, mais ils se récrièrent et me prièrent de rester à déjeuner, absolument. De nouveau, l'étrange sourire passa d'une prunelle à l'autre. Je sentis que s'il y avait un secret, il serait agréable, et renonçai volontiers au voyage que je projetais de faire à Waterloo.

Midi arriva bientôt, nous étions déjà installés dans la salle à manger — située au rez-de-chaussée comme dans toutes les maisons belges — et de la pièce on voyait la rue par les vitres de couleur, lorsqu'une ombre s'immobilisa soudain tout contre la fenêtre. Une jointure de doigt frappa au verre bariolé en même temps que la cloche sonnait abruptement. « *Le voilà* * », dit Mme Van der Stappen en se levant, et il entra d'un pas lourd et ferme : Verhaeren. Dès le premier coup d'œil je reconnus le visage avec lequel des photos m'avaient familiarisé depuis longtemps. Comme c'était si souvent le cas, ils avaient invité Verhaeren chez eux cette fois encore et apprenant que je l'avais cherché en vain dans toute la région, ils s'étaient entendus tous les deux d'un coup d'œil pour n'en rien dire et me faire plutôt la surprise de sa présence. Et voici qu'il était là devant moi, souriant de ce bon tour réussi qu'il apprenait de leur bouche. Je sentis pour la première fois la fermeté de sa main nerveuse qui se refermait sur la mienne, je saisis pour la première fois la bonté de son regard clair. Comme toujours, il arrivait dans la maison chargé de ce qu'il avait vécu et qui l'enthousiasmait. À peine avait-il attaqué le repas d'un solide appétit qu'il racontait déjà. Étant allé dans une galerie et chez des amis, il en revenait encore tout enflammé de l'heure qu'il venait d'y passer. C'est toujours dans cet état qu'il revenait chez lui, exalté par le hasard de toutes les rencontres qu'il avait faites un peu partout et cet enthousiasme était devenu chez lui une habitude sacrée ; elle jaillissait encore et toujours comme une flamme de ses lèvres, et il avait une façon merveilleuse de redoubler ce qu'il disait par la vivacité de ses gestes. Il vous sollicitait intimement dès le premier mot parce qu'il était absolument ouvert, accessible à toute nouveauté, ne rejetant rien, disponible pour chacun. D'emblée, il se jetait en quelque sorte hors de lui-même à votre rencontre, et comme à cette première heure, ce fut un bonheur cent et cent fois renouvelé de le voir se lancer avec tant d'impétuosité à l'assaut d'autrui. Il ne savait encore rien de moi qu'il m'accordait déjà sa confiance, simplement parce qu'il apprenait que j'étais proche de son œuvre.

Après le déjeuner, une seconde bonne surprise vint s'ajouter à la première. Van der Stappen, qui désirait de longue date satisfaire un désir qu'il partageait avec lui, travaillait depuis des jours et des jours à un buste de Verhaeren ; ce jour-là, ce devait être l'ultime séance. Or ma présence, déclara Van der Stappen, était un aimable don du sort, car il avait justement besoin de quelqu'un qui pût parler avec ce modèle trop agité pendant qu'il posait, afin que son visage s'animât en parlant et en écoutant. Et c'est ainsi que deux heures durant j'étudiai en profondeur ce visage inoubliable, le front haut, sillonné de plis des mauvaises années, et au-dessus, couleur de rouille, la cascade de boucles brunes, l'architecture anguleuse du visage, la peau brunâtre, tannée par le vent, tendue sur le menton saillant comme un rocher, et au-dessus de la lèvre mince, les belles et longues moustaches pendantes à la Vercingétorix. Sa nervosité logeait dans ses mains, dans ces mains étroites, fines, préhensiles et pourtant vigoureuses où les veines palpitaient sous la minceur de la peau. Toute la puissance de sa volonté était ramassée dans ses larges épaules de paysan, pour lesquelles la tête osseuse et nervée paraissait presque trop petite ; mais il fallait le voir marcher à grands pas pour remarquer toute sa force. Aujourd'hui, quand je regarde le buste — aucune œuvre de Van der Stappen n'est plus réussie que celle de cette heure-là —, je sais à coup sûr comme il est vrai, comme il saisit parfaitement son être même. C'est l'archive d'une grandeur poétique, le monument d'une force impérissable.

Pendant ces trois heures, j'appris déjà à aimer l'homme tel que je l'ai aimé ensuite ma vie durant. Il y avait dans son être une assurance qui ne donnait pas un instant l'impression de la suffisance. Il gardait son indépendance par rapport à l'argent, préférant mener une existence campagnarde plutôt que d'écrire une ligne qui ne valût que pour la journée ou l'heure. Il gardait son indépendance par rapport au succès, ne cherchant pas à l'accroître par des concessions, des complaisances et la camaraderie — ses amis lui suffisaient avec leur fidélité. Il garda même son indépendance par rapport à la tentation la plus dangereuse pour un homme de caractère, la gloire, lorsque celle-ci lui vint enfin alors qu'il était à l'apogée de sa vie. Il resta ouvert dans tous les sens du mot, un homme libre, heureux et jovial, sur lequel aucun complexe ne pesait, qu'aucune vanité n'égarait, qui s'abandonnait facilement à tous les enthousiasmes ; quand on était avec lui, on sentait s'animer sa propre volonté de vivre.

Il était donc là en chair et en os devant moi, le jeune homme — lui, le poète tel que je l'avais voulu, tel que je l'avais rêvé. Et dès cette première heure de rencontre personnelle, ma décision était prise : servir cet homme et son œuvre. C'était une décision téméraire, car à l'époque ce chantre de l'Europe était encore peu connu en Europe, et je savais par avance que la traduction de son œuvre poétique monumentale et de ses trois drames en vers m'enlèverait deux ou trois ans de production personnelle. Mais en décidant de donner la totalité de mes forces, de mon temps et de ma passion au service d'une œuvre autre que la mienne, c'était à moi que je donnais le meilleur : une tâche morale. Ma recherche et mon expérimentation incertaines avaient désormais un sens. Aujourd'hui, si je devais conseiller un jeune écrivain encore incertain de sa voie, je m'efforcerais de le déterminer à commencer par servir une grande œuvre en qualité d'interprète ou de traducteur. Dans tout service nécessitant un sacrifice, il y a plus de sécurité pour un débutant que dans sa propre création, et rien de ce qu'on a fait avec un dévouement passionné ne l'a été pour rien.

Au cours de ces deux années que j'ai presque exclusivement passées à traduire les œuvres poétiques de Verhaeren et à préparer une biographie de lui, j'ai aussi beaucoup voyagé, en partie pour donner des conférences publiques. Et je fus déjà gratifié d'une récompense inattendue pour ce dévouement en apparence ingrat à l'œuvre de Verhaeren ; ses amis de l'étranger me remarquèrent et ne tardèrent pas à devenir aussi les miens. C'est ainsi que je reçus la visite d'Ellen Key[17], cette merveilleuse Suédoise, qui combattait pour l'émancipation des femmes avec une audace sans pareille à cette époque de résistance bornée et, dans son livre *Le Siècle de l'enfant*, attirait l'attention, bien avant Freud, sur la vulnérabilité psychique de la jeunesse ; grâce à elle, je fus introduit en Italie auprès de Giovanni Cena et de son cercle poétique, et gagnai un ami important en la personne du Norvégien Johan Bojer. Georg Brandes, maître international de l'histoire littéraire, me témoigna de l'intérêt, et bientôt, grâce à mon engagement, le nom de Verhaeren commença à devenir plus connu en Allemagne que dans son propre pays. Kainz, le plus grand des acteurs, et Moissi récitaient publiquement ses poèmes dans ma traduction. Max Reinhardt portait *Le Cloître* de Verhaeren sur la scène allemande : je pouvais être satisfait.

Mais il était temps de me rappeler que j'avais contracté un autre engagement que celui que j'avais pris vis-à-vis de Verhaeren. Il me fallait enfin conclure ma carrière universitaire et rapporter à la maison la toque de docteur en philosophie. Ce qui voulait dire assimiler en quelques mois la totalité du programme scolaire que les étudiants sérieux avaient eu bien du mal à avaler en presque quatre ans : avec Erwin Guido Kolbenheyer, un ami de ma jeunesse littéraire, qui ne sera sans doute pas ravi que je le lui rappelle parce qu'il est devenu un des écrivains et des académiciens officiels de l'Allemagne hitlérienne, je passai des nuits à bûcher. Mais on ne me rendit pas l'examen difficile. Le bon professeur, qui en savait trop sur mon compte du fait de mon activité littéraire publique pour m'embêter avec des broutilles, me dit en souriant au cours d'un entretien préliminaire en tête à tête : « Vous préférez sûrement ne pas être interrogé en logique formelle » et, de fait, il m'amena ensuite doucettement sur des terrains où il me savait sûr de moi. Ce fut la première fois que je réussis un examen avec mention et ce fut aussi, je l'espère, la dernière. Désormais, j'étais libre extérieurement, et toutes les années jusqu'au jour d'aujourd'hui furent consacrées à la lutte — qui se fait de plus en dure à notre époque — pour rester tout aussi libre intérieurement.

PARIS,
VILLE DE L'ÉTERNELLE JEUNESSE

Pour la première année de cette liberté conquise, je m'étais promis de m'offrir Paris. Je ne connaissais que superficiellement cette ville inépuisable pour m'y être déjà rendu deux fois et je savais qu'un jeune homme y ayant vécu un an en emporte pour la vie un souvenir de bonheur incomparable. Nulle part, on ne sentait, par tous ses sens éveillés, une identité aussi forte entre sa jeunesse et l'atmosphère que dans cette ville qui se donne à tous et dont aucun ne peut faire complètement le tour.

Je sais bien qu'il n'est plus ce Paris heureux de ma jeunesse, ce Paris qui vous communiquait l'allant dont il était rempli; peut-être qu'il ne retrouvera plus jamais cette merveilleuse liberté depuis qu'une poigne de fer, la plus tyrannique qui soit sur la terre, lui a imprimé sa marque brûlante. À l'heure où je commençais à écrire ces lignes, les armées allemandes, justement, les tanks allemands avançaient comme un rouleau compresseur, comme une masse grise de termites, pour détruire jusqu'à la racine cet organisme harmonieux avec ses couleurs divines, sa bienheureuse gaieté, son lustre et sa fleur que jamais on ne flétrira. Or maintenant c'est chose faite : le drapeau à croix gammée flotte sur la tour Eiffel, les troupes d'assaut noires paradent insolemment sur les Champs-Élysées de Napoléon, et de loin je sens les cœurs se serrer dans les maisons, les regards humiliés de ces Parisiens autrefois si bienveillants à présent que les bottes des conquérants martèlent le sol de leurs bistros et cafés familiers. Aucun malheur personnel ne m'a jamais autant touché, bouleversé, désespéré que l'humiliation de cette ville bénie entre toutes pour faire le bonheur de quiconque s'en approchait. Sera-t-elle un jour en état de donner à de nouvelles générations ce qu'elle a donné à la nôtre : la meilleure leçon de sagesse, l'exemple le plus admirable par sa façon d'être à la fois libre et créatrice, ouverte à chacun tout en s'enrichissant de cette belle prodigalité ?

Je sais, je sais, Paris n'est pas seul à souffrir en ce moment ; il y a aussi l'autre Europe qui ne sera plus pendant des décennies ce qu'elle fut avant la Première Guerre mondiale. Depuis lors, les nuages sinistres ne se sont jamais totalement dissipés à l'horizon de l'Europe, autrefois si lumineux. L'amertume et la méfiance, d'un pays à l'autre, d'un homme à l'autre, sont restées comme un poison rongeur dans son corps mutilé. Quelque progrès social et technique qu'ait apporté ce quart de siècle entre Guerre mondiale et Guerre mondiale, il n'y a cependant pas une nation prise isolément dans notre petit monde occidental qui n'ait perdu une part incommensurable de sa joie de vivre et de sa liberté d'antan. Il faudrait des jours et des jours pour décrire la confiance et la gaieté enfantine dont faisaient preuve jadis les Italiens, y compris dans la misère la plus noire, comme ils riaient et chantaient dans leurs trattorias, et se moquaient avec esprit du mauvais *governo*, alors qu'ils sont aujourd'hui contraints de marcher au pas, menton en avant et cœur chagrin. Est-il encore possible d'imaginer un Autrichien toujours aussi laxiste et libertin dans son affabilité, témoignant une confiance aussi pieuse et aussi crédule dans son maître impérial et dans un Dieu qui lui a rendu la vie tellement agréable ? Russes, Allemands, Espagnols, il n'y en pas un qui sache encore combien de liberté et combien de joie leur a retiré cet épouvantail d'une voracité sans merci qu'est « l'État », qui suce la moelle du plus intime de leur âme. Les peuples sentent seulement qu'une ombre étrangère s'étend et pèse sur leur vie. Mais nous qui avons encore connu le monde de la liberté individuelle, nous savons et pouvons témoigner que l'Europe, autrefois, a joui avec insouciance de toutes les couleurs de son kaléidoscope. Et nous frissonnons en voyant combien notre monde s'est assombri, enténébré, asservi et cadenassé en cédant à sa rage suicidaire.

Et pourtant, nulle part ailleurs qu'à Paris on ne pouvait ressentir avec plus de bonheur la légèreté naïve et en même temps si merveilleusement sage de l'existence, car elle s'y trouvait magnifiquement confortée par la beauté des formes, la douceur du climat, la richesse et la tradition. Chacun d'entre nous, jeunes gens, assimilait une part de cette légèreté et y ajoutait ainsi sa propre part ; Chinois et Scandinaves, Espagnols et Grecs, Brésiliens et Canadiens, chacun se sentait chez lui sur les rives de la Seine. Il n'y avait aucune contrainte, on pouvait parler, penser, rire, tempêter comme on voulait, chacun vivait à sa guise, en société ou dans la solitude, la dépense ou la privation, le luxe ou la bohème, il y avait place pour toute espèce d'originalité et on pourvoyait à

toutes les possibilités. Il y avait là les restaurants
sublimes avec toutes les magies culinaires et les vins
de toutes sortes à deux cents ou trois cents francs,
avec des cognacs aux prix exorbitants, datant des
jours de Marengo ou de Waterloo; mais on pouvait
manger et trinquer presque aussi somptueusement
chez le _marchand de vin_* du coin. Dans les salles
bourrées à craquer des restaurants du Quartier
latin fréquentés par les étudiants, on se faisait servir pour quelques sous les amuse-bouches les plus
succulents avant ou après un savoureux bifteck,
avec en plus du vin rouge ou blanc et une longue
baguette de délicieux pain blanc. On pouvait s'habiller comme on en avait envie; les étudiants se promenaient boulevard Saint-Michel coiffés de leurs
bérets coquets, les rapins s'affichaient avec des cha-
peaux à larges bords semblables à des champignons
géants et des vestes romantiques en velours noir,
les ouvriers arpentaient sans gêne les boulevards
les plus élégants en blouse bleue ou en manches de
chemise, les nourrices en coiffe bretonne à larges
plis, les marchands de vin en tablier bleu. Et il ne
fallait pas forcément attendre le 14-Juillet pour que
quelques jeunes couples se mettent à danser dans la
rue après minuit, et l'agent de police en riait: la rue
n'appartenait-elle pas à tout le monde? Personne
ne se gênait devant personne; les plus jolies filles
n'avaient pas honte d'entrer dans le _petit hôtel_*[1] le
plus proche au bras d'un nègre noir comme du jais
— on se fichait, à Paris, de la race, de la classe ou de
l'origine, tous ces épouvantails dont on a commencé
plus tard à gonfler l'importance. On allait, on cau-

1. Tous les mots en italique suivis d'un astérisque sont en
français dans le texte.

sait, on couchait avec celui ou celle qui vous plaisait,
se souciant des autres comme d'une guigne. Ah ! il
fallait avoir connu Berlin pour aimer vraiment Paris,
il fallait avoir expérimenté la servilité volontaire de
l'Allemagne et la rugosité de son esprit de caste,
au tranchant aiguisé pour faire mal, où la femme
d'un officier ne « fréquentait » pas celle d'un professeur, ni celle-ci la femme d'un commerçant, ni surtout cette dernière la femme d'un ouvrier. À Paris,
l'héritage de la Révolution était encore vivant, on
l'avait dans le sang ; l'ouvrier prolétaire se considérait comme un citoyen libre et pleinement reconnu
à l'égal de son patron, c'est en collègue que le garçon
de café serrait la main du général galonné, les petites
bourgeoises travailleuses, propres et sérieuses ne
faisaient pas la moue à la prostituée rencontrée
dans le même couloir, bavardant au contraire tous
les jours avec elle dans l'escalier, et leurs enfants
lui offraient des fleurs. Un jour, je vis dans un res-
taurant chic — Larue près de la Madeleine — de
riches paysans normands revenant d'un baptême ;
ils entrèrent dans le vacarme de leurs lourds souliers ferrés comme des sabots de cheval, portant le
costume de leur village, les cheveux recouverts d'une
telle couche de pommade qu'on en sentait l'odeur
jusque dans les cuisines. Ils parlaient haut et fort,
de plus en plus fort à mesure qu'ils buvaient, et
bourraient les reins de leurs femmes plantureuses
en riant sans se gêner. Ça ne les dérangeait pas le
moins du monde d'être attablés comme des paysans
au milieu des fracs luisants et des grandes toilettes,
et même le serveur rasé de frais, loin de leur faire la
moue comme il l'eût fait en Allemagne ou en Angleterre face à de tels péquenauds, les servait avec la
même politesse impeccable que les ministres et les

excellences, le maître d'hôtel prenant même plaisir à
saluer ces clients un peu frustes avec une cordialité
appuyée. Paris ne connaissait que la juxtaposition
des contrastes, non le haut et le bas ; aucune frontière visible ne séparait les artères luxueuses des passages crasseux qui étaient à côté, partout la même
animation et la même gaieté. Les musiciens de rue
jouaient dans les cours de banlieue, par les fenêtres
on entendait chanter les midinettes au travail ; il y
avait toujours quelque part du rire dans l'air ou un
appel cordial. Si deux cochers « s'engueulaient » ici
ou là, ils finissaient par se serrer la main et boire
ensemble un verre de vin, qu'ils accompagnaient
de quelques huîtres d'un prix dérisoire. Rien n'était
compliqué ou guindé. Les rapports avec les femmes
se nouaient aussi facilement qu'ils se défaisaient,
chacun trouvait chaussure à son pied, chaque jeune
homme une amie pleine d'entrain, qu'aucune pruderie n'inhibait. Ah ! qu'on vivait avec légèreté à Paris,
qu'on y vivait bien, singulièrement quand on était
jeune ! La simple flânerie était déjà un plaisir et en
même temps une leçon permanente, car tout était
accessible à chacun — une fois entré chez un bou-
quiniste on pouvait feuilleter les livres pendant un
quart d'heure sans s'attirer le moindre murmure
de la part du marchand. On pouvait aller dans les
petites galeries et prendre son temps pour goûter
les trésors des boutiques de brocanteur, on pouvait
écumer les ventes aux enchères à l'hôtel Drouot et
bavarder dans les jardins publics avec les gouvernantes ; il était difficile de s'arrêter une fois qu'on
s'était mis à flâner, la rue exerçait sur vous un attrait
magnétique et montrait continûment du nouveau à
la façon d'un kaléidoscope. Fatigué, on pouvait s'asseoir à la terrasse d'un des dix mille cafés, y écrire

des lettres sur du papier à lettres fourni gratuitement, tout en se faisant présenter par les vendeurs
ambulants toute leur panoplie de babioles et de coli-
fichets. Une seule chose était difficile : rester chez
soi ou rentrer chez soi, en particulier quand le printemps s'annonçait, que la lumière argentée et douce
brillait sur la Seine, que les arbres commençaient
à verdir sur les boulevards et que les jeunes filles
arboraient chacune piqué à leur corsage un petit
bouquet de violettes à un sou ; mais le printemps
n'était vraiment pas indispensable pour qu'on soit
de belle humeur à Paris.

À l'époque où je fis sa connaissance, la ville ne
s'était pas encore complètement unifiée comme elle
l'est aujourd'hui grâce au métro et à l'automobile ;
c'étaient encore les majestueux omnibus tirés par
de lourds chevaux fumants qui dominaient la circulation. Il est vrai qu'on ne pouvait guère découvrir
Paris plus commodément que du haut de « l'impériale », le premier étage de ces larges carrosses, ou
des fiacres découverts, qui n'allaient pas non plus
à une allure trop fébrile. Mais à l'époque, le trajet
de Montmartre à Montparnasse représentait malgré tout un petit voyage et vu la frugalité des petits
bourgeois parisiens, je jugeais tout à fait digne de
foi la légende voulant qu'il existât encore des Parisiens de la rive droite qui n'étaient jamais allés sur la
rive gauche, des enfants qui jouaient uniquement au
jardin du Luxembourg et n'avaient jamais vu le jardin des Tuileries ou le parc Monceau. Le vrai bourgeois ou le vrai concierge restait volontiers « chez
soi », dans son quartier ; il s'aménageait son petit
Paris à l'intérieur du grand Paris et c'est pourquoi
chacun de ces arrondissements avait encore son
caractère nettement distinct et même provincial.

Aussi l'étranger était-il obligé de prendre une certaine décision pour choisir l'endroit où il planterait sa tente. Le Quartier latin ne m'attirait plus. C'est là que je m'étais précipité tout droit en descendant du train lors d'un court séjour antérieur que j'avais fait à l'âge de vingt ans; dès le premier soir, je m'étais installé au Café Vachette, me faisant respectueusement montrer la place de Verlaine et la table en marbre sur laquelle, dans l'ivresse, il avait l'habitude de donner de furieux coups de sa lourde canne pour forcer le respect. Et c'est en son honneur qu'acolyte abstinent j'avais bu un verre d'absinthe, bien que ce breuvage verdâtre ne fût pas du tout à mon goût: au Quartier latin, le jeune homme respectueux que j'étais se croyait tenu d'observer le rituel des poètes français. À l'époque, ma préférence eût été d'habiter, par goût du style, une mansarde du cinquième étage aux alentours de la Sorbonne, afin de vivre plus fidèlement la « véritable » atmosphère du Quartier latin telle que je la connaissais par mes lectures. Mais maintenant que j'avais vingt-cinq ans, ma sensibilité n'avait plus cette naïveté romantique et le quartier étudiant me paraissait trop international, trop peu parisien. Surtout, je ne voulais plus choisir mon quartier de résidence en fonction de réminiscences littéraires, mais pour faire le mieux possible mon propre travail. Je fis aussitôt un tour d'horizon. En ce sens, le Paris élégant, celui des Champs-Élysées, n'était pas du tout ce qu'il me fallait, encore moins le quartier du Café de la Paix, rendez-vous de tous les riches étrangers venus des Balkans, où personne ne parlait français en dehors des garçons de café. La tranquillité du quartier de Saint-Sulpice, à l'ombre de ses églises et de ses couvents, où Rilke et Suarès se plaisaient, avait déjà plus d'attrait pour

moi ; le plus agréable eût été d'élire domicile dans
l'île Saint-Louis, pour être également relié aux deux
côtés de Paris, rive droite et rive gauche. Mais en me
promenant, je réussis, dès la première semaine, à
trouver quelque chose d'encore plus beau. Flânant
dans les galeries du Palais-Royal, je découvris que
parmi les maisons de ce gigantesque carré régulièrement bâties au XVIIIe siècle par le prince Égalité[1]
une d'elles était tombée du rang de palais, jadis aristocratique, à celui de modeste hôtel quelque peu
rudimentaire. Je me fis montrer une des chambres
et m'aperçus avec ravissement que sa fenêtre donnait sur le jardin du Palais-Royal qu'on fermait à
la tombée de la nuit. On n'entendait plus alors que
la rumeur légère de la ville, indistincte et rythmée,
comme le battement continu des vagues sur une
côte lointaine, les statues luisaient au clair de lune,
et aux premières heures de la matinée le vent portait parfois des Halles proches un parfum épicé de
légumes. Dans ce carré historique du Palais-Royal
avaient habité les écrivains, les hommes d'État du
XVIIIe et du XIXe siècle, de l'autre côté, en diagonale,
se trouvait la maison où Balzac et Victor Hugo
avaient si souvent grimpé les cent marches étroites
menant à la mansarde de Marceline Desbordes-
Valmore, la poétesse que j'aimais tant, là brillait le
marbre de l'endroit où Camille Desmoulins avait
exhorté le peuple à prendre d'assaut la Bastille, là
encore se trouvait le passage couvert où le pauvre
petit lieutenant Bonaparte s'était cherché une protectrice parmi les dames de petite vertu qui s'y promenaient. Ici, chaque pierre racontait l'histoire de
la France ; en outre, à une rue de là se trouvait la
Bibliothèque nationale, où je passais mes matinées,
il y avait aussi le musée du Louvre à proximité avec

ses tableaux, les Grands Boulevards avec leur flot
humain ; j'étais enfin là où j'avais désiré aller, là
où le cœur de la France battait depuis des siècles
à un rythme enfiévré, au centre même de Paris. Je
me souviens qu'un jour où André Gide, me rendant
visite, m'avait dit, étonné de ce calme au cœur de
Paris : « Il faut les étrangers pour nous montrer les
plus beaux endroits de notre propre ville. » Et réellement, je n'aurais rien pu trouver de plus parisien
et de plus perdu que ce petit bureau romantique au
cœur enchanté de la ville la plus vivante du monde.

Que j'ai vagabondé par les rues à cette époque-là,
que j'ai vu, que j'ai cherché de choses avec impatience ! Car ce n'était pas uniquement le Paris de
1904 que je voulais vivre ; ce que je cherchais avec
tous les sens, avec le cœur, c'était aussi le Paris
d'Henri IV et de Louis XIV, celui de Napoléon et de
la Révolution, le Paris de Restif de La Bretonne et
de Balzac, de Zola et de Charles-Louis Philippe avec
toutes ses rues, ses visages et ses mystères. Comme
toujours en France je ressentis là encore avec conviction quelle part d'éternité une grande littérature
tournée vers le vrai accorde en retour à son peuple,
car dans Paris tout, en fait, m'était devenu familier
par avance grâce à l'art des poètes, des romanciers,
des historiens et des moralistes qui l'avaient représenté à mon esprit avant même que je le voie de mes
propres yeux. La rencontre ne faisait que le rendre
vivant, la vue concrète devenait finalement un acte
de reconnaissance, ce plaisir de l'*anagnosis* grecque
qu'Aristote célèbre comme le plus grand et le plus
mystérieux de toute jouissance artistique[2]. Il n'empêche : ce n'est pas en lisant ni même en flânant avec
application qu'on fait la connaissance d'un peuple
ou d'une ville dans leur être ultime le plus secret,

mais uniquement et toujours en fréquentant leurs meilleurs représentants. L'amitié spirituelle avec les vivants reste le seul moyen de pénétrer les relations réelles entre un peuple et un pays ; toute observation extérieure reste une image artificielle et prématurée.

De telles amitiés me furent accordées et la meilleure avec Léon Bazalgette. Ma relation étroite avec Verhaeren, à qui je rendais visite à Saint-Cloud deux fois par semaine, m'avait préservé d'entrer, comme la plupart des étrangers, dans le monde joyeusement interlope des peintres et des littérateurs internationaux qui peuplaient le Café du Dôme et restaient au fond toujours les mêmes, que ce fût à Munich, à Rome ou à Berlin. Mais en compagnie de Verhaeren, ceux que j'allai voir étaient des peintres et des écrivains qui, au beau milieu de cette ville de jouissance et de tempérament, vivaient chacun dans leur silence créateur comme sur une île de travail solitaire ; ainsi j'ai pu voir l'atelier de Renoir et les meilleurs de ses élèves. Vue de l'extérieur, l'existence de ces impressionnistes, dont on achète aujourd'hui les œuvres pour des dizaines de milliers de dollars, ne différait en rien de celle des petits bourgeois et des rentiers ; une petite maison quelconque avec un atelier attenant, rien à voir avec l'ostentation que manifestaient à Munich Lenbach et les autres célébrités avec leurs villas de luxe imitant le style pompéien. Les écrivains avec lesquels j'établis bientôt un lien personnel vivaient aussi simplement que les peintres. Ils occupaient pour la plupart un petit emploi de fonctionnaire qui nécessitait peu de travail effectif ; la haute estime dans laquelle le travail intellectuel était tenu du haut en bas de la hiérarchie administrative avait inspiré depuis des années le système judicieux consistant à accorder de

discrètes sinécures aux poètes et aux écrivains qui
ne tiraient pas de gros revenus de leur travail ; on les
nommait, par exemple, bibliothécaire au ministère
de la Marine ou au Sénat. Ils touchaient un petit
traitement et avaient peu de travail à faire, car il
était extrêmement rare que les sénateurs demandent
un livre, si bien que l'heureux bénéficiaire de cette
prébende, confortablement installé dans le vieux
palais stylé du Sénat, dont les fenêtres donnent sur
le jardin du Luxembourg, pouvait écrire tranquillement sa poésie pendant les heures de service, sans
être obligé de penser à ses droits d'auteur. Et cette
modeste sécurité lui suffisait. D'autres étaient médecins, comme plus tard Duhamel et Durtain, possédaient une petite galerie de peinture comme Charles
Vildrac ou enseignaient au lycée comme Romains
et Jean-Richard Bloch, faisaient des heures de
bureau à l'agence Havas comme Paul Valéry ou prê-
taient leur aide à des éditeurs. Mais aucun n'avait
la prétention de leurs successeurs corrompus par
le cinéma et les tirages élevés, qui tentaient auto-
ritairement de fonder aussitôt une existence sur
leur inclination première pour les arts. Ce que les
écrivains attendaient de ces professions modestes
choisies sans ambition n'était rien de plus que le
minimum de sécurité pour la vie extérieure qui leur
garantissait l'indépendance nécessaire à leur travail
intérieur. Cette sécurité leur permettait d'ignorer
les grands quotidiens parisiens corrompus, d'écrire
sans aucun honoraire pour leurs petites revues, dont
la survie dépendait toujours de sacrifices personnels, d'accepter tranquillement qu'on ne jouât leurs
pièces que dans de petits théâtres littéraires et qu'au
début leur nom ne fût connu que dans leur propre
cercle : pendant des dizaines d'années, seule une

élite très restreinte a su qui étaient Claudel, Péguy,
Rolland, Suarès ou Valéry. Ils étaient bien les seuls
à ne pas se presser dans cette ville fiévreuse et affai-
rée. Vivre tranquillement, travailler tranquillement
pour un cercle tranquille au-delà de la *foire sur la
place** était pour eux plus important que de se pousser en avant, et ils n'avaient pas honte de leur vie
étriquée de petits bourgeois pourvu qu'ils pensent
librement et audacieusement dans le domaine artistique. Leurs femmes faisaient la cuisine et tenaient
le ménage ; l'atmosphère était d'une grande simplicité et d'autant plus chaleureuse dans les soirées
entre camarades. On était assis sur des chaises en
paille bon marché autour d'une table négligemment
recouverte d'une nappe à carreaux — ce n'était pas
plus chic que chez le monteur au même étage, mais
on se sentait libre et sans entraves. Ils n'avaient pas
le téléphone, pas de machine à écrire, pas de secrétaire, ils évitaient toute espèce d'appareil technique
aussi bien que les outils intellectuels de la propagande, ils écrivaient leurs livres à la main comme
il y a mille ans, et même dans les grandes maisons
d'édition comme le Mercure de France il n'y avait
ni système de dictée ni appareil compliqué. Rien
n'était gaspillé à l'extérieur pour le prestige ou la
représentation ; tous ces jeunes écrivains français
vivaient, comme le peuple tout entier, pour la joie de
vivre, il est vrai sous sa forme la plus sublime, la joie
du travail créateur. Comme l'hygiène morale de ces
amis que je venais de me faire m'a conduit à réviser
l'image de l'écrivain français ! Combien leur genre
de vie différait de ce qu'on racontait de Bourget et
des autres romanciers célèbres de l'époque, pour qui
le « salon » était l'équivalent du monde ! Et quelle
leçon me donnaient leurs femmes sur la caricature

criminelle que nous nous étions faite de la Française
en lisant des livres la présentant comme une mondaine obsédée par les aventures, le gaspillage et les
mirages du miroir. Jamais je n'ai vu meilleures maî-
tresses de maison que là, dans le cercle fraternel,
discrètes, économes, modestes et gaies, y compris
dans les situations les plus difficiles, magiciennes
opérant de petits miracles sur un minuscule fourneau, assurant la garde et la protection des enfants,
tout en étant fidèlement attachées au monde intellectuel de leurs maris ! Il faut avoir vécu dans ces
cercles en tant qu'ami, que camarade, pour savoir ce
qu'il en est vraiment de la France.

Ce qu'il y avait d'extraordinaire chez Léon
Bazalgette, cet ami de mes amis, dont le nom est
injustement oublié dans la plupart des panoramas
de la littérature française moderne, c'était qu'au
milieu de cette génération d'écrivains il mettait sa
force créatrice au service exclusif des œuvres d'autrui, réservant ainsi toute son énergie magnifique
à ceux qu'il aimait. En lui, le « camarade »-né, j'ai
découvert le type absolu de l'être qui se sacrifie
corps et âme, l'homme du vrai dévouement, qui
considère que son unique tâche dans la vie est de
contribuer à imposer les valeurs essentielles de son
époque, et ne nourrit pas même l'orgueil légitime
d'être celui qui les a découvertes, défendues et pro-
mues. Son enthousiasme actif n'était rien d'autre
qu'une fonction naturelle de sa conscience morale.
D'allure un peu militaire, bien qu'il fût passionnément antimilitariste, il avait dans ses rapports avec
autrui la chaleur d'un vrai camarade. Toujours prêt
à aider et à donner des conseils, d'une honnêteté
inébranlable, d'une ponctualité d'horloge, il se souciait de tout ce qui vous concernait, mais jamais de

son avantage personnel. Le temps ne comptait pas pour lui, l'argent ne comptait pas pour lui quand il s'agissait d'un ami, et il avait des amis dans le monde entier, une sélection restreinte mais bien choisie. Il avait passé dix ans à faire connaître Walt Whitman aux Français par la traduction de tous ses poèmes et une biographie monumentale. Diriger le regard spirituel de sa nation au-delà des frontières, renforcer la virilité et l'esprit de camaraderie chez ses compatriotes grâce à cet exemple de liberté et d'humanité devinrent le but de sa vie : il était le meilleur des Français et en même temps l'antinationaliste le plus passionné.

Nous devînmes bientôt des amis intimes et fraternels parce nous ne pensions ni l'un ni l'autre en termes patriotiques, parce que nous aimions tous deux servir des œuvres étrangères avec passion et dévouement, sans aucun avantage matériel, et parce que nous jugions que l'indépendance intellectuelle est le bien suprême de la vie. C'est en lui que j'appris à connaître une France « souterraine » ; quand je lus plus tard chez Romain Rolland comment Olivier va à la rencontre de l'Allemand Jean-Christophe[3], je crus presque y voir le récit de ce que nous avions personnellement vécu. Mais le plus beau dans notre amitié, ce qu'elle a gardé pour moi d'inoubliable, c'est qu'elle a toujours su faire fi d'un point délicat dont la résistance opiniâtre aurait normalement dû empêcher toute intimité franche et chaleureuse entre deux écrivains. Ce point délicat était que Bazalgette, avec son honnêteté magnifique, rejetait absolument tout ce que j'écrivais à l'époque. Il aimait ma personne, il avait le plus grand respect pour mon dévouement à l'œuvre de Verhaeren. Chaque fois que je venais à Paris, il m'attendait fidèlement à

la gare et était le premier à me saluer; là où il pouvait m'aider, il répondait toujours présent et pour
toutes les choses essentielles nous nous entendions
mieux que des frères. Mais à mes propres travaux
il opposait un non résolu. Il connaissait certains de
mes poèmes et certaines pièces en prose dans les
traductions d'Henri Guilbeaux (qui a joué ensuite
un rôle important pendant la guerre mondiale en
qualité d'ami de Lénine) et les rejetait franchement
et abruptement. Il m'admonestait implacablement:
tout cela n'avait aucun rapport avec la réalité, c'était
de la littérature ésotérique (qu'il haïssait fondamentalement), et il s'irritait, justement, que j'en fusse
l'auteur. Totalement honnête avec lui-même, il ne
faisait pas la moindre concession, pas plus sur ce
point que sur aucun autre, même pour des raisons
de courtoisie. À l'époque où il dirigeait une revue,
il sollicita mon aide — et le fit sous la forme suivante: en me priant de lui procurer d'importants
collaborateurs en provenance d'Allemagne, c'est-à-
dire des contributions meilleures que celles que je
pouvais moi-même lui fournir; à moi qui étais son
ami le plus proche il ne demanda rien et s'obstina
à ne pas publier la moindre ligne de moi, bien que
dans le même temps, avec dévouement et sans toucher le moindre honoraire, il ait accepté, par pure
amitié, de réviser pour un éditeur la traduction en
français de l'un de mes livres. Qu'en dix ans notre
camaraderie fraternelle n'ait pas souffert une seule
heure de cette curieuse circonstance n'a fait qu'en
renforcer le prix à mes yeux. Et jamais l'approbation
de quiconque ne m'a fait plus plaisir que celle de
Bazalgette, lorsque au cours de la guerre mondiale
— annulant moi-même tout ce que j'avais fait auparavant — j'étais enfin parvenu à une forme d'expres-

sion personnelle. Car je savais que son approbation
de mes nouvelles œuvres était aussi sincère que le
non abrupt qu'il m'avait opposé pendant dix ans.

Si je mentionne le nom si cher de Rainer Maria
Rilke dans le contexte de mes séjours parisiens, bien
qu'il fût un poète allemand, c'est que Paris fut le lieu
de nos rencontres les plus fréquentes et les plus heureuses et que je vois toujours son visage se détacher,
comme sur des tableaux anciens, sur le fond de cette
ville qu'il a aimée comme aucune autre. Aujourd'hui,
quand je pense à lui et aux autres maîtres du verbe
martelé comme par la main d'un illustre orfèvre,
quand je pense à ces noms vénérés qui ont resplendi
sur ma jeunesse comme des astres inaccessibles,
je suis irrésistiblement assailli par cette question
mélancolique : ces purs poètes, uniquement tournés
vers le lyrisme, seront-ils encore possibles à notre
époque de turbulence et d'égarement généralisé ?
Ne sont-ils pas une espèce disparue, dont je déplore
la perte en leur disant mon amour, une espèce
sans postérité immédiate dans nos jours traversés
par tous les ouragans du destin — ces poètes qui
ne désiraient rien de la vie extérieure, ni l'assenti-
ment des larges masses, ni les titres honorifiques, ni
les distinctions, ni le profit, qui n'aspiraient à rien
d'autre que tenter dans le silence mais avec passion
de trouver le lien parfait pour unir une strophe à
une autre, distillant de la musique dans chaque vers,
l'illuminant de couleurs, l'embrasant d'images. Ils
étaient une guilde, un ordre quasi monastique au
milieu de notre grande rumeur, eux qui s'étaient
délibérément détournés du quotidien, eux pour qui
rien n'était plus important dans l'univers que l'harmonie des mots, dont la délicatesse est pourtant plus
durable que le fracas de l'époque, la consonance

des rimes délivrant cet ineffable émoi, plus discret
que le son d'une feuille qui chute dans le vent, et
dont les vibrations touchaient pourtant les âmes
les plus éloignées. Mais quoi de plus exaltant pour
nous, jeunes gens, que la présence de ces hommes
fidèles à eux-mêmes, quel exemple nous donnaient
ces serviteurs et gardiens rigoureux de la langue, qui
n'accordaient leur amour qu'au mot purifié, au mot
qui ne s'attachait pas au jour ni au journal, mais à
ce qui durait et perdurait. On avait presque honte
de les regarder, tant ils menaient une vie discrète,
modeste, invisible, l'un comme paysan à la campagne, l'autre vivant d'un petit métier, le troisième
parcourant le monde comme un *passionate pilgrim* [4],
tous connus d'un petit nombre seulement, mais
d'autant plus passionnément aimés de ces quelques-
uns. Il y en avait un en Allemagne, un en France,
un en Italie, tous pourtant dans la même patrie,
car ils ne vivaient que dans la poésie, et comme ce
renoncement sévère leur permettait d'éviter l'éphémère, en créant des œuvres d'art ils donnaient à leur
propre vie la forme d'une œuvre d'art. Il me paraît
toujours miraculeux que nous ayons eu parmi nous,
durant notre jeunesse, d'aussi impeccables poètes.
Mais c'est aussi la raison pour laquelle je ne cesse de
me demander avec une sorte d'inquiétude secrète:
aurons-nous encore à notre époque, dans nos nouvelles conditions de vie qui expulsent l'être humain
de toute concentration intérieure comme un incendie de forêt chasse les animaux de leurs repaires les
plus secrets, pourrons-nous encore avoir des êtres
de cette sorte, totalement voués à l'art de la poésie?
Je le sais, ce miracle qu'est le poète ne cesse de se
reproduire au cours des âges et l'émouvante consolation de Goethe dans ses *Nénies sur Lord Byron*

conserve une vérité éternelle : « Car la terre encore les enfante, comme elle les a toujours enfantés[5]. » Toujours des poètes de cette sorte renaîtront dans un cycle béni, car jamais l'immortalité ne cesse de décerner périodiquement ce précieux gage y compris aux époques qui en sont le moins dignes. Or la nôtre n'en est-elle pas justement une qui n'accorde aucune quiétude, même à l'être le plus pur, même à l'être le plus en retrait, cette quiétude de l'attente, du mûrissement, de la méditation et du recueillement, qui leur était encore consentie dans ces temps plus heureux et plus paisibles de l'Europe d'avant-guerre ? Je ne sais pas quel crédit ont aujourd'hui tous ces poètes, Valéry, Verhaeren, Rilke, Pascoli, Francis Jammes, ce qu'ils représentent encore pour une génération dont les oreilles, loin de cette musique exquise, ont été transpercées pendant des années et des années par le claquement du moulin de la propagande et, deux fois, par le grondement du canon. Je sais seulement, et c'est un devoir pour moi de le dire avec reconnaissance, quel enseignement, quel bonheur fut pour nous la présence de ces êtres voués à la mission sacrée de la perfection au milieu d'un monde déjà en train de se mécaniser. Et quand je jette un regard rétrospectif sur ma vie, je n'aperçois guère de bien plus précieux que le privilège qui me fut accordé d'être humainement proche de plusieurs d'entre eux et d'avoir souvent vu ma vénération précoce se prolonger en amitié durable.

Parmi eux, aucun, peut-être, n'a mené une vie plus discrète, plus mystérieuse, plus effacée que Rilke. Mais ce n'était pas une solitude voulue, forcée ou drapée dans un sacerdoce telle qu'un Stefan George la célébrait en Allemagne ; le silence croissait en quelque sorte autour de lui, où qu'il allât et où qu'il se trouvât. Comme il fuyait toute sorte de bruit et même sa renommée — « cette somme de tous les malentendus qui s'amassent autour d'un nom[6] », comme il l'a dit un jour si joliment —, le déferlement vaniteux d'une vague de curiosité ne mouillait que son nom, jamais sa personne. Rilke était difficile à joindre. Il n'avait pas de maison, pas d'adresse à laquelle il eût été possible de le chercher, pas de foyer, pas de domicile fixe, pas de bureau. Il était toujours en chemin de par le monde et personne, pas même lui, ne savait à l'avance quelle direction il allait prendre. Pour son âme d'une délicatesse extrême et sensible à la moindre pression, toute décision fixe, tout projet et toute annonce étaient déjà un fardeau. Aussi le rencontrer n'était jamais que le fruit d'un hasard. On se trouvait dans une galerie italienne et l'on devinait, sans bien voir de qui il venait, qu'un léger sourire amical vous était adressé. Alors on reconnaissait ses yeux bleus qui, lorsqu'ils vous regardaient, animaient de leur lumière intérieure ses traits qui n'avaient en eux-mêmes rien de remarquable. Mais cette absence de tout trait saillant était le mystère profond de son être. Des milliers de gens ont sans doute croisé ce jeune homme dont la moustache blonde avait quelque chose de mélancolique, ce visage un peu slave, qu'aucun trait ne distinguait particulièrement, sans deviner qu'il s'agissait d'un poète et de l'un des plus grands de ce siècle; il fallait le fréquenter de plus près pour que sa particularité apparût : la réserve inouïe de tout son être. Sa façon d'arriver, de parler, était d'une indicible discrétion. Quand il entrait dans une pièce où se trouvait réunie une société, il faisait si peu de bruit qu'on le remarquait à peine. Il restait ensuite assis à écouter silencieusement, haussant parfois le front

involontairement, dès que quelque chose paraissait
l'occuper, et quand il commençait lui-même à parler,
c'était toujours sans la moindre affectation et sans
élever la voix. Il racontait avec naturel et simplicité,
comme une mère raconte une histoire à son enfant,
avec la même tendresse; c'était merveilleux de
l'écouter tant il donnait du relief et du sens au sujet
le plus indifférent. Mais dès qu'il se sentait devenir
le centre d'intérêt d'un cercle plus large, il s'inter-
rompait et replongeait dans l'écoute silencieuse et
attentive. On retrouvait cette tonalité de discrétion
dans chacun de ses gestes et de ses mouvements;
même lorsqu'il riait, ce n'en était que l'esquisse. La
sourdine lui était indispensable, aussi rien ne pouvait
autant le déranger que le bruit et, dans l'ordre du sentiment, la véhémence. « Ils m'épuisent, tous ces gens
qui crachent leurs émotions comme du sang, me
dit-il un jour, et c'est pourquoi je ne consomme plus
les Russes qu'à petites doses comme une liqueur. »
Non moins que la retenue dans son comportement,
l'ordre, la propreté et la quiétude étaient pour lui
des besoins tout à fait physiques; l'obligation de
prendre un tramway bondé, de rester assis dans
un café bruyant, le perturbait pendant des heures.
Toute vulgarité lui était insupportable, et malgré la
modestie de ses ressources, il était toujours habillé
avec un maximum de soin, de propreté et de goût.
Ses vêtements étaient aussi un chef-d'œuvre mûri
et composé pour passer inaperçu, mais ils comportaient toujours une touche imperceptible, tout
à fait personnelle, un petit accessoire, dont il se
réjouissait secrètement, par exemple un mince bra-
celet d'argent autour du poignet. Car son sens esthétique de la perfection et de la symétrie s'étendait à
la sphère la plus intime et la plus personnelle. Un

jour, chez lui, je le vis faire sa valise avant de partir
en voyage — il refusa mon aide qu'il jugeait avec
raison manquer de compétence. C'était comme s'il
posait les pièces d'une mosaïque, insérant presque
tendrement chacune dans son espace délimité avec
soin ; j'aurais considéré comme une profanation
de lui donner un coup de main qui eût dérangé
cet assemblage floral. Et ce sens élémentaire de la
beauté l'accompagnait jusque dans le détail le plus
secondaire ; il n'y avait pas que ses manuscrits qu'il
calligraphiait en belle ronde sur le plus beau papier,
avec tant de soin que l'intervalle entre chaque ligne
était d'une égalité parfaite, comme s'il l'avait mesuré
avec une règle graduée ; même pour la lettre la plus
indifférente, il choisissait un papier de luxe et sa
calligraphie régulière, impeccable et ronde respectait rigoureusement l'égalité des intervalles entre les
mots. Jamais il ne s'autorisait une rature, y compris
dans le message le plus hâtif, et dès qu'une phrase
ou une expression ne lui paraissait pas pleinement
satisfaisante, il réécrivait encore une fois avec sa formidable patience la totalité de la lettre. Jamais Rilke
ne donnait quelque chose de sa main qui ne fût absolument parfait.

Cette sourdine et cette concentration de son être
exerçaient une influence irrésistible sur tous ceux
qui l'approchaient. De même qu'un Rilke emporté
était impensable, on ne pouvait concevoir qu'en sa
présence, sous l'effet de sa quiétude rayonnante,
chacun ne se défît pas de toute pétulance et de toute
présomption. Car sa réserve agissait autour de lui
comme une force d'une constance mystérieuse, un
pouvoir éducatif et moral. Après toute conversation prolongée avec lui, on se sentait incapable de
la moindre vulgarité pendant des heures et même

des jours. Mais d'un autre côté, il est évident que cette nature continûment tempérée, cette volonté de ne jamais se donner entièrement limitait rapidement tout élan de cordialité; je crois que peu de gens peuvent se vanter d'avoir été les « amis » de Rilke. Dans les six volumes publiés de sa correspondance, il n'use pratiquement jamais de ce terme à l'adresse de son correspondant, quant au tutoiement fraternel et familier, il semble ne l'avoir presque plus accordé à personne depuis ses années de lycée. Son extraordinaire sensibilité ne supportait pas que rien ni personne l'approchât de trop près et un caractère masculin trop marqué suscitait chez lui un véritable malaise physique. Avec les femmes, il se livrait plus facilement dans la conversation. Il leur écrivait beaucoup et volontiers, et se montrait plus libre en leur présence. C'était peut-être l'absence de sons gutturaux dans leur voix qui lui faisait du bien, car les voix désagréables lui causaient une véritable souffrance. Je le vois encore devant moi conversant avec quelqu'un de la haute aristocratie, complètement recroquevillé en lui-même, les épaules douloureuses, évitant de lever les yeux pour qu'ils ne trahissent pas à quel point ce désagréable fausset le faisait souffrir physiquement. Mais quel bonheur d'être avec lui quand il était bien disposé à votre égard! On sentait alors sa bonté intérieure, bien qu'elle ne s'exprimât qu'avec parcimonie dans ses paroles et ses gestes, comme un rayonnement qui vous réchauffait et vous guérissait en pénétrant au plus profond de l'âme.

Timide et réservé, Rilke donnait à Paris, cette ville qui élargit le cœur, l'impression d'être beaucoup plus ouvert, peut-être aussi parce qu'on n'y connaissait pas son œuvre ni son nom et qu'il se sentait toujours

plus libre et plus heureux lorsqu'il était anonyme.
Je lui rendis visite dans deux chambres qu'il louait.
Chacune des deux était simple et dépourvue d'or-
nements, mais son sens permanent de la beauté
leur donnait aussitôt un style et une quiétude. Il ne
fallait surtout pas que ce fût un grand immeuble
locatif avec des voisins bruyants, mais plutôt une
vieille maison, même inconfortable, dans laquelle il
pouvait se sentir chez lui et, où qu'il fût, grâce à sa
capacité à instaurer un ordre, il savait aussitôt aménager son intérieur en le conformant à sa nature.
Il n'y avait que peu de choses autour de lui, mais
toujours des fleurs luisaient dans un vase ou dans une
coupe, peut-être offertes par une femme, peut-être
rapportées avec amour par lui-même. Et toujours
des livres luisaient au mur, dans une belle reliure
ou soigneusement enveloppés dans du papier, car
il aimait les livres comme des animaux muets. Sur
son bureau, crayons et plumes étaient alignés au
cordeau, les feuilles de papier vierge rangées à angle
droit ; une icône russe, un crucifix catholique, qui
l'ont accompagné, je crois, dans tous ses voyages,
donnaient à cette pièce de travail un caractère légèrement religieux, bien que sa religiosité ne fût liée
à aucun dogme déterminé. Pour chaque détail, on
sentait qu'il était soigneusement choisi et gardé avec
tendresse. Lui prêtait-on un livre qu'il ne connaissait
pas, il vous le rendait enveloppé dans du papier de
soie sans aucun pli et noué d'un ruban coloré comme
un cadeau de fête ; je me souviens encore du don précieux qu'il me fit en m'apportant dans ma chambre
le manuscrit de *La Chanson de l'amour et de la mort*
et je conserve aujourd'hui encore le ruban qui l'enveloppait. Mais rien n'était plus merveilleux que
d'aller se promener dans Paris avec Rilke, car cela

revenait à donner de l'importance au plus anodin
comme si l'œil lui-même était éclairé. Il relevait le
plus petit détail, prenant même plaisir à prononcer à
haute voix les noms qui figuraient sur les enseignes
publicitaires, quand leurs sonorités lui semblaient
bien rythmées. Connaître cette ville de Paris dans ses
moindres recoins était pour lui une passion, presque
la seule que je lui aie connue; un jour que nous nous
étions rencontrés chez des amis communs, je lui
racontai que, la veille, j'étais parvenu par hasard à la
vieille *barrière* * où se trouvait le cimetière de Picpus,
dans lequel avaient été inhumées les dernières victimes de la guillotine, parmi lesquelles André Chénier. Je lui décrivis cette petite prairie émouvante
avec ses tombes éparses, que les étrangers visitent
rarement. Sur le chemin du retour, dans une des
rues, j'avais alors aperçu par la porte ouverte d'un
couvent une sorte de béguines qui, sans échanger un
seul mot, le chapelet à la main, tournaient en rond
comme dans un rêve pieux. Ce fut une des rares fois
où je vis se manifester une certaine impatience chez
cet homme si discret et maître de lui-même : il fallait
absolument qu'il voie cela, la tombe d'André Chénier
et le couvent. Accepterais-je de l'y emmener ? Nous
nous y rendîmes dès le lendemain. Il resta dans une
sorte de ravissement silencieux devant ce cimetière
isolé et l'appela « le plus poétique de Paris ». Mais
sur le chemin du retour il apparut que la porte du
couvent était fermée. J'eus alors l'occasion de mettre
à l'épreuve la silencieuse patience dont il faisait
preuve dans la vie non moins que dans ses œuvres.
« Attendons le hasard », dit-il. Et la tête légèrement
penchée il se mit en position de voir par cette porte,
au cas où elle s'ouvrirait. Nous attendîmes peut-être
vingt minutes. Alors une sœur arriva par la rue et

sonna. « C'est le moment », souffla-t-il excité. Mais
la sœur avait surpris son guet silencieux — chez lui,
comme je l'ai dit, tout se sentait de loin comme un
phénomène atmosphérique — et elle s'approcha en
lui demandant s'il attendait quelqu'un. Il lui sourit
de son tendre sourire qui inspirait aussitôt confiance
et dit avec franchise qu'il aurait tant aimé voir le
cloître. Elle répondit en souriant à son tour qu'elle
était désolée de ne pouvoir le laisser entrer. Elle lui
conseilla néanmoins d'aller dans la maisonnette du
jardinier : de la fenêtre de l'étage, il aurait une bonne
vue. De sorte que cela lui fut accordé comme tant
d'autres choses.

Nos chemins se sont encore croisés à plusieurs
reprises, mais chaque fois que je pense à Rilke c'est
à Paris que je le vois, Paris dont il lui fut épargné de
vivre l'heure la plus sombre.

Les êtres de cette espèce rare étaient d'un grand
profit pour un débutant ; mais la leçon décisive
était encore à venir, une leçon qui allait valoir pour
ma vie entière. Ce fut un cadeau du hasard. Chez
Verhaeren, nous nous étions engagés dans une discussion avec un historien d'art qui déplorait que la
grande époque de la sculpture et de la peinture fût
terminée. Je le contredis vivement. N'avions-nous
pas Rodin parmi nous, un créateur qui n'était pas
moins important que les grands artistes du passé ? Je
me mis à énumérer ses œuvres et comme c'est toujours le cas quand on fait face à la contradiction, j'entrai dans une quasi-colère. Verhaeren souriait de son
côté. « Quelqu'un qui aime tant Rodin, dit-il pour
finir, devrait faire sa connaissance. Demain je suis
dans son atelier. Si tu es d'accord, je t'emmène. »

Si j'étais d'accord ? Je ne pus dormir tant j'étais

heureux. Mais chez Rodin, je demeurai court. Je fus même incapable de lui adresser la parole, figé parmi les statues comme si j'étais l'une d'elles. Curieusement, mon embarras semblait lui plaire, car en prenant congé le vieil homme me demanda si je ne voulais pas voir son véritable atelier à Meudon et m'invita même à déjeuner. J'avais reçu ma première leçon : les grands hommes sont toujours les plus aimables.

La seconde fut que dans leur vie ils sont toujours les plus simples. Chez cet homme dont la gloire était répandue dans le monde entier, dont les œuvres étaient aussi présentes, trait pour trait, à notre génération que nos plus proches amis, on mangeait aussi simplement que chez un paysan de moyenne condition : une bonne viande nourrissante, quelques olives et de beaux fruits mûrs, le tout accompagné d'un robuste vin de pays. Cela me donna du courage et à la fin je parlais déjà sans entrave, comme si ce vieil homme et sa femme m'étaient familiers depuis des années.

Après le déjeuner, nous passâmes dans son atelier. C'était une salle immense qui réunissait les répliques de ses œuvres les plus importantes, mais parmi elles, allongées ou debout, des centaines de précieuses petites études de détail — une main, un bras, une crinière de cheval, une oreille de femme, uniquement modelés dans le plâtre pour la plupart ; aujourd'hui encore je garde le souvenir précis de bon nombre de ces esquisses qu'il travaillait uniquement pour s'exercer et je pourrais parler pendant des heures de cette heure unique passée avec lui. Pour finir, le maître me conduisit devant un socle sur lequel sa dernière œuvre, le portrait d'une femme, était dissimulée sous des linges mouillés. Il détacha les linges avec ses lourdes mains de paysan

sillonnées de rides, et recula. Je ne pus m'empêcher
de lâcher un « admirable ! » jailli de ma poitrine
oppressée et rougis aussitôt de cette banalité. Mais
avec une tranquille objectivité, dans laquelle on n'eût
pas trouvé le moindre grain de vanité, il murmura,
contemplant son œuvre, cette simple approbation :
« *N'est-ce pas* ?* » Puis il eut une hésitation. « Juste
là, à l'épaule... un instant ! » Il se débarrassa de sa
veste d'intérieur, enfila sa blouse blanche, saisit une
spatule et lissa d'un trait magistral à l'épaule la peau
douce de la femme, qui semblait respirer. Il recula
de nouveau. « Là aussi », murmura-t-il. Une nouvelle fois, un détail minuscule rehaussait l'effet. Puis
il ne dit plus un mot. Il avançait et reculait, observait la figure dans un miroir, grommelait, émettait
des sons incompréhensibles, modifiait, corrigeait.
Ses yeux, amicalement distraits pendant le déjeuner,
lançaient maintenant des lueurs étranges, il paraissait avoir grandi et rajeuni. Il travaillait, travaillait,
travaillait avec toute la passion et toute l'énergie de
son corps lourd et puissant ; chaque fois qu'il avançait ou reculait brusquement, le plancher craquait.
Mais il ne l'entendait pas. Il ne remarquait pas derrière lui le jeune homme silencieux, le cœur dans la
gorge, ravi de pouvoir observer ce maître unique en
plein travail. Il m'avait complètement oublié. Pour
lui, je n'étais pas là. Seule la figure, l'œuvre était là
pour lui et derrière, invisible, la vision de l'absolue
perfection.

Un quart d'heure passa, une demi-heure, je ne
saurais dire combien de temps. Les grands moments
sont toujours au-delà du temps. Rodin était plongé
dans son travail, il s'y abîmait tant qu'un coup de
tonnerre ne l'eût pas réveillé. Ses mouvements devenaient plus brusques, quasi furieux ; une sorte de

sauvagerie, une sorte d'ivresse l'avait saisi, il travaillait de plus en plus vite. Puis ses mains devinrent plus hésitantes. Elles semblaient avoir discerné qu'elles n'avaient plus rien à faire. Il recula une fois, deux fois, trois fois sans rien modifier de plus. Puis il murmura doucement quelque chose dans sa barbe, posa les linges autour de la figure avec la même tendresse qu'un châle autour des épaules d'une femme aimée. Sa stature sembla de nouveau s'alourdir. Le feu s'était éteint. Alors se produisit l'inconcevable pour moi, la leçon suprême : il enleva sa blouse, remit sa veste d'intérieur et se retourna pour partir. Il m'avait totalement oublié durant cette heure d'extrême concentration. Il ne se rappelait plus qu'un jeune homme qu'il avait pourtant lui-même introduit dans son atelier pour le lui montrer était resté debout derrière lui, bouleversé, retenant son souffle, immobile comme ses statues.

Il gagna la porte. Au moment où il voulait la fermer, il me découvrit et me fixa presque méchamment : qui était ce jeune étranger qui s'était glissé dans son atelier ? Mais l'instant d'après il me reconnut, retrouva la mémoire et vint à moi presque honteux. « *Pardon, monsieur** », commença-t-il. Mais je ne le laissai pas continuer. Je lui serrai simplement la main avec gratitude : j'aurais encore préféré la lui baiser. Durant cette heure, j'avais vu se découvrir le secret éternel de tout grand art et même de toute œuvre humaine : la concentration de toutes les forces et de tous les sens, ce passage hors de soi, hors du monde qui est le propre de tout artiste. J'avais appris quelque chose pour le restant de ma vie.

Mon intention avait été de quitter Paris fin mai pour me rendre à Londres. Mais je fus obligé

d'avancer mon départ de quinze jours car des circonstances imprévues avaient gâté mon séjour dans
ma merveilleuse chambre. Cela se produisit à l'occasion d'un épisode étrange qui m'amusa beaucoup
et m'ouvrit en même temps des vues forts instructives sur la façon de penser de milieux français très
divers.

Je m'étais absenté de Paris les deux jours fériés de
la Pentecôte pour admirer avec des amis la magnifique cathédrale de Chartres, que je ne connaissais
pas encore. Revenu dans ma chambre d'hôtel le
mardi matin, je voulus me changer, mais ne trouvai pas ma valise, qui était restée paisiblement dans
son coin pendant tous ces mois. Je redescendis pour
aller trouver le propriétaire du petit hôtel, qui restait
pendant la journée dans la petite loge de portier, en
alternance avec sa femme. C'était un petit Marseil-
lais obèse, aux joues rouges, avec qui j'avais souvent
plaisanté et même parfois joué au trictrac, son jeu
favori, dans le café d'en face. Il s'énerva aussitôt et
cria hargneusement, en martelant la table du poing,
ces paroles mystérieuses : « C'était donc bien ça ! »
Tout en enfilant son veston — il était comme toujours en manches de chemise — et en quittant ses
confortables pantoufles pour mettre des chaussures,
il m'expliqua la situation. Mais il faut sans doute
rappeler d'abord une particularité des immeubles
et des hôtels parisiens pour la faire comprendre.
À Paris, les petits hôtels et la plupart des maisons
particulières n'ont pas de clef pour la porte d'entrée
et c'est le *concierge*** qui ouvre automatiquement la
porte depuis sa loge aussitôt qu'on sonne au-dehors.
Or dans les petits hôtels et les petits immeubles, le
propriétaire ou le concierge ne reste pas toute la nuit
dans sa loge et c'est du fond de son lit conjugal qu'il

ouvre la porte d'entrée en appuyant sur un bouton, la plupart du temps dans un demi-sommeil ; la personne qui sort de la maison doit crier « *le cordon, s'il vous plaît* * », de même que celle qui veut être introduite de l'extérieur doit donner son nom, de sorte qu'en théorie aucun inconnu ne peut s'introduire furtivement la nuit dans les maisons. Or à 2 heures du matin, la sonnette de mon hôtel avait été actionnée de l'extérieur, quelqu'un qui entrait avait donné un nom ressemblant à celui d'un des clients de l'hôtel et décroché la clef d'une chambre suspendue dans la loge du concierge. De fait, le cerbère aurait dû vérifier par la vitre l'identité de ce visiteur tardif, comme il en avait l'obligation, mais il était apparemment bien trop endormi. Lorsque au bout d'une heure quelqu'un avait de nouveau appelé, « *le cordon s'il vous plaît* * », cette fois de l'intérieur pour quitter la maison, il lui avait paru curieux, après avoir déjà ouvert la porte, que quelqu'un ressortît de la maison à 2 heures du matin. Il m'expliqua donc qu'il s'était levé, qu'ayant jeté un coup d'œil dans la ruelle il avait pu constater que quelqu'un avait quitté la maison avec une valise et qu'il avait aussitôt suivi le suspect en pantoufle et en robe de chambre. Ayant vu que celui-ci tournait le coin de la rue pour entrer dans un hôtel de la rue des Petits-Champs, il avait naturellement pensé qu'il ne s'agissait pas d'un voleur ou d'un cambrioleur et était retourné se coucher en paix.

Énervé qu'il était par son erreur, il se précipita avec moi au poste de police le plus proche. On enquêta immédiatement à l'hôtel de la rue des Petits-Champs pour constater que ma valise s'y trouvait certes encore mais pas le voleur, apparemment sorti prendre son café du matin dans un bar des environs.

Deux détectives restèrent alors en faction dans la loge du concierge de l'hôtel des Petits-Champs pour surveiller le malfaiteur; quand il revint une demi-heure plus tard sans se douter de rien, il fut immédiatement arrêté.

Nous fûmes alors obligés tous deux, mon hôte et moi, de nous rendre au poste de police pour assister à la procédure. On nous fit entrer dans le bureau du commissaire, un monsieur moustachu, replet et débordant de bonhomie, assis, l'habit déboutonné, derrière un bureau dans le plus grand désordre et recouvert d'un monceau de dossiers. La pièce sentait le tabac et une grande bouteille de vin sur la table montrait que l'homme ne comptait pas au nombre des serviteurs de la Sainte-Hermandade[7], cruels et ennemis de la vie. Pour commencer, il fit apporter ma valise, car je devais constater s'il y manquait quelque chose d'essentiel. Le seul objet de valeur était une lettre de crédit de deux mille francs, déjà largement écornée après plusieurs mois de séjour qui, bien entendu, ne pouvait avoir aucune utilité pour un tiers et se trouvait effectivement au fond sans avoir été touchée. Après la rédaction d'un procès-verbal indiquant que la valise était bien ma propriété et que rien ne m'avait été dérobé, le fonctionnaire donna l'ordre de faire entrer le voleur, dont j'étais non moins curieux de connaître l'aspect.

Et il en valait la peine. Entre deux robustes sergents de ville qui donnaient à sa maigreur et à sa chétivité un caractère encore plus grotesque, c'est un pauvre diable qui fit son entrée, passablement dépenaillé, sans col, avec une petite moustache pendante et un morne visage de souris, visiblement à demi mort de faim. C'était, si je peux me permettre, un médiocre voleur, dont la maladresse technique était du reste suffisamment attestée par le fait qu'il n'avait pas filé à la première heure avec ma valise. Il se tenait les yeux baissés devant le robuste policier, agité de légers tremblements comme s'il avait froid, et je dois dire à ma grande honte que non seulement il me faisait pitié mais que j'éprouvais même pour lui une sorte de sympathie[8]. Et cet intérêt compatissant s'accrut encore lorsqu'un agent de police étala sur une planche, cérémonieusement rangés, tous les objets qu'on avait trouvés sur lui en le fouillant. Difficile de concevoir collection plus étrange : un mouchoir déchiré d'une extrême saleté, une dizaine de fausses clefs et de passe-partout de toutes tailles accrochés à un anneau et qui tintaient musicalement en se heurtant, un portefeuille usé, mais heureusement aucune arme, ce qui démontrait au moins que ce voleur exerçait son métier certes avec compétence, mais sans aucune agressivité.

On commença, sous nos yeux, par examiner le portefeuille. Le résultat fut surprenant. Non qu'il eût contenu des billets de mille ou de cent francs ou même le moindre billet de banque — mais il ne contenait pas moins de vingt-sept photos de danseuses et d'actrices connues largement décolletées ainsi que trois ou quatre photos de nus, le seul délit avéré étant donc que ce garçon maigre et mélancolique était un amateur passionné de beauté, souhaitant faire reposer contre son cœur, du moins en image, les étoiles inaccessibles du théâtre parisien. Bien que le commissaire eût inspecté l'une après l'autre d'un œil sévère les photographies de nus, il ne m'échappa pas que ce singulier plaisir de collectionneur chez un délinquant de cet acabit l'amusait autant que moi. Car de nouveau ma sympathie pour ce malheureux criminel s'était singulièrement

accrue au vu de son penchant pour le beau esthétique, et lorsque le fonctionnaire, en saisissant solennellement sa plume, me demanda si je souhaitais
« *porter plainte** », je m'empressai de répondre que
non, la chose allant de soi.

Ici encore, il est peut-être nécessaire d'introduire
une nouvelle parenthèse pour faire comprendre la
situation. Alors que chez nous et dans bien d'autres
pays l'accusation est intentée d'office en cas de délit,
c'est-à-dire que l'État prend la justice en main de sa
propre autorité, en France libre choix est laissé à la
victime de porter plainte ou non. Personnellement,
cette conception du droit me paraît plus équitable
que cette justice rigide. Car elle donne la possibilité
de pardonner à un autre le tort qu'il vous a causé,
alors qu'en Allemagne, par exemple, quand une
femme a blessé son amant d'un coup de revolver
dans un accès de jalousie, les prières et les supplica-
tions de l'homme concerné ne peuvent la préserver
d'une condamnation. L'État intervient, arrache violemment la femme à l'homme, qui, attaqué dans un
mouvement de colère, ne l'en aimera peut-être que
davantage pour ce qu'elle a fait, et la jette en prison,
alors qu'en France ils peuvent tous deux rentrer à la
maison bras dessus, bras dessous, une fois le pardon
accordé, et considérer l'affaire comme réglée entre
eux.

À peine avais-je prononcé ce « non » résolu que
se produisit un triple incident. Le jeune homme
malingre entre les deux agents se redressa brusquement et me jeta un indicible regard de gratitude
que je n'oublierai jamais. Le commissaire reposa
sa plume avec satisfaction ; lui aussi trouvait visiblement agréable que mon refus de poursuivre le
voleur lui évitât de remplir d'autres papiers. Mais ce

n'était pas du tout le cas de mon hôtelier. Il se fâcha tout rouge et se mit à me crier que je ne pouvais pas faire ça, qu'il fallait exterminer cette canaille, cette « *vermine** ». Je n'avais pas idée des dégâts causés par cette engeance. Jour et nuit, les gens convenables devaient être sur leurs gardes pour ne pas être victimes de ces crapules et en laisser courir un revenait à en encourager une centaine d'autres. Ce qui explosait là, c'était toute l'honnêteté, la probité, mais aussi toute la mesquinerie du petit bourgeois dont on perturbait le commerce ; eu égard aux ennuis que lui avait causés cette affaire, il me somma d'un ton extrêmement grossier et menaçant de revenir sur mon pardon. Mais je restai ferme. Ayant récupéré ma valise, lui répondis-je résolument, je n'avais aucun dommage à déclarer et considérais donc l'affaire comme réglée. De toute ma vie, je n'avais encore jamais déposé plainte contre personne et c'est la conscience beaucoup plus tranquille que je mangerais un gros bifteck à midi si je savais qu'entre-temps quelqu'un d'autre ne devrait pas manger en prison à cause de moi. Mon hôtelier répliqua avec véhémence, et lorsque le fonctionnaire déclara que ce n'était pas lui mais moi qui avais la faculté de décider et que mon refus avait mis un terme à l'affaire, il quitta le bureau furieux, en claquant la porte derrière lui. Le commissaire se leva, sourit dans la direction de celui qui partait en colère et me serra la main en signe d'accord tacite. Ainsi, la procédure officielle était close et je prenais déjà ma valise pour la rapporter chez moi, quand à cet instant se produisit quelque chose de singulier. Le voleur s'approcha hâtivement de moi avec humilité. « *Oh non, monsieur** , dit-il, c'est moi qui vais la porter chez vous. » Je partis donc, tandis que le voleur

reconnaissant marchait derrière moi en portant ma
valise, pour parcourir en sens inverse les quatre rues
jusqu'à mon hôtel.

C'est ainsi qu'une affaire qui avait mal commencé
semblait s'être achevée sur un mode plaisant et
réjouissant. Mais elle provoqua encore, dans une
succession rapide, deux épilogues auxquels je dois
des contributions instructives à ma connaissance
de la psychologie des Français. Lorsque j'arrivai le
lendemain chez Verhaeren, celui-ci me salua d'un
sourire malicieux. « Tu as vraiment de curieuses
aventures à Paris », me dit-il en plaisantant. « Surtout, je ne savais pas que tu étais un gaillard aussi
richissime. » Sur le moment, je ne compris pas ce
qu'il voulait dire. Il me tendit le journal et tenez-vous
bien, on pouvait y lire un reportage incroyable sur
ce qui s'était passé la veille, à ceci près que j'avais
du mal à reconnaître les faits réels dans cette fiction romantique. On y relatait avec un art journalistique consommé que dans un hôtel du centre-ville
un étranger éminent — j'étais devenu éminent pour
être plus intéressant — avait été victime d'un vol de
valise, laquelle contenait une série d'objets très précieux, parmi lesquels une lettre de crédit d'un montant de vingt mille francs — les deux mille francs
avaient été multipliés par dix dans la nuit — ainsi
que d'autres objets irremplaçables (alors qu'en réalité il s'agissait uniquement de chemises et de cra-
vates). Il avait d'abord paru impossible de trouver la
plus petite trace, car le voleur avait commis son forfait avec un prodigieux raffinement et une connaissance précise des lieux. Mais le commissaire de
l'arrondissement, *Monsieur Untel**, avec « l'énergie
qu'on lui connaissait » et sa « *grande perspicacité** »,
avait pris aussitôt toutes les mesures nécessaires.

Sur ses instructions données par téléphone, une heure avait suffi pour perquisitionner avec la plus grande minutie la totalité des hôtels et des pensions de Paris, et les moyens mis en œuvre avec la précision habituelle avaient permis l'arrestation du malfaiteur dans les délais les plus brefs. Le préfet de police avait immédiatement exprimé ses félicitations toutes particulières à ce fonctionnaire modèle pour le résultat exceptionnel qu'il avait obtenu, son énergie et sa perspicacité ayant donné un nouvel exemple éclairant qui témoignait de l'organisation exemplaire de la police parisienne. Il n'y avait naturellement pas la moindre parcelle de vérité dans cette relation ; l'excellent fonctionnaire n'avait pas dû faire le moindre effort pour quitter son bureau une minute, nous lui avions livré le voleur pieds et poings liés avec la valise dans son bureau. Mais l'occasion était belle de se faire un capital de publicité personnelle et il n'avait pas manqué de l'utiliser.

Mais si l'épisode avait pris un tour satisfaisant pour le voleur et la haute hiérarchie policière, ce ne fut nullement le cas pour moi. Car dès cet instant mon hôtelier, jusque-là si jovial, fit tout pour me gâcher la suite de mon séjour dans son hôtel. Je descendais l'escalier et saluais poliment sa femme dans la loge ; elle ne me répondait pas et détournait sa tête de brave bourgeoise d'un air offensé. Le valet ne faisait plus proprement le ménage de ma chambre et des lettres s'égaraient de façon mystérieuse. Même dans les magasins des environs et au *bureau de tabac** , où on me saluait d'ordinaire comme un vrai « *copain** » du fait de ma consommation d'articles de fumeur, je ne rencontrais plus tout à coup que des visages glacés. À l'unanimité, la morale petite-bourgeoise offensée, non seulement celle de la maison, mais aussi celle de toute la rue et même de l'arrondissement, se dressait contre moi parce que j'avais « aidé » le voleur. Pour finir, il ne me resta plus qu'à partir avec la valise que j'avais sauvée et à quitter cet hôtel confortable aussi honteusement que si j'avais moi-même volé.

Après Paris, Londres me fit le même effet que lorsqu'on entre subitement dans l'ombre par une journée torride : au premier instant, on est transi d'un frisson involontaire, mais les yeux et les sens s'habituent rapidement. Je m'étais fixé d'emblée, comme une sorte de devoir, deux ou trois mois en Angleterre — car comment comprendre notre monde et en apprécier les forces sans connaître le pays qui, depuis des siècles, faisait rouler ce monde sur ses rails ? J'espérais aussi polir un peu mon anglais rouillé (qui n'est d'ailleurs jamais devenu réellement fluide) à l'aide de conversations assidues et d'une vie sociale intense. Malheureusement, il n'en fut rien : comme tous les continentaux, j'avais peu de relations littéraires outre-Manche et pour les conversations de *breakfast* et les *small talks* dans notre petite pension, sur la Cour, les courses et les *parties*[9], je me sentais lamentablement incompétent. Quand ils avaient des discussions politiques, je n'arrivais pas à suivre parce qu'ils parlaient de Joe sans que je sache qu'il s'agissait de Chamberlain, de même qu'ils n'appelaient jamais les Sirs que par leur prénom ; quant à comprendre le cockney des cochers, mon oreille fut longtemps comme bouchée par de la cire. Aussi ne progressai-je pas aussi rapidement que je l'avais espéré. Je tentai d'apprendre des bribes de bonne prononciation en allant écouter les prédicateurs dans les églises, j'assistai deux ou trois fois en spectateur aux audiences des tribunaux, j'allai au théâtre pour entendre du vrai anglais — mais je devais toujours chercher laborieusement ce que Paris m'offrait à profusion : sociabilité, camaraderie et gaieté. Je ne trouvai personne pour discuter des choses qui me paraissaient les plus importantes ; et de mon côté, aux yeux des Anglais les mieux disposés, ma totale indifférence concernant le sport, le jeu, la politique et tout ce qui les occupait par ailleurs devait probablement me faire apparaître comme un mufle plutôt ennuyeux. Nulle part je ne réussis à me lier intimement à un milieu, à un cercle ; c'est ainsi que j'ai passé les neuf dixièmes de mon temps à Londres à travailler dans ma chambre ou au British Museum.

Au début, j'ai vraiment essayé la promenade. En huit jours, j'avais arpenté Londres au point que la plante des pieds me brûlait. Je visitai toutes les curiosités du Baedeker[10], de Mme Tussaud au Parlement, avec l'assiduité d'un étudiant, j'appris à boire de l'ale, remplaçai la cigarette parisienne par la pipe nationale, m'efforçant de m'adapter dans des centaines de détails ; mais je ne pus établir de vrai contact social ou littéraire, et celui qui ne voit l'Angleterre que de l'extérieur passe à côté de l'essentiel — comme on passe devant les compagnies riches à millions de la City sans rien percevoir d'autre, de l'extérieur, que l'enseigne stéréotypée au laiton bien astiqué. Introduit dans un club, je ne sus que faire ; la seule vue des profonds sièges en cuir provoquait chez moi, comme toute l'atmosphère, une sorte de somnolence intellectuelle car, contrairement aux autres, je n'avais pas mérité cette détente judicieuse par une activité intense ou la pratique d'un sport. Cette ville éliminait vigoureusement comme un corps étranger le flâneur, le simple observateur, quand il ne s'agissait pas d'un millionnaire sachant

conférer à l'oisiveté la dignité d'un art supérieur de
la sociabilité, alors que Paris le laissait jovialement
rouler dans son bouillonnement plus chaleureux.
J'avais commis une erreur dont je m'aperçus trop
tard : j'aurais dû passer ces deux mois à Londres en
m'occupant d'une façon quelconque, comme volontaire dans un commerce, comme secrétaire dans un
journal, ce qui m'aurait au moins permis de mettre
un doigt dans la vie anglaise. Mais comme simple
observateur extérieur, je n'ai pas vécu grand-chose
et c'est seulement plusieurs années après, pendant
la guerre, que j'ai pu me faire une petite idée de l'Angleterre réelle.

Parmi les écrivains anglais, je ne vis qu'Arthur Symons. Il me procura une invitation chez
W. B. Yeats, dont j'aimais beaucoup les poèmes et
dont j'avais traduit, par pur plaisir, une partie du
délicat drame en vers *The Shadowy Waters*[11]. Je ne
savais pas qu'il s'agirait d'une soirée de lecture ; un
cercle restreint d'élus était invité, nous étions serrés
les uns contre les autres dans une pièce assez étroite,
une partie étant même assise sur des tabourets et
sur le plancher. Enfin Yeats se mit à lire, après avoir
allumé deux immenses cierges d'autel gros comme
le bras de part et d'autre d'un pupitre noir (ou tendu
de noir). Comme on avait éteint toutes les autres
lumières de la pièce, sa tête énergique et ses boucles
noires se détachaient comme une sculpture de la
lueur des cierges. Yeats lisait lentement, d'une voix
sombre et mélodieuse, sans jamais tomber dans la
déclamation, et chaque vers prenait tout son poids
de métal. C'était beau. C'était vraiment solennel.
La seule chose qui me dérangeait était la précio-
sité de la mise en scène, le vêtement noir, un vrai
froc, qui donnait à Yeats quelque chose de sacerdo-

tal, la lente combustion des gros cierges de cire, qui exhalaient, je crois, un parfum légèrement épicé ; le plaisir littéraire devenait ainsi une célébration poétique plutôt qu'une lecture spontanée, ce qui, d'un autre côté, présentait pour moi un attrait d'un genre nouveau. Par comparaison, je me rappelai involontairement comment Verhaeren lisait ses poèmes : en manches de chemise, afin de mieux scander le rythme de ses bras vigoureux, sans pompe ni mise en scène, ou la diction simple et limpide de Rilke, toute au service discret du mot, lorsqu'il lui arrivait de lire quelques vers d'un de ses livres. C'était la première lecture poétique « mise en scène » à laquelle j'assistais, et même si je résistais avec une certaine méfiance à cette cérémonie culturelle, en dépit de tout mon amour pour son œuvre, Yeats eut pourtant, ce soir-là, un hôte reconnaissant.

Mais la véritable découverte poétique que je fis à Londres fut celle non d'un vivant, mais d'un artiste bien oublié à l'époque : William Blake, ce génie solitaire et problématique, qui me fascine encore aujourd'hui par son mélange de maladresse et de sublime perfection. Un ami m'avait conseillé de me faire montrer dans le *print room* [12] du British Museum, que Laurence Bynion dirigeait à cette époque, les livres illustrés en couleurs *Europe*, *Amérique*, *Le Livre de Job*, devenus aujourd'hui des pièces rarissimes chez les libraires de livres anciens, et je fus saisi d'un véritable enchantement. Je voyais là pour la première fois l'une de ces natures magiques qui, sans discerner clairement leur voie, sont portées par leurs visions comme par des ailes d'ange à travers toutes les contrées sauvages de l'imagination ; pendant des jours et des semaines, je tentai d'entrer plus avant dans le labyrinthe de cette âme naïve mais aussi démoniaque et de rendre en allemand quelques-uns de ses poèmes. Posséder une page de sa main devint un désir presque effréné, mais dont la possibilité semblait n'être, de prime abord, qu'un simple rêve. Et puis, un jour, mon ami Archibald G. B. Russell, le meilleur connaisseur de Blake dès cette époque, me raconta qu'un des _visionary portraits_ était en vente dans l'exposition qu'il organisait : c'était à son avis (et au mien) le plus beau dessin au crayon du maître, le _King John_. « Vous ne vous en lasserez jamais », me promit-il, et il a eu raison. De tous les livres et tableaux que j'ai possédés, cette feuille unique m'a accompagné pendant plus de trente ans et combien de fois la lueur magique du regard de ce roi fou n'est-elle pas tombée sur moi ; de tous les biens que j'ai perdus ou qui sont loin de moi, c'est ce dessin qui me manque le plus dans mes pérégrinations. Le génie de l'Angleterre, que je me suis efforcé en vain de découvrir en parcourant les rues et les villes, m'était subitement apparu dans la figure véritablement astrale de Blake. Et à toutes les raisons d'aimer le monde, j'en avais ajouté une nouvelle.

DÉTOURS VERS MOI-MÊME

Paris, l'Angleterre, l'Espagne, la Belgique, la Hollande, toutes ces pérégrinations et ce nomadisme de curiosité avaient été en soi réjouissants et, à bien des égards, fructueux. Mais finalement — et quand le saurais-je mieux qu'aujourd'hui, où mes déplacements dans le monde n'ont rien de voulu, mais ne sont que l'errance d'un homme traqué ? —, on a quand même besoin d'un point stable d'où l'on part et auquel on ne cesse de revenir. Au fil des ans depuis le lycée, j'avais accumulé une petite bibliothèque, des tableaux et des souvenirs ; les manuscrits commençaient à s'entasser en épais paquets et il devenait finalement impossible de traîner constamment de par le monde ce fardeau bienvenu dans des valises. C'est pourquoi je pris un petit logement à Vienne, mais ce ne devait pas être une demeure au sens propre, uniquement un *pied-à-terre**, comme disent les Français avec tant de pertinence. Car le sentiment du provisoire domina mystérieusement ma vie jusqu'à la guerre mondiale. Dans tout ce que j'entreprenais, je me persuadais moi-même que ce n'était pas ce que je voulais, ce qui me correspondait — tant pour mes travaux,

qui m'apparaissaient comme des mises à l'épreuve
de la réalité, qu'avec les femmes avec qui j'étais lié
d'amitié. Par là, je donnais à ma jeunesse le sentiment de ne pas encore m'engager à fond et en même
temps aussi le *diletto*[1] de goûter, d'essayer et de jouir
de la vie. Déjà parvenu à l'âge où d'autres étaient
mariés depuis longtemps, avaient des enfants, des
situations importantes, et devaient concentrer leur
énergie pour tenter de tirer le maximum d'eux-
mêmes, je me considérais toujours comme un jeune
homme, un novice, un débutant qui avait encore un
temps infini devant lui et j'hésitais à me fixer sur
quoi que ce soit de définitif. De même que je considérais mon travail comme une préparation à mon
« vrai » travail, comme une carte de visite qui ne faisait qu'annoncer mon existence à la littérature, mon
logement, pour l'heure, ne devait pas être davantage
qu'une adresse. Je le choisis volontairement petit et
dans un faubourg, pour que son coût n'obérât pas ma
liberté. Je n'achetai pas de meubles particulièrement
chers car je ne voulais pas les « ménager », comme
je l'avais vu faire par mes parents chez qui chaque
fauteuil avait sa propre housse qu'on enlevait uniquement pour les visiteurs. Je voulais délibérément
éviter de me fixer à Vienne et de nouer ainsi un lien
sentimental avec un endroit défini. Longtemps,
cette sorte d'éducation au provisoire me sembla être
une erreur, mais plus tard, quand je fus sans arrêt
contraint de quitter chaque maison que je m'étais
construite et vis s'écrouler autour de moi tout ce
qu'on avait édifié, cette sensibilité mystérieuse qui
m'empêchait de me lier est devenue pour moi d'une
grande aide. Acquise très tôt, elle m'a rendu plus
légères ces pertes et ces séparations.

Il n'y avait pas encore beaucoup d'objets précieux à caser dans ce petit logement. Mais dès cette époque le beau dessin de Blake acquis à Londres ornait le mur avec un des plus beaux poèmes de Goethe dans sa graphie au tracé libre et plein d'élan, qui était encore à cette époque la pièce maîtresse de la collection d'autographes que j'avais commencée au lycée. Avec le même instinct grégaire que celui qui déterminait l'activité poétique de notre groupe littéraire, nous avions fait la chasse aux autographes d'écrivains, d'acteurs ou de chanteurs, mais si la plupart d'entre nous avaient renoncé à ce sport autant qu'à leur activité littéraire en quittant le lycée, chez moi, la passion pour ces ombres terrestres des génies n'avait fait que se renforcer et en même temps s'approfondir. Les simples signatures m'étaient devenues indifférentes, de même que je ne m'intéressais plus au degré de réputation internationale ou à la cote financière dont jouissait un homme ; ce qui m'intéressait, c'étaient les manuscrits originaux ou les ébauches de texte ou de composition, parce que le problème de la genèse d'une œuvre d'art, sous son aspect tant biographique que psychologique, me passionnait plus que toute autre chose. Cette mystérieuse seconde du passage qui voit le vers ou la mélodie surgir de l'invisible, de la vision et de l'intuition d'un génie et devenir terrestre en se fixant par l'écriture, où peut-on mieux la surprendre et l'observer que dans les manuscrits originaux de maîtres, qu'ils soient le fruit d'une longue lutte ou insufflés à la hâte dans une sorte de transe ? Je n'en sais pas assez sur un artiste quand je n'ai sous les yeux que son œuvre achevée et je ratifie l'opinion de Goethe lorsqu'il dit que pour comprendre entièrement les grandes créations il ne faut pas simplement les avoir vues dans leur état d'achèvement mais aussi

les avoir observées dans leur devenir. Sur le plan
purement optique aussi, une première esquisse de
Beethoven avec ses traits emportés et impatients,
son fouillis de motifs ébauchés et rejetés, la fureur
créatrice de sa nature surabondamment démoniaque comprimée dans quelques traits de crayon
produit sur moi un émoi vraiment physique tant
sa vue m'excite l'esprit ; je peux contempler pareille
page de hiéroglyphes d'un œil enchanté et amoureux comme d'autres un tableau parfait. Une page
d'épreuves corrigée par Balzac, où presque chaque
phrase est déchiquetée, chaque ligne labourée, la
marge blanche rongée de noir avec des biffures, des
signes et des mots, me rend palpable l'éruption d'un
Vésuve humain ; et un poème que j'ai aimé pendant
des décennies provoque en moi une sorte de vénération religieuse quand je le vois pour la première
fois dans sa version manuscrite, sa première forme
terrestre ; c'est à peine si j'ose le toucher. À la fierté
de posséder quelques-unes de ces feuilles s'associait
l'excitation presque sportive de les acquérir, de les
traquer dans les ventes publiques ou les catalogues ;
que de moments de tension je dois à cette chasse,
que de hasards alléchants ! Tantôt on arrivait un
jour trop tard, tantôt une pièce convoitée se révélait être un faux, et puis une autre fois, il se produisait un miracle : on possédait un petit manuscrit de
Mozart, mais sans être totalement satisfait car une
bande de musique y avait été découpée. Et subitement voilà que cette bande de papier découpée il
y a cinquante ou cent ans par un vandale épris de
musique réapparaît dans une vente à Stockholm,
et on peut reconstituer l'aria exactement telle que
Mozart l'avait laissée il y a un siècle et demi. À cette
époque, il est vrai, mes revenus littéraires ne me

permettaient pas encore des achats de grand style, mais tout collectionneur sait parfaitement combien le plaisir que procure une pièce est décuplé quand on a dû se priver d'un autre plaisir pour l'acquérir. En outre, je mettais à contribution tous mes amis écrivains. Rolland me donna un volume de son *Jean-Christophe*, Rilke son œuvre la plus populaire, *La Chanson de l'amour et de la mort*, Claudel *L'Annonce faite à Marie*, Gorki une grande esquisse, Freud un de ses essais; ils savaient tous qu'aucun musée ne veillerait sur leurs manuscrits avec plus d'amour. Combien de tout cela est aujourd'hui dispersé à tous les vents avec d'autres joies de moindre importance!

Que la pièce de musée littéraire la plus singulière et la plus précieuse fût cachée sinon dans mon armoire du moins dans la même maison de banlieue, c'est ce que je découvris plus tard fortuitement. À l'étage du dessus, dans un appartement aussi modeste que le mien, habitait une demoiselle âgée aux cheveux gris, professeur de piano de son état; un beau jour, elle m'aborda dans l'escalier avec une extrême gentillesse: elle était vraiment désolée que je fusse contraint d'être l'auditeur involontaire de ses leçons et elle espérait que l'imperfection artistique de ses élèves ne fût pas une gêne trop grande pour moi. Il apparut ensuite au fil de la conversation que sa mère vivait chez elle, qu'étant à demi aveugle elle ne sortait plus guère et que cette octogénaire n'était rien de moins que la fille du docteur Vogel, le médecin personnel de Goethe, et qu'en 1830 elle avait été tenue sur les fonts baptismaux par Ottilie von Goethe en présence de Goethe en personne. Je fus pris d'un léger vertige — en 1910, il y avait encore un être au monde sur qui s'était posé

le regard sacré de Goethe ! Il se trouve que j'ai toujours eu un sens particulier du respect pour toutes
les manifestations terrestres du génie et, outre les
pages manuscrites dont j'ai parlé, je recueillais tout
ce que je pouvais trouver comme reliques : une pièce
de ma maison fut plus tard — dans ma « seconde
vie » — une sorte de lieu de culte, si je peux m'exprimer ainsi. J'y avais mis le bureau de Beethoven et sa
petite cassette, dans laquelle il prenait, du fond de
son lit, d'une main tremblante déjà touchée par la
mort, les petites sommes d'argent destinées à sa servante ; j'y avais mis une page de son livre de cuisine
et une boucle de ses cheveux déjà grisonnants. J'y ai
conservé sous verre pendant plusieurs années une
plume d'oie de Goethe pour échapper à la tentation
de la prendre dans ma propre main indigne. Pourtant, un être humain ne saurait être comparé à ces
choses malgré tout inanimées, un être vivant et respirant que l'œil rond et sombre de Goethe avait pu
regarder consciemment et avec amour — ultime fil
ténu, susceptible de rompre à tout instant, qui, par
l'intermédiaire de cette fragile créature terrestre,
reliait le monde olympien de Weimar à cette maison de banlieue, choisie au hasard, au numéro 8 de
la Kochgasse. Je demandai la permission de rendre
visite à Mme Demelius : la vieille dame me reçut
volontiers, avec bienveillance, et dans sa chambre je
retrouvai bien des objets domestiques de l'immortel,
qui lui avaient été offerts par son amie d'enfance, la
petite-fille de Goethe : la paire de chandeliers qui se
trouvait sur la table de Goethe et d'autres emblèmes
analogues de la maison du Frauenplan[2]. Mais cette
vieille dame n'était-elle pas elle-même le véritable
miracle du fait de sa propre existence, avec son petit
bonnet Biedermeier[3] sur des cheveux blancs déjà

clairsemés, sa bouche ridée qui aimait raconter comment elle avait passé les quinze premières années de sa jeunesse dans la maison du Frauenplan, qui, à l'époque, n'était pas encore le musée qu'elle est aujourd'hui et conservait les choses intactes depuis l'heure à laquelle le plus grand écrivain allemand avait quitté pour toujours et sa maison et le monde ? Comme c'est toujours le cas chez les gens âgés, son enfance était la période qu'elle voyait avec le plus de détails concrets ; je fus touché par son indignation que la Société Goethe eût commis une grave indiscrétion en publiant « sans attendre » les lettres d'amour de son amie d'enfance, Ottilie von Goethe — « sans attendre » —, ah ! elle avait oublié qu'Ottilie était morte depuis un demi-siècle déjà. Pour elle, la petite favorite de Goethe était encore là, elle était encore jeune, pour elle était encore vérité ce qui, pour nous, était devenu depuis longtemps matière préhistorique et légendaire ! En sa présence, j'avais toujours la sensation d'une atmosphère spectrale. On habitait dans cette maison en pierre, on se parlait au téléphone, on faisait brûler de la lumière électrique, on dictait des lettres à la machine à écrire, et vingt-deux marches plus haut on était emporté dans un autre siècle, à l'ombre sacrée du monde où vivait Goethe.

Plus tard, j'ai rencontré plusieurs fois d'autres femmes qui, avec leurs cheveux blancs, communiquaient encore avec un monde héroïque et olympien, Cosima Wagner, la fille de Liszt, dure, sévère et pourtant magnifique dans son pathos gestuel, Élisabeth Förster, la sœur de Nietzsche, gracieuse et coquette, Olga Monod, la fille d'Alexander Herzen, que Tolstoï avait souvent prise sur ses genoux lorsqu'elle était enfant ; j'ai souvent entendu Georg

Brandes[4] raconter ses rencontres avec Walt Whitman, Flaubert et Dickens, ou Richard Strauss
décrire sa première entrevue avec Richard Wagner.
Mais rien ne m'a plus touché que le visage de cette si
vieille dame, la dernière parmi les êtres vivants sur
qui s'était posé le regard de Goethe. Et je suis peut-
être le dernier qui peut dire aujourd'hui : j'ai connu
quelqu'un sur la tête de qui la main de Goethe s'est
posée un instant avec tendresse.

J'avais donc trouvé un havre pour les intermèdes
entre mes voyages. Mais plus important pour moi
était un autre asile que je trouvai en même temps —
la maison d'édition qui a abrité et promu toute mon
œuvre pendant trente ans. Pareil choix est décisif
dans la vie d'un auteur et je ne pouvais pas mieux
tomber. Quelques années plus tôt, un dilettante littéraire de l'espèce la plus cultivée avait conçu l'idée
d'employer sa richesse à une œuvre de l'esprit plutôt qu'à une écurie de courses. Alfred Walter Hey-
mel, insignifiant comme écrivain, prit la décision,
en Allemagne où l'édition, comme partout ailleurs
du reste, était surtout orientée sur des bases commerciales, de fonder une maison qui, sans souci du
profit matériel et même prévoyant des pertes
constantes, ne ferait pas de son potentiel de vente
mais de sa tenue intérieure le critère décisif pour
publier une œuvre. La lecture de divertissement, si
rentable fût-elle, devait en être définitivement exclue,
en revanche, on accueillerait les œuvres les plus sub-
tiles et d'un accès difficile. Ne réunir que des œuvres
produites par la volonté artistique la plus pure et
présentées sous la forme la plus pure, telle était la
devise de cette maison d'édition exclusive, d'abord
réservée au maigre public des vrais connaisseurs.
Dans son orgueilleuse intention de demeurer isolée,

elle s'appela d'abord Die Insel, L'Île, et plus tard Insel-Verlag, les Éditions de l'Île. Rien ne devait être imprimé selon les routines de la profession, mais on devait donner à chaque œuvre, sur le plan de la technique du livre, une forme extérieure à la hauteur de sa perfection intérieure. Aussi chaque œuvre particulière, avec son frontispice, son format, sa typographie et son papier, constituait chaque fois un nouveau problème individuel ; dans cette maison ambitieuse, même les prospectus et le papier à lettres étaient l'objet d'un soin passionné. Je me souviens, par exemple, qu'en trente ans je n'ai jamais trouvé la moindre coquille dans aucun de mes livres, ni même la moindre biffure dans aucune lettre de la maison d'édition : tout, y compris le plus infime détail, avait l'ambition d'être exemplaire.

L'œuvre lyrique de Hofmannsthal et celle de Rilke étaient réunies dans et par les Éditions Insel, et leur seule présence indiquait que la plus haute qualité était d'emblée posée comme le seul critère en vigueur. On peut donc imaginer ma joie et ma fierté d'avoir été honoré, à vingt-six ans, de la caution permanente de cette « Île ». Le fait d'appartenir à cette maison représentait, à l'extérieur, une promotion littéraire, et en même temps, à l'intérieur, une obligation morale accrue. Celui qui entrait dans ce cercle élu était tenu de s'astreindre à la discipline et à la retenue, ne devait jamais se rendre coupable d'aucune sorte de frivolité littéraire ou de fièvre journalistique, car le monogramme d'Insel-Verlag sur un livre garantissait d'emblée à des milliers et plus tard à des centaines de milliers de lecteurs sa qualité intrinsèque autant que la perfection exemplaire de l'impression.

Mais quoi de plus heureux pour un auteur que

de tomber jeune sur une jeune maison d'édition et
de voir son influence s'accroître de concert avec la
sienne ; seul un tel développement commun crée une
relation organique et vivante entre lui, son œuvre
et le monde. Je ne tardai pas à nouer une amitié
chaleureuse avec le directeur d'Insel-Verlag, le professeur Kippenberg, renforcée par notre connivence
pour nos passions privées de collectionneur, car au
cours de ces trente années communes la collection
Goethe de Kippenberg connut un développement
parallèle à l'essor de ma propre collection d'autographes, au point de devenir la plus monumentale
qu'un particulier ait jamais pu réunir. Il me prodi-
gua de précieux conseils et, tout aussi souvent, de
précieuses mises en garde, et, de mon côté, grâce
à mes connaissances particulières en matière de
littérature étrangère, je pus lui faire d'importantes
suggestions ; c'est ainsi que l'Insel-Bücherei, la collection « Librairie de l'Île », qui, avec ses millions
d'exemplaires, a édifié une sorte de puissante métropole mondiale autour de la « tour d'ivoire » initiale
et fait d'Insel la maison d'édition allemande la plus
représentative, est née d'une de mes propositions.
Au bout de trente ans, nous nous trouvions dans une
situation tout à fait différente de celle des débuts :
la maigre entreprise était devenue une des maisons
d'édition les plus puissantes, l'auteur d'abord confiné
dans un cercle restreint était devenu malgré tout un
des plus lus d'Allemagne. Et il a vraiment fallu une
catastrophe mondiale et l'extrême violence de la loi
pour dissoudre ce lien si heureux et si naturel pour
l'un et l'autre. Je dois avouer que quitter maison et
patrie fut plus facile pour moi que de ne plus voir
sur mes livres le monogramme familier. À présent,
la voie était ouverte. J'avais commencé à publier

avec une précocité presque inconvenante, mais intérieurement convaincu qu'à vingt-six ans je n'avais
pas produit d'œuvre véritable. La fréquentation et
l'amitié des meilleurs créateurs de l'époque, qui
avaient représenté le plus bel acquis de mes jeunes
années, eurent curieusement pour effet d'entraver
dangereusement ma propre production. J'avais trop
bien appris à connaître les vraies valeurs, et cela me
rendait hésitant. Cette pusillanimité me conduisait
à limiter prudemment tout ce que je publiais, en
dehors des traductions, à des formes brèves telles
que la nouvelle et le poème ; j'étais encore loin d'avoir
le courage de commencer un roman (cela devait
encore durer près de trente ans). La première fois
que je me risquai à aborder une forme plus ample,
ce fut dans le domaine du théâtre, et cette première
tentative fut aussi le début d'une grande tentation
à laquelle bien des signes favorables m'incitaient à
céder. Au cours de l'été de 1905 ou de 1906, j'avais
écrit une pièce — bien entendu un drame en vers,
et dans le genre antique qui correspondait au style
de l'époque. Son titre était *Thersite*[5] ; on peut me dispenser de dire ce que je pense aujourd'hui de cette
pièce, qui ne vaut plus que par sa forme, si je mentionne simplement le fait que je n'en ai jamais autorisé la réédition, pas plus que celle de presque tous
mes livres antérieurs à ma trente-deuxième année.
Quoi qu'il en soit, ce drame annonçait déjà un trait
personnel caractérisant ma position intérieure :
immanquablement, je ne prends jamais le parti des
prétendus « héros » mais vois toujours le tragique
dans le personnage du vaincu. Dans mes nouvelles,
je suis toujours attiré par celui qui succombe au destin, dans les biographies par le personnage qui finit
par avoir raison, non dans l'espace réel du succès,

mais uniquement au sens moral, Érasme et pas
Luther, Marie Stuart et pas Élisabeth, Castellion et
pas Calvin ; c'est pour cette raison que je n'ai pas pris
Achille comme personnage héroïque, mais le plus
falot de ses adversaires, Thersite — celui qui souffre,
et non celui qui fait souffrir les autres grâce à sa force
et à son efficacité. Quant à montrer ce drame achevé
à un acteur, même de mes amis, j'étais tout de même
assez avisé pour savoir qu'un drame en vers blancs
et en costumes grecs, même de Sophocle ou de
Shakespeare, a peu de chances de « faire recette » sur
une scène réelle. C'est donc pour la forme que je fis
envoyer quelques exemplaires aux grands théâtres, et
j'oubliai aussitôt l'avoir fait.

Quelle ne fut donc pas ma surprise quand, au
bout d'environ trois mois, je reçus une lettre, dont
l'enveloppe portait le tampon du Königliches
Schauspielhaus Berlin, le Théâtre royal de Berlin.
Que peut bien me vouloir le théâtre d'État prussien ?
me demandai-je. À ma grande surprise, le directeur
Ludwig Barnay, qui avait été un des plus grands
acteurs, m'informait que la pièce lui avait fait la plus
forte impression et qu'elle lui semblait particulièrement opportune parce que le personnage d'Achille
offrait enfin à Adalbert Matkowsky[6] le rôle recherché
depuis longtemps ; il me priait donc d'en réserver la
création au Théâtre royal de Berlin.

Tant de joie me fit presque peur. La nation allemande avait alors deux grands acteurs, Adalbert
Matkowsky et Josef Kainz[7] ; le premier, un Allemand du Nord, inégalé dans la force élémentaire
de sa nature, sa passion entraînante — l'autre, notre
Viennois Josef Kainz, séduisant par la grâce de son
esprit, la qualité de sa diction qui n'a pas été éga-
lée depuis, sa maîtrise du mot ailé ou dur comme le

métal. C'était donc Matkowsky qui allait donner vie à mon personnage, dire mes vers, et c'était le théâtre le plus en vue de la capitale de l'Empire allemand qui allait parrainer mon drame — une carrière dramatique incomparable semblait s'ouvrir devant moi qui ne l'avais pas cherchée.

Mais il ne faut jamais se réjouir à l'avance d'une représentation avant que le rideau se soit réellement levé, c'est une chose que j'ai apprise entre-temps. Certes les répétitions commencèrent effectivement, l'une après l'autre, et des amis m'assurèrent que Matkowsky n'avait jamais été plus magnifique et plus viril qu'en disant mes vers dans ces répétitions. J'avais déjà réservé une place de wagon-lit pour Berlin, quand un télégramme me parvint au dernier moment : REPORT MATKOWSKY ÉTANT TOMBÉ MALADE. Je pris cela pour un prétexte, comme c'est souvent le cas dans les théâtres quand on ne peut honorer une date ou une promesse. Mais huit jours plus tard, les journaux annonçaient la mort de Matkowsky. Mes vers furent les derniers que prononcèrent ces lèvres d'une merveilleuse éloquence.

Terminé, me dis-je. Sans retour. Certes deux autres théâtres de Cour de premier rang, Dresde et Kassel, voulaient maintenant la pièce, mais intérieurement mon intérêt s'était tari. Après Matkowsky, je ne pouvais plus concevoir un autre comédien dans le rôle d'Achille. C'est alors que me parvint une nouvelle encore plus sidérante : un de mes amis me réveilla un beau matin en me disant qu'il venait de la part de Josef Kainz, qui était tombé par hasard sur la pièce et y voyait un rôle pour lui, non pas celui d'Achille, que Matkowsky avait voulu jouer, mais celui de Thersite, son tragique opposé. Il allait immédiatement prendre contact avec le Burgtheater.

Or son directeur, Schlenther, était venu de Berlin en
pionnier du réalisme, alors dans l'esprit du temps,
et dirigeait le théâtre (au grand dam des Viennois)
en réaliste convaincu ; il m'écrivit sans tarder qu'il
voyait bien l'intérêt de ma pièce mais pas la possibilité d'un succès au-delà de la première.

Terminé, me dis-je encore une fois, sceptique
comme je l'ai toujours été vis-à-vis de moi-même et
de mon œuvre littéraire. Kainz, lui, était furieux. Il
m'invita aussitôt à venir le voir ; j'avais pour la première fois devant moi le dieu de ma jeunesse, celui
dont nous aurions tout fait pour baiser les mains et
les pieds quand nous étions lycéens, le corps souple
comme une plume, le visage toujours aussi animé à
cinquante ans, illuminé par ses yeux d'un noir merveilleux. C'était un délice de l'entendre parler. Même
dans la conversation privée, chaque mot avait son
contour le plus pur, chaque consonne une netteté
aiguisée, chaque voyelle une sonorité pleine et claire.
Aujourd'hui encore, il y a bien des poèmes que je ne
peux lire, pour peu que je les aie entendus un jour
récités par lui, sans que sa voix m'accompagne avec
sa force de scansion, son rythme parfait et son élan
héroïque ; jamais, depuis, je n'ai ressenti autant de
plaisir à entendre la langue allemande. Et voilà que
cet homme, que je vénérais comme un dieu, s'excu-
sait auprès de moi, un tout jeune homme, de n'avoir
pas réussi à imposer ma pièce. À l'avenir nous ne
devions plus nous perdre de vue, m'assura-t-il.
Puis il ajouta qu'il avait, en fait, une demande à me
faire — je fus sur le point de sourire : Kainz, une
demande à me faire, à moi ! —, dans cette période, il
faisait beaucoup de tournées pour lesquelles il avait
deux pièces en un acte. Il lui en manquait encore
une troisième, et il avait en tête une petite pièce,

si possible en vers, l'idéal étant qu'elle comportât
une de ces cascades lyriques qu'il était bien le seul
parmi les artistes dramatiques allemands, grâce à
sa prodigieuse virtuosité verbale, à pouvoir déverser
d'un seul jet cristallin, sans reprendre souffle, sur
une foule qui l'écoutait elle-même en retenant son
souffle. Ne pourrais-je pas lui écrire une pièce en un
acte de ce genre ?

Je promis d'essayer. Et il arrive que la volonté,
comme le dit Goethe, puisse « commander à la poésie ». J'esquissai une pièce en un acte, *Le Comédien
métamorphosé*, divertissement léger comme une
plume dans le style rococo, dans lequel j'insérai
deux grands monologues lyrico-dramatiques. Sans
même y penser, je m'étais inspiré à chaque mot de
sa volonté en m'identifiant avec passion à la nature
de Kainz et même à sa diction ; ainsi, cette œuvre
de circonstance fut une de ces réussites heureuses
que ne réalise jamais le simple savoir-faire mais uniquement l'enthousiasme. Au bout de trois semaines,
je pus montrer à Kainz l'esquisse à moitié achevée, dans laquelle était déjà insérée une des deux
« arias ». Kainz fut franchement enthousiasmé.
Aussitôt il récita deux fois cette tirade en suivant
le manuscrit, la seconde fois déjà avec une perfection inoubliable. J'en avais encore pour combien de
temps ? demanda-t-il avec une impatience visible.
Un mois. Parfait ! Ça tombait à pic ! Il partait pour
une tournée de quelques semaines en Allemagne, il
faudrait commencer les répétitions dès son retour,
car cette pièce était faite pour le Burgtheater. Et par
la suite, il me le promettait : où qu'il aille jouer, il
la prendrait dans son répertoire, car elle lui allait
comme un gant. « Comme un gant ! » Il ne cessa de

répéter le mot en me serrant trois fois la main avec
chaleur.

Visiblement, il avait réussi à semer l'inquiétude
au Burgtheater avant son départ, car le directeur en
personne me téléphona pour me prier de lui montrer la pièce, même à l'état d'esquisse, en m'assurant
qu'il l'acceptait d'avance. Les rôles autour de Kainz
furent aussitôt mis en lecture parmi les acteurs du
Burgtheater. De nouveau, sans aucune démarche
particulière de ma part, la partie semblait gagnée au
plus haut niveau — le Burgtheater, fierté de notre
ville, et qui plus est, au Burgtheater, le plus grand
acteur de l'époque avec la Duse dans une œuvre de
moi : c'était presque trop pour un débutant. Il n'y
avait plus qu'un seul danger : que Kainz changeât
d'avis en lisant la pièce achevée, mais c'était totalement invraisemblable ! En tout cas, l'impatience
était maintenant de mon côté. Enfin je lus dans le
journal que Kainz était rentré de sa tournée. J'hési-
tai deux jours, par politesse, pour ne pas l'assaillir
dès son arrivée. Le troisième jour, je pris mon courage à deux mains et remis ma carte au vieux portier
de l'hôtel Sacher, que je connaissais bien car c'était
là que Kainz logeait à l'époque : « Pour l'acteur du
Hoftheater, M. Kainz ! » Le vieil homme me dévisa-
gea au-dessus de son pince-nez, l'air étonné. « Mais
comment, vous n'êtes pas encore au courant, Herr
Doktor ! » Non, je n'étais au courant de rien. « Mais
ils l'ont emmené ce matin de bonne heure au sanato-
rium. » Et c'est seulement alors que j'appris la nouvelle : Kainz était revenu très malade de sa tournée,
au cours de laquelle il avait héroïquement surmonté
les douleurs les plus affreuses devant un public qui
ne se doutait de rien et joué pour la dernière fois ses
grands rôles. Le lendemain, il fut opéré du cancer.

En nous fiant aux nouvelles publiées dans les journaux, nous osâmes encore espérer sa guérison, et
je lui rendis visite à son chevet de malade. Il gisait
fatigué, émacié, ses yeux noirs paraissaient encore
plus grands que d'habitude dans son visage ravagé,
et je fus effrayé : au-dessus des lèvres, éternellement
jeunes et d'une magnifique éloquence, s'esquissait
pour la première fois une moustache gris-blanc, je
voyais un vieil homme, un homme mourant. Il me
sourit avec mélancolie : « Le Bon Dieu me laisse-
ra-t-il encore la jouer, notre pièce ? Voilà qui pourrait bien me guérir. » Mais quelques semaines plus
tard, nous nous retrouvions devant son cercueil.

On comprendra mon malaise à l'idée de persis-
ter dans l'art dramatique et ensuite mon inquiétude
dès que je remettais une nouvelle pièce à un théâtre.
Que les deux plus grands acteurs allemands soient
morts après avoir répété mes vers me rendit, je n'ai
pas honte de l'avouer, superstitieux. C'est seulement
quelques années plus tard que je retrouvai le courage de me remettre au genre dramatique et quand
le nouveau directeur du Burgtheater, Alfred Baron
Berger, homme de théâtre éminent et maître dans
l'art de dire, accepta immédiatement la pièce, j'exa-
minai presque anxieusement la liste des acteurs
choisis et poussai un soupir de soulagement paradoxal : « Dieu soit loué, il n'y en a pas de premier plan
parmi eux ! » Le mauvais sort n'avait personne contre
qui s'acharner. Et pourtant l'invraisemblable se produisit. Quand on ferme une porte au malheur, il s'in-
sinue par une autre. Je n'avais pensé qu'aux acteurs,
non au directeur, qui s'était réservé la direction de
ma tragédie *La Maison au bord de la mer* et en avait
déjà ébauché la mise en scène, Alfred Baron Berger.
Et de fait : quinze jours avant la date où devaient

commencer les premières répétitions, il était mort.
La malédiction qui semblait peser sur mes œuvres
dramatiques était toujours active ; même plus de dix
ans plus tard, quand *Jérémie* et *Volpone* furent mis
en scène après la guerre mondiale dans toutes les
langues imaginables, je ne me sentis pas en sécurité.
Et j'agis délibérément contre mes intérêts quand
j'eus achevé une nouvelle pièce en 1931. Un jour
après lui avoir envoyé le manuscrit, je reçus de mon
ami Alexander Moissi un télégramme dans lequel il
me priait de lui réserver le rôle principal à la création de l'œuvre. Alexander Moissi[8], qui avait apporté
de son origine italienne sur la scène allemande une
harmonie de la langue que celle-ci n'avait jamais
connue, était à ce moment-là le seul grand héritier
de Josef Kainz. D'apparence séduisante, intelligent,
plein de vie, en outre bienveillant et capable d'enthousiasme, il communiquait à chaque œuvre une
part de son charme personnel ; je n'aurais pu souhaiter meilleur interprète pour le rôle. Pourtant,
lorsqu'il m'en fit sa proposition, le souvenir de Matkowsky et de Kainz se réveilla et je refusai Moissi
sous un prétexte quelconque sans lui révéler la vraie
raison. Je savais qu'il avait hérité de Kainz ce qu'on
appelait l'anneau d'Iffland[9], que le plus grand acteur
allemand léguait toujours à son plus grand succes-
seur. Finirait-il lui aussi par hériter du destin de
Kainz ? Quoi qu'il en soit : je refusais pour ma part
de devenir une troisième fois le déclencheur du destin pour le plus grand acteur allemand de l'époque.
Par superstition et par amour pour lui, je renonçai donc à la perfection décisive de l'interprétation
pour ma pièce. Et pourtant, même mon renoncement n'a pu le protéger, bien que je lui aie refusé
le rôle et que, depuis, je n'aie plus jamais donné

aucune pièce à la scène. Sans la moindre faute de ma part, je devais encore être mêlé au destin d'autrui.

Je suis conscient qu'on va me soupçonner de raconter une histoire de fantômes. Matkowsky et Kainz, c'était encore explicable par un hasard fâcheux. Mais Moissi, comment était-ce possible après eux, puisque je lui avais refusé le rôle et que je n'ai écrit aucune autre pièce depuis? Voici comment les choses se sont passées: des années et des années plus tard, au cours de l'été de 1935 — ici j'anticipe dans ma chronique —, étant à Zurich sans me douter de rien, je reçus de Milan un télégramme d'Alexander Moissi: il arrivait le soir même à Zurich pour me voir et me priait de l'attendre sans faute. Curieux, me dis-je. Que peut-il avoir de si urgent à me dire, je n'ai pas de nouvelle pièce et depuis des années le théâtre m'est devenu tout à fait indifférent? Mais je l'attendis naturellement avec joie, car j'aimais vraiment comme un frère cet homme passionné et chaleureux. Il sauta du wagon et se précipita vers moi, nous nous étreignîmes à l'italienne et, à peine dans l'auto qui nous emmenait de la gare, il me raconta avec sa superbe impatience ce que je pouvais faire pour lui. Il avait une demande à m'adresser, une demande de la plus haute importance. Pirandello lui avait fait l'honneur insigne de lui confier la création de sa nouvelle pièce *Non si sà mai*[10], et non seulement en Italie mais pour la véritable création mondiale, qui devait avoir lieu à Vienne et en langue allemande. C'était bien la première fois qu'un tel maître italien donnait la préférence à l'étranger pour une de ses œuvres, et il ne s'était même jamais décidé en faveur de Paris. Or Pirandello, qui craignait que la musicalité et les nuances de sa prose ne se perdissent dans la

traduction, avait un souhait qui lui tenait à cœur.
Il souhaitait que la pièce fût traduite en allemand
non par un traducteur de circonstance, mais par
moi dont il appréciait depuis longtemps l'art de la
langue. Naturellement, Pirandello hésitait à gaspiller
mon temps avec des travaux de traduction! C'est
pourquoi Moissi s'était chargé de me transmettre
lui-même la demande de Pirandello. Effectivement,
la traduction n'était plus du tout mon affaire depuis
des années. Mais je vénérais trop Pirandello, avec
qui j'avais eu de bonnes rencontres, pour le décevoir
et surtout c'était une joie de pouvoir donner à un
ami aussi intime que Moissi ce témoignage de camaraderie. J'abandonnai pour une ou deux semaines
mon propre travail en cours; quelques semaines plus
tard, la pièce de Pirandello, dans ma traduction,
était annoncée à Vienne pour une première internationale, qui devait en outre bénéficier d'une solennité particulière sur fond politique. Pirandello avait
promis d'y assister en personne et comme Mussolini
passait encore à l'époque pour le protecteur déclaré
de l'Autriche, tous les cercles officiels, le chancelier
à leur tête, avaient annoncé leur venue. La soirée
devait être en même temps une manifestation politique de l'amitié austro-italienne (en vérité du protectorat italien sur l'Autriche).

Moi-même, je me trouvais par hasard à Vienne
dans les jours où devaient commencer les premières
répétitions. Je me réjouissais de revoir Pirandello,
en tout cas j'étais curieux d'entendre les mots de
ma traduction dans la musique verbale de Moissi.
Mais comme un refrain lugubre, le même événement se reproduisit à l'identique après un quart de
siècle. Lorsque j'ouvris mon journal de bon matin,
je lus que Moissi était revenu de Suisse avec une

méchante grippe et que les répétitions devaient être repoussées à cause de son affection. Une grippe, pensai-je, ça ne peut pas être si grave. Mais mon cœur se mit à battre violemment quand je m'approchai de l'hôtel — Dieu merci, me dis-je pour me consoler, pas l'hôtel Sacher mais le Grand Hôtel — pour aller voir l'ami malade; le souvenir de ma visite inutile chez Kainz me revenait comme un cauchemar. Et la même chose exactement se reproduisit à un quart de siècle d'intervalle et une nouvelle fois sur la personne du plus grand acteur de son temps. Je ne fus plus autorisé à voir Moissi, le délire dû à la fièvre avait commencé. Deux jours après, comme pour Kainz, je me retrouvai devant son cercueil au lieu d'assister aux répétitions.

En évoquant cet ultime accomplissement d'une malédiction mystérieuse liée à mes tentatives théâtrales, j'ai anticipé sur le temps. Bien entendu, je ne vois dans cette répétition qu'un hasard. Mais il ne fait aucun doute qu'en leur temps les morts successives de Matkowsky et de Kainz ont eu une influence décisive sur le cours de ma vie. Si Matkowsky à Berlin et Kainz à Vienne avaient alors porté sur la scène les premiers drames du jeune homme de vingt-six ans, leur art, qui pouvait faire le succès de la pièce la plus faible, m'aurait fait connaître plus rapidement et peut-être avec une rapidité imméritée auprès d'un plus large public et, en contrepartie, j'aurais été privé de mes longues années d'apprentissage et d'exploration du monde. Sur le coup, je me suis évidemment considéré comme un être poursuivi par le destin, puisque, dès le tout début, le théâtre me faisait d'abord miroiter des perspectives, dont je n'avais jamais osé rêver, pour me les retirer ensuite au dernier moment avec une grande cruauté. Mais c'est uniquement dans les premières années de jeunesse que le hasard peut être encore assimilé au destin. On sait plus tard que le vrai cours de la vie est déterminé de l'intérieur; si bizarres et si absurdes que puissent être les circonstances qui paraissent nous éloigner de nos désirs, elles finissent toujours par nous ramener à notre objectif invisible.

AU-DELÀ DES FRONTIÈRES
DE L'EUROPE

Le temps s'écoulait-il alors plus vite qu'aujourd'hui, où il surabonde en événements qui modifieront notre monde pour plusieurs siècles, de la peau jusqu'aux entrailles ? Ou alors si ces années qui furent les dernières de ma jeunesse avant la Première Guerre européenne me semblent assez floues, n'est-ce pas uniquement parce que je les ai passées à travailler régulièrement ? J'écrivais, je publiais, mon nom était déjà relativement connu en Allemagne et au-dehors, j'avais des admirateurs et — ce qui, à vrai dire, plaide plutôt pour une certaine originalité — déjà des adversaires ; tous les grands journaux du Reich étaient à ma disposition, je n'étais plus obligé de faire des envois, on me sollicitait. Mais en moi-même, je n'ai aucune illusion sur le fait que tout ce que je faisais et écrivais ces années-là serait aujourd'hui sans importance ; nos ambitions, nos inquiétudes, nos déceptions et nos amertumes me semblent toutes vraiment lilliputiennes aujourd'hui. Les dimensions de notre époque ont nécessairement modifié notre manière de voir. Si j'avais commencé ce livre il y a quelques années, j'aurais fait le récit de conversations avec Gerhart Hauptmann, Arthur

Schnitzler, Beer-Hofmann, Dehmel, Pirandello, Wassermann, Schalom Asch et Anatole France (la dernière
empreinte d'une grande gaieté, car le vieux monsieur
nous servit tout l'après-midi des histoires scabreuses,
mais avec un sérieux supérieur et une grâce indescriptible). Je pourrais parler des grandes premières,
celle de la dixième* symphonie de Gustav Mahler à
Munich ou celle du *Chevalier à la rose** à Dresde[1],
ou de la Karsavina et de Nijinski, car en ma qualité
d'invité curieux et mobile, je fus le témoin de nombreux événements artistiques « historiques ». Mais
tout ce qui n'est plus lié aux problèmes de notre
époque reste périmé au regard de nos critères plus
exigeants pour juger de l'essentiel. Aujourd'hui, les
hommes de ma jeunesse qui orientaient mon regard
vers la littérature me paraissent moins importants
que ceux qui l'en écartaient pour mener à la réalité.

Parmi eux, je distinguerai en premier lieu un
homme qui eut à maîtriser le destin de l'Empire allemand dans une des périodes les plus tragiques et fut
finalement victime du premier meurtre commis par
les nationaux-socialistes, onze ans avant qu'Hitler
prenne le pouvoir: Walther Rathenau. Nos relations
d'amitié étaient anciennes et cordiales; elles avaient
commencé d'une façon singulière. Un des premiers
hommes auxquels j'ai dû un encouragement dès
l'âge de dix-neuf ans fut Maximilian Harden, dont
la revue *Die Zukunft*[2], *L'Avenir*, joua un rôle décisif
dans les dernières décennies de l'Empire wilhelmi-
nien; Harden, introduit en politique par Bismarck
en personne, qui se servait volontiers de lui comme
d'un porte-parole ou d'un paratonnerre, renversa
des ministres, fit éclater l'affaire Eulenberg et trem-

* En réalité la huitième.

bler chaque semaine le palais impérial, qui redoutait de nouvelles attaques, de nouvelles révélations ;
et malgré tout, Harden continuait à privilégier dans
le privé son goût pour le théâtre et la littérature. Un
jour, *Die Zukunft* publia une série d'aphorismes,
signés d'un pseudonyme dont je ne me souviens
plus, qui me frappèrent par leur intelligence et la
vigueur concentrée de l'expression. J'écrivis à Harden, en ma qualité de collaborateur permanent :
« Qui est ce nouvel homme ? Cela fait des années
que je n'ai pas lu des aphorismes aussi affûtés. »

La réponse ne vint pas de Harden mais d'un monsieur qui signait Walther Rathenau et qui, comme je
l'appris par sa lettre et par d'autres sources, n'était
autre que le fils du tout-puissant directeur de la
compagnie berlinoise d'électricité, lui-même grand
commerçant, grand industriel, membre du conseil
de surveillance d'innombrables sociétés, un de ces
nouveaux commerçants allemands dont on peut
dire (pour reprendre une expression de Jean Paul[3])
qu'ils « sont multiples comme le monde ». Il m'écrivait avec beaucoup de chaleur et de gratitude que
ma lettre avait été la première approbation qu'il eût
reçue pour cette tentative littéraire. Bien qu'ayant au
moins dix ans de plus que moi, il m'avouait ouvertement son incertitude, ne sachant pas s'il devait
publier dès maintenant un livre entier de pensées
et d'aphorismes. Car il n'était finalement qu'un amateur, ayant consacré jusque-là toute son activité au
domaine économique. Je l'encourageai sincèrement,
nous restâmes en contact épistolaire, et lors de mon
séjour suivant à Berlin je l'appelai au téléphone.
Une voix hésitante répondit : « Ah ! c'est vous. Quel
dommage, je pars demain matin tôt pour l'Afrique
du Sud... » Je l'interrompis : « Eh bien, nous nous

verrons naturellement une autre fois. » Mais la voix poursuivit en réfléchissant lentement : « Non, attendez... un instant... Je suis pris cet après-midi par des réunions... Ce soir, je dois passer au ministère, et ensuite j'ai un dîner dans un club... Mais vous est-il possible de venir chez moi à 11 heures un quart ? » J'acquiesçai. Nous bavardâmes jusqu'à 2 heures du matin. À 6 heures, il partait — chargé d'une mission par l'empereur d'Allemagne, comme je l'appris plus tard — pour l'Afrique du Sud.

Je relate ce détail car il est extrêmement caractéristique de Rathenau. Cet homme très occupé avait toujours du temps. Je l'ai vu pendant les journées les plus difficiles de la guerre, ainsi qu'à la veille de la conférence de Gênes, et quelques jours avant son assassinat, j'ai roulé avec lui dans l'automobile où il fut abattu, en empruntant la même rue. Chacune de ses journées était toujours programmée à la minute près, pourtant il pouvait passer à tout instant d'un sujet à un autre sans aucune difficulté, son cerveau était toujours prêt, instrument d'une précision et d'une rapidité que je n'ai connues chez personne d'autre. Sa parole était aussi fluide que s'il lisait sur une feuille invisible, et il donnait pourtant à chacune de ses phrases un relief et une clarté tels que sa conversation, prise en sténographie, aurait donné un exposé bon à tirer. Il parlait le français, l'anglais et l'italien aussi sûrement que l'allemand — jamais sa mémoire ne lui faisait défaut, jamais il n'avait besoin d'une préparation particulière pour aucun sujet. Quand on parlait avec lui, on se sentait tout à la fois stupide, insuffisamment cultivé, incertain et embrouillé face à cette économie intellectuelle qui lui faisait tout peser tranquillement et tout synthétiser clairement. Mais dans cette lucidité éblouissante, dans la clarté cristalline de sa pensée, quelque chose vous mettait mal à l'aise, tout comme dans son appartement les meubles les plus choisis, les tableaux les plus beaux. Son esprit était un appareil d'une conception géniale, sa demeure une sorte de musée, et dans son château féodal de la marche de Brandebourg, qui avait appartenu à la reine Louise, on ne parvenait pas à se sentir à l'aise vu l'ordre, la clarté de l'ordonnancement et la propreté. Il y avait dans sa pensée je ne sais quoi de transparent comme le verre et donc un manque de substance ; j'ai rarement éprouvé avec plus de force que chez lui le tragique de l'homme juif, dont toute la supériorité visible ne pouvait masquer le fond d'inquiétude et d'incertitude. Mes autres amis comme Verhaeren, Ellen Key ou Bazalgette, par exemple, n'avaient pas le dixième de son intelligence, le centième de son universalité et de sa connaissance du monde, mais au fond ils ne doutaient pas d'eux-mêmes. Avec Rathenau, j'avais toujours le sentiment qu'en dépit de son incommensurable intelligence, il n'avait pas de sol sous les pieds. Toute son existence n'était qu'un conflit permanent de contradictions renouvelées. Il avait hérité de son père tout le pouvoir imaginable et il refusait pourtant son héritage, il était commerçant et il voulait se sentir artiste, il possédait des millions et il jouait avec ses idées socialistes, il se sentait juif et il jouait avec le Christ. Il avait une pensée internationaliste et il idolâtrait la Prusse, il rêvait d'une démocratie populaire et il se sentait très honoré chaque fois qu'il était reçu et consulté par l'empereur Guillaume, dont il discernait lucidement les faiblesses et les vanités, sans être pour autant capable de dominer sa propre vanité. Aussi son activité sans repos n'était peut-être qu'une drogue pour surmonter sa nervosité intérieure et tuer la solitude amassée autour de sa vie la plus intime. C'est seulement à l'heure des responsabilités, en 1919 après l'effondrement de l'armée allemande, quand lui incomba la plus lourde tâche historique, celle de tirer du chaos et de remettre sur pied un État complètement désorganisé, que ses énormes forces potentielles se condensèrent en lui pour constituer une force unique. Et il se donna la grandeur consubstantielle à son génie en mettant toute sa vie au service d'une seule idée : sauver l'Europe.

À côté de bien des aperçus pénétrants au cours de conversations stimulantes, qui ne seraient peut-être comparables qu'à celles que j'ai eues avec Hofmannsthal, Valéry et le comte Keyserling pour l'intensité intellectuelle et la lucidité, à côté de l'élargissement de mon horizon du domaine de la littérature à celui de l'histoire contemporaine, c'est à Rathenau que je dois aussi la première incitation à sortir de l'Europe. « Vous ne pouvez pas comprendre l'Angleterre tant que vous ne connaissez que l'île », me dit-il un jour. « Et pas davantage notre continent, tant que vous n'avez pas franchi ne fût-ce qu'une fois ses frontières. Vous êtes un homme libre, profitez de cette liberté ! La littérature est un métier merveilleux parce que la hâte y est superflue. Une année de plus, une année de moins, c'est sans importance quand il s'agit d'un vrai livre. Pourquoi n'iriez-vous pas une fois en Inde ou en Amérique ? » Ce propos fortuit me frappa, et je décidai de suivre immédiatement son conseil.

L'Inde me fit un effet bien plus inquiétant et oppressant que je ne l'avais imaginé. Je fus effrayé par la misère des êtres émaciés, par le sérieux sans joie des regards noirs, par la monotonie souvent atroce du paysage, et surtout par la stratification rigide des classes et des races, dont un premier exemple m'avait été donné sur le bateau. Deux jeunes filles ravissantes aux yeux noirs, sveltes, cultivées et bien élevées, discrètes et élégantes, voyageaient sur notre bateau. Dès le premier jour, je remarquai qu'elles se tenaient à distance ou qu'une barrière invisible les maintenait à distance. Elles ne paraissaient pas au bal, ne se mêlaient pas aux conversations, mais restaient assises à l'écart, lisant des livres anglais ou français. Il me fallut attendre le deuxième ou le troisième jour pour découvrir que ce n'étaient pas elles qui évitaient la société des Anglais mais les autres qui se tenaient à l'écart de ces *halfcasts*, bien que ces ravissantes jeunes filles fussent les filles d'un gros commerçant parsi et d'une Française. Dans leur pensionnat à Lausanne, dans leur *finishing school*[4] en Angleterre, elles avaient pleinement joui pendant deux ou trois ans des mêmes droits que les autres ; mais sur le bateau qui les ramenait en Inde, commençait aussitôt cette forme froide, invisible et non moins cruelle de proscription sociale. Je voyais pour la première fois cette peste qu'est la folie de la pureté raciale, devenue plus fatale à notre monde que la véritable peste des siècles antérieurs.

Cette première rencontre aiguisa d'emblée mon regard. Je jouis avec une certaine honte de ce respect — disparu depuis longtemps par notre faute — pour l'Européen, considéré comme une sorte de dieu blanc qui, s'il faisait une expédition touristique comme celle du pic d'Adam à Ceylan, était inévitablement accompagné de douze à quatorze serviteurs ; tout autre arrangement eût été au-dessous de sa « dignité ». Je ne pus me défaire du sentiment angoissant que les décennies et les siècles à venir entraîneraient forcément des changements et des renversements de cette situation absurde que nous n'osions pas soupçonner le moins du monde dans notre Europe qui vivait confortablement et se croyait en sécurité. Grâce à ces observations, je ne vis pas dans l'Inde, comme par exemple Pierre Loti, quelque chose de « romantique » en rose, mais un présage et un avertissement ; ce ne furent pas les temples magnifiques, ni les palais délabrés ni les paysages de l'Himalaya qui m'enrichirent le plus, au cours de ce voyage, au sens de l'éducation intérieure, mais les êtres humains dont je fis la connaissance, des êtres d'un genre et d'un monde différents de celui auquel appartenaient ceux qui rencontraient habituellement un écrivain à l'intérieur de l'Europe. Autrefois, en un temps où l'on faisait plus strictement ses comptes, et où Cook n'avait pas encore organisé ses excursions[5], celui qui voyageait hors d'Europe était presque toujours un homme d'un genre particulier par son état et sa situation : le commerçant n'était pas un petit épicier aux vues étroites, mais un gros marchand, le médecin un vrai chercheur, le chef d'entreprise était de la race des conquistadors, téméraire, libéral, sans scrupule, même l'écrivain était un homme d'une curiosité d'esprit supérieure. Durant les longues journées, les longues nuits de voyage, qu'à cette époque la radio ne remplissait pas encore de bavardage, la fréquentation de cette autre sorte d'hommes m'en a plus appris que cent livres sur les forces et les tensions qui agitent notre monde. Quand elle change, la distance qui nous sépare de notre terre natale change aussi notre instrument de mesure intérieur. Autrefois, bien des choses insignifiantes m'avaient occupé plus que de raison, mais à mon retour je me mis à les tenir pour insignifiantes et à ne plus du tout considérer notre Europe comme l'axe éternel de l'univers.

Parmi les hommes que j'ai rencontrés au cours de mon voyage en Inde, il en est un qui a exercé sur l'histoire de notre époque une influence immense, même si elle ne s'est pas manifestée au grand jour. De Calcutta jusqu'en Indochine et sur un bateau de rivière remontant l'Irrawaddy, j'ai passé quotidiennement des heures avec Karl Haushofer et sa femme, qu'on avait envoyé au Japon en qualité d'attaché militaire allemand ; cet homme maigre, qui avait la taille droite, le visage osseux et le nez aquilin, me donna un premier aperçu des qualités extraordinaires et de la discipline intérieure d'un officier d'état-major allemand. Auparavant, à Vienne, j'avais bien entendu croisé occasionnellement des officiers, jeunes gens sympathiques, aimables, voire amusants qui, pour la plupart issus de familles à la situation précaire, s'étaient réfugiés sous l'uniforme et cherchaient à tirer le parti le plus agréable de leur service. Haushofer, en revanche, et on le sentait immédiatement, venait d'une famille cultivée de la bonne bourgeoisie — son père avait publié pas mal de poèmes et avait été, me semblet-il, professeur d'université —, et sa culture, même au-delà du domaine militaire, était universelle. Chargé d'étudier sur place le théâtre de la guerre russo-japonaise, lui-même et sa femme s'étaient familiarisés avec la langue et même avec la littérature japonaise ; son exemple me rappela une fois de plus que toute science, y compris la science militaire, pourvu qu'on la conçoive l'esprit ouvert, doit nécessairement déborder le cadre étroit de la spécialité et toucher à toutes les autres. Sur le bateau, il travaillait toute la journée, observait le moindre détail à la jumelle, rédigeait des journaux ou des rapports, étudiait des lexiques; je l'ai rarement vu sans un livre entre les mains. Observateur précis, il avait l'art d'exposer; dans nos conversations, j'ai beaucoup appris de lui sur l'énigme de l'Orient, et après mon retour j'ai conservé des liens amicaux avec la famille Haushofer; nous échangions des lettres et nous rendions mutuellement visite à Salzbourg et à Munich. Une grave affection des poumons, qui le retint un an à Davos et à Arosa, favorisa son passage à la science en l'éloignant de l'armée. Une fois guéri, il put prendre un commandement pendant la guerre mondiale. Je pensai à lui avec beaucoup de sympathie à l'époque de la défaite; je pouvais imaginer à quel point cet homme qui, dans sa retraite invisible, avait œuvré pendant des années pour que l'Allemagne retrouve une position de force et peut-être contribué aussi à l'édification de sa machine de guerre, avait dû souffrir de voir le Japon, où il s'était acquis tant d'amis, parmi les adversaires victorieux.

Il apparut bientôt qu'il était un des premiers à avoir une pensée cohérente et une grande hauteur de vue pour tenter de redonner à l'Allemagne une position de force. Il publia une revue de géopolitique et comme c'est si souvent le cas, je ne compris pas le sens profond de ce nouveau mouvement à ses débuts. Je pensai sincèrement qu'il s'agissait simplement d'observer le jeu des forces dans le concert des nations, et même le terme d'« espace vital » des peuples qu'il fut, je crois, le premier à consacrer, je le comprenais uniquement, au sens de Spengler[6], comme l'énergie relative, fluctuant avec les époques, qui émane de chaque nation dans le cycle des temps. L'appel de Haushofer à étudier avec plus de précision les caractéristiques individuelles des peuples et à construire un instrument permanent d'investigation de nature scientifique me paraissait également tout à fait pertinent, car j'étais d'avis que cette investigation devait être au service exclusif des tendances au rapprochement des peuples ; il est aussi possible, mais je ne puis l'affirmer, que l'intention première de Haushofer n'ait réellement rien eu de politique. En tout cas, je lisais ses livres (dans lesquels il me cita du reste une fois) avec beaucoup d'intérêt et, sans nourrir le moindre soupçon, j'entendais tous les témoins objectifs louer ses conférences comme étant extrêmement instructives, et personne ne l'accusait de mettre ses idées au service d'une nouvelle politique de force et d'agression et de ne les destiner qu'à donner une nouvelle impulsion idéologique aux vieux slogans en faveur de la grande Allemagne. Mais un jour à Munich, alors que je citais par hasard son nom, quelqu'un me dit sur le ton de l'évidence : « Ah ! l'ami d'Hitler ? » Je ne pouvais être plus étonné que je le fus. Car premièrement, la femme de Haushofer n'était absolument pas « de race pure », et ses fils (très doués et très sympathiques) sont bien en peine de satisfaire aux lois de Nuremberg contre les Juifs ; de plus, je ne voyais vraiment pas comment établir un lien spirituel direct entre un savant hautement cultivé, dont la pensée tendait à l'universel, et un sauvage agitateur enfermé dans une germanomanie du genre le plus brutal et le plus étriqué. Mais Rudolf Hess avait été un des élèves de Haushofer et c'est lui qui avait établi le lien ; or Hitler, en lui-même peu accessible aux idées d'autrui, possédait d'emblée l'instinct de s'approprier tout ce qui pouvait être utile à ses visées personnelles ; comme il lui semblait que la politique national-socialiste était le débouché naturel de la

« géopolitique » et que celle-ci s'y réduisait, il préleva juste ce qu'il lui fallait pour servir ses desseins. Car la technique du national-socialisme a toujours été de donner à ses instincts de pouvoir évidemment égoïstes une assise idéologique et pseudo-morale, et cette notion d'« espace vital » fournissait enfin à sa volonté d'agression nue une feuille de vigne philosophique, un slogan dont les définitions possibles étaient assez floues pour lui donner une apparence inoffensive, mais qui permettait, en cas de succès, de donner à toute annexion, même la plus arbitraire, la légitimité d'une nécessité éthique et ethnologique. Ainsi, c'est bien mon vieux compagnon de voyage qui fut responsable, sans que je sache si c'était à dessein, du déplacement fondamental, et fatal pour le monde, de la stratégie d'Hitler. D'abord strictement limitée au nationalisme et à la pureté raciale, celle-ci dégénéra du fait de la théorie de l'« espace vital » pour déboucher finalement sur ce slogan : « Aujourd'hui l'Allemagne nous appartient, demain ce sera le monde entier » — autre exemple significatif de ce que la force immanente du verbe est capable de convertir une simple formule frappante en acte et en catastrophe, tout comme la formule des encyclopédistes parlant du règne de la *raison** finit par se renverser dans son contraire, la terreur et l'émotion de masse. Personnellement, pour autant que je sache, Haushofer n'a jamais occupé de poste en vue dans le parti, peut-être même n'en a-t-il jamais été membre ; je ne partage pas du tout l'avis des journalistes habiles d'aujourd'hui qui font de lui une « éminence grise » démoniaque, cachée dans l'ombre, qui élabore les plans les plus dangereux et les souffle au Führer. Mais il ne fait aucun doute que ce furent ses théories, plutôt que les conseillers les plus enragés de Hitler, qui poussèrent la politique agressive du national-socialisme, inconsciemment ou consciemment, à quitter le nationalisme étroit pour l'universel. Seule la postérité, avec une documentation meilleure que celle dont nous disposons, nous les contemporains, permettra de situer ce personnage à la place qui doit lui revenir dans l'histoire.

Ce premier voyage outre-mer fut suivi quelque temps après d'un deuxième, en Amérique. Cette fois encore, je n'avais pas d'autre intention que de voir le monde et, si possible, une partie de l'avenir qui nous attendait ; je crois vraiment avoir été un des rares écrivains qui traversèrent l'Atlantique non pour gagner de l'argent ou tirer un profit journalistique de l'Amérique, mais pour confronter à la réalité une représentation assez vague du Nouveau Continent.

Cette représentation — je n'ai pas honte de le dire — était résolument romantique. L'Amérique, pour moi, c'était Walt Whitman, le pays du rythme nouveau, de la fraternité mondiale à venir ; avant de m'embarquer, je relus une fois encore les longs vers torrentiels du *camerado*[7] et abordai donc à Manhattan avec de grands sentiments d'ouverture et de fraternité plutôt qu'avec la morgue européenne habituelle. Je me souviens encore que la première chose que je fis fut de demander au portier de l'hôtel où se trouvait la tombe de Walt Whitman, demande qui plongea évidemment ce pauvre Italien dans une grande perplexité. Il n'avait jamais entendu ce nom.

La première impression fut colossale, bien que New York n'eût pas encore l'enivrante beauté nocturne qu'elle a aujourd'hui. Manquaient les ruisselantes cascades de lumière de Times Square et le ciel de rêve étoilé de la ville, dont les milliards d'étoiles artificielles opposaient, la nuit, leur éclat incandescent

à celui des vraies étoiles du ciel. La physionomie de
la ville ainsi que la circulation n'avaient pas encore
le caractère audacieux et grandiose de maintenant,
car la nouvelle architecture se cherchait encore avec
beaucoup d'incertitude dans quelques gratte-ciel
isolés; de même, l'essor surprenant du goût dans
les vitrines et les décorations ne faisait encore que
de timides débuts. Mais regarder le port du haut
du pont de Brooklyn, animé en permanence d'une
légère oscillation, et déambuler dans les défilés de
pierre des avenues apportaient un lot suffisant de
découvertes et d'excitation, qui faisaient place, il est
vrai, au bout de deux ou trois jours, à un sentiment
différent et plus vif: le sentiment d'extrême solitude. Je n'avais rien à faire à New York et nulle part
un oisif n'était plus déplacé que là. Il n'y avait pas
encore les cinémas où se distraire une heure, ni les
petites cafétérias confortables, ni autant de galeries
d'art, de bibliothèques et de musées qu'aujourd'hui,
tout était encore très en retard sur notre Europe
dans le domaine culturel. Après avoir consciencieuse-
ment fait le tour des musées et des principales
curiosités, je dérivai comme un bateau sans gouver-
nail, errant par les rues éventées et glaciales. À la
fin, le sentiment d'absurdité que me donnaient ces
pérégrinations urbaines devint si fort que pour le
surmonter je dus utiliser un artifice qui les rendait
plus attrayantes. J'inventai un jeu avec moi-même.
Errant ici en solitaire, je me persuadai que j'étais
l'un de ces innombrables émigrants qui ne savaient
comment s'y prendre et que je n'avais que sept dollars en poche. Fais donc volontairement, me dis-je,
ce qu'ils font, eux, par nécessité. Imagine que tu es
contraint de gagner ta vie dans trois jours au plus
tard. Arrange-toi pour savoir comment on fait ici

quand on est un étranger sans relation et sans ami pour trouver immédiatement du travail ! C'est ainsi que je me mis à aller d'un bureau de placement à l'autre et à étudier les offres affichées sur les portes. Ici on cherchait un boulanger, là un commis aux écritures sachant le français et l'italien, ailleurs un commis pour une librairie ; cette dernière offre était quand même une première chance pour mon moi imaginaire. Je grimpai trois étages par un escalier tournant en fer, m'informai du salaire et le comparai ensuite, dans les annonces des journaux, avec le prix d'une chambre dans le Bronx. Après deux jours de « recherche d'emploi », j'avais théoriquement trouvé cinq postes qui auraient pu m'assurer le minimum vital ; je m'étais ainsi convaincu, bien mieux qu'en me contentant de flâner, combien ce pays jeune offrait de l'espace et des possibilités à quiconque voulait y travailler, et cela me fit une forte impression. Grâce à ce périple d'une agence à l'autre, à l'obligation de me présenter dans les magasins, j'avais également acquis un aperçu de la divine liberté qui règne dans le pays. Personne ne s'enquit de ma nationalité, de ma religion, de mon origine, et — ce qui peut paraître incroyable pour notre monde actuel d'empreintes digitales, de visas et de rapports de police — j'avais bel et bien voyagé sans passeport. Il y avait du travail, il attendait son homme, et c'était la seule chose qui importait. Sans être paralysé par l'intervention de l'État, des formalités et des *trade-unions*, à cette époque déjà devenue légendaire le contrat était conclu en une minute. Grâce à cette « recherche d'emploi », j'en appris plus sur l'Amérique dès les premiers jours que dans toutes les semaines qui suivirent, où je fis tranquillement du tourisme à Philadelphie, Boston, Baltimore et

Chicago, toujours seul, sauf à Boston où je passai quelques heures agréables en compagnie de Charles Loeffler, qui avait mis quelques-uns de mes poèmes en musique. Une seule fois, une surprise interrompit cet anonymat complet de mon existence. Je me souviens encore précisément de cet instant. Flânant le long d'une large avenue de Philadelphie, je m'arrêtai devant une grande librairie afin d'éprouver le sentiment que quelque chose m'était connu, m'était familier, ne fût-ce qu'en lisant les noms des auteurs. Soudain, je tressaillis. Dans la vitrine de cette librairie, en bas à gauche, étaient présentés six ou sept livres allemands, et de l'un d'eux mon propre nom me sauta à la figure. Je regardai comme enchanté et me mis à réfléchir. Une partie de mon moi, qui traînait incognito et sans but précis dans ces rues étrangères, que personne ne connaissait, que personne ne remarquait, avait donc été là avant moi : le libraire avait dû écrire mon nom sur un bulletin de commande pour que ce livre traverse l'océan en dix jours. Un instant, le sentiment d'abandon se dissipa, et il y a deux ans, passant de nouveau par Philadelphie, je n'ai cessé de rechercher inconsciemment cette vitrine.

Je n'avais plus le courage d'aller jusqu'à San Francisco — à l'époque on n'avait pas encore inventé Hollywood. Mais je réussis quand même à trouver un endroit où satisfaire mon désir de voir le Pacifique, qui m'avait fasciné depuis mon enfance par les récits de tour du monde à la voile, un endroit aujourd'hui disparu, un endroit d'où jamais un œil mortel ne pourra plus l'apercevoir : les derniers amas de déblai du canal de Panama, encore en construction à cette époque. J'avais mis le cap vers le sud, sur un petit bateau qui passait par les Bermudes et Haïti

— notre génération poétique n'avait-elle pas appris de Verhaeren à admirer les miracles techniques de notre époque avec le même enthousiasme que nos prédécesseurs les antiquités romaines ? Panama, en soi, était déjà un spectacle inoubliable, ce lit de fleuve creusé par les excavatrices, dont l'ocre jaune vous brûlait les yeux même derrière des lunettes noires, un air infernal, bourdonnant de millions et de milliards de moustiques dont les victimes s'alignaient en files interminables dans le cimetière. Combien étaient tombés pour cet ouvrage que l'Europe avait commencé et que l'Amérique devait achever ? Et voilà qu'au bout de trente ans de catastrophes et de déceptions, l'heure était enfin venue de prendre forme. Encore quelques mois de travail pour finir les écluses, puis une pression du doigt sur la touche électrique, et les deux mers conflueraient pour toujours après des millénaires ; mais pour ma part, je fus un des derniers de cette époque à les avoir vues encore séparées, pleinement conscient de l'heure historique. Ce regard sur la plus grande réalisation de son génie créateur fut une bonne façon de prendre congé de l'Amérique.

SPLENDEUR ET MISÈRE
DE L'EUROPE

Ayant ainsi vécu dix ans du siècle nouveau, ayant vu l'Inde et une partie de l'Amérique et de l'Afrique, c'est avec un plaisir nouveau et mieux informé que je commençai à regarder notre Europe. Jamais je n'ai *plus* aimé notre vieille terre que pendant ces dernières années précédant la Première Guerre mondiale, jamais je n'ai *plus* espéré l'unification de l'Europe, jamais je n'ai *plus* cru à son avenir qu'à cette époque où nous pensions apercevoir une nouvelle aurore. Mais en vérité, c'était la première lueur de l'incendie qui allait embraser le monde.

Il est peut-être difficile de décrire à la génération actuelle, qui a grandi dans les catastrophes, les effondrements et les crises, pour qui la guerre a été une possibilité permanente et une attente quasi quotidienne, l'optimisme, la confiance dans le monde qui nous animaient depuis ce début du siècle, nous autres qui étions jeunes. Quarante ans de paix avaient fortifié l'organisme économique des pays, la technique avait donné de l'élan et de la légèreté au rythme de la vie, les découvertes scientifiques avaient enorgueilli l'esprit de cette génération; un essor s'amorça, qui se faisait sentir presque uniformément dans tous les pays de notre Europe. Les villes embellissaient et leur population s'accroissait d'année en année, le Berlin de 1905 ne ressemblait plus à celui que j'avais connu en 1901, la Résidence[1] était devenue une ville mondiale, bientôt dépassée par le Berlin grandiose de 1910. Vienne, Milan, Paris, Londres, Amsterdam — où qu'on revînt, on était surpris et comblé ; les rues s'élargissaient et gagnaient en faste, les bâtiments publics étaient plus imposants, les magasins plus luxueux et aménagés avec plus de goût. On sentait partout que la richesse augmentait et se répandait ; même nous, les écrivains, nous le remarquions à nos tirages qui triplèrent, quintuplèrent, décuplèrent dans cet intervalle de dix ans. Partout se créaient de nouveaux théâtres, de nouvelles bibliothèques et de nouveaux musées ; des commodités telles que salle de bains et téléphone, qui étaient auparavant le privilège de cercles restreints, pénétraient dans les milieux petits-bourgeois, et depuis que la durée du travail avait été réduite, le prolétariat s'élevait pour avoir au moins une part des petits plaisirs et des commodités de la vie. On allait partout de l'avant. Il suffisait de prendre des risques pour gagner. Quiconque achetait une maison, un livre rare, un tableau, voyait sa cote monter, plus une entreprise faisait preuve d'audace et d'envergure, plus l'investissement était rentable. Une merveilleuse insouciance s'était ainsi répandue dans le monde, comment imaginer en effet ce qui pourrait interrompre cet essor, contrarier cet élan, qui ne cessait de se renforcer par sa propre dynamique ? Jamais l'Europe n'avait été plus forte, plus riche, plus belle, jamais elle n'avait cru plus intimement à un avenir encore meilleur ; à l'exception de

quelques vieillards ratatinés, personne ne regrettait
plus comme avant le « bon vieux temps ».

Mais il n'y avait pas que les villes, les hommes
eux-mêmes devenaient aussi plus beaux et plus
sains grâce au sport, à l'amélioration de la nourriture, à la réduction du temps de travail et à leur
lien plus intime avec la nature. L'hiver, par exemple,
autrefois saison morose où les gens tuaient le temps
en jouant aux cartes, la mine maussade, dans les
auberges ou en s'ennuyant dans des pièces surchauffées, on avait découvert que, dans les montagnes, c'était un pressoir de soleil filtré, un nectar
pour les poumons, une jouissance de la peau dont il
fouettait le sang. Et les montagnes, les lacs, la mer
n'étaient plus aussi loin que jadis. La bicyclette, l'automobile, les chemins de fer électriques avaient rac-
courci les distances et donné au monde une nouvelle
perception de l'espace. Le dimanche, des milliers
et des dizaines de milliers de gens en vareuses de
couleurs vives dévalaient les pentes enneigées sur
des skis et des luges, partout on construisait des
palais des sports et des piscines. Et c'est justement
à la piscine qu'on se rendait vraiment compte du
changement ; alors que dans ma jeunesse un homme
bien proportionné se faisait remarquer dans la foule
des gros cous, des bedaines et des poitrines creuses,
maintenant, des corps assouplis par la gymnastique,
brunis par le soleil, tonifiés par le sport, rivalisaient
dans un joyeux concours à l'antique. Personne,
à part les miséreux, ne restait plus à la maison le
dimanche, toute la jeunesse randonnait, grimpait et
luttait, rompue à tous les sports ; ceux qui avaient
des vacances ne les passaient plus, comme du temps
de mes parents, à proximité de la ville ou au mieux
dans le Salzkammergut[2], on s'était pris de curiosité

pour le monde, on voulait savoir s'il était partout aussi beau qu'on le disait et de surcroît d'une beauté différente; alors qu'auparavant seuls les privilégiés avaient visité les pays étrangers, des employés de banque et de petits entrepreneurs faisaient maintenant des voyages en Italie, en France ou en Allemagne. Les voyages étaient devenus moins coûteux, plus commodes, et surtout, un courage nouveau, une audace nouvelle chez les hommes les rendait plus hardis dans les déplacements, moins craintifs et parcimonieux dans la vie — on avait même honte de se montrer craintif. Toute la génération décida de rajeunir, à l'inverse de ce qui se passait dans le monde de mes parents, chacun était fier d'être jeune; subitement, ce furent d'abord les barbes qui disparurent chez les plus jeunes, puis leurs aînés les imitèrent pour ne pas avoir l'air vieux. Être jeune, être frais, ne plus affecter la dignité, tel était le mot d'ordre. Les femmes se débarrassèrent du corset qui leur comprimait les seins, renoncèrent à l'ombrelle et au voile, parce qu'elles ne craignaient plus l'air et le soleil, elles raccourcirent les robes pour mieux mouvoir les jambes au tennis, et n'éprouvèrent plus aucune honte à les exposer quand elles étaient bien faites. La mode se fit de plus en plus naturelle, les hommes portaient des *breeches* [3], les femmes se risquaient sur des selles d'hommes, on ne se cachait plus en face des autres. Le monde n'était pas simplement devenu plus beau, il était aussi devenu plus libre.

C'est la santé, la confiance en soi de la nouvelle génération venue après la nôtre qui conquit aussi cette liberté dans le domaine des mœurs. On vit pour la première fois des jeunes filles sans gouvernante faire des excursions et du sport avec de

jeunes amis, en camarades accessibles et sûres
d'elles ; elles n'étaient plus craintives ni prudes, elles
savaient ce qu'elles voulaient et ce qu'elles ne voulaient pas. S'étant soustraites à la tutelle anxieuse de
leurs parents, gagnant elles-mêmes leur vie comme
secrétaires ou comme employées, elles s'octroyaient
le droit d'organiser elles-mêmes leur vie. La prostitution, seule institution autorisée de l'amour dans
le vieux monde, recula sensiblement grâce à cette
liberté nouvelle et plus saine, la pruderie sous toutes
ses formes fut jugée démodée. Dans les piscines, on
abattait de plus en plus souvent la cloison de bois
qui, jusque-là, séparait inexorablement le bain des
hommes de celui des femmes, femmes et hommes
n'avaient plus honte de montrer comment ils étaient
faits ; au cours de ces dix années, on avait reconquis
plus de liberté, de spontanéité et de naturel qu'en un
siècle auparavant.

Car il y avait un tout autre rythme dans le monde.
Un an, que ne se passait-il pas désormais en un an !
Une invention, une découverte chassait l'autre, et
chacune à son tour devenait promptement le bien
de tous, pour la première fois le sentiment d'un
destin commun pouvait prévaloir chez les nations
quand l'intérêt commun était en jeu. En route pour
la Belgique le jour où le zeppelin prit son envol pour
un premier voyage, je me trouvais par hasard à
Strasbourg lorsqu'il tourna autour de la cathédrale
dans un tonnerre d'acclamations de la foule, comme
s'il voulait, lui qui planait dans les airs, s'incliner
devant l'ouvrage millénaire. Le soir, en Belgique,
chez Verhaeren, la nouvelle nous parvint que l'aé-
ronef s'était écrasé à Echterdingen. Verhaeren avait
les larmes aux yeux et était terriblement agité. Loin
d'être indifférent, en tant que Belge, au drame alle-

mand, en tant qu'Européen, en tant qu'homme de
son temps, il ressentait tout autant la victoire commune sur les éléments que l'épreuve commune.
Nous exultâmes à Vienne quand Blériot franchit la
Manche, comme s'il était un héros de notre propre
pays ; issus de la fierté qu'inspiraient les triomphes
incessants de notre technique et de notre science,
le sentiment d'une communauté européenne, une
conscience nationale européenne étaient en train
de naître. Quelle absurdité, nous disions-nous, que
ces frontières puisqu'un avion les survole comme
en se jouant, quel provincialisme, quel artifice que
ces barrières douanières et ces gardes-frontières, quel
contresens par rapport à notre époque qui désire
tant l'union et la fraternité universelle. Cet élan
de la sensibilité n'était pas moins merveilleux que
celui des aéroplanes ; je plains tous ceux qui n'ont
pas vécu dans leur jeunesse ces dernières années
de confiance dans l'Europe. Car l'air autour de nous
n'est ni mort ni vide, il porte en lui la vibration et
le rythme de l'heure. Il les presse inconsciemment
dans notre sang, les diffuse dans notre cœur et dans
notre cerveau. Pendant toutes ces années, chacun
d'entre nous a puisé des forces dans l'élan général
de l'époque et trouvé dans l'optimisme collectif de
quoi fortifier sa confiance personnelle. Peut-être
qu'à l'époque, ingrats que nous sommes comme
tous les êtres humains, nous n'avons pas su combien
la vague qui nous portait était forte et sûre. Mais il
faut avoir vécu cette époque de confiance universelle
pour savoir qu'il n'y a plus eu depuis que déchéance
et folie.

Quelle splendeur que cette vague tonique qui
venait battre nos cœurs de toutes les côtes de l'Europe. Mais ce qui nous rendait heureux était aussi

un danger que nous ne soupçonnions pas. L'assaut
d'orgueil et d'optimisme qui submergeait l'Europe
charriait aussi des nuages. L'essor avait peut-être été
trop rapide, les États et les villes avaient connu un
développement trop rapide, et le sentiment de leur
force incite toujours les hommes aussi bien que les
États à en user ou à en abuser. La France regorgeait
de richesses. Mais elle en voulait encore plus, elle
voulait une nouvelle colonie alors qu'elle n'avait pas
assez d'hommes pour peupler les anciennes ; on fail-
lit en venir à la guerre pour le Maroc. L'Italie voulait
la Cyrénaïque, l'Autriche annexa la Bosnie. À leur
tour, la Serbie et la Bulgarie s'en prirent à la Turquie, et l'Allemagne, encore exclue pour l'instant,
sortait déjà les griffes pour porter des coups furieux.
Partout, le sang montait à la tête congestionnée des
États. Partout, la fructueuse volonté de consolida-
tion intérieure se mit à développer en même temps,
comme une infection bacillaire, une frénésie d'expansion. Les industriels français, qui gagnaient
gros, incendiaient les industriels allemands, qui
s'engraissaient tout autant, parce que les uns et
les autres voulaient livrer plus de canons Krupp et
Schneider-Creusot. Le port de Hambourg avec ses
énormes dividendes travaillait contre celui de Southampton, les agriculteurs hongrois contre les agriculteurs serbes, les trusts les uns contre les autres
— la conjoncture les avait tous rendus fous, d'un
côté comme de l'autre, la rage les poussait à gagner
toujours plus. Aujourd'hui, quand on réfléchit posé-
ment et se demande pourquoi l'Europe est entrée
en guerre en 1914, on ne trouve pas la moindre raison de nature rationnelle ni même de prétexte. L'enjeu n'était pas les idées, à peine les petits territoires
frontaliers ; je ne sais l'expliquer autrement que par

l'excès de force, comme une conséquence tragique de ce dynamisme interne qui s'était accumulé pendant ces quarante années de paix et cherchait à se décharger. Chaque État avait soudain le sentiment d'être fort et oubliait que l'autre ressentait exactement la même chose, chacun voulait encore plus et chacun quelque chose de l'autre. Et le pire était que nous étions justement dupes du sentiment que nous chérissions le plus : notre optimisme commun. Car chacun croyait que la peur ferait reculer l'autre à la dernière minute ; c'est ainsi que les diplomates commencèrent leur partie de bluff réciproque. Quatre fois, cinq fois, dans la guerre des Balkans, en Albanie, on en resta au jeu ; mais les grandes coalitions resserraient leurs liens et se militarisaient. L'Allemagne créa un impôt de guerre en pleine paix, la France allongea la durée du service militaire ; il devenait finalement inévitable que l'excès de force se décharge, et les signes avant-coureurs venus des Balkans indiquaient déjà d'où venaient les nuages qui s'approchaient de l'Europe.

Il n'y avait pas encore de panique, mais nous étions toujours saisis d'un léger malaise quand les coups de feu crépitaient des Balkans. La guerre allait-elle réellement nous assaillir, pourquoi et dans quel but ? Lentement — bien trop lentement, bien trop timidement, comme nous le savons aujourd'hui ! — les forces d'opposition se rassemblaient. Il y avait le parti socialiste, des millions de gens de ce côté et des millions de l'autre, qui disaient non à la guerre dans leurs programmes, il y avait les puissants groupes catholiques sous la direction du pape et quelques trusts internationaux, il y avait quelques rares politiciens avisés qui s'élevaient contre ces menées souterraines. Et nous aussi, les écrivains, nous nous rangions parmi les opposants à la guerre, il est vrai sur un mode individualiste, isolément comme toujours, au lieu d'être unis et résolus. L'attitude de la majorité des intellectuels était malheureusement celle de la passivité indifférente, notre optimisme n'avait pas du tout fait entrer le problème de la guerre, avec toutes ses conséquences morales, dans notre horizon intérieur — dans aucun texte important des grands intellectuels de l'époque on ne trouvera une seule discussion de principe, une seule mise en garde passionnée. Nous croyions qu'il suffisait de penser en Européens, de manifester une fraternité internationale et de nous déclarer — dans notre sphère qui n'exerçait qu'une influence indirecte sur les réalités de l'époque — en faveur d'un idéal d'entente pacifique et de fraternité spirituelle dépassant les frontières linguistiques et nationales. Et c'est justement la nouvelle génération qui se montrait le plus attachée à cette idée de l'Europe. À Paris, je trouvai rassemblé autour de mon ami Bazalgette un groupe de jeunes gens qui, au contraire de la génération précédente, avaient répudié tout nationalisme étroit et tout impérialisme agressif. Jules Romains, qui écrivit ensuite, en pleine guerre, le grand poème dédié à l'Europe, Georges Duhamel, Charles Vildrac, Durtain, René Arcos, Jean-Richard Bloch, d'abord réunis à l'*Abbaye*, puis à *L'Effort libre*, furent les pionniers passionnés d'un esprit européen à venir, inébranlables, comme l'épreuve du feu de la guerre l'a montré, dans leur dégoût de toute forme de militarisme — une jeunesse dont la France avait rarement fourni un exemple plus vaillant, plus doué et moralement plus résolu. En Allemagne, c'est Werfel, avec son *Weltfreund* (*L'Ami du monde*), qui donnait ses plus forts accents lyriques à la fraternisation

universelle. René Schickele, que le destin avait placé
entre les deux nations en tant qu'Alsacien, œuvrait
passionnément en faveur d'une entente, d'Italie G. A. Borgese nous saluait en camarade et des
encouragements nous venaient des pays scandinaves
et des pays slaves. « Venez donc nous voir un jour »,
m'écrivit un grand écrivain russe. « Montrez aux
panslaves qui nous harcèlent pour nous faire entrer
en guerre, que vous ne la voulez pas en Autriche. »
Ah ! comme nous aimions tous notre époque, qui
nous portait sur ses ailes, nous aimions l'Europe.
Mais cette confiance crédule dans la raison, dont
nous pensions qu'au dernier moment elle saurait
arrêter la folie, fut en même temps notre unique
faute. Certes, nous n'avons pas considéré avec assez
de méfiance les signes avant-coureurs que nous
avions sous les yeux, mais n'est-ce pas l'esprit d'une
authentique jeunesse que de se montrer crédule au
lieu de se méfier ? Nous faisions confiance à Jaurès,
à l'Internationale socialiste, nous croyions que les
cheminots préféreraient faire sauter les voies plutôt
que de laisser embarquer pour le front leurs camarades comme de la chair à canon, nous comptions
sur les femmes qui refuseraient de livrer au Moloch
leurs enfants et leurs maris[4], nous étions persuadés
que la force morale et spirituelle de l'Europe fini-
rait par triompher au dernier instant critique. Notre
idéalisme commun, notre optimisme déterminé par
le progrès nous fit sous-estimer et mépriser le danger commun.

Et puis : ce qui nous manquait, c'était un organisateur qui aurait lucidement concentré sur l'objectif les forces qui étaient latentes en nous. Nous
n'avions parmi nous qu'un seul homme qui prodiguait ses mises en garde, un seul esprit clairvoyant,

mais le plus étrange était qu'il vivait parmi nous et que pendant longtemps nous ne sûmes rien de cet homme à qui le destin avait assigné le rôle du guide. Pour moi ce fut un hasard heureux et décisif de le découvrir encore à la dernière heure, et il était difficile de le découvrir, car il vivait en plein Paris à l'écart de la *foire sur place**. Si quelqu'un entreprend un jour d'écrire une histoire honnête de la littérature française au XXe siècle, il ne lui sera pas permis d'ignorer ce phénomène surprenant qu'on encensait, à l'époque, tous les écrivains et tous les noms imaginables dans les journaux parisiens, mais qu'on ignorait justement ceux des trois écrivains les plus importants ou qu'on les mentionnait dans des contextes inadéquats. Entre 1900 et 1914, je n'ai jamais vu mentionné le nom de l'écrivain Paul Valéry ni dans *Le Figaro* ni dans *Le Matin*, Marcel Proust passait pour un salonnard, Romain Rolland pour un savant musicologue ; ils atteignirent presque cinquante ans avant qu'un pâle rayon de gloire atteignît leur nom, et leur grande œuvre était plongée dans l'obscurité au beau milieu de la ville la plus curieuse et la plus intellectuelle du monde.

C'est par hasard que je rencontrai Romain Rolland au moment opportun. À Florence, une Russe qui faisait de la sculpture m'avait invité à prendre le thé chez elle pour me montrer ses travaux et pour tenter une esquisse de mon buste. J'arrivai ponctuellement à 4 heures, oubliant qu'elle était russe et donc au-delà du temps et de la ponctualité. Une vielle *babouchka*, dont j'appris qu'elle avait déjà été la nourrice de sa mère, me fit entrer dans son atelier, où le plus pittoresque était son désordre, et me pria d'attendre. Il y avait là en tout et pour tout quatre petites sculptures que j'eus examinées en quatre minutes. Aussi, pour ne pas perdre mon temps, je jetai mon dévolu sur un livre ou plutôt quelques fascicules de couleur brune jetés çà et là. Ils étaient intitulés *Cahiers de la Quinzaine* et je me rappelai avoir déjà entendu ce titre à Paris. Mais qui aurait pu suivre toutes ces petites revues surgissant dans tous les coins du pays comme des fleurs idéalistes éphémères et disparaissant de nouveau ? Je feuilletai le volume, *L'Aube* de Romain Rolland, et me mis à lire, de plus en plus surpris et intéressé. Qui était ce Français qui connaissait si bien l'Allemagne ? Je fus bientôt reconnaissant à cette brave Russe pour son manque de ponctualité. Quand elle débarqua enfin, ma première question fut : « Qui est ce Romain Rolland ? » Elle fut incapable de me donner des précisions et c'est seulement quand je me fus procuré les autres volumes (les derniers de l'œuvre étaient encore en gestation) que je le sus : nous tenions enfin l'œuvre qui n'était pas au service de telle ou telle nation européenne, mais de toutes les nations et de leur fraternisation, nous tenions l'homme, l'écrivain, qui mettait en jeu toutes les forces morales : le discernement plein d'amour et la volonté sincère de parvenir à la connaissance, une équité éprouvée et mûrie, une foi revigorante dans la mission unificatrice de l'art. Alors que nous nous dispersions dans de petites manifestations, il s'était mis à l'œuvre silencieusement, patiemment, pour montrer les qualités individuelles de chaque peuple propres à le présenter aux autres sous le jour le plus aimable ; c'était le premier roman délibérément européen qui trouvait là son achèvement, le premier appel décisif à la fraternisation, plus efficace, parce qu'il atteignait de larges masses, que les hymnes de Verhaeren, plus incisif que tous les pamphlets et les protestations; ici se trouvait accompli dans le silence ce que nous avions tous espéré et désiré inconsciemment.

Mon premier soin, à Paris, fut de m'enquérir de lui, en pensant au mot de Goethe: « Il a appris, il peut nous instruire[5]. » J'interrogeai mes amis à son sujet. Verhaeren croyait se souvenir d'un drame intitulé *Les Loups*, qui avait été joué par un théâtre socialiste, le « Théâtre du peuple ». Bazalgette, quant à lui, avait entendu dire que Rolland était musicologue et avait écrit un petit livre sur Beethoven; dans le catalogue de la Bibliothèque nationale je trouvai une dizaine d'ouvrages sur la musique ancienne et nouvelle, sept ou huit drames tous parus chez de petits éditeurs ou dans les *Cahiers de la Quinzaine*. Pour finir, je lui envoyai un livre de moi pour établir un lien avec lui. Une lettre arriva bientôt, qui m'invitait à lui rendre visite, et c'est ainsi que commença une amitié qui, à côté de celle de Freud et de Verhaeren, devint la plus fructueuse et même, en bien des heures, la plus décisive dans l'orientation de ma vie.

Les jours marquants d'une vie dégagent une lumière plus vive que les jours ordinaires. Aussi ai-je gardé un souvenir extrêmement précis de cette première visite. Je gravis cinq étages d'un escalier tournant très étroit dans une maison discrète près du boulevard Montparnasse et, devant la porte, je ressentis déjà un calme particulier; le grondement du boulevard était à peine plus perceptible que le vent qui passait, sous les fenêtres, dans les arbres d'un vieux jardin de couvent. Rolland m'ouvrit et me fit entrer dans sa petite chambre, bourrée de livres jusqu'au plafond; j'observais pour la première fois ses yeux bleus étrangement lumineux, les yeux les

plus clairs et en même temps les plus bienveillants
qu'il m'ait été donné de voir chez un être humain,
ces yeux qui, dans la conversation, tirent leur couleur et leur feu du plus profond de l'émotion, ombra-
gés d'obscurité dans le deuil, acquérant une sorte de
profondeur dans la réflexion, étincelant dans l'excitation, ces pupilles uniques entre des paupières
aux bords un peu fatigués, légèrement rougis par la
lecture et la veille, capables de rayonner d'une merveilleuse lumière, communicative et enchanteresse.
J'observai sa stature avec une certaine anxiété. Très
grand et svelte, il marchait un peu voûté, comme si
les innombrables heures passées à sa table de travail lui avaient courbé la nuque; ses traits anguleux
et son teint d'une extrême pâleur lui donnaient un
air maladif. Il parlait très doucement et, plus généralement, ménageait son corps à l'extrême: il n'allait presque jamais se promener, mangeait peu, ne
buvait et ne fumait pas, évitait tout effort physique,
mais plus tard je fus obligé de reconnaître avec
admiration quelle prodigieuse endurance habitait
ce corps ascétique, quelle force de travail intellectuel se cachait derrière cette faiblesse apparente. Il
écrivait des heures durant à sa petite table de travail encombrée, il lisait des heures durant dans
son lit, n'accordant jamais plus de trois ou quatre
heures de sommeil à son corps fatigué, et la seule
détente qu'il se permettait était la musique; il jouait
merveilleusement du piano, avec un toucher d'une
délicatesse qui reste pour moi inoubliable, caressant les touches comme s'il voulait en obtenir les
sons non par la contrainte mais par la séduction.
Aucun virtuose — et j'ai entendu en cercle restreint
Max Reger, Busoni, Bruno Walter — ne m'a autant

donné ce sentiment de communication directe avec
les maîtres aimés.

Ses connaissances vous faisaient honte par leur
étendue et leur diversité ; ne vivant à proprement
parler qu'avec un œil de lecteur, c'était un maître
en littérature, en philosophie, en histoire, il dominait les problèmes de tous les pays et de toutes
les époques. Il connaissait chaque mesure dans la
musique ; aussi bien les œuvres les plus marginales
de Galuppi, de Telemann que celles de musiciens de
sixième ou septième ordre, toutes lui étaient familières, ce qui ne l'empêchait pas de prendre part
avec passion à tous les événements du présent. Dans
cette cellule d'une austérité monastique, le monde
se reflétait comme dans une *camera obscura*. Sur
le plan humain, il avait joui de l'intimité des grands
de son temps, avait été l'élève de Renan, on l'avait
reçu dans la maison de Wagner, il était l'ami de Jaurès ; Tolstoï lui avait écrit la lettre restée célèbre, digne
de trouver place à côté de son œuvre littéraire, en
tant que témoignage humain. Ici je sentais — et cela
provoque toujours chez moi un sentiment de bonheur — une supériorité humaine, morale, une liberté
intérieure sans orgueil, une liberté naturelle dans
une âme forte. Au premier coup d'œil, je reconnus en
lui — et le temps m'a donné raison — l'homme qui
serait la conscience de l'Europe à l'heure décisive.
Nous parlâmes de *Jean-Christophe*. Rolland m'expliqua qu'avec ce roman il avait tenté de remplir un
triple devoir : sa reconnaissance envers la musique,
son engagement en faveur de l'unité européenne et
un appel aux peuples pour qu'ils se ressaisissent.
À présent, nous avions chacun l'obligation d'agir,
chacun à sa place, chacun dans son pays, chacun
dans sa langue. Il était temps de se montrer vigi-

lant et même de plus en plus vigilant. Les forces qui poussaient à la haine étaient, du fait de leur nature inférieure, plus violentes et plus agressives que les forces de conciliation ; en outre, il y avait derrière elles des intérêts matériels par nature bien moins scrupuleux que les nôtres. L'absurdité était visiblement à l'œuvre et la combattre était même plus important que notre art. Je sentais le chagrin que lui causait la fragilité de toute construction terrestre, ce qui était doublement émouvant chez un homme dont l'œuvre entière avait célébré l'immortalité de l'art. « Il peut nous consoler individuellement, me répondit-il, mais il ne peut rien contre la réalité. »

Nous étions en 1913. C'était la première conversation qui me faisait comprendre que notre devoir était de ne pas rester imprévoyants et inactifs face à l'éventualité somme toute probable d'une guerre européenne ; plus tard, au moment décisif, ce qui donna à Rolland une supériorité morale si énorme sur tous les autres, c'est qu'il s'était déjà affermi l'âme par avance dans la douleur. Sans doute avions-nous fait aussi certaines choses dans notre milieu, j'avais beaucoup traduit, attiré l'attention sur les poètes chez nos voisins, accompagné Verhaeren en 1912 à travers toute l'Allemagne, dans une tournée de conférences qui prit l'allure d'une manifestation symbolique de fraternisation germano-française : à Hambourg, Verhaeren et Dehmel, le plus grand poète français et le plus grand poète allemand, s'étaient donné publiquement l'accolade. J'avais gagné Reinhardt au nouveau drame de Verhaeren, jamais notre collaboration de part et d'autre de la frontière n'avait été plus chaleureuse, plus intense, plus spontanée, et à certains moments euphoriques nous nous abandonnions à l'illusion d'avoir montré au monde la bonne voie, celle qui allait le sauver. Mais le monde se souciait fort peu de ces manifestations littéraires, il suivait sa propre voie, la mauvaise. Il y avait dans la charpente je ne sais quel crépitement électrique causé par des frottements invisibles, à tout moment jaillissait une étincelle — l'incident de Saverne[6], les crises en Albanie, une interview maladroite —, ce n'était jamais qu'une étincelle, mais chacune aurait pu faire sauter l'explosif accumulé. Particulièrement en Autriche, nous devinions que nous étions au cœur de la zone de turbulence. En 1910, l'empereur François-Joseph avait dépassé sa quatre-vingtième année. Ce vieillard déjà devenu un symbole ne pouvait plus en avoir pour très longtemps, et un sentiment confus commença à se répandre dans l'atmosphère : après la disparition de sa personne, rien ne pourrait plus arrêter le processus de décomposition de la monarchie millénaire. À l'intérieur, on voyait s'accroître la pression des nationalités opposées les unes aux autres, au-dehors, l'Italie, la Serbie, la Roumanie attendaient de se partager l'empire. La guerre des Balkans, où Krupp et Schneider-Creusot testaient leurs canons respectifs sur un « matériel humain » étranger, comme le firent plus tard les Allemands et les Italiens avec leur aviation pendant la guerre civile d'Espagne, nous entraînait de plus en plus dans le courant de la cataracte. On sursautait toujours de frayeur avant de pousser un nouveau soupir de soulagement : « Nous l'avons encore échappé belle. Espérons-le, pour toujours ! »

L'expérience nous apprend qu'il est mille fois plus facile de reconstruire les faits d'une époque que son atmosphère morale. Celle-ci ne se manifeste pas dans les événements officiels, mais plutôt dans de

petits épisodes personnels comme ceux que je souhaite introduire ici. Je dois dire, pour être honnête,
qu'à l'époque je n'ai pas cru à la guerre. Mais par
deux fois j'ai pour ainsi dire rêvé d'elle éveillé et
mon âme a tressailli d'effroi. La première fois lors
de l'« affaire Redl », qui est peu connue, comme tous
les épisodes importants à l'arrière-plan de l'histoire.

Personnellement, je n'avais du colonel Redl, héros
d'un des drames d'espionnage les plus compliqués,
qu'une connaissance fugitive. Il habitait le même
quartier que moi, une rue plus loin, et mon ami, le
procureur T., m'avait un jour présenté à lui dans
le café où ce bon vivant à la physionomie sympathique fumait son cigare ; depuis nous nous saluions.
C'est plus tard que je découvris combien notre vie
est entourée de mystères et combien nous en savons
peu sur les gens qui respirent le même air que
nous. Ce colonel, qui ressemblait à un brave officier moyen de l'armée autrichienne, était l'homme
de confiance du prince héritier ; on lui avait confié
la tâche importante de diriger les services secrets de
l'armée et de contrecarrer ceux de l'ennemi. Or en
1912, l'information avait transpiré que pendant la
crise des Balkans, alors que la Russie et l'Autriche
mobilisaient l'une contre l'autre, le document secret
le plus important de l'armée autrichienne, le « plan
d'invasion », avait été vendu à la Russie, ce qui aurait
forcément provoqué une catastrophe sans exemple
en cas de guerre, car les Russes connaissaient du
coup à l'avance et point par point tous les mouvements tactiques de l'armée d'invasion autrichienne.
La panique causée par cette trahison fut effroyable
dans les cercles de l'état-major général ; c'est au
colonel Redl, responsable le plus haut placé, qu'in-
combait alors la tâche de démasquer le traître, qui

ne pouvait évidemment se trouver que dans le cercle extrêmement restreint des plus hauts responsables. De son côté, le ministère des Affaires étrangères, qui n'était pas tout à fait confiant dans le savoir-faire des autorités militaires, donna l'ordre de mener une enquête indépendante sans en avertir l'état-major général — exemple typique des rivalités de jalousie opposant les différents services — et chargea la police, en plus des diverses mesures adéquates, d'ouvrir toutes les lettres poste restante venant de l'étranger sans égard pour le secret de la correspondance.

Un jour arriva dans un bureau de poste une lettre en provenance de la station frontière russe de Podwoloczyska qui avait pour destinataire crypté « Bal de l'Opéra », poste restante. Après l'avoir ouverte, on découvrit qu'elle ne contenait pas de papier à lettres mais six ou huit billets neufs de mille couronnes autrichiennes. Cette découverte suspecte fut aussitôt communiquée au chef de la police, qui donna l'ordre de poster au guichet un inspecteur chargé d'arrêter sur-le-champ la personne qui viendrait réclamer la lettre suspecte.

Pendant un moment, la tragédie prit un tour vaudevillesque à la viennoise. Vers midi, un monsieur se présenta et demanda la lettre portant la mention « Bal de l'Opéra ». Aussitôt, le préposé au guichet donna discrètement le signal d'alarme convenu à l'inspecteur. Mais l'inspecteur venait justement de sortir pour boire sa chope matinale et, à son retour, il ne restait plus qu'à constater que l'inconnu avait pris un fiacre et était parti dans une direction inconnue. Mais le deuxième acte de cette comédie viennoise ne tarda pas à commencer. À l'époque des fiacres, ces voitures élégantes, *fashionable*[7], tirées par deux chevaux, le cocher se considérait comme un personnage beaucoup trop distingué pour nettoyer sa voiture de ses propres mains. Chaque station avait donc ce qu'on appelait un *Wasserer*, sorte de préposé à l'eau, qui avait pour fonction de nourrir les chevaux et de laver le véhicule. Or un hasard heureux fit que ce *Wasserer* avait retenu le numéro du fiacre qui venait de partir ; en un quart d'heure, tous les commissariats étaient alertés et le cocher retrouvé. Il fit une description de l'homme qui s'était fait conduire au Café Kaiserhof, où je rencontrais toujours le colonel Redl, et de surcroît on eut la chance de retrouver par hasard dans le fiacre le couteau de poche dont s'était servi l'inconnu pour ouvrir la lettre. Les inspecteurs filèrent aussitôt au Café Kaiserhof. Le monsieur dont ils donnèrent la description était déjà reparti entre-temps. Mais les garçons signalèrent le plus naturellement du monde que ce monsieur n'était autre que leur vieux client habituel, le colonel Redl, et qu'il venait de retourner à l'hôtel Klomser.

L'inspecteur se figea. Le mystère était dissipé. Le colonel Redl, commandant les services d'espionnage de l'armée autrichienne, était en même temps un espion à la solde de l'état-major général russe. Non seulement il avait vendu les secrets et les plans d'invasion, mais maintenant on comprenait d'un coup pourquoi tous les espions autrichiens qu'il avait envoyés l'année passée en Russie avaient été régulièrement arrêtés et condamnés. On se mit à téléphoner fiévreusement et l'on finit par joindre Conrad von Hötzendorf, le chef de l'état-major général autrichien. Un témoin de la scène m'a raconté qu'aux premiers mots il était devenu blanc comme un linge. Les coups de fil remontèrent jusqu'au château impérial, les concertations se succédèrent.

Que faire à présent? De son côté, la police avait
pris entre-temps ses précautions pour s'assurer que
le colonel Redl ne pût s'échapper. Lorsqu'il voulut
repartir de l'hôtel après avoir simplement chargé le
portier d'une commission, un inspecteur l'aborda
sans se faire remarquer, lui tendit le couteau de
poche et demanda poliment: « Monsieur le colonel
n'a-t-il pas oublié ce couteau dans le fiacre? » À la
seconde, Redl sut qu'il était perdu. Où qu'il allât, il
rencontrait les visages bien connus des agents de la
police secrète qui le surveillaient, et lorsqu'il revint
à l'hôtel deux officiers le suivirent dans sa chambre
et posèrent un revolver devant lui. Car entre-temps,
le château avait décidé de conclure discrètement
cette affaire si honteuse pour l'armée autrichienne.
Jusqu'à 2 heures du matin, les deux officiers
patrouillèrent devant la chambre de Redl à l'hôtel
Klomser. Ce n'est qu'à cette heure-là que le coup de
revolver partit à l'intérieur.

Le lendemain, les journaux du soir publièrent une
brève nécrologie du colonel Redl, brillant officier
soudainement décédé. Mais la poursuite avait impli-
qué trop de personnes pour que le secret pût être
gardé. De plus, on apprit petit à petit certains détails
qui donnaient un éclairage psychologique sur bien
des aspects. Le colonel Redl, sans qu'aucun de ses
supérieurs ou de ses camarades le sût, avait des
prédispositions homosexuelles et se trouvait depuis
des années entre les mains de maîtres chanteurs
qui avaient fini par le précipiter dans cette tentative désespérée pour s'en sortir. Un frisson d'épouvante parcourut l'armée. Tout le monde savait qu'en
cas de guerre cet individu, à lui seul, aurait coûté
la vie à des centaines de milliers d'hommes et que
par sa faute la monarchie serait parvenue au bord

de l'abîme; c'est uniquement à ce moment-là que nous comprîmes en Autriche que, l'année précédente, nous avions vraiment été à un doigt de la guerre mondiale.

C'était la première fois que l'épouvante me nouait la gorge. Le hasard fit que le jour suivant je rencontrai Bertha von Suttner, la grande et généreuse Cassandre de notre temps. Aristocrate issue d'une grande famille, elle avait vu les horreurs de la guerre de 1866 dans la région du château de ses ancêtres en Bohême. Et avec la même passion qu'une Florence Nightingale[8], elle ne vit plus qu'une seule tâche à accomplir dans sa vie : empêcher une deuxième guerre, empêcher toute espèce de guerre en général. Elle écrivit un roman, *Bas les armes*, qui fut un succès mondial, elle organisa d'innombrables réunions pacifistes et le triomphe de sa vie fut qu'elle éveilla la conscience d'Alfred Nobel, l'inventeur de la dynamite, et le convainquit, pour réparer le mal qu'il avait fait avec sa dynamite, de fonder le prix Nobel de la paix et de l'entente internationale. Elle m'aborda dans un état de grande agitation. « Les hommes ne comprennent pas ce qui se passe », s'écria-t-elle vivement dans la rue, elle qui parlait habituellement sur un ton si calme, si paisible. « C'était déjà la guerre et une fois de plus ils nous ont tout caché, tout tenu secret. Pourquoi ne faites-vous rien, les jeunes ? Vous êtes pourtant les premiers concernés ! Vous devriez pourtant vous défendre, vous unir ! Ne nous laissez pas tout faire, nous ne sommes que quelques vieilles femmes que personne n'écoute. » Je lui racontai que j'allais à Paris ; peut-être pourrait-on réellement essayer d'organiser une manifestation commune. « Pourquoi seulement peut-être ? » me pressa-t-elle. « La situation est pire que jamais, la machine est déjà en marche. » Étant moi-même inquiet, j'eus du mal à la calmer.

Mais c'est en France, justement, qu'un second épisode personnel allait me rappeler avec quelle justesse la vieille dame, qu'on ne prenait pas très au sérieux à Vienne, avait prophétisé l'avenir. Un tout petit épisode de rien, mais particulièrement impressionnant pour moi. Au printemps de 1914, j'avais quitté Paris avec une amie pour passer quelques jours en Touraine et visiter le tombeau de Léonard de Vinci. Ayant marché le long des rives aimables et ensoleillées de la Loire, nous étions franchement fatigués le soir. Aussi, dans la ville de Tours un peu somnolente, nous décidâmes d'aller au cinéma.

C'était un petit cinéma de faubourg, qui ne ressemblait encore en rien aux palais de chrome et de verre étincelant des temps nouveaux. Une salle sommairement adaptée, remplie de petites gens, ouvriers, soldats, femmes des halles, public vraiment populaire qui bavardait gentiment et bravait l'interdiction de fumer en soufflant dans l'air étouffant des nuages bleus de Scaferlati et de Caporal. Ce furent d'abord les « actualités du monde entier » qui défilèrent sur l'écran. Une course de bateaux en Angleterre : les gens bavardaient et riaient. Puis un défilé militaire français : là encore les gens manifestaient peu d'intérêt. Troisième tableau : l'empereur Guillaume rend visite au vieil empereur François-Joseph à Vienne. Tout à coup, je vis à l'écran le quai familier de l'horrible gare de l'Ouest à Vienne et quelques policiers qui attendaient l'arrivée du train. Puis un signal : le vieil empereur François-Joseph longeait la garde d'honneur pour accueillir son hôte. Lorsque le vieil empereur apparut à l'écran et passa les troupes en revue, un peu voûté déjà, un peu branlant, les Tourangeaux se moquèrent gentiment du vieux monsieur aux favoris blancs. Puis le train entra dans l'image, premier, deuxième, troisième wagon. La porte du wagon-salon s'ouvrit et Guillaume II en descendit, la moustache retroussée, en uniforme de général autrichien.

À l'instant où l'empereur Guillaume apparaissait à l'écran, le public se mit spontanément à siffler et à trépigner furieusement dans la salle obscure. Tout le monde criait et sifflait, femmes, hommes et enfants huaient comme si on les avait personnellement offensés. Les braves Tourangeaux, qui ne connaissaient la panique et le monde que par ce qu'en disaient leurs journaux, étaient devenus fous furieux pour une seconde. J'en fus effrayé. J'en fus effrayé jusqu'au fond du cœur. Car je sentais quelles proportions avait prises l'empoisonnement par la propagande haineuse menée depuis des années et des années, dès lors que même ici, dans une petite ville de province, les citoyens et les soldats sans malice avaient déjà été si bien excités contre l'empereur et contre l'Allemagne qu'il suffisait d'une brève image à l'écran pour provoquer ce déchaînement. Cela ne dura qu'une seconde, une simple seconde. Et lorsque d'autres images suivirent, tout fut oublié. Les gens riaient à gorge déployée en regardant le film comique qui se déroulait maintenant et, de plaisir, se donnaient de bruyantes claques sur les cuisses. Cela n'avait duré qu'une seconde, mais cette seconde me montrait combien il serait facile, au moment d'une crise grave, d'exciter les peuples les uns contre les autres de part et d'autre de la frontière.

Toute la soirée fut gâchée pour moi. Je n'arrivai pas à dormir. Si la chose avait eu lieu à Paris, elle

m'aurait également inquiété, sans me bouleverser
à ce point. Mais que la haine se fût incrustée au
plus profond de la province, rongeant même le bon
peuple naïf, c'était cela qui me faisait frissonner.
Les jours suivants, je racontai l'incident à des amis ;
la plupart ne le prirent pas au sérieux : « Quand
on pense aux railleries dont nous avons accablé la
grosse reine Victoria, nous les Français, et deux ans
plus tard nous avons signé une alliance avec l'Angleterre. Tu ne connais pas les Français, chez eux la
politique ne va pas très loin. » Seul Rolland voyait
les choses autrement. « Plus le peuple est naïf, plus
il est facile de le retourner. Tout va mal depuis l'élection de Poincaré[9]. Son voyage à Saint-Pétersbourg
ne sera pas une partie de plaisir. » Nous parlâmes
encore longuement du congrès socialiste international convoqué à Vienne l'été suivant, mais là encore
Rolland éprouvait plus de scepticisme que les
autres. « Combien résisteront une fois que les ordres
de mobilisation seront affichés, qui le sait ? Nous
sommes à une époque d'émotion de masse, d'hystérie
de masse, dont il est encore impossible d'évaluer la
violence en cas de guerre. »

Mais, je l'ai déjà dit, ces moments d'inquiétude
s'envolaient comme des toiles d'araignées dans le
vent. Certes, nous pensions de temps à autre à la
guerre, mais un peu comme on pense quelquefois
à la mort — quelque chose de possible, mais probablement lointain. Et Paris était trop beau durant
cette période et nous étions nous-mêmes trop
jeunes et trop heureux. Je me souviens encore de
la merveilleuse farce imaginée par Jules Romains
pour railler le *prince des poètes* en couronnant un
prince des penseurs, un brave homme quelque peu
simplet qui se laissa conduire solennellement par

les étudiants jusqu'à la statue de Rodin devant le Panthéon[10]. Et le soir venu, au banquet parodique, nous nous déchaînâmes comme des écoliers en liesse. Les arbres étaient en fleur, l'air était doux et léger ; et en présence de tant de ravissements, qui voulait imaginer quelque chose d'aussi inconcevable ? Les amis étaient plus amis que jamais, et je m'en étais fait de nouveaux dans ce pays étranger, dans ce pays « ennemi », la ville était plus insouciante qu'elle ne l'avait jamais été et notre propre insouciance faisait aimer la sienne. Durant ces derniers jours, j'accompagnai Verhaeren à Rouen où il devait donner une conférence. La nuit, nous restâmes un moment devant la cathédrale, dont les flèches étincelaient magiquement au clair de lune — de telles merveilles de douceur appartenaient-elles encore à une « patrie », n'appartenaient-elles pas à nous tous ? Nous prîmes congé à la gare de Rouen, à l'endroit même où, deux ans plus tard, une de ces machines qu'il avait chantées allait le déchiqueter. Il me donna l'accolade. « Au 1er août chez moi, au Caillou-qui-bique[11] ! » Je le lui promis, car je lui rendais visite une fois par an dans sa maison de campagne pour traduire avec lui, la main dans la main, ses derniers vers. Pourquoi pas cette année encore ? Sans appréhension, je pris congé de mes autres amis, congé de Paris, un congé insouciant, dépourvu de sentimentalisme, comme quand on quitte sa propre maison pour quelques semaines. Mon plan pour les mois suivants était clair. Maintenant en Autriche, retiré quelque part à la campagne pour avancer mon travail sur Dostoïevski (qui ne devait paraître que cinq ans plus tard) et conclure ainsi *Trois maîtres*, un livre qui devait montrer trois grandes nations, chacune à travers son plus grand

romancier[12]. Puis chez Verhaeren et, en hiver, peut-
être le voyage en Russie projeté depuis longtemps,
pour y former un groupe voué à notre entente spirituelle. Tout était clair et sans aspérité devant mes
yeux, dans cette trente-deuxième année de ma vie ;
pendant cet été radieux, le monde s'offrait à nous
beau et riche de sens comme un fruit délicieux. Et je
l'aimais pour son présent et son avenir encore plus
grand.

C'est alors, le 28 juin 1914, que fut tiré à Sarajevo
le coup de feu qui, en une seconde, brisa en mille
morceaux comme un pot de terre creux le monde
de la sécurité et de la raison créatrice dans lequel
nous avions été élevés, avions grandi et nous sentions chez nous.

LES PREMIÈRES HEURES
DE LA GUERRE DE 1914

Même sans la catastrophe qu'il apporta sur la terre européenne, nous n'aurions jamais oublié cet été de 1914. Car j'ai rarement vécu un été plus luxuriant, plus beau et, dirais-je volontiers, plus estival. Un ciel bleu de soie pendant des jours et des jours, un air moelleux et voluptueux, des prairies odorantes et chaudes, des forêts sombres et touffues regorgeant de jeune verdure, aujourd'hui encore, quand je prononce le mot « été », je me vois involontairement conduit à penser à ces radieuses journées de juillet que je passai à Baden, près de Vienne. Je m'étais retiré dans cette petite ville romantique, que Beethoven choisissait si volontiers comme villégiature estivale, pour me concentrer sur mon travail et passer ensuite le reste de l'été chez Verhaeren, l'ami très cher, dans la petite maison de campagne qu'il possédait en Belgique. À Baden, il n'est pas nécessaire de sortir de la petite ville pour jouir du paysage. La belle forêt vallonnée pénètre insensiblement entre les maisons basses de style Biedermeier[1], qui ont conservé la simplicité et la grâce de l'époque de Beethoven. On s'assied partout en plein air dans les cafés et les restaurants, on peut se mêler à son

gré au peuple enjoué des curistes qui font le corso
dans le parc thermal ou se perdent sur des chemins
solitaires.

Dès la veille de ce 29 juin, date à laquelle la catholique Autriche a toujours fêté la « Saint-Pierre et
Saint-Paul », de nombreux visiteurs étaient arrivés
de Vienne. Dans des vêtements d'été aux couleurs
claires, insouciante et joyeuse, la foule ondulait
dans le parc devant l'orchestre. La journée était
douce, un ciel sans nuages s'étendait au-dessus des
marronniers, c'était une journée où l'on se sentait
vraiment heureux. Les vacances approchaient pour
les adultes, pour les enfants, et avec ce premier jour
férié de l'été c'était comme s'ils consommaient déjà
par avance la totalité de l'été à venir avec son air
délicieux, son vert saturé et son oubli de tous les
soucis quotidiens. Ce jour-là, j'étais assis à l'écart
du tumulte du parc thermal, lisant un livre avec
beaucoup d'attention et d'intérêt — je sais encore
lequel c'était : *Tolstoï et Dostoïevski* de Merejkovski[2].
Mais le vent dans les arbres, le gazouillement
des oiseaux et les flots de musique venus du parc
étaient aussi présents dans ma conscience. J'entendais distinctement les mélodies sans être gêné, car
notre oreille a une telle capacité d'adaptation qu'un
bruit constant, le vacarme d'une rue ou le mugis-
sement d'un ruisseau s'intègre parfaitement dans
notre conscience au bout de quelques minutes,
et qu'il suffit au contraire d'une rupture inattendue du rythme pour nous faire dresser l'oreille.

C'est ainsi que je cessai involontairement de lire,
lorsque la musique s'interrompit brusquement au
milieu d'une mesure. J'ignorais quel morceau venait
de jouer l'orchestre de l'établissement thermal. Je
perçus simplement que la musique cessait d'un

coup. Instinctivement, je levai les yeux de mon livre. La foule aussi, qui se promenait entre les arbres et s'écoulait comme une masse claire continue, sembla se modifier; elle aussi arrêta subitement son va-et-vient. Quelque chose avait dû se produire. Je me levai et vis que les musiciens quittaient le kiosque. Cela aussi était surprenant, car le concert, habituellement, durait une heure ou plus. Un incident quelconque avait dû causer cette brusque interruption; en m'approchant, je remarquai que les gens se pressaient par groupes agités devant le kiosque autour d'un bulletin d'information qui venait à l'évidence d'y être affiché. Il s'agissait, comme je l'appris au bout de quelques minutes, de la dépêche informant que Son Altesse impériale, l'héritier du trône François-Ferdinand, et son épouse, qui s'étaient rendus en Bosnie pour y assister aux manœuvres, y avaient été victimes d'un assassinat politique.

Une foule de plus en plus nombreuse s'amassait autour du placard. On se communiquait de proche en proche la nouvelle inattendue. Mais pour faire honneur à la vérité: on ne lisait sur les visages ni émotion ni amertume particulière. Car l'héritier du trône n'était pas du tout aimé. De ma petite enfance, je garde encore le souvenir de cet autre jour où le prince héritier Rodolphe, fils unique de l'empereur, avait été retrouvé tué d'une balle à Mayerling. À l'époque une énorme émotion avait envahi la ville entière, des foules immenses s'étaient pressées pour voir le corps exposé dans un catafalque, submergées de compassion pour l'empereur, effrayées que son fils unique, héritier du trône, un Habsbourg dont la personnalité éprise de progrès et humainement aussi sympathique avait suscité de grandes espérances, eût ainsi disparu dans la force de l'âge. À l'inverse,

François-Ferdinand était justement dépourvu des qualités dont l'importance est considérable pour qui veut se rendre vraiment populaire en Autriche : amabilité personnelle, charme humain et sociabilité. Je l'avais souvent observé au théâtre quand il était assis dans sa loge, avec sa carrure large et puissante, ses yeux froids et fixes, sans jamais jeter sur le public un seul regard amical, ni encourager les artistes d'un applaudissement chaleureux. Jamais on ne le voyait sourire, aucune photographie ne le montrait dans une attitude quelque peu détendue. Il n'avait aucun sens de la musique, aucun sens de l'humour, et sa femme avait une mine tout aussi rébarbative. Une atmosphère glacée nimbait ces deux êtres ; on savait qu'ils n'avaient pas d'amis, on savait que le vieil empereur haïssait cordialement le prince, parce que celui-ci n'arrivait pas à dissimuler avec tact son impatience d'héritier pressé d'accéder au pouvoir. Le pressentiment quasi mystique que cet homme à nuque de bouledogue, aux yeux fixes et froids, serait la source de quelque malheur, loin de m'être personnel, était largement répandu dans la nation tout entière. Aussi la nouvelle de son assassinat ne suscita-t-elle pas de compassion profonde. Deux heures après, on ne remarquait plus aucun signe de réelle affliction. Les gens bavardaient et riaient, tard le soir on jouait de nouveau de la musique. Ce jour-là en Autriche, bien des gens respirèrent, secrètement soulagés que cet héritier du vieil empereur fût liquidé au profit du jeune archiduc Charles, infiniment plus populaire.

Le lendemain, les journaux publièrent naturellement de copieuses nécrologies et exprimèrent une indignation convenue au sujet de l'attentat. Mais rien n'indiquait que l'événement dût être exploité pour engager une action politique contre la Serbie. Pour la maison impériale, cette mort causait d'abord un tout autre souci, relatif au cérémonial de l'enterrement. En sa qualité d'héritier du trône et en particulier du fait qu'il était mort en exerçant ses fonctions au nom de la monarchie, il allait de soi qu'il devait être inhumé dans la crypte des Capucins, sépulture historique des Habsbourg. Or François-Ferdinand, après une longue lutte acharnée contre la famille impériale, avait épousé une comtesse Chotek, certes issue de la haute aristocratie, mais que la loi mystérieuse et séculaire de la maison des Habsbourg ne jugeait pas son égale par la naissance, et lors des grandes cérémonies les archiduchesses revendiquaient opiniâtrement la préséance sur l'épouse de l'héritier du trône, dont les enfants n'étaient pas successibles. L'arrogance de la Cour alla même jusqu'à se dresser contre la défunte. Quoi ? inhumer une comtesse Chotek dans la crypte impériale des Habsbourg ? Non, il ne pouvait en être question ; les archiduchesses firent le siège du vieil empereur. Tandis qu'on exigeait officiellement du peuple un deuil profond, les rancunes se déchaînaient furieusement au château impérial et, comme d'habitude, ce n'est pas au mort qu'on donna finalement raison. Les maîtres des cérémonies inventèrent que le défunt avait lui-même exprimé le souhait d'être enterré à Artstetten, petite ville de province autrichienne, et ce subterfuge auquel on donnait l'apparence d'un respect filial permit d'éluder en douce l'exposition publique du corps, le cortège funèbre et toutes les querelles de préséance qui leur étaient liées. Les cercueils des deux victimes de l'assassinat furent discrètement transportés à Artstetten pour y être inhumés. La ville de Vienne, qui se voyait ainsi privée d'une grande occasion de satisfaire son éternel goût du spectacle, commençait déjà à oublier ce tragique incident. Tout compte fait, la mort violente de l'impératrice Élisabeth et du prince héritier[3], la fuite scandaleuse de toutes sortes de membres de la famille impériale avaient depuis longtemps accoutumé les Autrichiens à la pensée que le vieil empereur solitaire et inébranlable survivrait à cette maison digne des Tantalides. Quelques semaines de plus et le nom et le personnage de François-Ferdinand seraient sortis pour toujours de l'histoire.

Mais voilà qu'une semaine plus tard environ les journaux commencèrent brusquement une série d'escarmouches, dont le crescendo était trop bien synchronisé pour n'être que le fruit du hasard. On accusait le gouvernement serbe de complicité et on laissait entendre à mi-mots que l'Autriche ne pouvait laisser impuni l'assassinat de l'héritier du trône — prétendument tant aimé. On ne pouvait récuser l'impression qu'une action quelconque se préparait par l'intermédiaire des journaux, mais personne ne pensait à la guerre. Ni les banques ni les commerces ni les particuliers ne prirent de nouvelles dispositions. En quoi ces éternelles chamailleries avec la Serbie nous concernaient-elles, qui, nous le savions tous, étaient uniquement issues de quelques traités commerciaux relatifs à l'exportation de porcs serbes ? Mes valises étaient faites pour le voyage en Belgique chez Verhaeren, mon travail en bonne voie, qu'est-ce que cet archiduc mort dans son sarcophage avait à voir avec ma vie ? L'été n'avait jamais été aussi beau et promettait de l'être plus encore ; nous regardions tous le monde sans l'ombre d'un souci. Je me souviens que je m'étais promené le dernier jour dans les vignobles de Baden avec un ami et qu'un vieux vigneron nous avait dit : « Y a longtemps qu'on n'a pas eu un été comme ça. Si ça continue comme ça, on aura un vin comme jamais. Cet été, les gens vont s'en souvenir longtemps ! »

Mais il ne savait pas, ce vieil homme dans sa blouse bleue de vigneron, combien ce qu'il disait était d'une cruelle vérité.

Au Coq, petite station balnéaire proche d'Ostende, où je souhaitais passer deux semaines avant de rendre ma visite annuelle à Verhaeren dans sa petite maison de campagne, la même insouciance régnait. Les amateurs de vacances étaient allongés sur la plage sous leurs tentes multicolores ou se baignaient, les enfants lançaient des cerfs-volants, les jeunes gens dansaient sur la digue devant les cafés. Toutes les nations imaginables étaient pacifiquement rassemblées, on entendait majoritairement parler allemand, car, comme chaque année, la Rhénanie proche envoyait ses estivants de préférence sur les plages belges. La seule contrariété venait des petits marchands de journaux qui, pour améliorer leurs ventes, répétaient en hurlant les manchettes alarmantes des journaux parisiens : « *L'Autriche provoque la Russie** », « *L'Allemagne prépare la mobilisation** ». On voyait le visage des gens s'assombrir, lorsqu'ils achetaient les journaux, mais toujours quelques minutes seulement. Après tout, nous connaissions ces conflits diplomatiques depuis des années ; au dernier moment, on leur avait toujours trouvé une issue heureuse. Pourquoi pas cette fois encore ? Une demi-heure plus tard, on voyait les mêmes s'ébrouer de nouveau joyeusement et barboter dans l'eau, les cerfs-volants montaient dans le ciel, les mouettes battaient des ailes et le soleil répandait un rire sonore et chaud sur le pays paisible.

Mais les mauvaises nouvelles s'accumulaient et se faisaient de plus en plus alarmantes. D'abord l'ultimatum de l'Autriche à la Serbie, la réponse évasive qui lui fut faite, les télégrammes entre les monarques et, pour finir, les mobilisations à peine déguisées. Je ne tenais plus dans l'étroitesse de cette localité à l'écart. Je me rendais chaque jour à Ostende par le petit train électrique pour me rapprocher des informations, et elles ne cessaient d'empirer. Les gens se baignaient encore, les hôtels étaient encore pleins, les estivants se promenaient encore en foule sur la digue, riant et bavardant. Mais pour la première fois, un élément nouveau vint s'interposer. On vit surgir des soldats belges, alors qu'habituellement ceux-ci ne mettaient jamais un pied sur la plage. On vit des mitrailleuses, tirées par des chiens sur de petits véhicules, étrange particularité de l'armée belge.

J'étais assis dans un café avec quelques amis belges, un jeune peintre et l'écrivain Crommelynck[4]. Nous avions passé l'après-midi chez James Ensor, le plus grand peintre moderne belge, ermite d'une grande étrangeté, solitaire et renfermé, bien plus fier des médiocres petites valses et polkas qu'il composait pour des fanfares militaires que de ses peintures fantastiques, élaborées dans des couleurs chatoyantes. Il nous avait montré ses œuvres, à vrai dire avec répugnance, car très bizarrement il était accablé à l'idée que quelqu'un s'avisât de lui en acheter une. Son rêve, me dirent mes amis en riant, était en fait de les vendre cher mais en même temps de pouvoir toutes les garder, car il tenait aussi âprement à l'argent qu'à chacune de ses œuvres. Chaque fois qu'il en avait cédé une, il restait plusieurs jours dans le désespoir. Avec toutes ses étranges lubies, ce génial harpagon nous avait mis de bonne humeur et quand passa justement devant nous un de ces détachements de soldats avec sa mitrailleuse attelée à un chien, l'un d'entre nous se leva et caressa le chien, ce qui eut le don d'irriter l'officier qui les accompagnait, celui-ci craignant que caresser un engin de guerre n'offensât la dignité de l'institution militaire. « À quoi bon cette stupide déambulation ? » grogna quelqu'un dans notre groupe. Mais un autre répondit nerveusement : « Il faut bien prendre ses dispositions. On dit qu'en cas de guerre les Allemands ont l'intention de faire une percée en passant chez nous. — C'est exclu ! » dis-je avec une conviction sincère, car dans ce monde ancien on croyait encore que les traités étaient sacrés. « Si quelque chose devait se passer et que la France et l'Allemagne s'anéantissaient mutuellement jusqu'au dernier homme, vous autres Belges resteriez bien tranquillement à l'abri ! » Mais notre pessimiste n'en démordait pas. Il y avait forcément un sens, dit-il, si on prenait de telles mesures en Belgique. Plusieurs années auparavant, on avait déjà eu vent d'un plan secret du grand état-major allemand en cas d'attaque contre la France, qui prévoyait de faire une percée en Belgique en dépit de tous les pactes scellés. Mais moi non plus je n'en démordais pas. Il me paraissait totalement absurde, au moment où des milliers et des dizaines de milliers d'Allemands détendus et joyeux jouissaient ici de l'hospitalité de ce petit pays neutre, qu'une armée prête à l'envahir se tînt à sa frontière. « Absurde, dis-je. Vous pouvez me pendre là, à cette lanterne, si les Allemands entrent en Belgique ! » Aujourd'hui encore je suis reconnaissant à mes amis de ne pas m'avoir pris au mot par la suite.

Vinrent ensuite les derniers jours critiques de juillet, à chaque heure une nouvelle qui en démentait une autre, les télégrammes de l'empereur Guillaume au tsar, les télégrammes du tsar à l'empereur Guillaume, la déclaration de guerre de l'Autriche à la Serbie, l'assassinat de Jaurès. On sentait que la situation devenait sérieuse. D'un seul coup, le vent froid de l'angoisse souffla sur la plage, la balaya et la vida. Par milliers les gens quittèrent les hôtels, prirent les trains d'assaut, et même les plus crédules commençaient maintenant à plier bagage. Moi aussi je m'assurai un billet dès que j'appris la nouvelle de la déclaration de guerre de l'Autriche à la Serbie, et il n'était que temps. Car cet express d'Ostende fut le dernier train à quitter la Belgique pour l'Allemagne. Nous étions debout dans les couloirs, excités et pleins d'impatience, chacun parlant avec son voisin. Personne n'était en état de rester tranquillement assis ou de lire, chaque fois que le train s'arrêtait dans une gare, on se précipitait dehors pour aller aux nouvelles, avec le secret espoir qu'une main ferme et résolue pourrait encore renverser le courant déchaîné du destin. On ne croyait toujours pas à la guerre et encore moins à l'invasion de la Belgique ; on ne pouvait pas y croire, parce qu'on ne voulait pas admettre pareille folie. Le train se rapprochait de la frontière, nous passâmes Verviers, la gare frontière belge. Des contrôleurs allemands montèrent dans le train, dans dix minutes nous serions sur le territoire allemand.

Mais à mi-chemin de Herbesthal, la première gare allemande, le train s'arrêta brusquement en rase campagne. Nous nous précipitâmes aux fenêtres du

couloir. Qu'était-il arrivé ? Alors, dans l'obscurité,
je vis venir à notre rencontre, l'un derrière l'autre,
des trains de marchandises avec des wagons plats,
recouverts de bâches, parmi lesquels je crus vaguement reconnaître les formes menaçantes de canons.
Mon cœur cessa de battre. C'était sans aucun doute
l'avancée de l'armée allemande. Il s'agit peut-être,
pensai-je pour me consoler, d'une mesure de protection, d'une simple menace de mobilisation et non de
la mobilisation elle-même. Car, à l'heure du danger,
la volonté d'espérer une fois encore devient toujours
prodigieuse. Vint enfin le signal « voie libre », le train
se remit à rouler et entra dans la gare de Herbesthal.
Je descendis d'un bond le marchepied pour me procurer un journal et recueillir des informations. Mais
la gare était occupée par l'armée. Et au moment où
je voulais entrer dans la salle d'attente, j'en fus empêché par un agent des chemins de fer, barbe blanche
et mine sévère, debout devant la porte fermée : personne n'était autorisé à entrer dans les locaux de la
gare. Mais derrière les vitres de la porte soigneusement masquées de rideaux, j'avais pu entendre le
léger cliquetis des sabres et le bruit sec des crosses
qu'on repose. Pas de doute, la monstruosité était en
marche, l'invasion de la Belgique par l'armée allemande contre tous les principes du droit international. Je remontai dans le train en frissonnant et
poursuivis mon voyage — en direction de la guerre.

Le lendemain matin en Autriche ! Dans chaque
gare étaient collées les affiches annonçant la mobilisation générale. Les trains se remplissaient de
recrues fraîchement appelées, les drapeaux flottaient au vent. La musique résonnait, à Vienne je
trouvai toute la ville en transe. La crainte initiale de

la guerre que personne n'avait voulue, ni les peuples
ni le gouvernement, de cette guerre qui avait glissé
contre leur propre intention des mains malhabiles
des diplomates qui jouaient avec elle et bluffaient,
voilà qu'elle s'était retournée en enthousiasme subit.
Des cortèges se formaient dans les rues, partout
s'agitaient des drapeaux, des rubans, des musiques
retentissantes, les jeunes recrues défilaient triomphalement, le visage illuminé parce qu'on les acclamait, eux les petites gens de la vie quotidienne que
personne n'avait jamais remarqués ni fêtés.

Pour faire honneur à la vérité, je suis obligé
d'avouer qu'il y avait quelque chose de grandiose,
d'entraînant et même de séduisant dans cet éveil des
masses, et qu'on avait du mal à s'y soustraire. Malgré toute ma haine et mon horreur de la guerre, je
ne voudrais pas me priver dans ma vie du souvenir de ces premières journées : jamais ces milliers et
ces centaines de milliers d'hommes n'avaient ainsi
ressenti ce qu'ils auraient mieux fait de ressentir en
temps de paix : la certitude d'appartenir à la même
communauté. Une ville de deux millions, un pays
de presque cinquante millions d'habitants éprouvaient à cette heure qu'ils vivaient des événements
historiques de portée mondiale, un moment qui ne
se reproduirait plus, et que chacun était appelé à
jeter son moi infime dans cette masse incandescente
pour s'y purifier de toute forme d'égocentrisme.
Toutes les différences de caste, de langue, de classe,
de religion étaient submergées en cet instant unique
par un sentiment débordant de fraternité. Des gens
se parlaient dans la rue sans se connaître, certains
qui s'étaient évités pendant des années se serraient
la main, on rencontrait partout des regards animés.
Chaque individu ressentait plus intensément son

moi, il n'était plus l'être isolé d'antan, il était inséré
dans une masse, il était le peuple, et sa personne,
cette personne autrement insignifiante, se voyait
enfin dotée d'un sens. Le petit employé de la poste,
qui du matin au soir ne faisait que trier des lettres,
qu'interminablement trier des lettres, sans discontinuer du lundi au samedi, le secrétaire, le cordonnier avaient soudain une autre possibilité dans leur
vie, une possibilité romantique : ils pouvaient devenir un héros, et les femmes fêtaient déjà quiconque
portait l'uniforme. Quant à ceux qui restaient ils
les saluaient respectueusement par anticipation en
leur attribuant cette épithète romantique. Ils approuvaient la puissance inconnue qui les sortait de leur
vie quotidienne ; même le chagrin des mères, l'angoisse des femmes, sentiments pourtant plus que
naturels, avaient honte de se manifester dans ces
premières heures d'exaltation. Mais il se pourrait
qu'une puissance encore plus profonde et plus mystérieuse fût à l'œuvre dans cette ivresse. Cette déferlante s'abattit sur l'humanité avec une telle violence
et une telle soudaineté que, recouvrant la surface
de son écume, elle tira vers le haut les pulsions pri-
mitives de la bête humaine, ses instincts obscurs et
inconscients — ce que Freud, dans sa clairvoyance,
appelait « le dégoût de la civilisation[5] », le besoin
impérieux de sortir un jour du monde bourgeois
des lois et des paragraphes et de donner libre cours
aux instincts sanguinaires les plus primitifs. Peut-
être que ces forces obscures avaient aussi leur part
dans cette ivresse sauvage, où tout se mêlait, le plaisir de se sacrifier et l'alcool, le goût de l'aventure et
la pure crédulité, l'antique magie des drapeaux et
des paroles patriotiques — cette ivresse de millions
d'êtres, inquiétante et presque impossible à décrire

avec des mots, qui, un bref instant, donna un élan
furieux et presque irrésistible au plus grand crime
de notre époque.

La génération actuelle, qui n'a vu éclater que la
Seconde Guerre mondiale, se demandera peut-
être : pourquoi *nous* n'avons pas vécu cela ? Pourquoi les masses ne s'enflammèrent-elles pas en
1939 comme elles le firent en 1914 ? Pourquoi
n'obéirent-elles à l'appel qu'avec sérieux et réso-
lution, en silence et avec fatalisme ? L'enjeu
n'était-il pas le même, n'y allait-il pas en fait de
biens plus sacrés, plus élevés dans notre guerre
actuelle, qui était une guerre pour des idées et pas
simplement pour des frontières et des colonies ?
La réponse est simple : parce que notre monde
de 1939 n'avait plus la même crédulité enfantine
et naïve que celui de 1914. À l'époque, le peuple se
fiait encore sans réserve à ses autorités ; en Autriche,
personne n'eût osé penser que dans sa quatre-vingt-
quatrième année l'empereur François-Joseph, le
père vénéré de la patrie, aurait appelé son peuple au
combat sans d'impérieuses nécessités, qu'il aurait
exigé le sacrifice du sang, si des adversaires pleins
de méchanceté, perfides et criminels n'avaient pas
menacé la paix de l'empire. Les Allemands, de leur
côté, avaient lu les télégrammes de leur empereur
au tsar, dans lesquels il luttait pour la paix ; un
énorme respect pour les autorités « supérieures »,
pour les ministres, pour les diplomates, leur perspicacité et leur honnêteté animait encore les gens
simples. Si on en était venu à déclarer la guerre,
cela n'avait pu se faire que contre la volonté de leurs
propres hommes d'État ; eux-mêmes ne pouvaient
être tenus pour responsables, personne dans le pays
tout entier ne pouvait encourir la moindre respon-

sabilité. En conséquence de quoi c'était de l'autre côté, dans l'autre pays, que se trouvaient les criminels, les fauteurs de guerre; si on prenait les armes, c'était en état de légitime défense, pour se défendre contre la perfidie et la fourberie d'un ennemi qui « assaillait » la pacifique Allemagne et la pacifique Autriche sans la moindre raison. Alors qu'en 1939 cette foi quasi religieuse dans l'honnêteté ou tout au moins dans la compétence de son propre gouvernement avait déjà disparu dans l'Europe entière. On méprisait la diplomatie depuis qu'avec amertume on l'avait vue trahir, à Versailles, la possibilité d'une paix durable[6]; les peuples se rappelaient trop bien avec quel cynisme on les avait trompés en leur promettant le désarmement et la suppression de la diplomatie secrète. Au fond, en 1939, il n'y avait pas un seul homme d'État qu'on respectât, et personne n'était assez crédule pour remettre son sort entre ses mains. Le moindre cantonnier français se moquait de Daladier, en Angleterre, depuis Munich — *peace for our time*[7] —, toute confiance dans la prévoyance de Chamberlain avait disparu, en Italie, en Allemagne les masses regardaient Mussolini et Hitler avec anxiété: où va-t-il encore nous mener? Certes, on ne pouvait résister, il y allait de la patrie, et c'est ainsi que les soldats prirent les armes, que les femmes laissèrent partir leurs enfants, mais plus, comme autrefois, avec la conviction inébranlable que le sacrifice était inévitable. On obéissait, mais sans enthousiasme. On allait au front, mais on ne rêvait plus d'être un héros; déjà les peuples et les individus sentaient qu'ils étaient les simples victimes, soit d'une folie terrestre et politique, soit d'une fatalité inconcevable et maligne.

Et puis en 1914, après presque un demi-siècle de

paix, que savaient les larges masses de la guerre ? Elles ne la connaissaient pas, elles n'y avaient pratiquement jamais pensé. C'était une légende, et c'est justement cette distance qui l'avait rendue héroïque et romantique. Elles ne la voyaient jamais que du point de vue des livres d'école et des peintures dans les musées : d'éblouissantes attaques de cavalerie en uniformes rutilants, le coup de feu mortel, frappant chaque fois généreusement en plein cœur, toute la campagne n'étant qu'une marche foudroyante et triomphale — « À Noël, on sera rentrés à la maison », voilà ce que les recrues lançaient gaiement à leurs mères en août 1914. Dans les villages et les villes, qui se souvenait encore de la « vraie » guerre ? Tout au plus quelques vieillards qui avaient combattu en 1866 contre la Prusse[8], alors notre alliée, et comme cette guerre avait été rapide, lointaine, sans effusion de sang, une campagne de trois semaines sans beaucoup de victimes à la fin, avant qu'on reprenne souffle ! Une rapide excursion en territoire romantique, une aventure sauvage et virile — telles étaient les couleurs de la guerre en 1914 dans l'imagination de l'homme du peuple, et les jeunes gens éprouvaient même une vraie crainte de manquer cette expérience merveilleusement excitante de leur vie ; c'est pourquoi ils se précipitaient sous les drapeaux, c'est pourquoi ils chantaient avec allégresse dans les trains qui les menaient à l'abattoir, et ce flot de sang rouge coulait fiévreusement dans les veines de tout l'empire. La génération de 1939, elle, connaissait la guerre. Elle ne se faisait plus d'illusion. Elle savait que la guerre n'était pas romantique mais barbare. Elle savait que la guerre durerait des années et des années, un laps de temps irremplaçable dans une vie. Elle savait qu'on ne se lançait pas à l'assaut de l'ennemi orné de feuilles de chêne et de rubans multicolores, mais qu'on traînait pendant des semaines, couvert de poux et quasi mort de soif, dans des tranchées et des cantonnements, qu'on se faisait déchiqueter et mutiler de loin, sans avoir jamais vu l'adversaire en face. On connaissait d'avance par les journaux, par les films, les nouvelles techniques d'extermination diaboliques, on savait que les énormes tanks broyaient les blessés au passage et que les aéroplanes déchiquetaient femmes et enfants dans leur lit, on savait qu'une guerre mondiale en 1939, grâce à la mécanisation sans âme, serait mille fois plus ignoble, bestiale et inhumaine que toutes celles qui l'avaient précédée dans l'histoire de l'humanité. Dans la génération de 1939, absolument personne ne croyait encore qu'il y eût une guerre juste voulue par Dieu, et pis encore : on ne croyait même plus à la possibilité d'une paix juste et durable, qu'il fallait acquérir par les armes. Car on se rappelait trop bien les multiples déceptions que la dernière avait apportées : l'appauvrissement au lieu de l'enrichissement, l'amertume au lieu de la satisfaction, la famine, la dépréciation monétaire, les révoltes, la perte des libertés civiques, l'asservissement à l'État, une insécurité qui usait les nerfs, la méfiance de tous vis-à-vis de tous.

Voici ce qui faisait la différence. La guerre de 1939 avait un sens pour l'esprit, il y allait de la liberté, de la sauvegarde d'un bien moral ; et combattre pour un sens rend l'homme ferme et résolu. À l'inverse, la guerre de 1914 ignorait les réalités, elle était encore au service d'une illusion, le rêve d'un monde meilleur, juste et pacifique. Mais c'est l'illusion et non le savoir qui rend heureux. C'est pourquoi les victimes d'alors allaient à l'abattoir en pleine ivresse, poussant des cris d'allégresse, couronnées de fleurs, des feuilles de chêne sur le casque, et les rues vibraient et s'illuminaient comme pour une fête.

Que je n'aie pas succombé moi-même à cette ivresse patriotique[9] n'était nullement dû à mon sang-froid ou à une lucidité particulière, mais à la forme qu'avait prise ma vie jusque-là. Deux jours auparavant, j'étais encore en « pays ennemi », où j'avais pu me convaincre que la grande masse des Belges était aussi pacifique et innocente que la plupart des gens de chez nous. Au surplus, j'avais trop longtemps mené une vie cosmopolite pour haïr du jour au lendemain un monde qui était autant le mien que ma propre patrie. Depuis des années, je me méfiais de la politique et justement ces temps derniers, dans d'innombrables conversations avec mes amis français et mes amis italiens, j'avais discuté de l'absurdité d'une guerre éventuelle. Cette méfiance m'avait donc en quelque sorte vacciné contre l'épidémie d'enthousiasme patriotique, et préparé comme je l'étais contre l'accès de fièvre des premières heures, je demeurai résolu à ne pas laisser ébranler ma conviction que l'unité de l'Europe était nécessaire par une guerre fratricide causée par la maladresse des diplomates et la brutalité des fabricants de munitions.

Au-dedans de moi-même, ma position de citoyen du monde était donc d'emblée d'une grande fermeté ; la difficulté était de trouver la position juste en tant que citoyen d'un État. Bien qu'ayant tout juste trente-deux ans, je n'avais pas pour l'instant d'obligations militaires, car j'avais été déclaré inapte au service par tous les conseils de révision, ce qui m'avait vraiment réjoui sur le moment. Pour commencer, cette exemption m'évitait de perdre une année à faire un service militaire stupide, et de plus il me semblait criminellement anachronique d'être entraîné, en plein xxe siècle, au maniement d'instruments de mort. La position juste pour un homme qui avait mes convictions eût été de me déclarer *conscientious objector* en temps de guerre, ce qui, en Autriche (contrairement à l'Angleterre), vous faisait encourir les plus lourdes peines imaginables et exigeait de l'âme une fermeté de martyr. Or l'héroïsme — et je n'ai pas honte d'avouer ce défaut — ne convient pas à ma nature. Ma conduite naturelle dans toutes les situations dangereuses a toujours été l'évitement et ce n'est pas seulement dans ces circonstances précises que j'ai dû, peut-être à bon droit, m'exposer au reproche d'irrésolution qu'on a si souvent fait, dans un tout autre siècle, à mon vénéré maître, Érasme de Rotterdam. D'un autre côté, il était aussi insupportable pour un homme relativement jeune, à une époque pareille, d'attendre qu'on le tirât de son obscurité pour le jeter à une place pour laquelle il n'était pas fait. Je m'avisai donc de rechercher une activité où je pusse tout de même me rendre utile sans exciter la haine, et comme un de mes amis, officier supérieur, était aux Archives militaires, j'eus la possibilité d'y avoir un emploi. Je devais assurer un service de bibliothèque, pour lequel mes compétences en langues étaient utiles, ou améliorer le style de bon nombre de communiqués adressés au public — ce qui n'avait rien de glorieux, j'en conviens volontiers, mais me paraissait personnellement plus convenable que d'enfoncer une baïonnette dans les entrailles d'un paysan russe. Néanmoins, l'essentiel pour moi était qu'il me restait assez de temps, après avoir accompli ce service qui n'avait rien de très fatigant, pour le service à mes yeux le plus important au cours de cette guerre: travailler à l'entente future.

Ma position personnelle dans le cercle de mes amis se révéla plus difficile que l'officielle. N'ayant pas une culture très européenne, avec un horizon de vie exclusivement allemand, la plupart de nos écrivains pensaient que la meilleure façon d'assumer leur part était d'accroître l'enthousiasme des foules et d'étayer la prétendue beauté de la guerre avec des appels poétiques et des idéologies scientifiques. Presque tous les écrivains allemands, Hauptmann et Dehmel en tête, se crurent tenus de jouer les bardes comme au temps des premiers Germains et d'enflammer de leurs chants et de leurs hymnes les combattants qui montaient au front pour qu'ils meurent dans l'enthousiasme. Il pleuvait des tonnes de poèmes faisant rimer guerre et victoire, mort et nécessité. Les écrivains juraient solennellement n'avoir plus rien de commun culturellement avec un Français, pas plus qu'avec un Anglais, allant même jusqu'à nier, du jour au lendemain, qu'eussent jamais existé une culture anglaise, une culture française. Tout cela, affirmaient-ils, était insignifiant et sans aucune valeur au regard de l'être allemand, de l'art allemand, de la spécificité allemande. Les clercs allèrent encore plus loin. Subitement, les philosophes n'avaient rien de plus intelligent à dire que de considérer la guerre comme un « bain d'acier » bienfaisant, propre à empêcher les forces des peuples de se déliter. Ils furent rejoints par les médecins, qui vantaient leurs prothèses avec une telle emphase qu'on aurait presque eu envie de se faire amputer d'une jambe pour remplacer le membre sain par un appareil artificiel. Les prêtres de toutes les confessions ne voulaient pas non plus être en reste et joignirent leur voix à ce chœur; on avait parfois l'impression d'entendre vociférer une horde de possédés, et tous ces hommes étaient pourtant les mêmes que ceux dont nous avions encore admiré une semaine, un mois plus tôt la raison, la force créatrice et l'attitude humaine.

Mais le plus bouleversant dans cette folie était la sincérité de la plupart de ces hommes. La plupart étant trop vieux ou physiquement inaptes au service militaire, ils se sentaient, par décence, dans l'obligation de « participer » d'une façon quelconque à l'effort commun. Ce qu'ils avaient créé, ils en étaient redevables à la langue et par là même au peuple. Aussi souhaitaient-ils servir leur peuple par la langue et lui donner à entendre ce qu'il voulait entendre : que, dans ce combat, le droit était uniquement de leur côté et tous les torts de l'autre, que l'Allemagne vaincrait et que ses adversaires subiraient une défaite honteuse — ignorant complètement qu'ils trahissaient ainsi la vraie mission de l'écrivain, qui est de sauvegarder et de défendre dans chaque homme l'humanité de tous. Plusieurs d'entre eux, il est vrai, ne tardèrent pas à sentir sur leur langue la saveur amère du dégoût que leur inspiraient leurs propres paroles, lorsque le mauvais alcool de l'enthousiasme initial se fut évaporé. Mais dans les premiers mois, ceux qu'on écoutait le plus étaient ceux qui criaient le plus fort et d'un côté comme de l'autre on chantait et on criait furieusement en chœur.

Le cas le plus caractéristique et le plus bouleversant d'une telle extase tout à la fois sincère et aberrante fut pour moi celui d'Ernst Lissauer. Je le connaissais bien. Il écrivait de petits poèmes concentrés et durs, tout en étant le plus brave homme qu'on pût imaginer. Aujourd'hui encore je me rappelle avoir dû me mordre énergiquement les lèvres pour dissimuler un sourire lorsqu'il me rendit visite pour la première fois. Sans le vouloir, à partir de ses vers énergiques, typiquement allemands, qui recherchaient en tout la plus extrême concision, j'avais imaginé que ce poète était un jeune homme mince et osseux. Or celui que je vis entrer dans ma chambre d'une démarche hésitante était un petit bonhomme lourdaud, pansu comme un tonneau, avec un visage bon enfant au-dessus d'un double menton, empressé et débordant de vanité, parlant d'une manière précipitée, possédé par la poésie, qu'aucune résistance ne pouvait retenir de citer et de réciter ses propres vers. Avec tous ses ridicules, on ne pouvait pourtant s'empêcher de l'aimer, tant il était chaleureux, bon camarade, honnête et d'un dévouement quasi démoniaque à son art.

Issu d'une famille allemande aisée, élevé au lycée François-Guillaume de Berlin, c'était peut-être le Juif le plus prussien ou le plus prussianisé que je connusse. Il ne parlait aucune autre langue vivante et n'était jamais sorti d'Allemagne. L'Allemagne était pour lui le monde et plus une chose était allemande, plus elle l'enthousiasmait. Yorck, et Luther, et Stein étaient ses héros, la guerre de libération de l'Allemagne contre Napoléon son sujet favori, Bach son dieu en musique ; il le jouait merveilleusement bien malgré ses petits doigts courts, épais et bouffis. Personne n'avait une meilleure connaissance de la poésie allemande, personne n'était plus amoureux, plus enchanté de la langue allemande — comme beaucoup de Juifs entrés tardivement dans la culture allemande, il croyait plus en l'Allemagne que le plus croyant des Allemands.

Lorsque la guerre éclata, son premier soin fut de se précipiter à la caserne et de s'engager comme volontaire. Et je peux imaginer l'éclat de rire des

feldwebels et des soldats de première classe quand
cette masse épaisse gravit l'escalier le souffle court.
Ils le renvoyèrent sur-le-champ. Lissauer était désespéré, mais à présent, tout comme les autres, il voulait au moins servir l'Allemagne avec sa poésie. À ses
yeux, tout ce qu'annonçaient les journaux allemands
et les communiqués de l'armée allemande était la
plus authentique vérité. Son pays avait été agressé,
et le pire des criminels, conformément à la mise en
scène de la Wilhelmstrasse, était ce perfide Lord
Grey, ministre anglais des Affaires étrangères. Ce
sentiment que l'Angleterre était le premier coupable
envers l'Allemagne et le premier fauteur de guerre,
il lui donna forme dans un *Chant de haine contre
l'Angleterre*, poème — je ne l'ai pas sous les yeux —
dont les vers durs, concis et saisissants élevaient la
haine de l'Angleterre au rang de serment éternel de
ne jamais lui pardonner son « crime ». Par malheur,
on ne tarda pas à s'apercevoir combien il était facile
d'actionner la haine (Lissauer, le petit Juif replet,
aveuglé, ne faisait que préfigurer l'exemple de Hitler). Ce poème tomba comme une bombe dans un
dépôt de munitions. Aucun autre poème, peut-être,
pas même *La Garde sur le Rhin*[10], n'a jamais fait le
tour de l'Allemagne aussi rapidement que ce *Chant
de haine contre l'Angleterre* de triste renom. L'empereur fut enthousiasmé et conféra à Lissauer l'ordre
de l'Aigle rouge, on publia le poème dans tous les
journaux, les instituteurs en faisaient la lecture aux
élèves dans les écoles, les officiers passaient devant
le front des troupes et le récitaient aux soldats,
jusqu'à ce que chacun sût par cœur cette litanie
haineuse. Mais il en fallait toujours plus. Le petit
poème, mis en musique et amplifié aux dimensions
d'un chœur, fut exécuté dans les théâtres ; parmi

les soixante-dix millions d'Allemands, il n'y en eut plus un seul qui ne connût le *Chant de haine contre l'Angleterre* du premier au dernier vers, et ce fut bientôt — il est vrai sans grand enthousiasme — le monde entier. Du jour au lendemain, Lissauer avait acquis la plus flamboyante notoriété qu'un poète eût jamais acquise au cours de cette guerre — une notoriété, il est vrai, qui allait le brûler par la suite comme une tunique de Nessus. Car la guerre à peine finie, quand les commerçants voulurent de nouveau faire des affaires, quand les politiciens recherchèrent sincèrement une entente, on fit tout pour désavouer ce poème qui avait réclamé une éternelle inimitié envers l'Angleterre. Et pour se décharger de sa propre complicité, on mit au pilori le pauvre « Lissauer-la-Haine » comme étant le seul coupable de l'absurde hystérie haineuse qu'en réalité tous avaient partagée en 1914, du premier au dernier. En 1919, tous ceux qui l'avaient encore célébré en 1914 se détournèrent ostensiblement de lui. Les journaux cessèrent de publier ses poèmes et son apparition parmi ses camarades suscitait un silence gêné. Hitler le chassa de cette Allemagne à laquelle il tenait par toutes les fibres de son cœur et il mourut dans l'oubli, victime tragique de cet unique poème qui ne l'avait élevé si haut que pour le briser aussi profondément.

Tous étaient comme Lissauer. Leurs sentiments étaient sincères et ils pensaient agir sincèrement, ces poètes, ces professeurs, ces patriotes soudains de l'époque, je ne le nie pas. Mais en très peu de temps on se rendit compte de l'affreux désastre auquel conduisaient leur éloge de la guerre et leur orgie de haine. De manière générale, en 1914, tous les peuples en guerre se trouvaient dans un état de surexcitation: les pires rumeurs se muaient aussitôt en vérités et on donnait crédit aux diffamations les plus absurdes. En Allemagne, des dizaines de personnes jurèrent avoir vu de leurs propres yeux, juste avant que la guerre éclate, des automobiles chargées d'or venant de France en direction de la Russie; les histoires d'yeux crevés et de mains coupées, qui circulent promptement dès le troisième ou le quatrième jour de chaque guerre, remplissaient les journaux. Hélas, les inconscients qui propageaient pareils mensonges ignoraient que la technique qui consiste à accuser les soldats ennemis de toutes les atrocités imaginables fait partie du matériel de guerre au même titre que les munitions et les avions et que, dans chaque guerre, on s'en approvisionne dès les premiers jours dans les magasins. La guerre n'est pas compatible avec la raison et la droiture des sentiments. Elle a besoin de l'exacerbation des sentiments, elle a besoin d'enthousiasme pour sa propre cause et de haine contre l'adversaire.

Or la nature humaine est ainsi faite qu'il est impossible de prolonger à l'infini les sentiments forts, ni chez l'individu ni chez les peuples, et l'administration militaire le sait. Elle a besoin de stimulants artificiels, d'un *doping* permanent de l'excitation, et ce sont les intellectuels, poètes, écrivains, journalistes, qui sont chargés d'assurer ce service de la stimulation, avec bonne ou mauvaise conscience, sincèrement ou par routine professionnelle. Ils avaient battu le tambour de la haine, ils l'avaient battu avec tant de vigueur que le moins prévenu sentait ses oreilles tinter et son cœur frémir. Docilement, presque tous se mirent au service de la « propagande de guerre », en Allemagne, en France, en Italie, en Belgique, et donc au service de la folie de masse et de la haine de masse au lieu de les combattre.

Les conséquences furent dévastatrices. À cette époque où la propagande ne s'était pas encore usée en temps de paix, les peuples, malgré des déceptions par milliers, tenaient tout ce qui s'imprimait pour vrai. Et c'est ainsi que le bel enthousiasme pur et dévoué des premiers jours se métamorphosa petit à petit en une orgie de sentiments des plus détestables et des plus stupides. On « combattait » la France et l'Angleterre à Vienne et à Berlin, dans la Ringstrasse et dans la Friedrichstrasse, ce qui était sensiblement plus confortable. Les enseignes en français et en anglais durent disparaître des magasins, on alla jusqu'à changer le nom d'un couvent, Zu den englischen Fräulein, parce qu'il irritait le peuple, celui-ci ignorant que, dans ce cas, *englisch* avait un rapport avec *Engel*, les anges, et non avec les Anglais. De braves commerçants collaient ou tamponnaient « Que Dieu punisse l'Angleterre » sur leurs enveloppes, des femmes de la bonne société juraient (et l'écrivaient aux journaux) qu'elles ne prononceraient plus un mot français de toute leur vie. Shakespeare fut banni des scènes allemandes, Mozart et Wagner des scènes françaises et anglaises, les professeurs allemands décrétèrent que Dante était germain, les professeurs français que Beethoven était belge, on réquisitionnait sans la moindre hésitation les biens culturels des pays ennemis au même titre que les céréales et les minerais. Non contents que des milliers de citoyens pacifiques de ces pays s'entre-tuent tous les jours sur le front, à l'arrière on insultait et on diffamait de part et d'autre les grands morts des pays ennemis, qui reposaient silencieusement dans leurs tombes depuis des centaines d'années. La confusion des esprits devint de plus en plus aberrante. La cuisinière devant son fourneau, qui n'était jamais sortie de sa ville et n'avait jamais ouvert un atlas, croyait que l'Autriche ne pouvait vivre sans le Sandjak, minuscule territoire frontalier situé quelque part en Bosnie. Les cochers se disputaient dans la rue pour savoir le montant des indemnités de guerre qu'il fallait imposer à la France, cinquante ou cent milliards, sans savoir ce que représente un milliard. Pas une ville, pas un groupe qui ne succombât à cette effroyable hystérie de haine. Les prêtres prêchaient du haut de leurs autels, les sociaux-démocrates qui, un mois plus tôt, avaient stigmatisé le militarisme comme étant le pire des crimes, faisaient si possible encore plus de tapage que les autres pour ne pas être traités de « sans patrie », selon le mot de l'empereur Guillaume. C'était la guerre d'une génération naïve, et la foi intacte des peuples dans la justesse unilatérale de leur cause devint justement le plus grand des dangers.

Petit à petit, dans ces premières semaines de la guerre de 1914, il devint impossible d'avoir la moindre conversation raisonnable avec qui que ce fût. Les plus paisibles, les plus débonnaires étaient comme enivrés par l'odeur du sang. Des amis que j'avais toujours connus comme des individualistes résolus et même des anarchistes d'esprit s'étaient métamorphosés du jour au lendemain en patriotes fanatiques et de patriotes en annexionnistes insatiables. Chaque conversation se terminait par des slogans stupides tels que « Quand on ne sait pas haïr, on ne sait pas non plus vraiment aimer » ou par de grossiers soupçons. Des camarades avec qui je n'avais pas eu la moindre querelle depuis des années m'accusaient avec la dernière rudesse de ne plus être un Autrichien; je n'avais qu'à passer en France ou en Belgique. Ils allaient même jusqu'à suggérer prudemment que des opinions telles que celle qui considérait cette guerre comme un crime devaient être portées à la connaissance des autorités, car les « défaitistes » — ce joli mot venait d'être inventé en France — étaient les pires criminels envers la patrie.

Dès lors, il ne restait plus qu'une chose à faire: se retirer en soi-même et garder le silence tant que les autres continueraient à s'exciter et à vociférer. Ce ne fut pas facile car même vivre en exil — comme j'en ai fait suffisamment l'expérience — n'est pas aussi difficile que de vivre *seul* dans son propre pays. À Vienne, je m'étais aliéné mes vieux amis et maintenant je n'avais plus le temps d'en chercher de nouveaux. Rainer Maria Rilke était le seul avec qui j'avais parfois une conversation d'intime compréhension. On avait réussi à le réquisitionner aussi pour nos archives de guerre, car il aurait été le plus impossible des soldats vu l'excessive délicatesse de ses nerfs, lui chez qui la saleté, l'odeur et le bruit provoquaient un vrai malaise physique. Je ne peux retenir un sourire involontaire chaque fois que je me souviens de lui en uniforme. Un jour, j'entendis frapper à ma porte. Un soldat se tenait devant moi, l'air passablement intimidé. L'instant d'après je fus épouvanté: Rilke — Rainer Maria Rilke déguisé en soldat! Il était d'une maladresse si touchante, comprimé par le col, bouleversé à l'idée d'avoir à rendre les honneurs à chaque officier en claquant les talons. Et comme sa compulsion magique de perfection l'obligeait à vouloir exécuter avec une précision exemplaire ces formalités insignifiantes du règlement, il se trouvait dans un état de désarroi continu. « Depuis l'école des cadets », me dit-il de sa voix douce, « j'ai toujours détesté ce vêtement militaire. Je croyais y avoir échappé pour toujours. Et voilà que ça recommence, à près de quarante ans ! » Il se trouva heureusement des mains secourables pour le protéger et il fut bientôt réformé grâce à un examen médical bienveillant. Il revint frapper à ma porte pour prendre congé — ayant récupéré ses vêtements civils —, je dirais presque : introduit par le souffle du vent, tant son pas était silencieux comme à son habitude. Il voulait encore me témoigner sa gratitude, parce que j'avais tenté, par l'intermédiaire de Rolland, de sauver sa bibliothèque confisquée à Paris. Pour la première fois il n'avait plus l'air jeune, on aurait dit que la pensée de l'horreur l'avait épuisé. « À l'étranger, me dit-il, si seulement on pouvait se rendre à l'étranger ! La guerre est toujours une prison. » Sur quoi il partit. J'étais de nouveau tout à fait seul.

Au bout de quelques semaines, résolu à éviter cette dangereuse psychose collective, je déménageai dans un faubourg champêtre pour commencer ma guerre personnelle en plein milieu de la guerre : la lutte contre la trahison de la raison au profit de l'actuelle passion de masse.

LA LUTTE
POUR LA FRATERNITÉ
SPIRITUELLE

En soi, il ne servait à rien de se retirer. L'atmosphère restait oppressante. Et pour cette raison même, j'avais pris conscience de l'insuffisance d'un comportement purement passif, du seul refus de m'associer à ces insultes grossières contre l'adversaire. Après tout, on était écrivain, on avait la parole et donc le devoir d'exprimer ses convictions, pour autant que c'était possible à une époque soumise à la censure. J'essayai. J'écrivis un article intitulé « À mes amis de l'étranger », dans lequel je m'écartais carrément et abruptement des fanfares haineuses des autres pour m'engager publiquement à rester fidèle à tous mes amis de l'étranger, même si toute relation était actuellement impossible, et à saisir la première occasion de travailler avec eux à la construction commune d'une culture européenne. Je l'envoyai au journal le plus lu d'Allemagne. À ma grande surprise, le *Berliner Tageblatt* n'hésita pas à le publier sans aucune coupure. Une seule phrase — « quel que puisse être le vainqueur » — tomba sous le coup de la censure, parce qu'il n'était pas permis, à cette époque, d'émettre le moindre doute quant à la certitude absolue que l'Allemagne sortirait victorieuse de cette guerre mondiale. Mais même amputé de cette réserve, cet article me valut quelques lettres indignées de superpatriotes qui me disaient ne pas comprendre qu'en un pareil moment on pût encore avoir des relations avec ces adversaires scélérats. Cela ne me blessa pas particulièrement. De toute ma vie, je n'avais jamais eu l'intention de convertir autrui à mes convictions. Il me suffisait de pouvoir les manifester et de pouvoir le faire publiquement.

Quinze jours plus tard, j'avais pratiquement oublié cet article, je trouvai une lettre pourvue d'un timbre suisse et ornée du cachet de la censure, dont je reconnus aussitôt, à son écriture familière, qu'elle était de la main de Romain Rolland. Il avait dû lire mon article puisqu'il m'écrivait : « *Non, je ne quitterai jamais mes amis*.* » Je compris immédiatement que ces quelques lignes se voulaient une tentative pour vérifier s'il était possible, en temps de guerre, d'entamer une correspondance avec un ami autrichien. Je lui répondis aussitôt. À partir de là, nous nous écrivîmes régulièrement et cette correspondance s'est poursuivie pendant plus de vingt-cinq ans, jusqu'à ce que la Seconde Guerre — plus brutale que la Première — interrompe toute relation d'un pays à l'autre.

Cette lettre fut un des grands moments de bonheur de ma vie : elle sortait comme une colombe blanche de l'arche de la bestialité hurlante, trépignante, vitupérante. Je ne me sentais plus seul, mais enfin de nouveau relié à un état d'esprit analogue au mien. Je me sentis conforté par la fermeté d'âme supérieure de Rolland. Car par-dessus les frontières je savais combien Rolland conservait merveilleusement son humanité. Il avait trouvé la seule voie juste que l'écrivain pût emprunter personnellement en des temps pareils : refuser de participer à la destruction, au meurtre, mais — suivant le magnifique exemple de Walt Whitman, qui avait servi comme infirmier pendant la guerre de Sécession — s'engager activement dans des œuvres de secours et d'humanité. Vivant en Suisse, exempt de tout service militaire du fait de sa santé chancelante, il s'était mis immédiatement à la disposition de la Croix-Rouge à Genève où il se trouvait quand la guerre avait éclaté et il travaillait là jour après jour, dans des salles bondées, au profit de cette œuvre merveilleuse à laquelle je tentai plus tard d'exprimer une reconnaissance publique dans un article intitulé « Le Cœur de l'Europe ». Après les combats meurtriers des premières semaines, toutes les communications étaient rompues ; dans tous les pays, les parents ne savaient pas si leur fils, leur frère, leur père était tombé ou bien s'il était simplement porté disparu ou prisonnier, et ils ne savaient pas où se renseigner, car on ne pouvait espérer aucune information de « l'ennemi ». C'est là, au milieu de l'horreur et de la cruauté, que la Croix-Rouge avait assumé la responsabilité de délivrer au moins les hommes de leur souffrance la plus atroce, de l'incertitude torturante sur le sort des êtres aimés, en transmettant dans leur patrie les lettres des prisonniers en provenance des pays en guerre. Néanmoins, bien qu'elle fût préparée depuis des décennies, l'organisation ne s'était pas attendue à un événement d'une telle ampleur, affectant des millions de gens ; chaque jour, chaque heure, il fallait augmenter le nombre des collaborateurs bénévoles, car chaque heure d'attente et de tourment représentait une éternité pour la famille. Fin décembre 1914, chaque journée voyait déjà affluer trente mille lettres et à la fin c'étaient douze cents personnes qui s'entassaient dans les locaux étroits du musée Rath à Genève pour venir à bout du courrier quotidien et y répondre. Parmi eux travaillait, au lieu de faire égoïstement son propre travail, le plus humain des écrivains : Romain Rolland.

Mais il n'avait pas non plus oublié son autre devoir, le devoir qu'a l'artiste d'exprimer sa conviction, fût-ce en se heurtant à la résistance de son propre pays et à l'indignation de tout le monde en guerre. Dès l'automne de 1914, alors que la plupart des écrivains s'égosillaient à crier leur haine, se couvraient les uns les autres d'invectives et de calomnies, il avait écrit sa mémorable profession de foi, « Au-dessus de la mêlée », dans laquelle il entrait en lutte contre la haine spirituelle entre les nations et exigeait que l'artiste fît preuve d'équité et d'humanité, y compris en pleine guerre — un texte qui remua les esprits comme aucun autre à cette époque et suscita toute une littérature pour ou contre.

Car un trait distinguait heureusement la Première Guerre mondiale de la Seconde : à cette époque, la parole avait encore du pouvoir. Elle n'avait pas encore été disqualifiée par le rabâchage et le mensonge organisé, la « propagande », les hommes étaient encore attentifs à la parole écrite, ils l'attendaient. Alors qu'en 1939, pas une seule déclaration d'écrivain n'eut le moindre effet, en bien comme en mal, alors qu'à ce jour pas un seul livre, une seule brochure, un seul article, un seul poème n'a touché le cœur des masses ni même influencé leur pensée, en 1914, un poème de quatorze vers comme le fameux *Chant de haine contre l'Angleterre*, un manifeste insensé comme celui des *Quatre-vingt-treize intellectuels allemands*[1], et d'autre part un texte de huit pages comme celui de Rolland, « Au-dessus de la mêlée », un roman comme *Le Feu* de Barbusse, avait le pouvoir de créer l'événement. C'est que la conscience morale du monde n'était pas encore aussi exténuée, aussi lessivée qu'aujourd'hui, elle réagissait avec véhémence à tout mensonge manifeste, à toute violation du droit des peuples et de l'humanité avec toute la force d'une conviction séculaire. À l'époque, une violation du droit comme l'invasion de la Belgique neutre, qui, aujourd'hui, depuis que Hitler a fait du mensonge une chose qui va de soi et de l'inhumanité une règle, ne serait pas sérieusement blâmée, pouvait encore susciter l'émotion d'une extrémité du monde à l'autre. L'exécution de l'infirmière Cavell et le torpillage du *Lusitania*[2] firent plus de tort à l'Allemagne que n'importe quelle défaite militaire grâce à l'explosion d'indignation morale universelle qu'ils provoquèrent. Pour le poète, pour l'écrivain français, prendre la parole n'était donc pas une cause perdue à une époque où l'oreille et l'âme n'étaient pas encore submergées par le flot continu de bavardage à la radio ; au contraire, l'expression spontanée d'un grand écrivain avait mille fois plus d'effet que tous les discours officiels des hommes d'État, dont on savait qu'ils étaient tactiquement, politiquement réglés sur les besoins de l'heure et ne contenaient dans le meilleur des cas que la moitié de la vérité. Cette confiance dans l'écrivain comme étant le garant d'une certaine pureté des sentiments et des opinions montrait aussi que cette génération, si cruellement déçue par la suite, était encore habitée par une foi infiniment plus grande. Mais connaissant cette autorité des écrivains, les militaires et les bureaux essayaient, de leur côté, d'enrôler tous les hommes ayant quelque prestige moral et intellectuel dans leur service d'excitation générale :

ils étaient censés expliquer, démontrer, confirmer, jurer que tous les torts et tout le mal étaient réunis du côté adverse, le droit et la vérité étant du côté de leur propre nation. Mais ils échouèrent avec Rolland. Il ne pensait pas que son devoir consistait à élever encore le niveau de haine qui polluait une atmosphère électrisée par tous les excitants possibles, mais au contraire de la purifier.

Aujourd'hui, celui qui relit les huit pages de son célèbre article, « Au-dessus de la mêlée », n'est sans doute plus en situation de comprendre l'immense écho qu'il rencontra ; tout ce que Rolland y postulait, si on le lit avec un esprit lucide et froid, relève tout simplement de l'évidence la plus évidente. Mais ces mots étaient prononcés à une époque de folie intellectuelle collective, qu'on a aujourd'hui beaucoup de mal à reconstituer. Du jour au lendemain, Rolland fut boycotté par ses plus vieux amis, les libraires n'osaient plus mettre *Jean-Christophe* en vitrine, les autorités militaires, qui avaient besoin de la haine pour stimuler les soldats, envisageaient déjà de prendre des mesures contre lui, on publia brochure sur brochure avec l'argumentation suivante : « *Ce qu'on donne pendant la guerre à l'humanité est volé à la patrie**. » Mais comme comme toujours, les clameurs prouvaient que le coup avait porté. La discussion sur l'attitude de l'intellectuel en temps de guerre ne pouvait plus être arrêtée, le problème se posait inéluctablement pour chacun.

Écrivant ces souvenirs, je ne regrette rien autant que de ne pas avoir sous la main les lettres de Rolland datant de ces années-là ; l'idée qu'elles pourraient être détruites ou perdues dans ce nouveau déluge pèse sur moi comme une responsabilité. Car si chère que me soit son œuvre, je n'exclus pas que,

plus tard, ce soient *elles* qu'on considère comme ce
que son grand cœur et son intelligence passionnée
ont exprimé de plus beau et de plus humain. Nées
du bouleversement sans mesure d'une âme compa-
tissante, écrites avec toute la force d'une exaspération impuissante, ces lettres à un ami au-delà de la
frontière, c'est-à-dire à un « ennemi » officiel, constituent peut-être le témoignage moral le plus pénétrant sur une époque, où comprendre nécessitait
une énorme dépense de force et la simple fidélité à
ses propres convictions un courage immense. Bientôt se cristallisa une proposition positive à partir
de notre correspondance amicale: Rolland suggéra
qu'on devrait tenter d'inviter à une conférence commune, en Suisse, les personnalités intellectuelles les
plus marquantes de toutes les nations, afin de parvenir à une attitude unitaire et plus digne, voire même
d'adresser solidairement un appel à l'entente. Depuis
la Suisse, il se chargerait d'inviter les intellectuels
français et étrangers à y participer, d'Autriche je me
chargerais de sonder nos écrivains et nos savants
ainsi que les Allemands, pourvu qu'ils ne se fussent
pas déjà compromis eux-mêmes publiquement par
une propagande haineuse. Je me mis aussitôt au travail. L'écrivain allemand le plus important et le plus
représentatif était à l'époque Gerhart Hauptmann.
Pour lui faciliter un accord ou un refus, je ne voulais pas m'adresser directement à lui. J'écrivis donc
à notre ami commun Walther Rathenau en le priant
d'interroger confidentiellement Hauptmann. Rathenau refusa — je n'ai jamais su si c'était avec ou sans
l'accord de Hauptmann —, arguant que le moment
n'était pas venu d'observer une paix des esprits. Sa
réponse revenait pratiquement à sceller l'échec de
cette tentative, car à l'époque Thomas Mann était

dans l'autre camp et venait justement d'adopter le
point de vue allemand quant au droit dans un texte
sur Frédéric le Grand, Rilke, que je savais de notre
côté, se dérobait par principe à toute action publique
et collective, Dehmel, auparavant socialiste, affichait
une fierté puérilement patriotique en signant ses
lettres « lieutenant Dehmel », quant à Hofmannsthal
et à Jakob Wassermann, des conversations privées
m'avaient appris qu'on ne pouvait pas compter sur
eux. Ainsi n'y avait-il pas grand-chose à espérer côté
allemand, et Rolland n'eut pas beaucoup plus de
succès en France. C'était encore trop tôt en 1914, en
1915, la guerre était encore trop lointaine pour ceux
qui vivaient à l'arrière. Nous restions seuls.

Seuls, et néanmoins pas tout à fait seuls. Nous
avions déjà gagné quelque chose en correspondant
l'un avec l'autre : un premier aperçu des quelques
dizaines de personnes sur qui on pouvait compter
intérieurement et qui, dans les pays neutres ou belligérants, pensaient comme nous ; nous pouvions
nous rendre mutuellement attentifs à des livres, des
articles, des brochures dans l'un ou l'autre camp, un
certain point de cristallisation était assuré, auquel de
nouveaux éléments pouvaient se joindre — d'abord
timidement, puis de plus en plus fermement du fait
de la pression de plus en plus pesante de l'époque.
Ce sentiment de n'être pas tout à fait dans le vide me
donna le courage d'écrire fréquemment des articles
afin de faire sortir de l'ombre, par le jeu des réponses
et des réactions, tous ceux qui pensaient comme nous
mais étaient isolés et cachés. J'avais quand même
à ma disposition les grands journaux allemands
et autrichiens, par là même une sphère d'influence
étendue, et une opposition de principe de la part des
autorités n'était pas à craindre car je ne débordais

jamais dans l'actualité politique. Sous l'influence de
l'esprit libéral, le respect pour tout ce qui relevait de
la littérature était encore très grand, et quand je par-
cours les articles que je réussis à diffuser en contrebande dans le plus large public, je ne peux refuser
aux autorités militaires autrichiennes mon respect
pour leur largeur d'esprit : je suis tout de même parvenu, en pleine guerre mondiale et dans un journal
autrichien, à faire un éloge enthousiaste de Bertha
von Suttner, fondatrice du pacifisme, qui stigma-
tisait la guerre comme étant le crime des crimes,
ainsi qu'un compte rendu exhaustif sur *Le Feu*
de Barbusse. Il nous a fallu, il est vrai, mettre au
point certaine technique pour diffuser en temps de
guerre nos conceptions inopportunes dans de larges
cercles. Pour représenter les horreurs de la guerre
et l'indifférence de l'arrière, il était naturellement
nécessaire, dans un article sur *Le Feu* paraissant en
Autriche, de mettre l'accent sur les souffrances d'un
fantassin « français », mais des centaines de lettres
envoyées du front autrichien me montrèrent à quel
point les nôtres y avaient reconnu leur propre sort.
Ou bien nous recourions, pour exprimer nos convictions, au procédé de la controverse apparente. C'est
ainsi que dans le *Mercure de France* un de mes amis
français polémiqua contre mon article « À mes amis
de l'étranger » ; mais ayant utilisé cette prétendue
polémique pour le traduire *in extenso*, il avait réussi
à l'introduire en contrebande en France, où chacun
pouvait le lire, ce qui était bien notre intention. Par
ce biais, des clignotants, qui n'étaient que des signes
de rappel, s'allumaient de part et d'autre de la frontière. Un petit épisode me montra plus tard à quel
point ces signaux étaient compris par ceux à qui ils
étaient destinés. En mai 1915, lorsque l'Italie déclara

la guerre à l'Autriche, son ancienne alliée, cet événement fit jaillir chez nous un flot de haine. Or, par hasard, venaient de paraître les souvenirs d'un jeune Italien de l'époque du Risorgimento[3], nommé Carl Poerio, qui décrivait sa visite à Goethe. Pour bien montrer, au milieu des cris de haine, que les Italiens avaient toujours eu les meilleurs rapports avec notre culture, j'écrivis un article explicite intitulé « Un Italien chez Goethe » et comme ce livre était préfacé par Benedetto Croce, je saisis cette occasion pour consacrer à Croce quelques mots lui exprimant mon plus profond respect. En Autriche, à une époque où il était hors de question de témoigner une quelconque estime à un écrivain ou à un savant d'un pays ennemi, quelques mots d'admiration pour un Italien avaient naturellement valeur de démonstration, et celle-ci fut comprise bien au-delà des frontières. Croce, qui était alors ministre en Italie, me raconta par la suite qu'un employé du ministère, qui ne lisait pas l'allemand, l'avait informé avec consternation qu'il y avait quelque chose contre lui dans le plus grand journal de l'ennemi (car il ne pouvait imaginer qu'on mentionnât Croce autrement que pour l'attaquer). Croce se fit apporter la *Neue Freie Presse* et fut d'abord étonné, puis amusé, dans le meilleur sens du terme, d'y trouver au contraire un hommage.

Loin de moi la pensée de surestimer ces petites tentatives isolées. Elles n'ont évidemment pas eu la moindre influence sur le cours des événements. Mais elles nous ont aidés, nous — et bien des lecteurs inconnus. Elles ont adouci l'isolement affreux, le désespoir spirituel dans lesquels se trouvait — et se retrouve aujourd'hui, vingt-cinq ans après — un homme du XXe siècle d'une sensibilité vraiment humaine, tout aussi impuissant face à des forces supérieures et même, je le crains, plus impuissant encore. À l'époque, déjà, j'étais pleinement conscient que ces petites protestations et ce savoir-faire ne suffisaient pas à me débarrasser du fardeau proprement dit; peu à peu se forma en moi le plan d'un ouvrage dans lequel je pourrais non seulement dire telle ou telle chose particulière, mais ce qu'était mon attitude globale vis-à-vis de l'époque et du peuple, des catastrophes et des guerres.

Mais afin de pouvoir représenter la guerre dans une synthèse poétique, il me manquait pratiquement l'essentiel: je ne l'avais pas vue. Cela faisait presque un an que j'étais rivé à ce bureau, et « la chose elle-même », la chose réelle, l'horreur de la guerre, se déroulait dans un lointain invisible. L'occasion d'aller sur le front m'avait plusieurs fois été proposée, par trois fois de grands journaux m'avaient demandé de rejoindre l'armée en qualité de reporter. Mais toute espèce de description aurait entraîné l'obligation de donner de la guerre une image exclusivement positive et patriotique, et je m'étais juré — serment que j'ai également tenu en 1940 — de ne jamais écrire un mot qui approuvât la guerre ou rabaissât une autre nation. Or une occasion se présenta fortuitement. Au printemps de 1915, la grande offensive austro-allemande avait percé les lignes russes à Tarnow et conquis la Galicie et la Pologne d'une seule attaque concentrique. Or les Archives de guerre souhaitaient collecter pour leur bibliothèque les originaux de toutes les proclamations et affiches russes dans les territoires autrichiens occupés avant qu'elles ne fussent arrachées ou détruites par d'autres moyens. Le colonel, qui connaissait par hasard ma technique de collectionneur, me demanda si je pouvais me charger de cette tâche; je saisis naturellement l'occasion et on me délivra un laissez-passer, si bien que, sans dépendre d'aucune autorité particulière ni être soumis à un service ou à un supérieur quelconque, je pouvais emprunter n'importe quel train militaire et me rendre librement où je voulais, ce qui donna lieu aux incidents les plus singuliers : en effet je n'étais pas officier, mais uniquement adjudant titulaire et portais un uniforme sans insigne distinctif. Quand je présentais mon mystérieux document, celui-ci inspirait un respect particulier, car les officiers sur le front et les fonctionnaires supposaient que je devais être quelque officier déguisé de l'état-major général ou chargé, sinon, d'une mission mystérieuse. Comme j'évitais aussi le mess des officiers et ne descendais qu'à l'hôtel, je gagnais en plus l'avantage d'être en dehors de la grande machinerie et de voir sans passer par un guide ce que je souhaitais voir.

Ma mission proprement dite, qui consistait à collecter les proclamations, n'était guère prenante. Chaque fois que j'arrivais dans une de ces villes de Galicie, Tarnow, Drohobycz, Lemberg, je trouvais à la gare quelques Juifs qu'on appelait « facteurs », dont le métier consistait à vous procurer tout ce dont vous pouviez avoir besoin ; il me suffisait de dire à l'un de ces praticiens universels que je souhaitais les proclamations et les affiches de l'occupation russe, et le facteur filait comme un lièvre et transmettait la commission par des voies mystérieuses à des dizaines de sous-facteurs : trois heures après, sans avoir fait moi-même un seul pas, j'avais réuni le matériel au grand complet. Grâce à cette organisation modèle, il me restait assez de temps pour voir beaucoup de choses, et j'en vis beaucoup. Je vis surtout l'effroyable misère de la population civile, et dans ses yeux l'horreur de ce qu'elle avait vécu étendue comme une ombre. Je vis la misère de la population juive des ghettos, où on habitait à huit, à dix, dans des pièces à ras du sol ou sous terre. Et je vis pour la première fois « l'ennemi ». À Tarnow, je tombai sur le premier convoi de prisonniers russes. Parqués dans un grand enclos carré, ils étaient assis sur le sol à fumer et à bavarder, gardés par deux ou trois dizaines de territoriaux tyroliens plutôt âgés et barbus pour la plupart, aussi déguenillés et négligés que les prisonniers et ressemblant fort peu aux sémillants soldats rasés de près, en uniforme impeccable, qu'on voyait représentés chez nous dans les journaux illustrés. Cette garde n'avait pas le moindre caractère martial ou draconien. Les prisonniers ne manifestaient pas la moindre inclination à s'enfuir, les territoriaux autrichiens pas la moindre envie de prendre leur surveillance au sérieux. Ils étaient assis en camarades parmi les prisonniers et le fait qu'ils ne pouvaient se comprendre dans leurs langues amusait énormément les deux côtés. On échangeait des cigarettes, on riait ensemble. Un soldat tyrolien était justement en train de tirer d'un vieux portefeuille crasseux les photographies de sa femme et de ses enfants pour les montrer aux « ennemis », qui les admirèrent à tour de rôle et demandèrent avec les doigts si cet enfant avait trois ans ou quatre ans. J'eus le sentiment irrésistible que ces êtres simples, primitifs, avaient une appréciation beaucoup plus juste de la guerre que nos professeurs d'université et nos écrivains, la ressentant en effet comme un malheur tombé sur eux, auquel ils ne pouvaient rien, et que chacun de ceux qui avaient succombé à ce malheur était une sorte de frère. Cette constatation réconfortante m'accompagna pendant tout mon voyage à travers les villes bombardées et les magasins pillés, dont les meubles gisaient sur la chaussée comme des membres brisés et des entrailles arrachées. Mais aussi, les champs bien cultivés entre les zones de combat me donnèrent l'espoir que dans quelques années toutes ces destructions seraient de nouveau effacées. Il est vrai qu'à cette époque je ne pouvais pas encore mesurer que le souvenir des horreurs de la guerre pourrait disparaître de la mémoire des hommes aussi vite que ses traces du visage de la terre.

Quant aux vraies horreurs de la guerre, je ne les avais pas encore rencontrées les premiers jours; leur visage dépassa ensuite mes pires appréhensions. Comme pratiquement aucun train régulier ne circulait, je voyageais tantôt sur une plate-forme d'artillerie, assis sur l'affût d'un canon, tantôt dans un de ces wagons à bestiaux où les hommes épuisés dormaient les uns sur les autres, entremêlés dans la puanteur et, tandis qu'on les menait à l'abattoir, eux-mêmes ressemblaient déjà à du bétail abattu. Mais le plus effroyable, c'étaient les trains-hôpitaux que je fus obligé d'emprunter une ou deux fois. Ah! qu'ils étaient loin de ressembler aux trains sanitaires bien éclairés, blancs et bien lavés, dans lesquels les archiduchesses et les dames distinguées de la bonne société viennoise se faisaient photographier en infirmières au début de la guerre! Ce que je pus voir en frissonnant d'horreur, c'étaient des wagons de marchandises pratiquement sans fenêtres, avec simplement un hublot étroit pour l'aération, éclairés à l'intérieur par des lampes à huile chargées de suie. Des civières rudimentaires étaient alignées l'une contre l'autre, toutes occupées par des êtres gémissants, suants, d'une pâleur mortelle, qui râlaient en cherchant un peu d'air dans une odeur étouffante d'excréments et d'iodoforme. Les soldats du service de santé titubaient plutôt qu'ils ne marchaient tant ils étaient harassés, et inutile de chercher la literie d'un blanc éblouissant que montraient les photographies. Sous des couvertures de grosse laine depuis longtemps trempées de sang, les gens gisaient sur la paille ou les civières dures et dans chacun de ces wagons se trouvaient déjà deux ou trois morts au milieu des moribonds râlant. Je parlai avec le médecin qui, en fait, comme il me l'avoua, était simplement dentiste dans une petite ville hongroise et n'avait plus pratiqué la chirurgie depuis des années. Il désespérait. Il me dit avoir déjà téléphoné d'avance à sept gares pour obtenir de la morphine. Mais tout avait été utilisé, et il n'avait plus non plus de ouate ni de pansements frais pour les vingt heures qui nous séparaient encore de l'hôpital de Budapest. Il me pria de l'aider, car ses gens n'en pouvaient plus de fatigue. J'essayai, tout maladroit que j'étais, mais je pus quand même me rendre utile en filant dehors à chaque gare pour aider à porter quelques seaux d'eau, une mauvaise eau sale destinée en principe à la locomotive, mais qui, à présent, pouvait servir tout de même de rafraîchissement pour au moins laver les gens et nettoyer le sol du sang qui tombait goutte à goutte. À cela s'ajoutait, pour les soldats de toutes les nationalités imaginables jetés pêle-mêle dans ce cercueil roulant, une aggravation de leurs difficultés personnelles résultant de la confusion babylonienne des langues. Ni le médecin ni les infirmiers ne parlaient le ruthène ou le croate ; le seul à pouvoir fournir une aide relative était un vieux prêtre aux cheveux blancs, qui — comme le médecin désespéré de ne pas avoir de morphine — se plaignait, lui, amèrement, de ne pas pouvoir faire son devoir sacré car il n'avait pas d'huile pour l'extrême-onction. Il disait que de toute sa vie il n'avait jamais « administré » autant de gens qu'au cours de ce dernier mois. Et c'est de lui que j'ai entendu ces mots que je n'ai plus jamais oubliés, dits d'une voix dure et pleine de colère : « J'ai soixante-sept ans et j'en ai vu de belles. Mais je n'ai jamais cru possible un tel crime de l'humanité. »

Ce train-hôpital arriva à Budapest dans les premières heures de la matinée. Je me fis aussitôt conduire dans un hôtel et commençai par dormir enfin ; dans ce train, la seule place assise avait été ma valise. Je dormis jusqu'à 11 heures environ, harassé que j'étais, après quoi je m'habillai rapidement pour prendre un petit déjeuner. Mais dès les premiers pas, j'eus le sentiment permanent qu'il fallait que je me frotte les yeux pour vérifier si je ne rêvais pas. C'était une de ces journées radieuses qui, le matin, sont encore le printemps, à midi, déjà l'été, et Budapest était plus belle et insouciante que jamais. Les femmes habillées de blanc se promenaient bras dessus, bras dessous avec des officiers qui m'apparurent soudain d'une tout autre armée que celle que j'avais vue pour la première fois la veille et l'avant-veille. Les vêtements, la bouche, le nez encore imprégnés de l'odeur d'iodoforme du transport de blessés, je les voyais acheter des petits bouquets de violettes dont ils honoraient galamment les dames, je voyais circuler dans les rues d'impeccables autos avec des messieurs impeccablement rasés et habillés. Et tout cela à huit ou neuf heures du front par les trains rapides. Mais avait-on le droit d'accuser ces gens ? N'était-il pas au fond très naturel qu'ils vivent et cherchent à jouir de leur vie ? Et que, peut-être, en raison même du sentiment que tout était menacé, ils puissent ramasser tout ce qui pouvait encore l'être, les quelques beaux vêtements, les quelques bons moments! C'était précisément quand on venait de voir quel être fragile et vulnérable est l'homme, qu'en un millième de seconde un petit morceau de plomb peut lui arracher la vie avec tous ses souvenirs, son savoir, ses extases, qu'on comprenait pourquoi pareille matinée de corso faisait affluer des milliers de gens le long du fleuve lumineux, pour voir le soleil, pour avoir la sensation de soi-même, de son propre sang, de sa propre vie avec une force peut-être accrue. Et me voilà presque réconcilié avec ce qui m'avait d'abord effrayé. Or à ce moment précis, le garçon de café, qui était d'une extrême obligeance, eut la malencontreuse idée de m'apporter un journal viennois. Je tentai de le lire; c'est là que le dégoût me prit sous la forme d'une vraie colère. J'y trouvais toutes les grandes phrases sur la volonté inflexible de vaincre, sur les pertes minimes de nos troupes et celles, considérables, de nos adversaires, et c'est là que le mensonge de la guerre me sauta au visage, le pur mensonge, énorme, éhonté! Non, les coupables n'étaient pas les promeneurs décontractés, insouciants, mais uniquement ceux qui prenaient la parole pour exhorter chacun à la guerre. Et nous aussi l'étions si nous ne la prenions pas contre eux.

La véritable impulsion venait de m'être donnée: il fallait entrer en lutte contre la guerre! La matière était déjà en moi, il ne manquait que cette ultime confirmation concrète de mon instinct pour commencer. J'avais identifié l'adversaire qu'il me fallait combattre — le faux héroïsme, celui qui préfère envoyer les autres par-devant dans la souffrance et la mort, l'optimisme facile des prophètes sans morale, les politiques comme les militaires, ceux qui promettent sans scrupule la victoire et prolongent ainsi la boucherie, et, derrière eux, le chœur stipendié de tous ces « phraseurs de la guerre » que Werfel a stigmatisés dans son beau poème[4]. Celui qui formulait une réserve contrariait leur commerce patriotique, celui qui mettait en garde, ils le raillaient de voir tout en noir, celui qui combattait la guerre, dont eux-mêmes n'avaient pas à souffrir, ils le vilipendaient comme un traître. C'était toujours la même clique, la clique éternelle qui traverse les âges, traitant la prudence de lâcheté, l'humanité de faiblesse, pour se retrouver elle-même désemparée à l'heure de la catastrophe qu'elle appelait frivolement de ses vœux, celle qui bafoue Cassandre à Troie, Jérémie à Jérusalem, et jamais je n'avais aussi bien compris la tragédie et la grandeur de ces figures que dans ces heures trop semblables. Depuis le début je ne croyais pas à la « victoire », ayant pour seule certitude que même si elle pouvait être acquise au prix d'énormes sacrifices, cette victoire ne les justifiait pas. Mais parmi tous mes amis, je restais toujours seul à lancer des avertissements, et les braillements de victoire avant le premier coup de feu, la distribution du butin avant la première bataille me faisaient souvent douter si je n'étais pas fou parmi tous ces gens sensés ou plutôt cruellement seul à rester lucide au milieu de leur ivresse. Je trouvai donc tout à fait naturel de décrire sous la forme d'un drame ma propre situation tragique de « défaitiste » — on avait inventé ce mot pour insinuer que ceux qui œuvraient pour l'entente désiraient la défaite. Je choisis pour symbole la figure de Jérémie, celui qui avertissait en vain. Mon propos n'était aucunement d'écrire une pièce « pacifiste », de mettre en mots et en vers cette lapalissade que la paix vaut mieux que la guerre, mais de représenter que celui qui est décrié, à l'époque de l'enthousiasme, comme un être faible et peureux, se révèle être la plupart du temps, à l'heure de la défaite, non seulement le seul à la supporter, mais aussi à la dominer. Depuis ma première pièce, *Thersite*, la question de la supériorité morale du vaincu n'avait cessé de m'occuper. Ce qui me tentait, c'était de montrer le durcissement intérieur que toute forme de pouvoir produit chez un homme, la sclérose de l'âme que toute guerre provoque chez des peuples entiers, et de leur opposer le pouvoir bouleversant de la défaite labourant l'âme de ses horribles souffrances. En pleine guerre, tandis que les autres célébraient un triomphe prématuré, se convainquant les uns les autres que la victoire était certaine, je me jetai déjà au plus profond de l'abîme de la catastrophe et cherchai comment s'en relever.

Mais choisissant un sujet biblique, j'avais inconsciemment touché à quelque chose qui, jusque-là, était resté inemployé en moi : ma communauté de destin avec les Juifs, obscurément fondée sur le sang ou la tradition. Ne s'agissait-il pas de mon peuple, ce peuple toujours vaincu par tous les autres peuples, toujours et toujours, et qui leur avait pourtant survécu grâce à une force mystérieuse — cette force, justement, de transformer la défaite par la volonté de la vaincre encore et encore ? Et nos prophètes n'avaient-ils pas anticipé cette existence perpétuellement traquée, cet éternel exil qui nous emporte une fois encore sur les routes comme le vent emporte les fétus, et n'avaient-ils pas accepté cette soumission à la violence, la bénissant même comme une voie qui mène à Dieu ? L'épreuve n'avait-elle pas toujours été fructueuse pour tout un chacun — je le sentais avec bonheur en écrivant ce drame, le premier de mes livres qui eût une valeur à mes propres yeux. Je le sais aujourd'hui : sans tout ce que j'ai souffert à cette époque, pendant la guerre, de compassion pour les autres et de pressentiments pour l'avenir, je serais resté l'écrivain que j'étais avant la guerre, « agréablement animé » comme on dit en musique, mais jamais atteint, pris, saisi aux tripes. À présent, et pour la première fois, j'avais le sentiment de parler tout à la fois du fond de moi-même et de mon temps. En m'efforçant d'aider les autres, c'est moi que j'ai aidé à ce moment-là : à écrire mon œuvre la plus personnelle, la plus intime à côté de mon *Érasme*, dans lequel, en 1934, l'époque de Hitler, j'ai lutté pour sortir d'une crise analogue. Dès le moment où j'essayai de lui donner une forme, je ne souffris plus autant de la tragédie de l'époque.

Quant à un succès public de cette œuvre, je n'y songeais pas un seul instant. Du fait de la rencontre de si nombreux problèmes, celui du prophétisme, celui du pacifisme, celui du judaïsme, et par la forme chorale donnée aux scènes finales, qui s'élèvent en hymne du vaincu à son destin, les dimensions de cette œuvre avaient tellement dépassé les normes habituelles pour une pièce de théâtre qu'il aurait fallu deux ou trois soirées pour en donner une représentation intégrale. Et puis... comment porter sur la scène allemande une pièce qui annonçait, et même célébrait la défaite, alors que tous les journaux clamaient quotidiennement « Vaincre ou périr » ! Il fallait bien appeler ça un miracle si le livre recevait l'autorisation de paraître, mais même au pire, si ce n'était pas le cas, il m'avait au moins aidé à passer

le cap le plus difficile. J'avais dit dans le dialogue
poétique tout ce que j'étais obligé de taire en parlant avec ceux qui m'entouraient. Je m'étais débar-
rassé du fardeau qui pesait sur mon âme et m'étais
rendu à moi-même. À l'heure où tout en moi était
un « non » à l'époque, j'avais trouvé le moyen de me
dire « oui » à moi-même.

AU CŒUR DE L'EUROPE

À Pâques 1917, quand ma tragédie *Jérémie* parut sous forme de livre, une surprise m'attendait. Je l'avais écrite dans un état de résistance intérieure acharnée contre l'époque et devais donc m'attendre à une résistance acharnée. Or, c'est exactement le contraire qui se produisit. Vingt mille exemplaires du livre furent aussitôt vendus, chiffre fantastique pour une œuvre théâtrale; il fut défendu publiquement non seulement par des amis tels que Romain Rolland, mais également par ceux qui, auparavant, étaient plutôt dans l'autre camp, comme Rathenau et Richard Dehmel. Des directeurs de théâtres, auxquels la pièce n'avait pas été remise — une représentation en Allemagne étant de fait impensable pendant la guerre —, m'écrivirent pour me prier de leur en réserver la création en temps de paix; même l'opposition de ceux qui prônaient la guerre se montra courtoise et respectueuse. Je m'attendais à tout sauf à ça.

Que s'était-il passé? Rien, sinon que la guerre durait déjà depuis deux ans et demi: le temps avait fait son œuvre de cruel dégrisement. Après l'effroyable saignée sur les champs de bataille la

fièvre commençait à baisser. Les gens regardaient
la guerre en face avec des yeux plus froids et plus
durs que dans les premiers mois d'enthousiasme. Le
sentiment de solidarité commençait à se relâcher,
car de la grande « purification morale » annoncée
avec emphase par les philosophes et les poètes on
ne percevait pas le plus petit signe. Une profonde
fissure parcourait le peuple entier ; le pays s'était en
quelque sorte désintégré en deux mondes distincts,
à l'avant celui des soldats qui combattaient et endu-
raient les plus affreuses privations, à l'arrière celui
des gens restés chez eux, qui continuaient à vivre
dans l'insouciance, peuplaient les théâtres et s'en-
richissaient même de la misère d'autrui. Le front
et l'arrière accusaient un contraste de plus en plus
aigu. Par les portes des bureaux s'était infiltré sous
cent masques divers un odieux système de protection : on savait que grâce à leur argent et de bonnes
relations certains recevaient des commandes lucra-
tives, alors que des paysans ou des ouvriers troués
de balles étaient renvoyés sans arrêt dans les tranchées. Du coup, chacun chercha à se tirer d'affaire
comme il pouvait et sans le moindre scrupule. En
raison de pratiques éhontées des intermédiaires,
le prix des objets de première nécessité augmentait tous les jours, les produits alimentaires se
raréfiaient, et au-dessus du marécage de la misère
massive, le luxe provocant des profiteurs de guerre
brillait comme un feu follet. Une méfiance exaspérée finit par gagner la population — méfiance
à l'endroit de l'argent qui se dépréciait de plus en
plus, méfiance à l'endroit des généraux, des officiers
et des diplomates, méfiance à l'endroit de tous les
communiqués du gouvernement et de l'état-major,
méfiance à l'endroit des journaux et des nouvelles

qu'ils donnaient, méfiance à l'endroit de la guerre
elle-même et de sa nécessité. Ce n'était donc pas la
qualité poétique de mon livre qui lui valait ce succès
surprenant; je n'avais fait que formuler ce que les
autres n'osaient pas dire ouvertement : la haine de la
guerre, la méfiance quant à la victoire.

Pourtant, la mise en scène d'un tel climat au
moyen de la parole vivante était visiblement impossible. Elle aurait inévitablement entraîné des manifestations, et je pensais devoir renoncer à voir jouer
ce premier drame contre la guerre tant que celle-ci
durerait. Et puis, subitement, je reçus une lettre du
directeur du théâtre municipal de Zurich exprimant
le souhait de porter immédiatement à la scène mon
Jérémie et m'invitant à la première. J'avais oublié
qu'il existait encore — comme dans cette Seconde
Guerre — une petite mais précieuse portion de terre
allemande à laquelle était accordée la grâce de pouvoir rester à l'écart, un pays démocratique où la
parole était encore libre et l'atmosphère sereine. Il
va de soi que je donnai aussitôt mon accord.

Évidemment, il ne pouvait s'agir d'abord que d'un
accord de principe, car il supposait l'autorisation
de quitter pour un temps mon service et mon pays.
Or il se trouva heureusement que tous les pays en
guerre — ce qui n'est pas le cas de la Seconde —
disposaient d'un département appelé « propagande
culturelle ». On est toujours obligé, pour rendre
sensible la différence d'atmosphère intellectuelle
entre la Première et la Seconde Guerre mondiale,
de souligner qu'à l'époque les pays, les dirigeants,
les empereurs, les rois avaient été élevés dans la
tradition humaniste et que, dans leur subconscient,
ils avaient encore honte de la guerre. Chaque pays
rejetait tour à tour le reproche d'être ou d'avoir été

« militariste », le jugeant bassement diffamatoire ;
au contraire, chacun rivalisait de zèle pour montrer, démontrer, expliquer, afficher qu'il était une
« nation civilisée ». En 1914, face à un monde qui
plaçait la culture plus haut que la force et aurait eu
horreur de slogans tels que *sacro egoismo* ou « espace
vital » parce qu'il les jugeait immoraux, rien n'était
plus urgent pour chaque pays que d'être reconnu
pour les ouvrages de l'esprit dont il avait enrichi le
monde. C'est pourquoi tous les pays neutres étaient
submergés de manifestations artistiques. L'Allemagne envoyait ses orchestres dirigés par des chefs
de réputation mondiale en Suisse, en Hollande ou
en Suède. Vienne envoyait sa Philharmonie ; on
envoyait même à l'étranger les poètes, les écrivains,
les savants, et ce, non pour vanter des exploits militaires ou célébrer des tendances annexionnistes,
mais uniquement pour prouver par leurs vers et
leurs œuvres que les Allemands n'étaient pas des
« barbares » et ne produisaient pas que des lance-
flammes ou de bons gaz toxiques, mais aussi des
valeurs absolues reconnues par l'Europe. Dans les
années 1914-1918 — il me faut toujours insister —,
la conscience universelle était encore une puissance
courtisée, les éléments moraux, artistiquement pro-
ductifs d'une nation représentaient encore pendant
la guerre un pouvoir dont on reconnaissait l'influence, les États s'efforçaient encore de susciter
des sympathies humaines, au lieu de cogner par une
terreur exclusivement inhumaine comme le fait l'Allemagne de 1939. Aussi ma demande de congé pour
me rendre à la première d'une pièce de théâtre en
Suisse avait-elle de bonnes chances d'être acceptée ;
si on devait craindre quelques difficultés, c'était tout
au plus parce qu'il s'agissait d'un drame contre la

guerre, dans lequel un Autrichien — ne fût-ce que symboliquement — anticipait l'éventualité d'une défaite. Je me fis annoncer au ministère auprès du chef du service et lui présentai ma requête. À ma grande surprise, il me promit aussitôt de faire le nécessaire en motivant sa décision de la façon la plus singulière : « Dieu merci, vous n'avez jamais fait partie des imbéciles qui hurlent à la guerre. Alors faites de votre mieux pour que cette histoire se termine une fois pour toutes. » Quatre jours plus tard, j'avais mon congé et un passeport pour l'étranger.

J'étais quelque peu surpris d'entendre un des plus hauts fonctionnaires d'un ministère autrichien s'exprimer aussi librement en temps de guerre. Mais n'étant pas dans le secret des tractations politiques, je ne soupçonnais pas qu'en 1917, sous le règne du nouvel empereur Charles, un discret mouvement s'était amorcé dans les hautes sphères gouvernementales pour s'arracher à la dictature de l'armée allemande, qui, sans considération pour elle et contre sa volonté intérieure, continuait à traîner l'Autriche à la remorque de son annexionnisme furieux. Au sein de notre grand état-major, on haïssait l'autoritarisme brutal de Ludendorff, les Affaires étrangères refusaient désespérément la guerre sous-marine illimitée, qui allait forcément nous aliéner les États-Unis, même le peuple murmurait contre l'« arrogance prussienne ». Tout cela ne s'exprimait pour l'instant que par des insinuations prudentes et des remarques dépourvues d'intention apparente. Mais je devais en apprendre beaucoup plus les jours suivants et approcher inopinément, plus tôt que les autres, un des grands secrets politiques de l'époque.

Voici comment les choses se passèrent : au cours

de mon voyage en Suisse, je m'arrêtai deux jours à Salzbourg, où je m'étais acheté une maison que j'avais l'intention d'habiter après la guerre. Dans cette ville se trouvait un petit cercle de catholiques intégristes, dont deux représentants allaient jouer après guerre un rôle décisif dans l'histoire de l'Autriche en qualité de chanceliers : Heinrich Lammasch et Ignaz Seipel. Le premier était un des plus éminents juristes de son temps et avait présidé certaines conférences de La Haye, l'autre, Ignaz Seipel, prêtre catholique d'une intelligence presque inquiétante, était destiné, après l'effondrement de la monarchie autrichienne, à prendre la direction de la petite Autriche et a fourni à cette occasion une preuve éclatante de son génie politique. Tous deux étaient des pacifistes résolus, catholiques de stricte obédience, défenseurs passionnés de la vieille Autriche et en tant que tels ennemis intimes du militarisme allemand, prussien et protestant, qu'ils jugeaient incompatible avec la conception traditionnelle de l'Autriche et de sa mission catholique. Dans ces cercles religieux et pacifistes mon drame *Jérémie* avait rencontré la plus vive sympathie, et le conseiller Lammasch — Seipel venait de partir en voyage — m'invita chez lui à Salzbourg. Le vieux savant distingué me parla chaleureusement de mon livre : celui-ci réalisait l'idée autrichienne d'une action de conciliation et il espérait vivement que son influence s'étendrait au-delà de la seule littérature. Et à mon grand étonnement, il me confia, à moi qu'il n'avait encore jamais vu, avec une franchise qui révélait sa bravoure intérieure, le secret que nous nous trouvions, en Autriche, à la veille d'un tournant décisif. Depuis l'élimination militaire de la Russie, il n'existait plus, ni pour l'Allemagne pourvu qu'elle voulût bien se défaire de ses tendances agressives ni pour l'Autriche, de véritable obstacle à la paix ; on ne pouvait laisser passer cette opportunité. Si la clique pangermaniste continuait, en Allemagne, à s'opposer aux négociations, l'Autriche devait prendre la direction des opérations et agir pour son propre compte. Il me fit comprendre que le jeune empereur Charles avait promis de soutenir ces tendances ; peut-être verrait-on sous peu les effets de sa politique personnelle. Tout dépendait maintenant de ceci : l'Autriche aurait-elle assez d'énergie pour imposer une paix d'entente au lieu de la « paix par la victoire » exigée par le parti militariste allemand au prix de nouvelles victimes ? Mais s'il le fallait, l'Autriche devrait recourir à une mesure extrême : se détacher à temps de l'alliance avant d'être entraînée dans une catastrophe par le militarisme allemand. « Personne ne peut nous accuser d'infidélité », dit-il avec fermeté et détermination. « Nous avons plus d'un million de morts. Nous en avons assez fait, consenti assez de sacrifices. Désormais plus une seule vie humaine, plus une seule au profit de l'hégémonie allemande sur le monde ! »

J'eus le souffle coupé. Tout cela, nous l'avions souvent pensé en silence, simplement personne n'avait eu le courage de dire en plein jour : « Détachons-nous à temps des Allemands et de leur politique d'annexion », car cela serait passé pour une « trahison » de notre frère d'armes. Or le disait maintenant un homme qui, comme je le savais déjà, jouissait en Autriche de la confiance de l'empereur et à l'étranger de la plus haute considération en raison de son activité à La Haye, et c'est à moi, presque un inconnu, qu'il le disait, avec un calme et une détermination qui me donnèrent immédiatement à penser qu'une action séparée de l'Autriche n'en était plus simplement au stade de la préparation mais qu'elle était déjà en cours. C'était une idée audacieuse, soit de gagner l'Allemagne à des négociations en la menaçant de conclure une paix séparée soit, en cas de besoin, de mettre cette menace à exécution; c'était, comme l'a prouvé l'histoire, la seule et la dernière chance de sauver l'empire, la monarchie et par là même l'Europe. Hélas! la mise en œuvre manqua ensuite de la détermination dont témoignait le plan primitif. À l'insu de la cour de Berlin, l'empereur Charles chargea effectivement le frère de sa femme, le prince de Parme, de remettre une lettre secrète à Clemenceau afin de sonder les chances de paix et d'engager éventuellement des discussions préliminaires. Comment cette mission secrète parvint à la connaissance de l'Allemagne, cela n'a, je crois, jamais été complètement élucidé; ensuite, l'empereur Charles n'eut malheureusement pas le courage de défendre publiquement ses convictions, soit que, affirment certains, l'Allemagne eût menacé l'Autriche d'une invasion militaire, soit qu'en sa qualité de Habsbourg la honte de dénoncer une alliance conclue par François-Joseph et scellée par tant de sang versé l'eût fait reculer au moment décisif. Quoi qu'il en soit, il refusa d'appeler Lammasch et Seipel à la présidence du Conseil, les seuls à qui leur qualité d'internationalistes catholiques aurait donné la force morale d'assumer la honte de faire faux bond à l'Allemagne, et cette hésitation causa sa perte. L'un et l'autre ne furent présidents du Conseil que dans la République autrichienne mutilée au lieu de l'être dans le vieil empire des Habsbourg, et pourtant, personne n'eût été plus capable de défendre aux yeux du monde le tort apparent.

Par une menace ouverte de défection ou en faisant réellement défection, Lammasch aurait sauvé non seulement l'existence de l'Autriche mais aussi l'Allemagne de ce qui la menaçait au plus profond d'elle-même : son besoin effréné d'annexion.

Le lendemain, je poursuivis mon voyage et franchis la frontière suisse. On a du mal à se représenter ce que cela signifiait à l'époque de quitter un pays en guerre, frontières fermées, en proie à la famine, et de passer en zone neutre. Il n'y avait que quelques minutes entre les deux stations de chemin de fer, mais dès la première seconde on était pris par la sensation de sortir brusquement d'un air puant le renfermé pour entrer dans une atmosphère vivifiante, remplie de neige, une sorte d'ivresse qu'on sentait perler du cerveau et ruisseler dans tous les nerfs et les sens. Des années plus tard, quand, venant d'Autriche, je passais par cette gare (dont le nom ne me serait, sinon, jamais resté en mémoire), je sentais revenir en un éclair cette sensation de brusque soulagement. On sautait du train, et voilà que vous attendaient au buffet — première surprise — toutes les choses dont vous aviez oublié qu'auparavant elles faisaient partie des choses naturelles de la vie ; il y avait là de belles oranges dorées, des bananes, il y avait là bien en vue du chocolat et du jambon, que, chez nous, on n'obtenait qu'en se glissant par les portes de derrière, il y avait là du pain et de la viande sans carte de rationnement pour le pain et la viande — et les voyageurs se précipitaient littéralement comme des bêtes affamées sur ces trésors bon marché. Il y avait là un bureau de télégraphe, un bureau de poste depuis lequel on pouvait écrire et câbler sans être censuré des messages dans tous les

coins du monde. Il y avait là les journaux français, italiens, anglais, et on pouvait les acheter, les ouvrir et
les lire sans être puni. Ce qui était interdit chez nous
était autorisé ici, quelques minutes plus loin, et ce
qui était permis ici était interdit là-bas. Toute l'absurdité des guerres européennes, j'en avais la sensation
quasi physique du fait de cette coexistence dans un
espace restreint; là-bas, dans la petite ville frontière
dont on pouvait lire les enseignes à l'œil nu, on allait
cueillir les hommes dans chaque maisonnette, dans
chaque cabane et on les chargeait dans des wagons
en direction de l'Ukraine et de l'Albanie, pour qu'ils
assassinent et se fassent assassiner — ici, à cinq
minutes, les hommes du même âge étaient paisiblement assis avec leurs femmes devant des portes enca-
drées de lierre et fumaient leur pipe; je me demandai
involontairement si les poissons, dans ce petit fleuve-
frontière du côté droit, n'étaient pas des animaux en
guerre tandis que ceux de gauche seraient neutres.
En une seconde, ayant passé la frontière, je pensai
différemment, avec plus de liberté et d'excitation,
moins de servilité, et dès le lendemain je pus vérifier que non seulement notre disposition psychique
mais aussi notre organisme physique étaient dimi-
nués dans le monde de la guerre; quand, invité chez
des parents, après le repas, je bus sans réfléchir une
tasse de café noir et fumai un havane, je fus brusquement pris de vertige et de violentes palpitations. Mon
corps, mes nerfs, après de longs mois de succédanés,
révélaient qu'ils n'étaient plus capables de consommer du vrai café ni du vrai tabac; le corps aussi, après
l'état antinaturel de la guerre, avait besoin de se réa-
dapter à l'état naturel qu'est la paix.

　　Cette ivresse, ce vertige bienfaisant s'étendait
aussi au domaine de l'esprit. Chaque arbre me

paraissait plus beau, chaque montagne plus libre, chaque paysage me rendait plus heureux, car à l'intérieur d'un pays en guerre la paix d'une prairie qui respire la félicité agit sur le regard enténébré comme une impudence de la nature indifférente, chaque coucher de soleil empourpré rappelle le sang versé ; ici, dans l'état naturel qu'est la paix, la noble retenue de la nature redevenait naturelle, et j'aimais la Suisse comme je ne l'avais jamais aimée jusque-là. Je m'étais toujours rendu avec plaisir dans ce pays magnifique, malgré la faible étendue de son territoire, et d'une diversité inépuisable. Mais jamais je n'avais ressenti avec autant d'intensité le sens de son existence : l'idée suisse de la cohabitation sans hostilité des nations dans le même espace, la maxime si sage qui élève jusqu'à la fraternité les différences de langue et d'ethnie en cultivant une estime réciproque et en pratiquant loyalement la démocratie — quel exemple c'était pour notre Europe en plein désarroi ! Refuge de tous les persécutés, foyer de paix et de liberté depuis plusieurs siècles, accordant l'hospitalité à toutes les opinions tout en restant fidèle à sa singularité — on a vraiment compris combien l'existence de cet État supranational, le seul de son espèce, était vitale pour notre monde ! Et il me semblait juste que ce pays fût un havre de beauté, regorgeant de richesse. Non, ici nul n'était étranger ; en cette heure tragique de l'histoire mondiale, tout homme libre, indépendant, s'y sentait plus chez lui que dans sa propre patrie. À Zurich, en pleine nuit, je me laissais aller à parcourir les rues et à longer la rive du lac. Le scintillement des lumières était celui de la paix, ici les hommes pouvaient encore jouir du bon côté de la vie. Je croyais percevoir que derrière leurs fenêtres les femmes couchées dans leur

lit n'avaient pas perdu le sommeil en pensant à leurs
fils, je ne voyais ni blessés ni mutilés, je ne voyais
pas de jeunes soldats que demain, après-demain, on
chargerait dans les trains — ici, on se sentait plus le
droit de vivre que dans un pays en guerre où le seul
fait de ne pas être encore mutilé suscitait déjà une
sorte de honte et presque de culpabilité.

Mais ni les discussions à propos de la représentation de ma pièce ni la rencontre avec mes amis
suisses et étrangers n'étaient pour moi le plus urgent.
Je voulais avant tout voir Rolland, l'homme que
je savais pouvoir me rendre plus ferme, plus clairvoyant et plus actif, et je voulais le remercier pour
les encouragements et l'amitié dont il m'avait gratifié dans les jours de la plus noire solitude. C'est chez
lui que devaient me mener mes premiers pas et je
me rendis aussitôt à Genève. Or nous autres, « ennemis », nous nous trouvions dans une position assez
délicate. Il était évident que les gouvernements des
pays en guerre ne voyaient pas d'un bon œil que leurs
ressortissants eussent des contacts personnels avec
ceux des nations ennemies en terrain neutre. Mais
d'autre part aucune loi ne l'interdisait. Il n'y avait
pas un seul paragraphe auquel se référer pour punir
ce genre de rencontre. Ce qui restait interdit et assimilé à la « haute trahison », c'étaient uniquement
les relations d'affaires, le « commerce avec l'ennemi », et pour ne pas être suspectés de la moindre
infraction à cet interdit, nous évitions même, entre
amis, de nous offrir une cigarette, car on était sans
aucun doute observés en permanence par d'innombrables agents secrets. Pour échapper à tout soupçon d'avoir quelque chose à craindre ou mauvaise
conscience, nous choisissions, entre amis internationaux, la méthode la plus simple : agir ouvertement.

Nous ne nous écrivions pas à des adresses d'emprunt ou poste restante, nous ne nous rendions pas furtivement les uns chez les autres en choisissant la nuit, nous déambulions au contraire ensemble dans les rues et siégions ostensiblement dans les cafés. C'est ainsi qu'aussitôt arrivé à Genève je me présentai au portier de l'hôtel en déclinant mon identité, annonçant que je voulais parler à M. Romain Rolland, justement parce qu'il était préférable que les services de renseignement français et allemand pussent indiquer qui j'étais et à qui je rendais visite ; pour nous, il était évidemment tout à fait naturel que deux vieux amis ne fussent pas subitement obligés de s'éviter parce qu'ils appartenaient par hasard à deux nations différentes qui se trouvaient par hasard en guerre l'une contre l'autre. Nous ne nous sentions nullement tenus de nous rendre complices d'une absurdité du seul fait que le monde avait un comportement absurde.

Enfin j'étais dans sa chambre — qui me parut presque identique à celle de Paris. Il y avait là comme autrefois la table et la chaise encombrées de livres. Son bureau débordait de revues, de lettres et de papiers, c'était la même cellule monacale de travail, d'une extrême simplicité et néanmoins reliée au monde entier, qui s'édifiait autour de lui à partir de son être même partout où il s'installait. Un instant, je ne trouvai pas de mot pour le saluer, nous nous tendîmes simplement la main — la première main française que je pouvais de nouveau serrer depuis des années. Rolland était le premier Français à qui je parlais depuis trois ans — mais au cours de ces trois années nous nous étions plus rapprochés que jamais. Dans la langue étrangère, je parlais plus familièrement et plus librement qu'avec quiconque de mon pays natal. J'étais pleinement conscient qu'avec cet ami j'avais en face de moi l'homme le plus important de cette heure historique, que c'était la conscience morale de l'Europe qui s'adressait à moi. C'est là que je pus embrasser du regard tout ce qu'il faisait et avait fait dans son action grandiose au service de l'entente internationale. Travaillant nuit et jour, toujours seul, sans aide, sans secrétaire, il suivait toutes les manifestations dans tous les pays, entretenait une correspondance avec d'innombrables personnes qui lui demandaient conseil sur des cas de conscience, écrivait quotidiennement de nombreuses pages dans son journal; nul n'était autant que lui pénétré de la responsabilité incombant à celui qui vit une période historique et il ressentait la nécessité de rendre des comptes à la postérité. (Où se trouvent aujourd'hui ces innombrables volumes manuscrits de son journal, qui donneront un jour un éclairage complet sur les conflits intellectuels et moraux de la Première Guerre mondiale[1]?) En même temps, il publiait ses articles, dont chacun suscitait des remous internationaux, travaillait à son roman *Clérambault* — engageant, sacrifiant ainsi toute son existence, sans réserve ni repos, pour assumer l'immense responsabilité qu'il avait prise d'agir en toute chose de façon juste, exemplaire et humaine au milieu de cet accès de folie de l'humanité. Il ne laissait jamais une lettre sans réponse, une brochure sur les problèmes d'actualité sans la lire; cet homme fragile, délicat, dont la santé en particulier dans cette période fut menacée, qui ne pouvait parler que doucement et devait combattre sans cesse une légère toux, qui ne pouvait sortir dans un couloir sans se mettre un châle sur les épaules et devait s'arrêter dès qu'il avait pressé le pas, cet homme-là dépensait alors des forces que la grandeur de la tâche avait accrues dans des proportions invraisemblables. Rien ne pouvait l'ébranler, pas une attaque, pas une perfidie, et il jetait sur le tumulte du monde un regard lucide et sans crainte. Je contemplais ici l'autre héroïsme, l'héroïsme spirituel et moral, comme un monument dressé dans une personne vivante — et même dans mon livre sur Rolland je ne l'ai peut-être pas dépeint comme il le méritait (avec les vivants une sorte de pudeur vous retient de faire d'eux un éloge excessif). Comme j'étais bouleversé et, si je peux m'exprimer ainsi, « purifié » en le voyant dans cette petite chambre d'où rayonnait une force invisible dans toutes les zones du monde. Je l'ai encore ressenti jusque dans mon sang plusieurs jours après, et je sais que la force tonique, régénératrice, que Rolland créait en combattant seul ou quasi seul la haine insensée de millions d'hommes, fait partie de ces impondérables qui échappent à toute mesure et à tout calcul. Nous seuls, pour avoir été les témoins de ce temps, savons ce qu'ont représenté son existence et son inébranlabilité exemplaire. Grâce à lui, l'Europe en proie à une folie furieuse a pu conserver sa conscience morale.

Dans les conversations de cet après-midi-là et des jours qui suivirent, je fus touché par la légère tristesse qui enveloppait tout ce qu'il disait, la même que celle de Rilke quand on parlait avec lui de la guerre. Il était plein d'amertume à l'égard des politiciens et de ceux dont la vanité nationale se repaissait de victimes étrangères. Mais en même temps, il s'y mêlait toujours de la compassion pour la foule de ceux qui souffraient et mouraient pour une raison qu'ils ne comprenaient pas eux-mêmes et qui n'était pourtant que pure déraison. Il me montra le télégramme de Lénine qui l'avait conjuré — avant de quitter la Suisse dans son trop fameux wagon plombé[2] — de l'accompagner en Russie, parce qu'il comprenait bien l'importance qu'aurait eue pour sa cause l'autorité morale de Rolland. Mais Rolland refusait d'adhérer à quelque groupe que ce fût, résolument déterminé à garder son indépendance et à ne servir qu'au nom de sa propre personne la cause à laquelle il se consacrait : celle qui était commune à tous. De même qu'il n'exigeait de personne qu'on se soumît à ses idées, il refusait toute obéissance. Quiconque l'aimait devait rester libre de son engagement et il ne voulait donner d'autre exemple que celui de rester libre et fidèle à ses propres convictions, fût-ce contre le monde entier.

À Genève, je rencontrai aussi le soir même le petit groupe de Français et autres étrangers rassemblés autour de deux petits journaux indépendants, *La Feuille* et *Demain* : P. J. Jouve, René Arcos, Frans Masereel[3]. Nous devînmes des amis intimes, avec cet élan rapide dont on ne bénéficie habituellement que pour nouer des amitiés de jeunesse. Mais nous sentions instinctivement que nous étions au début d'une vie absolument nouvelle. La plupart de nos anciennes relations étaient devenues caduques en raison de l'aveuglement patriotique de nos camarades d'antan. Il nous fallait de nouveaux amis, et comme nous étions sur le même front, dans la même tranchée intellectuelle contre le même ennemi, une sorte de camaraderie passionnée se développa spontanément entre nous ; au bout de vingt-quatre heures, nous étions aussi intimes les uns avec les autres que si nous nous étions connus depuis des années et nous donnions déjà le *tu* fraternel qui est justement la règle sur tous les fronts. Nous sentions tous — « *we few, we happy few, we band of brothers*[4] » —, en même temps que le danger personnellement encouru, ce que notre rencontre avait d'unique dans sa témérité ; nous savions qu'à cinq heures de là, tout Allemand dénichant un Français, tout Français dénichant un Allemand l'attaquait à la baïonnette ou le déchiquetait avec une grenade, ce qui lui rapportait une décoration, que de part et d'autre des millions d'êtres ne rêvaient que d'une chose qui était de s'exterminer mutuellement et de s'éliminer de la surface de la terre, que les journaux ne parlaient de « l'adversaire » que l'écume à la bouche, tandis que nous, poignée d'humains parmi des millions et des millions d'autres, étions assis à la même table, non seulement en paix mais encore dans une relation de camaraderie loyale, consciente et passionnée. Nous savions à quel point cette relation nous opposait à tout ce qui était officiel et commandé, nous savions qu'en affichant fidèlement notre amitié nous nous mettions personnellement en danger par rapport à nos patries respectives, mais c'était ce risque, justement, qui élevait notre entreprise à des sommets quasi extatiques. Car nous voulions prendre des risques et nous savourions le plaisir du risque, car seul le risque donnait un véritable poids à notre protestation. C'est ainsi que j'ai organisé à Zurich (événement unique dans cette guerre) une lecture publique avec P. J. Jouve — il lut ses poèmes en français, je lus en allemand des extraits de mon *Jérémie*, et c'est en jouant de la sorte cartes sur table que nous montrions notre honnêteté dans cette audacieuse partie. Ce qu'on en pensait dans nos consulats et nos ambassades nous était parfaitement indifférent, même si du même coup nous

brûlions peut-être nos vaisseaux comme Cortés. Car
au plus profond de notre âme, nous étions convaincus que ce n'étaient pas nous les « traîtres » mais
bien les autres, qui trahissaient la mission humaine
de l'écrivain pour la contingence de l'heure. Et
qu'elle était héroïque la vie que menaient ces jeunes
Français et ces jeunes Belges! Il y avait là Frans
Masereel, avec ses estampes contre les horreurs de
la guerre, qui gravait sous nos yeux dans le bois un
monument graphique de la guerre destiné à durer,
ces feuilles inoubliables en noir et blanc, dont la violence et la fureur ne le cèdent en rien aux fameux
Desastres de la Guerra de Goya. Jour et nuit, cet
homme viril gravait inlassablement dans le bois
muet de nouveaux personnages, de nouvelles scènes,
et les blocs de bois entassés remplissaient déjà la
petite chambre et la cuisine, mais chaque matin
La Feuille publiait un nouveau dessin accusateur,
aucune de ces accusations n'étant dirigée contre une
nation particulière, mais toutes visant un ennemi
unique, notre ennemi commun : la guerre. Et notre
rêve était que ces furieuses, ces terribles dénoncia-
tions, que chacun pouvait comprendre, y compris
l'homme le plus humble et dépourvu de mots et de
langage, fussent lâchées d'avion, sous forme de
tracts à la place des bombes, sur les villes et les
armées; elles auraient, j'en suis sûr, tué la guerre
avant terme. Malheureusement, elles ne paraissaient
que dans *La Feuille*, petit journal qui n'était guère
distribué au-delà de Genève. Tout ce que nous disions
et tentions restait enfermé dans le cercle étroit de la
Suisse et n'eut d'effet que quand il était trop tard.
En secret, nous ne nous faisions pas d'illusion sur
notre impuissance face à la grande machine des
états-majors et des autorités politiques, et s'ils ne

nous poursuivaient pas c'était peut-être parce que nous ne pouvions pas devenir dangereux pour eux, tant notre parole restait étouffée et notre influence entravée. Mais le fait justement que nous étions si peu nombreux, si seuls, nous serrait plus étroitement les uns contre les autres, poitrine contre poitrine, cœur contre cœur. Jamais plus dans mes années de plus grande maturité je n'ai éprouvé un sentiment d'amitié plus enthousiaste que durant ces heures de Genève et les liens noués ont résisté à toutes les époques ultérieures. Du point de vue psychologique et historique (mais pas du point de vue artistique), la figure la plus singulière de ce groupe était Henri Guilbeaux; en sa personne j'ai vu confirmée plus que dans aucune autre cette loi immuable de l'histoire que dans des périodes de brusques bouleversements, en particulier pendant une guerre ou une révolution, courage et témérité ont temporairement plus d'importance que la valeur intrinsèque et qu'un bouillant courage civique peut être plus décisif que le caractère et la constance. Quand le temps s'accélère et se précipite, les natures qui savent se jeter dans la vague sans la moindre hésitation prennent toujours de l'avance. Et pendant cette période combien de personnages en fait éphémères le temps n'a-t-il pas portés au-delà d'eux-mêmes, Béla Kun, Kurt Eisner[5], à un niveau qu'ils ne pouvaient assumer intérieurement! Guilbeaux, petit homme chétif et blond, aux yeux gris perçants et inquiets, à la faconde étourdissante, n'était en lui-même pas très doué. Certes il avait déjà traduit mes poèmes en français, presque dix ans auparavant, mais je dois dire honnêtement que ses capacités littéraires étaient médiocres. Sa capacité d'expression ne dépassait pas la moyenne et sa culture n'était

approfondie dans aucun domaine. Toute sa force
était dans la polémique. Une disposition malencontreuse de son caractère le rangeait dans la catégorie
des gens qui se croient toujours obligés d'être
« contre », peu importe, à dire vrai, contre quoi. En
véritable gamin qu'il était, il ne se sentait bien que
quand il pouvait se battre et attaquer plus fort que
lui, peu importe qui ou quoi. À Paris, avant la
guerre, bien qu'il fût au fond un brave garçon, il
avait polémiqué ici et là contre différentes tendances
et différentes personnes, puis s'était fait remarquer
dans des partis radicaux, aucun n'étant assez radical
à ses yeux. À présent, en temps de guerre, l'antimilitariste qu'il était avait subitement trouvé un gigantesque adversaire : la guerre mondiale. La timidité,
la couardise de la majorité et, d'autre part, la témérité, la folle audace avec laquelle il se lançait dans la
bataille firent de lui, pour un moment historique,
quelqu'un d'important et même d'indispensable. Ce
qui l'attirait était justement ce qui faisait peur aux
autres : le danger. Que les autres osassent si peu et
lui seul autant conféra à ce littérateur en lui-même
insignifiant une grandeur subite et éleva ses talents
journalistiques et sa combativité au-dessus de leur
niveau naturel — phénomène qu'on a pu également
observer pendant la Révolution française chez les
petits avocats et juristes girondins. Alors que les
autres gardaient le silence, alors que nous-mêmes
hésitions et y regardions à deux fois pour savoir ce
qu'il fallait faire ou ne pas faire, il fonçait avec détermination, et le mérite durable de Guilbeaux restera
d'avoir créé et dirigé *Demain*, la seule revue anti-
guerre exigeante de la Première Guerre mondiale,
document que chacun doit relire s'il veut vraiment
comprendre les courants intellectuels de cette

époque. Il nous donna ce dont nous avions besoin :
un organe central de discussion nationale et internationale en pleine guerre. Le fait que Rolland s'en-
gagea à sa suite détermina l'importance de la revue,
car grâce à son autorité morale et à son réseau de
relations il put lui apporter les collaborateurs les
plus précieux d'Europe, d'Amérique et d'Inde ;
d'autre part, les révolutionnaires russes encore exilés, Lénine, Trotski et Lounatcharski, accordèrent
leur confiance à l'extrémisme de Guilbeaux et écrivirent régulièrement pour *Demain*. C'est ainsi que
pendant douze à vingt mois il n'y eut pas dans le
monde de revue plus intéressante ni plus indépendante, et si elle avait survécu à la guerre elle aurait
peut-être exercé une influence décisive sur l'opinion
publique. En même temps, Guilbeaux se chargea de
représenter en Suisse les groupes radicaux français,
que la main de fer de Clemenceau avait bâillonnés.
Aux fameux congrès de Kienthal et de Zimmerwald,
où les socialistes fidèles à l'internationalisme
s'étaient séparés des socialistes devenus patriotes, il
joua un rôle historique ; aucun Français, pas même
le lieutenant Sadoul qui avait rejoint les bolcheviques en Russie, ne s'attira autant de crainte et de
haine dans les milieux politiques et militaires parisiens pendant la guerre que ce petit homme blond.
Le bureau français d'espionnage réussit finalement
à lui faire un croc-en-jambe. Dans la chambre d'hôtel d'un agent allemand à Berne, on vola des buvards
et des copies qui ne prouvaient *rien de plus* que le
fait que des services allemands s'étaient abonnés à
quelques exemplaires de *Demain* — fait en lui-même
anodin, car ces exemplaires avaient sans doute été
commandés pour des bibliothèques et des services
officiels, ce qui illustrait parfaitement le sérieux

allemand. Mais à Paris, ce prétexte suffit pour quali-
fier Guilbeaux d'agitateur payé par l'Allemagne et
lui faire un procès. Il fut condamné à mort par
contumace — condamnation absolument inique,
comme le prouve d'ailleurs le fait que ce jugement
fut cassé dix ans plus tard dans un procès en révision. Mais peu après, du fait d'une véhémence et
d'une intransigeance qui finirent par devenir aussi
dangereuses pour Rolland et pour nous tous, il entra
en conflit avec les autorités suisses, fut arrêté et
incarcéré. Lénine, qui avait pour lui une inclination
personnelle et de la gratitude pour l'aide qu'il avait
apportée au plus fort des difficultés, le sauva en le
transformant d'un trait de plume en citoyen russe
qu'il fit venir à Moscou dans le second wagon
plombé. Et c'est à ce moment-là qu'il aurait pu développer des forces productives. Car à Moscou, lui qui
avait tous les mérites d'un vrai révolutionnaire, prison et condamnation à mort par contumace, se
voyait donner pour la seconde fois toutes les possibilités d'agir. Comme à Genève grâce à l'aide de Rolland, il aurait pu, grâce à la confiance de Lénine,
faire œuvre positive en participant à la construction
de la Russie ; d'un autre côté, du fait de son attitude
courageuse pendant la guerre, presque personne
n'était plus désigné que lui pour jouer en France,
après la guerre, un rôle décisif au Parlement et dans
la vie publique, car tous les groupes radicaux
voyaient en lui l'homme véritable, actif et courageux, le chef-né. Mais dans la réalité, il apparut que
Guilbeaux n'avait en rien la nature d'un chef,
n'étant, comme tant de poètes de la guerre et de
politiciens de la révolution, que le produit d'une
heure fugitive, et les natures mal équilibrées
finissent toujours par s'effondrer après de soudaines

ascensions. En Russie, Guilbeaux, polémiste incurable, gâcha son talent, comme il l'avait fait en son
temps à Paris, en querelles et en chicanes et se
brouilla même peu à peu avec ceux qui avaient respecté sa bravoure, à commencer par Lénine, puis
avec Barbusse et Rolland et, pour finir, avec nous
tous. Il finit, dans une période moins grandiose,
comme il avait commencé, occupé à des brochures
sans intérêt et à des disputes sans conséquence; il
est mort ignoré dans un coin de Paris peu après
avoir été gracié. L'homme le plus téméraire et le
plus vaillant dans la guerre contre la guerre, celui
qui aurait pu devenir une des grandes figures de
notre temps s'il avait su utiliser et mériter l'élan que
lui avait donné l'époque, est aujourd'hui complètement oublié, et je suis peut-être l'un des derniers qui
se souviennent encore de lui avec reconnaissance
pour ce fait d'armes que fut *Demain*.

De Genève, je revins à Zurich au bout de quelques
jours afin d'entamer les discussions sur les répétitions de ma pièce. J'avais toujours aimé cette ville
pour sa belle situation au bord du lac à l'ombre
des montagnes et tout autant pour sa culture dis-
tinguée, un peu conservatrice. Mais la Suisse étant
une enclave de paix au milieu des États belligérants,
Zurich était sorti de sa tranquillité, devenant du jour
au lendemain la ville la plus importante d'Europe, le
point de rencontre de tous les courants intellectuels,
mais aussi, il faut le dire, de tous les affairistes, spéculateurs, espions et propagandistes imaginables,
dont l'amour soudain pour la ville était considéré
par la population locale avec une méfiance tout à
fait légitime... Dans les restaurants et les cafés,
dans les tramways, dans la rue, on entendait parler toutes les langues. On tombait partout sur des

connaissances, appréciées ou non, et on était jeté, qu'on le voulût ou non, dans un torrent de discussions animées. Car tous ces gens échoués là avaient une existence liée à l'issue de la guerre, les uns chargés d'une mission par leurs gouvernements, les autres traqués et proscrits, mais chacun détaché de sa vie normale et livré au hasard. Aucun n'ayant de foyer, tous recherchaient sans cesse des liens de camaraderie, et comme il n'était pas en leur pouvoir d'influencer les événements militaires et politiques, ils discutaient jour et nuit dans une sorte de fièvre intellectuelle, qui tout à la fois les animait et les épuisait. Il était évidemment difficile, après avoir vécu des mois et des années chez soi lèvres scellées, de se refuser le plaisir de parler, on se sentait poussé à écrire, à publier, depuis que, pour la première fois, on était de nouveau autorisé à penser et à écrire sans être censuré ; chacun était tendu à l'extrême, et même des natures médiocres — comme je l'ai montré avec Guilbeaux — se montraient plus intéressantes qu'elles ne l'avaient jamais été et ne devaient l'être à nouveau par la suite. Écrivains et politiciens de toutes les nuances et de toutes les langues se retrouvaient là ; Alfred H. Fried, prix Nobel de la paix, publiait ici sa *Friedenswarte* (*Observatoire de la paix*), Fritz von Unruh, ancien officier prussien, nous lisait ses drames, Leonhard Frank écrivait son œuvre stimulante *L'homme est bon*, Andreas Latzko faisait sensation avec ses *Hommes en guerre*, Franz Werfel vint donner une conférence ; je rencontrai des hommes de toutes les nations dans mon vieil hôtel Schwerdt, où Casanova et Goethe étaient déjà descendus en leur temps. Je voyais des Russes, qui devaient ensuite sortir de l'ombre pendant la révolution et dont je n'ai jamais connu le vrai nom, des Ita-

liens, prêtres catholiques, socialistes intransigeants,
et d'autres, membres du parti allemand favorable à
la guerre; parmi les Suisses, le magnifique pasteur
Leonhard Ragaz était de notre côté ainsi que l'écrivain Robert Faesi. Dans la librairie française, je rencontrai mon traducteur Paul Morisse[6], dans la salle
de concerts le dirigeant Oskar Fried — il y avait de
tout, on voyait passer de tout, on entendait toutes les
opinions, les plus absurdes et les plus raisonnables,
on se fâchait, on s'enthousiasmait. On créait des
revues, on menait des polémiques, les antagonismes
se côtoyaient ou se creusaient, des groupes se formaient ou se défaisaient; jamais je n'ai vu mélange
plus bigarré et plus passionné d'opinions et de personnes sous une forme aussi concentrée et pour
ainsi dire bouillonnante qu'au cours de ces journées ou plutôt de ces nuits à Zurich (car on discutait jusqu'à ce que le Café Bellevue ou le Café Odéon
éteigne ses lumières, après quoi on allait souvent
chez l'un ou chez l'autre). Dans ce monde enchanté,
personne ne voyait plus le paysage, les montagnes,
les lacs ni leur douceur paisible; on vivait dans les
journaux, dans les nouvelles et les rumeurs, dans
les opinions, dans les controverses. Et ici, curieusement, on vivait la guerre en esprit plus intensément que dans sa patrie belligérante, parce que le
problème s'était en quelque sorte objectivé et complètement détaché de l'intérêt national pour une
victoire ou une défaite. On ne la voyait plus du
point de vue politique, mais du point de vue européen comme un événement cruel et violent, appelé à
transformer non seulement quelques frontières sur
la carte mais la forme et l'avenir de notre monde.

Les plus émouvants parmi ces hommes — comme
si m'avait touché quelque pressentiment de mon sort

à venir — étaient ceux qui n'avaient pas de patrie
ou, pis encore, ceux qui, au lieu d'une patrie unique,
en avaient deux ou trois et ne savaient plus au fond
d'eux-mêmes laquelle était la leur. Il y avait dans
un coin du Café Odéon, la plupart du temps solitaire, un jeune homme avec une barbiche brune et
des lunettes d'une étonnante épaisseur devant des
yeux noirs et perçants; on me dit que c'était un écrivain anglais extrêmement doué. Quand, au bout
de quelques jours, je fis la connaissance de James
Joyce, il déclina abruptement toute appartenance à
l'Angleterre : il était irlandais. Certes, il écrivait en
anglais, mais il ne pensait pas en anglais et ne voulait pas penser en anglais — « Je souhaiterais, me
disait-il alors, une langue au-dessus des langues,
une langue qu'elles servent toutes. En anglais, je ne
peux pas m'exprimer complètement sans m'enfermer du même coup dans une tradition ». Cela n'était
pas tout à fait clair pour moi, car je ne savais pas
qu'à cette époque il travaillait déjà à son *Ulysse*; il
m'avait simplement prêté son livre *Portrait de l'artiste en jeune homme*, le seul exemplaire en sa possession, et son petit drame *Les Exilés*, que j'avais
même eu l'intention de traduire pour lui venir en
aide. Plus je le connaissais, plus il m'étonnait par sa
connaissance fantastique des langues; sous ce front
rond, vigoureusement martelé, auquel la lumière
électrique donnait un brillant lisse comme la porcelaine, étaient gravés tous les vocables de tous les
idiomes, et il les mélangeait avec la plus grande virtuosité. Un jour qu'il me demandait comment je ren-
drais en allemand une phrase difficile du *Portrait
de l'artiste*, nous essayâmes de lui donner forme à
la fois en italien et en français; pour chaque mot il
en avait trois ou quatre prêts dans chaque idiome,

même des variantes dialectales, et il en connaissait la valeur et le poids jusqu'aux plus infimes nuances. Il se défaisait rarement d'une certaine amertume, mais je crois que cette irritabilité était justement la force qui faisait sa véhémence et sa productivité intérieure. Son ressentiment contre Dublin, contre l'Angleterre, contre certaines personnes, avait pris, chez lui, la forme d'une énergie dynamique et ne s'est réellement libéré que dans son travail littéraire. Mais il semblait aimer sa propre dureté; jamais je ne l'ai vu rire ou vraiment gai. Il donnait toujours l'impression d'une force obscure concentrée sur elle-même, et quand je le voyais dans la rue, ses lèvres minces serrées, marchant toujours d'un pas rapide, comme s'il poursuivait un but précis, je sentais le refus, l'isolement intérieur propres à sa nature encore plus fortement que dans nos conversations. Et plus tard, je ne fus nullement étonné de constater que c'était lui qui avait écrit l'œuvre la plus solitaire, la plus difficile à relier avec quoi que ce fût d'autre, tombée dans notre époque comme un météore.

Un autre de ces amphibies vivant entre deux nations était Ferruccio Busoni, italien de naissance et d'éducation, allemand par choix. Tout jeune encore, je n'avais jamais aimé un virtuose autant que lui. Au piano, en concert, ses yeux prenaient un éclat merveilleusement rêveur. En bas, ses mains créaient la musique sans effort apparent, une per-fection pure et simple, mais en haut, la belle tête inspirée, légèrement penchée en arrière, écoutait la musique qu'il créait avec une telle attention qu'elle la ramenait en lui-même. Il semblait alors se trans-figurer. Combien de fois, dans les salles de concerts, n'avais-je pas contemplé avec une sorte d'enchante-ment ce visage illuminé, tandis que montait une

vague de sons doucement confondus et pourtant
d'une clarté argentine, qui me pénétraient jusqu'au
sang. Voici que je le revoyais, ses cheveux étaient
gris, ses yeux assombris de tristesse. « Où est ma
place ? » me demanda-t-il un jour. « Quand je rêve
la nuit et me réveille, je sais que j'ai parlé italien
dans le rêve. Et quand je me mets ensuite à écrire,
je pense avec des mots allemands. » Ses élèves
étaient disséminés dans le monde entier — « peut-
être qu'en ce moment même il y en a un qui tire
sur l'autre » —, et il n'osait pas encore s'attaquer à
son opéra, *Doktor Faust*, parce qu'il se sentait déso-
rienté. Il composa une petite pièce légère en un acte
pour se libérer, mais de toute la guerre le nuage ne
quitta pas son front. Je n'entendais plus que rarement son rire satirique, d'une magnifique véhémence,
ce rire qu'autrefois j'aimais tant chez lui. Je le rencontrai un jour, tard dans la nuit, dans la grande
salle du buffet de la gare, il avait bu à lui tout seul
deux bouteilles de vin. Comme je passais, il me héla :
« S'étourdir ! » dit-il en désignant les bouteilles. « Ne
pas boire ! Mais parfois il faut bien s'étourdir, sinon
c'est insupportable. La musique n'est pas toujours
capable de le faire, et le travail ne s'invite que dans
les bons moments. »

Mais c'est pour les Alsaciens que ce déchirement
était difficile à vivre, et parmi eux la situation de
loin la plus pénible était celle de gens comme René
Schickele : français de cœur écrivant en allemand.
Car leur pays était bel et bien l'enjeu de la guerre et
la faux leur passait en plein cœur. On les tirait à hue
et à dia, on voulait les forcer à se déclarer pour la
France ou pour l'Allemagne, mais ils avaient en horreur ce « ou bien-ou bien » qui pour eux était impossible. Ils voulaient, comme nous tous, une Allemagne

et une France fraternelles, l'entente et non l'hostilité, si bien que l'une et l'autre les faisaient souffrir.

Et partout à la ronde, il y avait encore la foule incertaine des êtres mixtes et partagés : femmes anglaises d'officiers allemands, mères françaises de diplomates autrichiens, familles dans lesquelles un fils servait dans un camp et le second dans l'autre, où les parents attendaient des lettres de part et d'autre, où d'un côté de maigres biens étaient confisqués et de l'autre on avait perdu sa situation ; tous ces êtres déchirés avaient trouvé refuge en Suisse pour échapper au soupçon qui les poursuivait aussi bien dans leur première patrie que dans la nouvelle. Par peur de compromettre les uns et les autres, ils évitaient de parler dans chacune des deux langues et circulaient furtivement comme des ombres, existences brisées et détruites. Plus on avait vécu l'Europe en Européen, plus dur était le châtiment infligé par le poing qui faisait exploser l'Europe.

Entre-temps, le jour de la représentation de *Jérémie* était arrivé. Ce fut un beau succès, et qu'en Allemagne la *Frankfurter Zeitung* eût dénoncé la présence du représentant diplomatique américain et de quelques personnalités alliées ne me fit ni chaud ni froid. Nous sentions que la guerre, maintenant dans sa troisième année, perdait progressivement de sa force interne et que résister à sa prolongation imposée par le seul Ludendorff n'était plus aussi dangereux que dans la première période de ce crime glorifié. L'automne de 1918 devait forcément amener la décision finale. Mais je ne voulais pas vivre cette période d'attente à Zurich, car mes yeux s'étaient progressivement ouverts et devenaient plus vigilants. Dans le premier enthousiasme de

mon arrivée, j'avais pensé trouver parmi tous ces
pacifistes et ces antimilitaristes des gens de la même
sensibilité que la mienne, honnêtement déterminés
à combattre pour une entente européenne. Or je
ne tardai pas à me rendre compte que, parmi ceux
qui se donnaient pour des réfugiés et se posaient en
martyrs d'une opinion héroïque, s'étaient glissées
quelques figures obscures relevant des services de
renseignements allemands, payées pour espionner et
surveiller tout le monde. Il apparut, comme chacun
put bientôt le constater par sa propre expérience,
que la Suisse tranquille et solide était minée par le
travail de taupe d'agents secrets des deux camps. La
femme de chambre qui vidait la corbeille, la stan-
dardiste, le garçon de café étrangement collant qui
vous servait avec une excessive lenteur, tous étaient
au service d'une puissance ennemie, la même personne étant souvent au service des deux camps.
Des valises étaient ouvertes de la plus mystérieuse
façon, des buvards photographiés, des lettres disparaissaient sur le chemin de la poste ou n'en arrivaient plus ; certaines élégantes vous souriaient
avec insistance dans les halls d'hôtels, des pacifistes
d'un militantisme remarquable, dont nous n'avions
jamais entendu parler, s'annonçaient à l'impro-
viste et vous invitaient à signer des proclamations
ou vous priaient hypocritement de leur donner des
listes d'adresses d'amis « sûrs ». Un « socialiste »
me proposa des honoraires d'un montant suspect
pour faire une conférence devant les ouvriers de La
Chaux-de-Fonds, qui n'étaient au courant de rien ;
il fallait être continuellement sur ses gardes. Il ne
me fallut pas longtemps pour remarquer combien
peu nombreux étaient ceux qu'on pouvait considérer comme absolument sûrs, et comme je ne voulais

pas me laisser entraîner sur le terrain politique, je restreignis de plus en plus le nombre de ceux que je fréquentais. Mais même chez les gens sûrs, j'étais agacé par la stérilité de leurs éternelles discussions, par leur entêtement à s'enfermer et à se cloisonner dans des groupes radicaux, libéraux, anarchistes, bolcheviques et apolitiques; pour la première fois je pus observer le type éternel du révolutionnaire professionnel, qui, par sa seule attitude d'opposition pure et simple, se sent grandi dans son insignifiance et se cramponne à son dogmatisme parce qu'il n'a aucun repère en lui-même. Rester dans cette confusion bavarde, c'était s'embrouiller, cultiver des affinités incertaines et mettre en danger la sûreté morale de ses propres convictions. Aussi je me mis en retrait. De fait, aucun de ces conspirateurs de café n'a jamais osé le moindre complot, aucun de ces politiciens d'envergure mondiale improvisés n'a jamais su faire de la politique au moment où c'était vraiment indispensable. Dès que commença la tâche positive, la reconstruction après guerre, ils restèrent empêtrés dans leur négativité ergoteuse et pinailleuse, et de même, parmi les écrivains antimilitaristes de cette époque, très peu, après la guerre, ont réussi une œuvre importante. C'est seulement l'époque avec sa fièvre qui s'était écrite, discutée et politisée par leur intermédiaire, et comme tout groupe qui doit ce qui le cimente à une constellation momentanée et non à une idée vécue, tout ce cercle de gens intéressants et doués s'est désagrégé sans laisser de trace dès que la résistance contre laquelle ils luttaient — la guerre — eut cessé.

L'endroit que je choisis parce qu'il répondait à mes besoins était un petit hôtel de Rüschlikon, à environ une demi-heure de Zurich, situé sur une colline d'où l'on dominait tout le lac et apercevait encore, petits et lointains, les clochers de la ville. Ici, je n'avais pas besoin de voir d'autres personnes que celles que j'invitais chez moi, les vrais amis, et ils vinrent, Rolland et Masereel. Ici, je pouvais travailler pour moi et profiter du temps qui poursuivait sa marche inexorable. L'entrée en guerre de l'Amérique, pour tous ceux dont le regard n'était pas aveuglé et les oreilles assourdies par les tirades patriotiques, permettait de considérer la défaite allemande comme inévitable ; quand l'empereur d'Allemagne annonça subitement qu'il voulait désormais gouverner « démocratiquement », nous sûmes que l'heure avait sonné. J'avoue franchement que nous autres, Autrichiens et Allemands, en dépit de notre communauté de langue et d'esprit, étions impatients que l'inévitable, puisqu'il était devenu inévitable, s'en trouvât accéléré ; et le jour où l'empereur Guillaume, qui avait juré de combattre jusqu'au dernier souffle du dernier homme et du dernier cheval, prit la fuite en traversant la frontière, où Ludendorff, qui avait sacrifié des millions d'hommes à sa « paix par la victoire », s'éclipsa en Suède caché derrière ses lunettes bleues, ce fut pour nous hautement rassurant. Car nous crûmes — et le monde entier avec nous — que la fin de cette guerre était à jamais celle de « la » guerre tout court, que la bête qui avait ravagé notre monde était domptée, et même morte. Nous crûmes au programme grandiose de Wilson[7], qui était intégralement le nôtre, et à l'Est, où la révolution russe célébrait encore sa lune de miel avec une pensée humaine et idéaliste, nous voyions poindre une lueur incertaine. Nous étions bien fous, j'en conviens. Mais nous n'étions pas seuls à l'être. Quiconque a vécu cette période se souvient que les rues de toutes les villes retentissaient de clameurs d'allégresse qui saluaient en Wilson le sauveur du monde, que les soldats ennemis s'étreignaient et s'embrassaient ; il n'y eut jamais autant de foi en Europe que dans ces premiers jours de paix. Car il y avait enfin une place sur terre pour le règne si longtemps promis de la justice et de la fraternité, c'était l'heure ou jamais pour qu'advienne cette Europe commune dont nous avions rêvé. L'enfer était derrière nous, qu'est-ce qui pouvait encore nous effrayer ? Un autre monde était en gestation. Et comme nous étions jeunes, nous nous disions : ce monde sera le nôtre, celui dont nous rêvions, un monde meilleur, plus humain.

RETOUR EN AUTRICHE

D'un point de vue strictement logique, ce que je
pouvais faire de plus déraisonnable après que l'Allemagne et l'Autriche eurent déposé les armes, c'était
de rentrer en Autriche, cette Autriche qui n'était
plus qu'une ombre grise et sans vie de l'ancienne
monarchie impériale, une lueur crépusculaire incertaine sur la carte de l'Europe. Les Tchèques, les Polonais, les Italiens, les Slovènes avaient arraché leur
pays ; ce qui restait était un tronc mutilé, saignant
par toutes ses veines. Sur les six ou sept millions
que l'on contraignit à se nommer « Autrichiens-
Allemands », la capitale en concentrait à elle seule
deux millions, grelottant de froid et affamés ; les
usines qui avaient fait autrefois sa richesse se retrouvaient en pays étranger, les voies ferrées étaient
devenues de misérables moignons, on avait privé la
banque nationale de son or, tout en lui imposant la
charge gigantesque de l'emprunt de guerre. Les frontières étaient encore imprécises, car la conférence
de la paix venait à peine de commencer, les obligations n'avaient pas encore été fixées, il n'y avait ni
farine, ni pain, ni charbon, ni pétrole ; une révolution paraissait inévitable ou quelque autre solution

catastrophique. Il était parfaitement prévisible que cette création artificielle des puissances victorieuses ne pouvait pas vivre en pays indépendant et — tous les partis, qu'ils fussent socialistes, cléricaux ou nationaux, le criaient d'une seule voix — que ce pays ne voulait surtout pas vivre indépendant. C'était, à ma connaissance, la première fois dans l'histoire que se produisait le cas paradoxal où un pays se voyait imposer une indépendance qu'il refusait lui-même avec acharnement. L'Autriche souhaitait être réunie soit avec les États voisins comme par le passé soit avec l'Allemagne apparentée, mais refusait en tout cas cette forme de mutilation dégradante qui lui promettait une vie de mendicité. Or les États voisins ne voulaient plus d'une alliance économique avec cette Autriche-là, soit parce qu'ils la jugeaient trop pauvre soit parce qu'ils craignaient le retour des Habsbourg ; et d'autre part, les Alliés interdisaient le rattachement à l'Allemagne pour éviter le renforcement de l'Allemagne vaincue. Il fut donc décrété : la république d'Autriche allemande doit être maintenue. À un pays qui ne voulait pas exister on donna cet ordre unique dans l'histoire : « Tu n'as pas le choix, existe ! »

Ce qui m'incita, à la pire époque qu'un pays ait jamais connue, à y retourner malgré tout de mon propre chef, je n'arrive toujours pas, aujourd'hui encore, à l'expliquer. Il faut dire que les générations d'avant-guerre auxquelles nous appartenions avaient été éduquées dans un sentiment du devoir plus prononcé ; en cette heure d'extrême détresse, on croyait appartenir plus que jamais à son pays natal et à sa famille. Il me paraissait quand même un peu lâche de se soustraire par confort à la tragédie qui s'y préparait, et l'auteur de *Jérémie*, que j'étais aussi, se sentait tenu d'aider par la parole à surmonter la défaite. Je n'étais pas indispensable pendant la guerre, mais maintenant, après la défaite, il me semblait que j'étais là où il fallait, d'autant plus que mon opposition à la prolongation de la guerre m'avait donné un certain statut moral, notamment auprès de la jeunesse. Et même si l'on ne pouvait rien faire, il restait au moins la satisfaction de prendre sa part des souffrances générales qu'on avait prédites.

Un voyage en Autriche nécessitait alors des préparatifs analogues à ceux d'une expédition dans l'Antarctique. Il fallait s'équiper de vêtements chauds et de lainages, car on savait qu'il n'y avait pas de charbon au-delà de la frontière, alors que l'hiver était à la porte. On faisait ressemeler ses chaussures, car là-bas il n'y avait que des semelles de bois. On emportait autant de provisions et de chocolat que la Suisse en autorisait, pour ne pas mourir de faim avant que les cartes d'alimentation pour le pain et la graisse vous fussent attribuées; ce n'est que dix ans plus tard, faisant un voyage en Russie, que je fis des préparatifs comparables. On assurait ses bagages pour le montant le plus élevé possible, car la plupart des fourgons étaient pillés, et chaque paire de chaussures, chaque vêtement était irremplaçable. Un instant, je restai encore irrésolu à la gare frontière de Buchs, où j'étais arrivé si heureux il y avait plus d'un an, me demandant si je ne ferais pas mieux de rebrousser chemin au dernier moment. C'était, je le sentais, un moment décisif dans ma vie. Finalement, je pris le parti le plus difficile et remontai dans le train.

À mon arrivée à la gare frontière suisse de Buchs, un an plus tôt, j'avais vécu une minute exaltante. Et là, à mon retour, une minute non moins inou-

bliable m'attendait dans la gare autrichienne de
Feldkirch. Dès ma descente du train, j'avais perçu
chez les douaniers et les policiers une singulière agitation. Ils ne faisaient pas vraiment attention à nous
et s'acquittèrent avec une grande nonchalance de
l'inspection des bagages ; manifestement, ils attendaient quelque chose de beaucoup plus important.
Enfin on entendit le coup de cloche qui annonçait
l'approche d'un train côté autrichien. Les policiers
prirent leur poste, tous les employés sortirent précipitamment de leurs cagibis, leurs femmes, apparemment prévenues, se pressèrent sur le quai ; parmi les
gens qui attendaient, une vieille dame en noir avec
ses deux filles me frappa particulièrement, probablement une aristocrate, à en juger par son maintien
et ses vêtements. Elle était visiblement émue et promenait continuellement son mouchoir sur les yeux.

Le train roula lentement, je dirais presque majes-
tueusement, un train d'un genre spécial, non pas
les habituels wagons de voyageurs usés, délavés par
la pluie, mais de spacieux wagons noirs, un train
salon. La locomotive s'arrêta. Un mouvement perceptible parcourut les rangs de ceux qui attendaient,
je ne savais toujours pas pourquoi. C'est alors que je
reconnus derrière la glace du wagon la haute stature
de l'empereur Charles, le dernier empereur d'Autriche, et son épouse habillée en noir, l'impératrice
Zita. Je tressaillis : le dernier empereur d'Autriche,
l'héritier de la dynastie des Habsbourg, qui avait
gouverné le pays pendant sept cents ans, quittait son
empire ! Bien qu'il eût refusé d'abdiquer officiellement, la République l'avait autorisé à partir avec les
honneurs ou plutôt l'y avait contraint. Maintenant,
cet homme grand et grave était à la fenêtre et voyait
pour la dernière fois les montagnes, les maisons, les

gens de son pays. Je vécus là un moment historique
— et doublement bouleversant pour quelqu'un qui
avait grandi dans la tradition impériale, pour qui la
première chanson apprise à l'école avait été l'hymne
impérial, et qui, plus tard, au service militaire, avait
juré à cet homme aujourd'hui en civil, le regard
grave et pensif, « obéissance sur terre, sur mer et
dans les airs ». J'avais vu à d'innombrables reprises
le vieil empereur au milieu du faste depuis longtemps légendaire des grandes festivités, je l'avais vu
sur le grand escalier de Schönbrunn, entouré de sa
famille et des uniformes étincelants des généraux,
recevoir l'hommage des quatre-vingt mille écoliers
viennois alignés sur la vaste pelouse, chantant de
leur voix grêle dans un émouvant chœur de masse
le *Dieu protège l'empereur* de Haydn. Je l'avais vu au
bal de la Cour, en uniforme chamarré aux représentations du théâtre Paré et de nouveau à Ischl
partant à la chasse coiffé du chapeau vert des Sty-
riens, je l'avais vu dans la procession de la Fête-Dieu
marcher pieusement, la tête inclinée, vers la cathédrale Saint-Étienne — et ce jour d'hiver brumeux
et humide, j'avais vu le catafalque, quand on avait
inhumé le vieil homme, en pleine guerre, dans la
crypte des Capucins pour qu'il y trouve son dernier
repos. « L'empereur », ce terme était pour nous la
quintessence du pouvoir et de la richesse, le symbole de la pérennité de l'Autriche, et on avait appris
dès l'enfance à prononcer ces syllabes avec respect.
Et voici que je voyais son héritier, le dernier empereur d'Autriche, quitter le pays en proscrit. La glorieuse lignée des Habsbourg, qui, de siècle en siècle,
s'étaient transmis le globe et la couronne, arrivait
à son terme en cette minute même. Tous ceux qui
étaient autour de nous percevaient le moment his-

torique, un moment de l'histoire mondiale, dans ce
spectacle tragique. Les gendarmes, les policiers, les
soldats, tous avaient l'air embarrassé et détournaient
le regard, mus par une légère honte, parce qu'ils ne
savaient pas s'ils avaient encore le droit de rendre
les honneurs traditionnels, les femmes n'osaient pas
lever franchement les yeux, personne ne parlait, si
bien qu'on entendit subitement les discrets sanglots
de la vieille dame en deuil, venue de Dieu sait où
pour voir une dernière fois « son » empereur. Finalement, le chef de train donna le signal. Chacun
tressaillit involontairement, la minute irrévocable
commençait. La locomotive démarra d'une brutale
saccade, comme si elle aussi devait se faire violence,
et le train s'éloigna lentement. Les employés le suivirent des yeux avec respect. Puis ils retournèrent
dans leurs bureaux avec cette espèce d'embarras
qu'on observe aux enterrements. C'est à cet instant
que la monarchie quasi millénaire prit réellement
fin. Je sus que c'était dans une autre Autriche, dans
un autre monde que je retournais.

Dès que le train eut disparu au loin, on nous enjoi-
gnit de descendre des wagons suisses d'une propreté
impeccable pour monter dans les wagons autrichiens. Et il suffisait de pénétrer dans ces wagons
pour anticiper immédiatement ce qui était arrivé à
ce pays. Les contrôleurs qui vous assignaient une
place circulaient à pas feutrés, maigres, affamés et à
moitié déguenillés ; leurs uniformes déchirés et usés
jusqu'à la corde flottaient autour de leurs épaules
affaissées. Aux fenêtres, les courroies de cuir qui
servaient à remonter et à baisser les glaces avaient
été coupées, car le moindre morceau de cuir était
une pièce précieuse ; même sur les sièges, des cou-
teaux ou des baïonnettes de pillards s'en étaient

donné à cœur joie ; des morceaux entiers du rem-
bourrage avaient été découpés par des barbares
sans scrupule qui voulaient réparer leurs souliers et
s'étaient procuré du cuir là où ils en trouvaient. De
même les cendriers avaient été volés pour leur petite
quantité de cuivre et de nickel. Par les fenêtres brisées, le vent de l'automne finissant rabattait à l'intérieur la suie et les scories du misérable lignite
qui servait maintenant à chauffer les locomotives ;
il noircissait le sol et les parois, mais au moins sa
puanteur atténuait l'odeur prenante d'iodoforme
qui rappelait les quantités de malades et de blessés
qu'on avait transportés pendant la guerre dans ces
squelettes de wagons. Quoi qu'il en soit, le simple
fait que le train avançait était déjà un miracle, mais
un miracle qui prenait du temps ; chaque fois que
les roues non graissées grinçaient de façon moins
stridente, nous craignions déjà que la machine usée
perde haleine. Pour un trajet qu'on parcourait ordinairement en une heure il en fallait maintenant trois
ou quatre et, quand vint la nuit, on tomba dans une
obscurité complète. Les ampoules électriques étant
cassées ou volées, celui qui cherchait quelque chose
était obligé de tâtonner en s'aidant d'allumettes et si
on ne gelait pas, c'était simplement qu'on était serrés les uns contre les autres à six ou sept par ban-
quette. Dès la première station, il y eut un nouvel
afflux de voyageurs, en nombre toujours plus grand,
tous fatigués par des heures d'attente. Les couloirs
étaient bondés, il y avait même des gens blottis sur
les marchepieds dans la nuit à demi hivernale, et,
pour bien faire, chacun serrait anxieusement contre
lui ses bagages et ses vivres : dans l'obscurité, personne n'osait lâcher fût-ce une minute ce qu'il tenait

à la main. Quittant la paix, j'étais retourné dans les horreurs, prétendument finies, de la guerre.

Avant d'arriver à Innsbruck, la locomotive eut un râle soudain et, malgré les halètements et les sifflements, fut incapable de venir à bout d'une petite rampe. Sens dessus dessous, les employés allaient et venaient dans l'obscurité avec leurs lanternes fumantes. Il fallut attendre une heure l'arrivée d'une machine de secours poussive et le voyage prit encore dix-sept heures au lieu de sept jusqu'à Salzbourg. Pas un porteur en vue à la gare; pour finir, quelques soldats dépenaillés se proposèrent charitablement pour porter les bagages dans une voiture, mais le cheval du fiacre était si vieux et si mal nourri qu'il semblait plutôt maintenu debout par les brancards que destiné à les tirer. Je n'eus pas le courage d'imposer à ce fantôme animal un travail supplémentaire en chargeant la voiture de mes propres bagages et les déposai à la consigne de la gare, malgré ma crainte de ne jamais les revoir.

Pendant la guerre, je m'étais acheté une maison à Salzbourg, car l'éloignement de mes anciens amis pour cause de divergences sur la guerre avait éveillé en moi le désir de ne plus vivre dans les grandes villes au milieu d'une foule de gens; par la suite, mon travail a toujours bénéficié, où que ce fût, de cette forme de vie retirée. De toutes les petites villes autrichiennes, Salzbourg me semblait la plus idéale, non seulement par la beauté du site mais aussi par sa position géographique à la lisière de l'Autriche, à deux heures et demie de train de Munich, cinq heures de Vienne, dix heures de Zurich ou de Venise et vingt de Paris, donc un véritable tremplin pour l'Europe. Il faut dire qu'à l'époque, le festival n'en avait pas encore fait cette ville célèbre (et donc

assez snob en été) où les « célébrités » se donnent
rendez-vous (sans quoi je ne l'aurais pas choisie
pour y travailler), mais une petite ville ancienne,
romantique et somnolente sur les derniers contreforts des Alpes, dont les montagnes et les collines
rejoignent doucement la plaine allemande. La petite
colline boisée sur laquelle j'habitais était en quelque
sorte la vague mourante de cette formidable chaîne
de montagnes ; inaccessible en automobile, on était
obligé pour y parvenir de grimper plus de cent
marches sur un chemin de croix vieux de trois cents
ans, mais pour vous dédommager de cette peine on
jouissait, de sa terrasse, d'une vue enchanteresse
sur les toits et les pignons de la ville aux nombreux
clochers. À l'arrière-plan, le panorama s'élargissait
sur la glorieuse chaîne des Alpes (et d'ailleurs aussi
sur le Salzberg, près de Berchtesgaden, où un certain Adolf Hitler, à l'époque illustre inconnu, allait
bientôt habiter en face de chez moi). La maison elle-
même se révéla aussi romantique qu'inconfortable.
Pavillon de chasse d'un archevêque au XVIIe siècle,
adossé aux puissantes murailles de la forteresse, il
avait été élargi, à la fin du XVIIIe siècle, d'une pièce à
droite et d'une autre à gauche ; une splendide tapis-
serie ancienne et une boule peinte, que l'empereur
François, au cours d'une visite à Salzbourg en 1807,
avait lancée de sa propre main en jouant aux quilles
dans le long corridor de cette maison, ainsi que
quelques parchemins relatifs aux droits fonciers,
étaient les témoins visibles d'un passé qui ne manquait pas d'allure.

Que ce petit château — auquel une longue façade
donnait un aspect pompeux, mais qui n'avait pas
plus de neuf pièces faute de pouvoir s'étendre en
profondeur — fût une antique curiosité devait, plus

tard, ravir nos invités; pour le présent, son origine historique se révéla calamiteuse. Nous trouvâmes une maison quasi inhabitable[1]. La pluie gouttait allègrement dans les pièces, après chaque chute de neige les couloirs étaient inondés, et il était impossible de réparer correctement le toit car les charpentiers n'avaient pas de bois pour les chevrons, les plombiers pas de plomb pour les chéneaux; on colmata péniblement les plus grosses brèches avec du carton bitumé, et quand la neige recommençait à tomber, il ne restait plus qu'à grimper soi-même sur le toit pour enlever ce fardeau à la pelle quand il était encore temps. Le téléphone se montrait récalcitrant, car on avait utilisé du fil de fer pour la ligne au lieu de fil de cuivre; comme personne ne livrait, nous devions traîner nous-mêmes la moindre chose au sommet de la pente. Mais le pire était le froid, car il n'y avait pas de charbon dans toute la contrée, le bois du jardin était trop vert et sifflait comme un serpent au lieu de chauffer, crachait en craquant au lieu de brûler. Dans le besoin, nous eûmes recours à la tourbe, qui procurait au moins un semblant de chaleur, mais pendant trois mois, j'ai écrit presque tous mes travaux dans mon lit, les doigts bleus de froid, et quand j'avais terminé une page, je les fourrais aussitôt sous la couverture pour les réchauffer. Mais même cet habitat inhospitalier dut être défendu, car à la pénurie générale de vivres et de chauffage venait s'ajouter en cette année catastrophique la pénurie de logements. Pendant quatre ans, on n'avait pas construit en Autriche, beaucoup de maisons étaient en ruine, à un moment où affluait brusquement la masse innombrable des sans-abri, soldats démobilisés et prisonniers de guerre, si bien qu'il fallait absolument loger une famille dans la moindre pièce disponible. Quatre fois des comités se présentèrent chez nous, mais nous avions déjà cédé spontanément deux pièces depuis longtemps, et c'est là que l'inconfort et le froid de notre maison, qui nous avaient d'abord tant contrariés, tournèrent cette fois à notre avantage ; plus personne n'accepta de grimper les cent marches pour y mourir de froid.

Chaque descente en ville était une expérience bouleversante ; je regardai pour la première fois une famine dans les yeux, des yeux jaunes et dangereux. Le pain se désagrégeait en miettes noires et avait un goût de poix et de colle forte, le café était une décoction d'orge torréfiée, la bière une eau jaune, le chocolat du sable coloré, les pommes de terre étaient gelées ; pour ne pas oublier complètement le goût de la viande, la plupart des gens élevaient des lapins, dans notre jardin un gamin tirait des écureuils pour le repas du dimanche, et les chiens ou les chats bien nourris ne rentraient que rarement de promenades quand elles étaient assez longues. Ce qu'on nous proposait en guise de tissu était en réalité du papier apprêté, de l'ersatz d'ersatz ; les hommes circulaient presque exclusivement dans de vieux uniformes, russes parfois, qu'ils s'étaient procurés dans un dépôt ou un hôpital, et dans lesquels plusieurs personnes étaient déjà mortes ; les pantalons confectionnés avec de vieux sacs n'étaient pas rares. Dans les rues où les étalages étaient comme pillés, le mortier s'effritait et tombait comme la teigne des maisons en ruine, et les gens, visiblement sous-alimentés, avaient la plus grande peine à se traîner pour se rendre au travail, chaque pas vous faisait chavirer l'âme. Dans la plaine, la situation alimentaire était meilleure ; vu l'effondrement moral généralisé, aucun paysan ne songeait à céder son beurre, ses œufs ou son lait au « prix maximal » fixé par la loi. Il cachait tout ce qu'il pouvait dans ses greniers et attendait que des acheteurs viennent chez lui pour lui en proposer un meilleur prix. Bientôt naquit un nouveau métier qu'on appelait « accapareur ». Des hommes désœuvrés prenaient un ou deux sacs à dos et démarchaient à pied les paysans, certains prenant même le train pour des destinations particulièrement rentables, où ils dénichaient illégalement des denrées alimentaires qu'ils détaillaient ensuite en ville à des prix quatre ou cinq fois supérieurs. Au début, les paysans étaient heureux de la quantité de billets qui pleuvait dans leur maison en échange de leurs œufs et de leur beurre, et qu'ils « accaparaient » de leur côté. Mais aussitôt arrivés en ville le portefeuille bourré pour y faire des achats, ils découvraient avec amertume que, tandis qu'ils n'avaient demandé que le quintuple pour leurs denrées, le prix de la faux, du marteau ou du chaudron qu'ils voulaient acheter avait été, entre-temps, multiplié par vingt ou par cinquante. Dès lors, ils ne cherchèrent plus qu'à se procurer des produits industriels et exigèrent des biens en nature contre des biens en nature. Marchandise contre marchandise ; après que l'humanité, avec les tranchées, avait régressé avec succès jusqu'à l'âge des cavernes, elle se détacha aussi de la convention monétaire et retourna au troc primitif. Un commerce grotesque se répandit alors dans le pays. Les citadins embarquaient chez les paysans tout ce dont ils pouvaient se passer, vases en porcelaine de Chine et tapis, sabres et carabines, appareils photographiques et livres, lampes et bibelots ; c'est ainsi qu'en entrant dans une ferme de la région de Salzbourg, on pouvait avoir la surprise de découvrir le regard fixe d'un bouddha indien ou une bibliothèque rococo avec des livres français reliés cuir, dont les nouveaux propriétaires faisaient grand cas. « Cuir véritable! France! » disaient-ils en prenant des airs et les joues gonflées. Du solide, surtout pas d'argent, tel était le mot d'ordre. Beaucoup furent obligés d'ôter leur alliance et leur ceinture de cuir, juste pour nourrir leur corps.

Les pouvoirs publics finirent par s'en mêler afin de stopper ce trafic qui, en pratique, ne profitait qu'aux riches; de province en province, on disposa des escouades entières chargées de saisir les marchandises des « accapareurs » qui circulaient à bicyclette ou dans les trains pour les redistribuer aux offices de ravitaillement municipaux. Les accapareurs répliquèrent en organisant des transports de nuit dans le style du Far West ou en subornant les agents chargés de la surveillance, qui avaient eux-mêmes des enfants affamés à la maison; on en vint parfois à de véritables batailles au revolver et au couteau, dont ces gaillards, après quatre années d'exercice sur le front, connaissaient parfaitement le maniement de même qu'en s'enfuyant ils savaient se cacher sur le terrain dans le strict respect des règles militaires. De semaine en semaine, le chaos grandissait et la population devenait de plus en plus agitée. Car la dépréciation de la monnaie se faisait chaque jour plus sensible. Les États voisins avaient remplacé les anciens billets austro-hongrois par des billets qui leur étaient propres et plus ou moins rejeté sur la petite Autriche la charge principale de rembourser l'ancienne « couronne ». Le premier signe de méfiance de la population fut la disparition de la monnaie métallique, car une petite pièce de cuivre ou de nickel représentait quand même du « solide » par rapport au simple papier imprimé.

Certes l'État fit marcher au maximum la planche à billets pour fabriquer la plus grande quantité possible de cette monnaie artificielle conformément à la recette de Méphistophélès[2], mais cela ne suffisait plus à suivre le rythme de l'inflation; aussi chaque ville, chaque bourgade et pour finir chaque village se mit à imprimer sa propre « monnaie de secours », qu'on se voyait déjà refuser dans le village voisin et qui, la plupart du temps, était ensuite purement et simplement jetée parce qu'on avait compris qu'elle n'avait aucune valeur. Un économiste qui saurait relater toutes ces étapes de l'inflation de façon suffisamment saisissante, en Autriche d'abord puis en Allemagne, n'aurait aucun mal à en faire un récit plus passionnant que n'importe quel roman, car le chaos prit des formes de plus en plus extravagantes. Bientôt, on devint incapable de savoir ce que coûtait quelque chose. Les prix bondissaient arbitrairement; une boîte d'allumettes coûtait dans un magasin qui avait augmenté son prix au bon moment plus de vingt fois plus cher que dans un autre, où un brave homme vendait encore naïvement sa marchandise au prix de la veille; pour récompense de son honnêteté, sa boutique était ensuite dévalisée en une heure grâce au bouche-à-oreille, et chacun courait partout, achetant tout ce qui était à vendre, peu importe qu'il en eût besoin ou non. Même un poisson rouge ou un vieux télescope faisait l'affaire car c'était du « solide », et chacun voulait du solide plutôt que du papier. C'est dans le domaine des loyers que ces disparités prirent un tour grotesque: le gouvernement, pour protéger les locataires (qui représentaient la grande masse), interdit toute augmentation, ce qui désavantageait les propriétaires. En Autriche, le loyer annuel d'un logement moyen coûta bientôt

moins cher à son locataire qu'un seul repas de midi ;
en fait, l'Autriche entière a été logée plus ou moins
gratuitement pendant cinq à dix ans (car par la
suite aussi toute résiliation de bail fut interdite). Du
fait de ce chaos délirant, la situation devint de plus
en plus folle et immorale d'une semaine à l'autre.
Ceux qui avaient épargné pendant quarante ans
et, de plus, placé leur argent en patriotes dans des
emprunts de guerre se trouvaient réduits à la mendicité. Ceux qui avaient des dettes en étaient acquit-
tés. Ceux qui avaient la correction de s'en tenir à la
répartition des vivres mouraient de faim ; mais ceux
qui la transgressaient effrontément mangeaient à
leur faim. Ceux qui savaient corrompre s'en tiraient ;
ceux qui spéculaient profitaient. Ceux qui vendaient
en respectant le prix d'achat étaient volés ; qui cal-
culait soigneusement se faisait rouler. Il n'y avait ni
étalon ni mesure de la valeur dans cet écoulement et
cette évaporation de l'argent ; il n'y avait plus qu'une
seule vertu : faire preuve d'habileté et de souplesse,
n'avoir aucun scrupule et sauter sur le dos du cheval
au galop au lieu de se faire piétiner.

À cela s'ajoutait que, durant la période où l'effondrement des valeurs avait fait perdre toute mesure
aux Autrichiens, nombre d'étrangers avaient compris que chez nous il faisait bon pêcher en eau
trouble. Pendant la période d'inflation — qui dura
trois ans et connut un rythme de plus en plus
rapide —, la seule chose qui resta stable à l'intérieur du pays fut le cours des monnaies étrangères.
Puisque la couronne autrichienne se liquéfiait entre
les doigts comme de la gélatine, chacun voulait des
francs suisses ou des dollars américains, et une mul-
titude d'étrangers exploita cette conjoncture pour
se repaître du cadavre palpitant de la couronne

autrichienne. L'Autriche fut « découverte » et vécut une funeste « saison de touristes étrangers ». Tous les hôtels viennois regorgeaient de ces vautours ; ils achetaient tout, depuis la brosse à dents jusqu'au domaine rural, ils vidaient les collections particulières et les magasins d'antiquités, avant que les propriétaires, pressés par la détresse, ne s'aperçoivent à quel point ils étaient pillés et volés. De modestes portiers d'hôtel venus de Suisse, des sténodactylos venues de Hollande logeaient dans les suites princières des hôtels de la Ringstrasse. Si ahurissant que cela puisse paraître, mais je peux l'attester en tant que témoin direct, le célèbre Hôtel de l'Europe à Salzbourg, un hôtel de luxe, fut loué pour une longue période à des chômeurs anglais, à qui la généreuse allocation de chômage anglaise permettait de vivre plus économiquement que dans les *slums*[3] de leur pays. Tout ce qui ne tenait ni à fer ni à clou disparaissait ; progressivement, la nouvelle se répandit qu'en Autriche on pouvait vivre et acheter à très bas prix, de Suède, de France, arrivèrent de nouveaux visiteurs avides et dans les rues du centre de Vienne on entendait parler italien, français, turc et roumain plus qu'allemand. Même l'Allemagne, où l'inflation, au début, progressait à un rythme beaucoup plus lent — il est vrai qu'elle fut ensuite un million de fois plus élevée que la nôtre —, utilisa son mark contre notre couronne qui ne cessait de fondre. Étant une ville frontière, Salzbourg me donnait une excellente occasion d'observer ces razzias quotidiennes. Par centaines, par milliers, les Bavarois arrivant des villes et des villages voisins se répandaient dans la petite ville. Ils y faisaient confectionner leurs costumes, réparer leurs voitures, allaient dans les pharmacies et chez le médecin, de grandes

firmes munichoises expédiaient d'Autriche lettres et
télégrammes à destination de l'étranger pour profiter de la différence de port. Finalement, à l'instiga-
tion du gouvernement allemand, on organisa une
surveillance de la frontière pour empêcher que les
objets de première nécessité, au lieu d'être achetés
dans les magasins d'Allemagne, le fussent à Salzbourg, où ils coûtaient beaucoup moins cher et où
on recevait finalement soixante-dix couronnes autrichiennes pour un mark : désormais, toute marchandise en provenance d'Autriche fut énergiquement
confisquée à la douane. Un article, pourtant, restait
libre, ne pouvant être saisi : la bière qu'on avait dans
le corps. Et les Bavarois, grands buveurs de bière,
faisaient leurs calculs de jour en jour en fonction du
cours pour savoir si, à Salzbourg, par suite de la
dévalorisation de la couronne, ils pourraient boire
cinq, six ou dix litres de bière pour le même prix que
celui qu'ils devaient payer pour un litre chez eux. On
ne pouvait imaginer tentation plus alléchante, si
bien que des localités voisines de Freilassing et
Reichenhall ils arrivaient par bandes entières, avec
femmes et enfants, pour se payer le luxe d'écluser
autant de bière que leur ventre pouvait en absorber.
Et chaque soir, la gare présentait un véritable pan-
démonium de hordes d'ivrognes beuglant, rotant,
crachant ; il fallait en charger certains, qui s'étaient
trop remplis, sur les chariots qui servaient d'habitude au transport des bagages pour les amener
jusqu'aux wagons, avant que le train retentissant de
braillements et de chansons bachiques ne repartît
dans leur pays. Il est vrai qu'ils ne pressentaient pas,
ces joyeux Bavarois, qu'une terrible revanche se préparait. Car lorsque la couronne se fut stabilisée et
que le mark, à son tour, s'effondra dans des propor-

tions astronomiques, ce furent les Autrichiens qui partirent de la même gare pour aller se soûler de l'autre côté à bas prix, et le même spectacle recommença pour la deuxième fois, cette fois en sens inverse. Cette guerre de la bière au cours des deux inflations fait partie de mes souvenirs les plus singuliers, car avec son pittoresque grotesque c'est peut-être elle qui manifeste le plus nettement à petite échelle tout l'égarement de ces années.

Le plus étrange est qu'aujourd'hui, avec la meilleure volonté du monde, je suis incapable de me rappeler comment nous avons géré notre vie quotidienne dans notre maison, ni, finalement, d'où chacun en Autriche ne cessait de tirer les milliers et les dizaines de milliers de couronnes et plus tard, en Allemagne, les millions de marks qu'on dépensait quotidiennement pour ne faire que survivre. Mais le plus mystérieux, c'est qu'on les avait. On s'habituait, on s'adaptait au chaos. Logiquement, un étranger qui n'a pas vécu cette période serait en droit de s'imaginer qu'à une époque où, en Autriche, un œuf coûtait autant qu'autrefois une automobile de luxe et plus tard, en Allemagne, quatre milliards de marks — à peu près autant que la valeur foncière antérieure de toutes les maisons du Grand Berlin — les femmes parcouraient les rues en s'arrachant les cheveux, que les magasins étaient déserts parce que personne n'avait plus le pouvoir d'acheter quoi que ce soit, et surtout que les théâtres et les lieux de distraction étaient complètement vides. Or curieusement ce fut exactement le contraire. La volonté que la vie continue se révéla plus forte que l'instabilité de la monnaie. En plein chaos financier, la vie quotidienne se poursuivait presque sans contrariété. Sur le plan individuel, il y avait beaucoup

de changements, les riches s'appauvrissaient, car
l'argent sur leurs comptes en banque ou en fonds
d'État se liquéfiait, et les spéculateurs s'enrichis-
saient. Mais la roue tournait au même rythme, sans
se soucier du sort des individus, rien ne s'arrêtait ;
le boulanger cuisait son pain, le cordonnier confectionnait ses bottes, l'écrivain écrivait ses livres, le
paysan cultivait la terre, les trains circulaient régulièrement, chaque matin le journal était déposé à
l'heure dite devant la porte, quant aux lieux de divertissement, bars et théâtres, ils étaient bondés. C'est
justement parce qu'il était totalement imprévu que
la valeur jadis la plus stable, l'argent, se dépréciât
tous les jours un peu plus, que les gens estimaient
d'autant plus les vraies valeurs de la vie — le travail,
l'amour, l'amitié, l'art et la nature —, et le peuple
entier vivait au beau milieu de la catastrophe avec
plus d'intensité et d'appétit que jamais ; garçons et
filles allaient marcher dans les montagnes et revenaient bronzés par le soleil, dans les salles de bal
la musique retentissait jusque tard dans la nuit,
partout on créait de nouvelles entreprises et de
nouveaux magasins ; pour ma part, je crois n'avoir
jamais vécu et travaillé plus intensivement que ces
années-là. Ce à quoi nous tenions auparavant devint
encore plus important ; en Autriche, jamais nous
n'avons davantage aimé l'art que pendant ces années
de chaos, parce que la trahison de l'argent nous faisait sentir que seule la part d'éternel en nous était la
part réellement pérenne.

Jamais je n'oublierai, par exemple, une représentation à l'Opéra pendant cette période d'extrême
détresse. On avançait en tâtonnant dans des rues à
moitié obscures, car l'éclairage devait être réduit à
cause de la pénurie de charbon, on payait sa place

de galerie avec une liasse de billets qui, autrefois, aurait suffi pour l'abonnement annuel d'une loge de luxe. On s'asseyait en gardant son pardessus, car la salle n'était pas chauffée, et se serrait contre le voisin pour se réchauffer ; comme elle était triste et grise cette salle qui resplendissait jadis d'uniformes et de toilettes précieuses ! Personne ne savait s'il serait possible de poursuivre les représentations la semaine suivante, si la monnaie continuait à faiblir et si les livraisons de charbon venaient à manquer une seule semaine ; tout semblait doublement désespéré dans cette maison du luxe et de la surabondance impériale. Les musiciens de la Philharmonie étaient à leurs pupitres, ombres grises eux aussi dans leurs vieux fracs râpés, amaigris et épuisés par toutes les privations, et nous étions nous-mêmes comme des spectres dans cette maison devenue spectrale. Puis le chef leva sa baguette, le rideau s'écarta, et ce fut plus splendide que jamais. Chaque chanteur, chaque musicien donna le meilleur de lui-même, car ils sentaient tous que c'était peut-être la dernière fois dans cette maison qu'ils aimaient. Et nous écoutions l'oreille tendue, sensibles comme jamais par le passé, car c'était peut-être la dernière fois. C'est ainsi que nous vivions tous, par milliers, par centaines de milliers ; chacun donna le maximum de ses forces pendant ces semaines, ces mois et ces années, à deux doigts de la chute. Jamais je n'ai senti chez un peuple et en moi-même une volonté de vivre aussi forte qu'à cette époque où nous jouions le tout pour le tout : il y allait de notre existence et de notre survie.

Il n'empêche : je serais bien embarrassé s'il me fallait expliquer à quiconque comment cette malheureuse Autriche, pauvre et exsangue, est parvenue à subsister. À droite, la république communiste des Conseils s'était établie en Bavière, à gauche, la Hongrie était devenue bolchevique sous Béla Kun ; aujourd'hui encore, je ne comprends toujours pas comment la révolution ne s'est pas propagée en Autriche. La matière explosive ne manquait vraiment pas. On voyait errer dans les rues les soldats revenus du front, à moitié morts de faim dans leurs vêtements déchirés, observant avec exaspération le luxe éhonté des profiteurs de la guerre et de l'inflation, dans les casernes un bataillon de la « garde rouge » se tenait prêt à faire le coup de feu, et il n'y avait pas d'organisation pour s'y opposer. À l'époque, deux cents hommes résolus auraient pu se rendre maîtres de Vienne et de toute l'Autriche. Mais rien de sérieux n'arriva. Une seule fois, un groupe indiscipliné tenta un putsch, qui fut réprimé sans peine par une dizaine ou une cinquantaine de policiers armés. Ainsi le miracle devint réalité ; coupé de ses sources d'énergie, de ses usines, de ses mines de charbon, de ses champs pétrolifères, doté d'une monnaie de papier dévalorisée, s'effondrant à la vitesse d'une avalanche, ce pays exsangue subsista et s'imposa — peut-être grâce à sa faiblesse, parce que les gens étaient trop affaiblis, trop affamés pour lutter encore pour une cause, mais peut-être aussi en vertu de sa force la plus secrète, une force typiquement autrichienne : son inclination innée à la conciliation. Les deux plus grands partis, social-démocrate et chrétien-social, s'unirent à l'heure du péril malgré leurs profondes divergences pour former un gouvernement commun. Chacun fit des concessions à l'autre pour empêcher une catastrophe qui eût emporté avec elle l'Europe entière. Lentement la situation commença à s'arranger, à se stabiliser, et à notre propre étonnement l'incroyable se produisit : cet État croupion continua d'exister et, plus tard, il manifesta même la volonté de défendre son indépendance, quand Hitler vint ravir son âme à ce peuple fidèle, plein d'abnégation et d'une grande vaillance dans la privation.

Mais ce n'est qu'extérieurement et dans un sens politique que le bouleversement radical fut évité ; intérieurement, une formidable révolution s'accomplit dans les premières années d'après-guerre. Quelque chose s'était brisé avec la défaite des armées : la foi dans l'infaillibilité des autorités, dans laquelle on avait élevé notre propre jeunesse avec un tel excès d'humilité. Les Allemands auraient-ils dû continuer à admirer leur empereur, lui qui avait juré de combattre « jusqu'au dernier souffle du dernier homme et du dernier cheval » et s'était enfui de l'autre côté de la frontière dans la nuit et le brouillard, ou bien leurs chefs militaires, leurs hommes politiques ou encore leurs écrivains qui faisaient inlassablement rimer guerre avec victoire et mort avec nécessité ? Mais il fallut attendre que la fumée de la poudre se fût dissipée au-dessus du pays pour voir dans toute son horreur le ravage causé par la guerre. Comment faire encore passer pour sacré un code moral qui autorise quatre ans durant le meurtre et le pillage sous les noms d'héroïsme et de réquisition ? Comment un peuple pouvait-il croire aux promesses d'un État qui considère comme nulles et non avenues toutes les obligations vis-à-vis du citoyen qu'il juge incommodes ? Et voilà que les mêmes, la même clique d'anciens, réputés avoir l'expérience, avaient encore surpassé la folie de la guerre avec leur paix bâclée. Tout le monde sait aujourd'hui — et nous étions peu nombreux à le savoir à l'époque

— que cette paix avait été une chance, sinon *la* grande chance morale de l'histoire. Wilson l'avait compris. Visionnaire d'une grande envergure, il avait dessiné le plan d'une entente mondiale vraie et durable[4]. Mais les vieux généraux, les vieux hommes d'État, les vieux intérêts avaient découpé, déchiré et réduit cette grande vision à l'état de chiffons de papier. La promesse sacrée faite à des millions d'hommes, que cette guerre serait la dernière, la seule qui pût encore permettre à des soldats déjà à moitié déçus, à demi épuisés et désespérés de mobiliser leurs dernières forces, cette promesse fut cyniquement sacrifiée aux intérêts des fabricants de munitions et à la passion du jeu des politiciens, qui surent triompher de l'exigence sage et humaine de Wilson en sauvant leur funeste tactique d'accords secrets et de négociations derrière des portes closes. Pour autant qu'il avait les yeux ouverts, le monde sut qu'on l'avait trompé. Trompées les mères qui avaient sacrifié leurs enfants, trompés les soldats qui revenaient chez eux en mendiants, trompés tous ceux qui avaient souscrit à l'emprunt de guerre par patriotisme, trompé quiconque s'était fié aux promesses de l'État, trompés nous tous qui avions rêvé d'un monde nouveau, d'un ordre meilleur, et qui voyions à présent que le vieux jeu, dans lequel notre existence, notre bonheur, notre temps et nos biens servaient de mise, était recommencé par les mêmes ou par de nouveaux aventuriers. Comment s'étonner que toute une jeune génération jette un regard amer et méprisant sur ses pères, qui s'étaient fait d'abord voler la victoire et ensuite la paix ? Qui avaient tout faux, qui n'avaient rien vu venir et s'étaient toujours trompés dans leurs calculs ? N'était-il pas compréhensible que toute forme de respect disparût dans la

jeune génération? Toute une jeunesse nouvelle ne
croyait plus ni les parents, ni les hommes politiques,
ni les maîtres; tout décret, toute proclamation de
l'État étaient lus d'un œil critique. D'un coup, la
génération d'après-guerre s'émancipait brutalement
de tout ce qui avait prévalu jusque-là et tournait le
dos à toute tradition, résolue à prendre elle-même
son destin en main, se détournant des vieilleries du
passé et sautant d'un seul élan dans l'avenir. C'était
un monde absolument nouveau, un ordre absolument différent qui devait commencer avec elle; et
bien entendu, tout cela commença par de furieux
excès. Tous ceux ou tout ce qui n'était pas du même
âge passait pour périmé. Au lieu de partir comme
avant avec leurs parents, on voyait des enfants de
onze, douze ans organisés en groupes de Wandervögel[5], ayant reçu une éducation sexuelle exhaustive,
sillonner le pays et même aller jusqu'en Italie ou à la
mer du Nord. Dans les écoles, on mit en place, sur le
modèle russe, des conseils d'élèves qui surveillaient
les professeurs, le « programme » fut aboli, car les
enfants ne devaient et ne voulaient apprendre que ce
qui leur plaisait. On se révoltait contre toute forme
établie par pur plaisir de la révolte, y compris contre
la volonté de la nature, contre l'éternelle polarité des
sexes. Les filles se faisaient couper les cheveux, et si
court qu'avec leur coiffure « à la garçonne » on ne
parvenait plus à les distinguer des vrais garçons, les
jeunes gens, de leur côté, se faisaient raser la barbe
pour paraître plus féminins, l'homosexualité et le
lesbianisme devinrent la grande mode, non par penchant intime mais pour protester contre les formes
traditionnelles, légales, normales de l'amour. Tout
mode d'expression de l'existence s'efforçait de jouer
la carte de l'extrémisme et de la révolution, l'art

comme les autres, bien entendu. La nouvelle peinture déclara périmé tout ce que Rembrandt, Holbein
et Vélasquez avaient créé et se lança dans les expériences cubistes et surréalistes les plus folles. Partout, on proscrivait l'intelligibilité, la mélodie en
musique, la ressemblance dans le portrait, la clarté
dans la langue. Les articles « le » « la » « les » furent
supprimés, la construction de la phrase culbutée, on
écrivait en style « abrupt » et « aguicheur », en style
télégraphique, avec de bouillantes interjections, et
d'ailleurs toute littérature qui n'était pas militante,
c'est-à-dire n'échafaudait pas de théorie politique,
atterrissait dans la poubelle. La musique cherchait
obstinément une nouvelle tonalité et subdivisait les
mesures, l'architecture tournait les maisons de l'intérieur vers l'extérieur, dans la danse la valse disparaissait au profit de figures cubaines et négroïdes, la
mode, qui accentuait fortement la nudité, inventait
sans arrêt de nouvelles absurdités, au théâtre on
jouait *Hamlet* en frac et on expérimentait une dra-
maturgie explosive. Dans tous les domaines, commença une époque d'expérimentation furieuse, qui
voulait dépasser d'un seul bond fougueux tout ce qui
avait été, tout ce qu'on avait créé; plus quelqu'un
était jeune, moins il avait appris, mieux il était
accueilli parce qu'il n'était rattaché à aucune tradition — enfin la grande vengeance de la jeunesse se
déchaîna triomphalement contre le monde de nos
parents. Mais au milieu de ce carnaval effréné, rien
ne m'offrit un spectacle plus tragi-comique que de
voir tant d'intellectuels de l'ancienne génération pris
d'une peur panique à l'idée d'être « dépassés » et
jugés inactuels, se maquiller en faux sauvages avec
la rage du désespoir et tenter de suivre discrètement
les égarements les plus manifestes d'un pas lourd et

claudiquant. De braves professeurs d'académie à la barbe grisonnante recouvraient leurs anciennes « natures mortes », devenues invendables, de cubes symboliques, parce que les jeunes conservateurs (on cherchait maintenant partout des jeunes ou, mieux encore, les plus jeunes) vidaient les salles de tous les autres tableaux, les jugeant trop « classicisants », et les déposaient dans les réserves. Des écrivains qui avaient écrit des décennies durant un allemand poli et clair hachaient docilement leurs phrases et en remettaient dans l'« activisme », des conseillers prussiens pépères faisaient des cours sur Karl Marx, de vieilles danseuses de l'opéra impérial dansaient, aux trois quarts nues, en se contorsionnant sur l'*Appassionata* de Beethoven et *La Nuit transfigurée* de Schönberg. Les anciens, égarés, couraient partout après la dernière mode ; on n'avait plus, soudain, comme ambition que celle d'être « jeune » et d'inventer promptement, après celle qui, hier encore, était actuelle, une tendance encore plus actuelle, encore plus radicale, encore jamais vue.

Quelle époque enragée, anarchiste, improbable que ces années où, à mesure que fondait la valeur de l'argent, toutes les autres valeurs en Autriche et en Allemagne se mettaient à déraper ! Une époque d'extase enthousiaste et de mystification effrénée, mélange unique d'impatience et de fanatisme. Tout ce qui était extravagant et impossible à vérifier connaissait un âge d'or : théosophie, occultisme, spiritisme, somnambulisme, anthroposophie, chiromancie, graphologie, yoga hindou et mysticisme paracelsien. Tout ce qui promettait des états d'une intensité extrême dépassant ce qu'on avait connu jusque-là, toutes les sortes de stupéfiants, morphine, cocaïne et héroïne, trouvaient immédiatement

preneur, dans les pièces de théâtre inceste et parri-
cide, en politique communisme et fascisme étaient
les sujets extrêmes requis à l'exclusion des autres ;
en revanche, on proscrivait toute forme de norma-
lité et de modération. Mais je ne voudrais pas avoir
été privé de cette époque chaotique, ni dans ma vie
ni dans le développement de l'art. Dans un premier
élan orgastique, caractéristique du début tumul-
tueux de toute révolution spirituelle, elle a purifié
l'air en le débarrassant de ce que la tradition avait
d'étouffant, déchargé les tensions accumulées pendant de nombreuses années, et ses expérimentations
audacieuses ont malgré tout laissé des impulsions
fécondes. Nous avions beau être déconcertés par
tant d'exagérations, nous ne nous sentions pas le
droit de les blâmer et de les repousser dédaigneusement, car au fond cette nouvelle jeunesse tentait
de réparer — même si elle se montrait trop impé-
tueuse, trop impatiente — ce que notre génération
avait négligé par excès de prudence, en restant à
l'écart. Au plus profond, ce que lui disait son instinct
était juste : la période de l'après-guerre ne devait pas
ressembler à celle de l'avant-guerre, et une époque
nouvelle, un monde meilleur — n'était-ce pas aussi
ce que nous avions voulu, nous les aînés, avant la
guerre et pendant la guerre ? Il est vrai que même
après la guerre, nous avions prouvé une fois de plus
notre incapacité à opposer à temps une organisation
supranationale à la dangereuse restauration politique mondiale. Certes, dès les négociations de paix,
Henri Barbusse, à qui son roman *Le Feu* avait assuré
une reconnaissance mondiale, avait tenté d'initier
une union de tous les intellectuels européens pour la
réconciliation. Ce groupe devait s'appeler Clarté —
ceux qui ont l'esprit clair — et réunir les écrivains et

les artistes de toutes les nations qui prendraient l'engagement solennel de s'opposer dorénavant à toute tentative d'ameuter les peuples les uns contre les autres. Barbusse nous avait proposé, à René Schickele et à moi-même, d'assurer en commun la direction du groupe allemand, ce qui représentait la part la plus difficile de la tâche, car en Allemagne l'amertume causée par le traité de Versailles était encore brûlante. Il était peu probable qu'on pût gagner des personnalités allemandes de haut rang en faveur d'un supranationalisme de l'esprit, tant que la Rhénanie, la Sarre et la tête de pont de Mayence étaient encore occupées par des troupes étrangères. Il eût été pourtant possible de créer une organisation comme celle que Galsworthy réalisa plus tard avec le Pen Club[6], si Barbusse ne nous avait pas fait faux bond. Malheureusement, un voyage en Russie, du fait de l'enthousiasme populaire débordant manifesté envers sa personne, l'avait convaincu que les États démocratiques bourgeois étaient incapables de susciter une vraie fraternisation des peuples et qu'une fraternité universelle n'était concevable que dans le communisme. Il chercha insensiblement à transformer Clarté en instrument de la lutte des classes, mais nous refusâmes une radicalisation qui affaiblirait inévitablement nos rangs. C'est ainsi que ce projet, important en lui-même, s'écroula prématurément. Nous avions une nouvelle fois failli dans notre combat pour la liberté de l'esprit par amour excessif de notre propre liberté et de notre propre indépendance.

Il n'y avait plus qu'une chose à faire: rester silencieux et en retrait pour travailler à son œuvre personnelle. Aux yeux des expressionnistes et — si je puis m'exprimer ainsi — des excessionnistes, mes trente-six ans me déclassaient déjà dans l'ancienne génération, celle qui, de fait, était déjà morte, parce que je me refusais à les singer. Mes travaux antérieurs ne me plaisaient plus et je ne fis rééditer aucun livre datant de ma période « esthétique ». C'était prendre un nouveau départ, attendre que refluât la vague impatiente de tous ces « ismes », et le manque d'ambition personnelle qui me caractérisait fut d'une aide bienvenue pour me replier sur moi-même. Je commençai la grande série des *Bâtisseurs du monde*[7], justement pour être sûr qu'elle m'occuperait pendant plusieurs années, j'écrivis des nouvelles comme *Amok* et *Lettre d'une inconnue* en toute sérénité, loin de tout activisme. Le pays autour de moi, le monde autour de moi étant remis progressivement en ordre, il ne m'était plus permis d'hésiter ; le temps était passé où je pouvais me flatter de l'illusion que tout ce que je commençais n'était que provisoire. J'avais atteint le milieu de la vie, l'âge des simples promesses était révolu ; il s'agissait désormais de tenir ces promesses, de faire ses preuves ou de renoncer à jamais.

DE NOUVEAU DANS LE MONDE

Pendant trois ans, 1919, 1920, 1921, les années les plus dures de l'après-guerre en Autriche, j'avais donc vécu enterré à Salzbourg, ayant même abandonné l'espoir de jamais revoir le monde. La débâcle après la guerre, la haine qui sévissait à l'étranger contre tout Allemand ou quiconque écrivait en allemand, la dépréciation de notre monnaie, tout cela était si désastreux qu'on s'était déjà résigné à l'avance à passer le restant de sa vie confiné dans la sphère étroite de son pays natal. Mais tout s'était mieux passé que prévu. On mangeait de nouveau à sa faim. On pouvait rester à sa table de travail sans être importuné. Il n'y avait pas eu de pillages ni de révolution. On vivait, on sentait ses forces. Pourquoi ne pas expérimenter une fois encore les joies de ses jeunes années et partir au loin ?

Il était encore trop tôt pour penser à de longs voyages. Mais l'Italie était proche, à huit ou dix heures seulement. Devait-on s'y risquer ? En tant qu'Autrichien on passait là-bas pour l'« ennemi héréditaire », même si on n'avait jamais éprouvé ce sentiment. Devait-on prendre le risque d'être éconduit sans aménité, d'être obligé de croiser les vieux amis sans s'arrêter de peur de les mettre dans une situation embarrassante? Eh bien! je pris ce risque et passai un beau jour la frontière à midi.

J'arrivai le soir à Vérone et descendis dans un hôtel. On me tendit la fiche de voyageurs et je la remplis; le portier relut la feuille et s'étonna de lire, à la rubrique « nationalité », le mot *austriaco*. *Lei è austriaco?* demanda-t-il. Va-t-il me montrer la porte? pensai-je. Mais quand je lui répondis que oui, il poussa presque un cri d'allégresse. *Ah, che piacere! Finalmente*[1]! Tel fut le premier accueil, qui confirmait une nouvelle fois le sentiment que j'avais déjà eu pendant la guerre que toute la propagande destinée à attiser la haine n'avait engendré qu'une courte fièvre intellectuelle, mais n'avait au fond jamais vraiment touché les masses européennes. Un quart d'heure plus tard, ce vaillant portier vint même me voir dans ma chambre de sa propre initiative pour vérifier si je ne manquais de rien. Il fit un éloge enthousiaste de mon italien et nous nous quittâmes en nous serrant chaleureusement la main.

Le jour suivant j'étais à Milan; je revis le Dôme, flânai dans la Galleria. C'était bon d'entendre la musicalité tant aimée de la langue italienne, de s'orienter si facilement dans toutes les rues et de savourer toutes ces choses étrangères comme des choses familières. En passant, je vis l'inscription *Corriere della Sera* sur la façade d'un grand bâtiment. Je m'avisai subitement qu'ici mon vieil ami G. A. Borgese[2] occupait un poste de direction à la rédaction, Borgese avec qui j'avais passé à Berlin et à Vienne — en compagnie du comte Keyserling et de Benno Geiger — bien des soirées stimulantes pour l'esprit. Un des meilleurs écrivains italiens et un des plus passionnés, d'une extraordinaire influence sur la jeunesse, il avait pris pendant la guerre, bien qu'il eût traduit les *Souffrances de Werther* et fût un fanatique de la philosophie allemande, une position résolument hostile à l'Allemagne et à l'Autriche et poussé à la guerre aux côtés de Mussolini (avec qui il se brouilla par la suite). Pendant toute la durée de la guerre, ç'avait été pour moi un sentiment étrange de savoir qu'un de mes vieux camarades était favorable à l'interventionnisme dans le camp adverse ; je n'en éprouvais que plus vivement le désir de revoir un tel « ennemi ». En tout cas, je ne voulais pas prendre le risque d'être éconduit. Aussi je déposai ma carte à son attention en lui laissant l'adresse de mon hôtel. Mais je n'étais pas encore au bas de l'escalier que quelqu'un se précipitait derrière moi, le visage rayonnant de joie et de vitalité — Borgese ; au bout de cinq minutes, nous parlions aussi cordialement que toujours et peut-être encore plus cordialement. Lui aussi avait appris de la guerre, et partant de rives opposées nous nous étions plus rapprochés que jamais.

Ce fut partout comme ça. À Florence, mon vieil ami, le peintre Alberto Stringa, se jeta sur moi dans la rue et me serra si vigoureusement et si inopinément dans ses bras que ma femme, qui m'accompagnait et ne l'avait jamais vu, crut que ce barbu inconnu projetait un attentat contre ma personne. Tout était comme avant, non, plus chaleureux encore. Je respirai : la guerre était enterrée. La guerre était finie.

Mais elle n'était pas finie. Simplement, nous ne le savions pas. Nous nous bercions tous d'illusion dans notre bonne foi et confondions notre disposition avec celle du monde. Mais nous n'avons pas à rougir de cette erreur car les politiciens, les économistes et les banquiers ont nourri la même illusion: dans ces années-là, ils prirent une conjoncture trompeuse pour une guérison et la lassitude pour de la satisfaction. En réalité, le combat n'avait fait que se déplacer, passant du terrain national au social; et dès les premiers jours, je fus témoin d'une scène dont je ne compris la portée que beaucoup plus tard. À l'époque, en Autriche, nous ne savions pas grand-chose de la politique italienne sinon qu'avec la déception qui suivit la guerre des tendances nettement socialistes et même bolchevisantes s'étaient fait jour. Sur chaque mur, on pouvait lire des *Viva Lenin* tracés d'une main maladroite au charbon ou à la craie. On avait aussi entendu dire qu'un des leaders socialistes du nom de Mussolini s'était détaché du parti pendant la guerre pour former un quelconque groupe adverse. Mais on accueillait ce genre d'information avec indifférence. Quelle importance pouvait bien avoir un groupuscule de ce type? Dans tous les pays, il y avait alors des cliques comme celle-là; les pays Baltes voyaient défiler des corps francs, en Rhénanie et en Bavière se créaient des groupes séparatistes, il y avait partout des manifestations et des putschs, mais presque tous étaient réprimés. Et personne ne considérait ces « fascistes », qui avaient troqué les chemises rouges garibaldiennes contre des chemises noires, comme un facteur déterminant pour l'évolution future de l'Europe.

Mais à Venise, ce qui n'était qu'un mot acquit brusquement pour moi un contenu sensible. J'arrivai un après-midi de Milan dans cette ville tant aimée, sur la lagune. Pas de porteur en vue, pas de gondole, ouvriers et cheminots restaient là à ne rien faire, les mains ostensiblement dans les poches. Comme je traînais deux valises assez lourdes, je regardai autour de moi, cherchant de l'aide, et demandai à un homme d'un certain âge où trouver des porteurs. « Vous arrivez le mauvais jour », me répondit-il avec regret. « Mais maintenant nous en avons pas mal comme ça. Une fois de plus, il y a grève générale.» J'ignorais pourquoi il y avait grève et ne cherchai pas à en savoir davantage. Nous étions tellement habitués à ce genre de chose en Autriche, où, pour leur plus grand malheur, les sociaux-démocrates utilisaient trop souvent ce moyen, le plus virulent dont ils disposaient, sans réussir à l'exploiter ensuite dans les faits. Je continuai donc à traîner péniblement mes valises, quand je vis enfin un gondolier me faire un signe hâtif et furtif depuis un canal secondaire, après quoi il me chargea, moi et mes valises. En une demi-heure, passant devant quelques poings serrés contre le briseur de grève, nous étions à l'hôtel. Obéissant quasi naturellement à une vieille habitude, je me rendis aussitôt place Saint-Marc. Elle me parut étonnamment déserte. Les rideaux de fer de la plupart des magasins étaient baissés, personne n'était attablé dans les cafés, seule une foule importante d'ouvriers se tenait par petits groupes sous les arcades, comme des gens qui attendent quelque chose de particulier. J'attendis avec eux. Et cela vint brusquement. Déboucha d'une rue latérale, marchant ou plutôt courant au pas cadencé, un groupe de jeunes gens parfaitement organisés, qui chantaient en mesure un chant dont je ne connaissais pas le texte — je sus plus tard que c'était *Giovinezza*. Et déjà, brandissant des bâtons, ils disparaissaient au pas de gymnastique, avant que la masse cent fois supérieure en nombre ait eu le temps de se précipiter sur l'ennemi. Le passage audacieux et vraiment courageux de ce petit groupe organisé avait été si rapide que les autres ne prirent vraiment conscience de la provocation qu'au moment où ils ne pouvaient plus se saisir de leurs adversaires. Ils se rassemblèrent alors pleins de rage, en serrant les poings, mais il était trop tard. La petite troupe d'assaut ne pouvait plus être rattrapée.

Les impressions visuelles ont toujours un aspect convaincant. Je découvris pour la première fois que ce fascisme légendaire, dont j'ignorais presque tout, était une réalité, qu'il était bien organisé et que son fanatisme attirait des jeunes gens résolus et audacieux. Il m'était désormais impossible d'abonder dans le sens de mes amis plus âgés à Florence et à Rome lorsqu'ils expédiaient ces jeunes gens d'un haussement d'épaules, en les qualifiant de « bande de mercenaires » et en raillant leur *fra diavolo*[3]. Par curiosité, j'achetai quelques numéros du *Popolo d'Italia* et le style de Mussolini, mordant, imagé, d'une concision latine, me fit percevoir la même détermination que lors de l'assaut de la place Saint-Marc par les jeunes gens qui l'avaient traversée. Bien entendu, j'étais incapable de deviner les proportions que ce combat allait prendre dès l'année suivante. Mais qu'ici comme partout ailleurs un combat fût imminent et que notre paix ne fût pas *la* paix, j'en fus conscient dès cette heure.

Ce fut pour moi le premier avertissement : sous la surface apparemment paisible, notre Europe était pleine de courants souterrains menaçants. Le second ne se fit pas attendre. De nouveau titillé par l'envie de voyager, j'avais décidé de me rendre l'été à Westerland, sur la côte allemande de la mer du Nord. À cette époque, un voyage en Allemagne avait encore quelque chose de réconfortant pour un Autrichien. Le mark s'était jusque-là comporté magnifiquement par rapport au dépérissement de notre couronne, le processus de guérison semblait en très bonne voie. Des trains ponctuels à la minute près, des hôtels propres et luisants comme un sou neuf, partout, à droite et à gauche de la voie ferrée, des maisons neuves, des usines neuves, partout le même ordre impeccable et silencieux, qu'on avait haï avant la guerre et réappris à apprécier au milieu du chaos. Il y avait, il est vrai, une certaine tension dans l'air, car le pays tout entier attendait de voir si les négociations de Gênes et de Rapallo, les premières auxquelles l'Allemagne prenait part avec les mêmes droits que les puissances ennemies d'hier, allaient apporter l'allègement espéré des charges de guerre ou tout au moins un geste timide de véritable entente. Celui qui menait ces négociations mémorables dans l'histoire de l'Europe n'était autre que mon vieil ami Walther Rathenau. Son génial instinct d'organisateur avait déjà fait ses preuves pendant la guerre ; dès la première heure, il avait discerné quel était le point le plus faible de l'économie allemande, celui où elle devait recevoir plus tard le coup mortel : l'approvisionnement en matières premières, et au bon moment (là encore en avance sur son temps) il avait centralisé toute l'organisation de l'économie. Après la guerre, quand il s'agit de trouver un homme qui pourrait affronter à armes égales, sur le plan diplomatique, les plus intelligents et les plus expérimentés de ses adversaires en qualité de ministre des Affaires étrangères, le choix se porta naturellement sur lui.

Non sans hésitation, je l'appelai au téléphone à Berlin. Comment importuner un homme pendant qu'il façonnait le destin de son époque ? « Oui, c'est

difficile, me dit-il au téléphone, je dois même sacrifier l'amitié au service. » Mais avec son extraordinaire technique pour utiliser la moindre minute,
il trouva immédiatement la possibilité d'une rencontre. Il avait, me dit-il, quelques cartes de visite
à déposer dans différentes ambassades, et comme
cela demandait une demi-heure en voiture depuis
Grunewald, le plus simple était que je vienne le
retrouver et nous bavarderions dans la voiture pendant cette demi-heure. Effectivement, sa capacité de
concentration intellectuelle, sa facilité stupéfiante
pour passer d'un sujet à l'autre était si parfaite qu'il
pouvait parler à tout instant, que ce fût en voiture
ou dans le train, avec autant de précision et de profondeur que s'il se trouvait dans son bureau. Je ne
voulais pas rater l'occasion, et je crois que cela lui
faisait aussi du bien de pouvoir s'expliquer avec
quelqu'un d'indépendant sur le plan politique, lié
d'amitié avec lui depuis des années. La conversation
s'allongea et je peux témoigner que Rathenau qui,
sur un plan personnel, n'était pas exempt de vanité,
n'avait nullement accepté ce poste de ministre allemand des Affaires étrangères le cœur léger et encore
moins avec avidité ou impatience. Il savait d'avance
que pour l'instant sa tâche était impossible et qu'il
remporterait au mieux un quart de succès, quelques
concessions insignifiantes, mais ne pouvait espérer une véritable paix, une généreuse bienveillance.
« Dans dix ans peut-être, me dit-il, à supposer que
tout le monde aille mal et pas seulement nous. Il
faut attendre que la vieille génération soit écartée de
la diplomatie et que les généraux ne soient plus que
des monuments muets sur les places publiques. » Il
était parfaitement conscient de sa double responsabilité du fait de la circonstance aggravante qu'il était

juif. Dans l'histoire, on a sans doute rarement vu un homme s'attaquer avec autant de scepticisme et de préventions intérieures à une tâche dont il savait que ce n'était pas lui mais le temps qui pourrait en venir à bout, et il connaissait le danger qu'elle représentait pour lui personnellement. Depuis l'assassinat d'Erzberger[4], qui avait assumé l'obligation désagréable de signer l'armistice, tâche à laquelle Ludendorff s'était prudemment dérobé en partant à l'étranger, il ne pouvait douter que le même sort l'attendait en tant que pionnier d'une entente. Mais n'étant pas marié, n'ayant pas d'enfant, et au fond terriblement seul, il pensait ne pas devoir craindre le danger; je n'eus pas non plus le courage de lui recommander d'être prudent pour lui-même. C'est un fait historique qu'à Rapallo Rathenau mena son affaire avec autant d'habileté que le lui permettaient les circonstances de l'époque. Son talent éblouissant pour saisir rapidement toute occasion favorable, ses qualités d'homme du monde et son prestige personnel ne se sont jamais imposés plus brillamment. Mais il y avait déjà dans le pays des groupes assez forts sachant que la seule façon de recruter était d'assurer continuellement au peuple vaincu qu'il n'avait pas du tout été vaincu et que toute négociation et toute concession étaient une trahison de la nation. Il y avait déjà des sociétés secrètes, noyautées par des homosexuels, plus puissantes que ne le présumaient les dirigeants de la République, que leur conception de la liberté conduisait à tolérer tous ceux qui voulaient supprimer pour toujours la liberté en Allemagne.

Arrivé en ville, je pris congé de lui devant le ministère, sans pressentir que je lui disais définitivement adieu. Et plus tard, je reconnus sur des

photographies que la rue que nous avions empruntée ensemble était celle où, peu de temps après,
ses assassins avaient guetté la même voiture : en
somme, ce fut un simple hasard si je n'assistai pas
à cette scène historique fatale. C'est ainsi que je fus
encore plus touché et sensiblement impressionné
par l'épisode tragique qui marqua le début du malheur de l'Allemagne, du malheur de l'Europe.

Ce jour-là, j'étais déjà sur la plage de Westerland,
où des centaines et des centaines de curistes se baignaient gaiement. Encore une fois, un orchestre
jouait, comme le jour où on avait annoncé l'assassinat de François-Ferdinand, devant des estivants
insouciants, quand des crieurs de journaux s'abat-
tirent sur la promenade comme de blancs oiseaux
des tempêtes : « Walther Rathenau assassiné ! »
La nouvelle déclencha une panique et elle bouleversa tout le Reich. Le mark s'écroula d'un coup,
et sa chute ne s'arrêta plus avant d'avoir atteint les
chiffres délirants de plusieurs milliards. Et c'est à
ce moment-là seulement que commença le vrai
sabbat de l'inflation, par rapport auquel l'inflation autrichienne, avec son taux de un pour quinze
mille pourtant déjà absurde, ne fut jamais qu'un
misérable enfantillage. Il faudrait tout un livre
pour en faire le récit détaillé, avec tous ses aspects
incroyables, et ce livre agirait comme un conte de
fées sur les hommes d'aujourd'hui. J'ai vécu des
jours où je devais payer cinquante mille marks le
matin pour acheter un journal et cent mille le soir ;
celui qui voulait changer de l'argent étranger répar-
tissait les opérations de change sur plusieurs heures,
car à 4 heures il recevait un montant plusieurs
fois supérieur à celui qu'il avait reçu à 3 heures, et
à 5 heures encore plusieurs fois supérieur à celui

qu'il aurait reçu soixante minutes plus tôt. J'envoyai par exemple à mon éditeur un manuscrit auquel j'avais travaillé pendant un an, et pensais me couvrir en réclamant un à-valoir immédiat pour dix mille exemplaires; mais le temps que le chèque me parvînt, il couvrait à peine le montant du port que j'avais payé une semaine auparavant; on dépensait des millions dans le tramway, des camions transportaient le papier-monnaie de la Reichsbank dans les différentes banques et quinze jours plus tard on retrouvait des billets de cent mille marks dans le caniveau: un mendiant les y avait jetés dédaigneusement. Un lacet de chaussure coûtait plus cher que, précédemment, une chaussure, non, plus cher qu'un magasin de luxe avec deux mille paires de chaussures, réparer une fenêtre cassée plus cher qu'auparavant la maison tout entière, un livre plus cher qu'auparavant l'imprimerie avec ses centaines de machines. Pour cent dollars, on pouvait acheter en série des immeubles de six étages sur le Kurfürstendamm. Si on appliquait le taux de conversion, certaines usines ne coûtaient pas plus cher qu'autrefois une brouette. Des adolescents qui avaient découvert une caisse de savons égarée sur le port circulaient des mois durant en voiture et vivaient comme des princes en en vendant un morceau par jour, tandis que leurs parents, autrefois riches, faisaient maintenant la manche. Des porteurs de journaux fondaient des banques et spéculaient sur toutes les valeurs. Tout en haut, les dépassant tous, trônait la figure gigantesque du richissime Stinnes. Élargissant son crédit en exploitant la chute du mark, il achetait tout ce qui pouvait s'acheter, mines de charbon et navires, usines et paquets d'actions, châteaux et grands domaines, et tout ça finalement pour rien

puisque toute somme, toute dette se réduisaient à
rien. Bientôt, un quart de l'Allemagne lui appar-
tint, et la situation était d'une telle perversité que
le peuple allemand, qui avait toujours idolâtré la
réussite extérieure, l'acclamait comme un génie. Des
milliers de chômeurs arpentaient les rues, montrant
le poing aux profiteurs et aux étrangers qui circulaient dans des voitures de luxe et achetaient toute
une rue comme une boîte d'allumettes ; quiconque
savait simplement lire et écrire commerçait et spé-
culait, et gagnait de l'argent tout en nourrissant le
sentiment secret que tous se trompaient mutuellement et étaient à leur tour trompés par une main
cachée qui mettait délibérément en scène tout ce
chaos pour libérer l'État de ses dettes et de ses obligations. Je pense connaître l'histoire assez à fond,
mais à ma connaissance elle n'a jamais produit
une époque aussi folle dans des proportions aussi
gigantesques. Toutes les valeurs étaient altérées et
pas seulement dans le domaine matériel ; les ordonnances de l'État étaient tournées en ridicule, on ne
respectait ni principe ni morale, Berlin se métamorphosait en Babel du monde. Bars, foires et débits
de schnaps poussaient comme des champignons.
Ce que nous avions vu en Autriche se révéla n'être
qu'un modeste et sobre prélude à ce sabbat de sorcières, car les Allemands alimentèrent la perver-
sion avec leur véhémence et leur esprit de système.
Le long du Kurfürstendamm se promenaient des
jeunes gens maquillés, la taille artificiellement cin-
trée, et pas seulement des professionnels ; chaque
lycéen cherchait à gagner de l'argent et dans les
bars tamisés on voyait des secrétaires d'État et des
membres de la haute finance courtiser tendrement
des marins ivres. Même la Rome de Suétone n'a pas

connu d'orgies comparables aux bals de travestis, où des centaines d'hommes habillés en femmes et de femmes habillées en hommes dansaient sous l'œil bienveillant de la police. Dans l'effondrement des valeurs, une sorte d'égarement saisit précisément les milieux bourgeois, dont l'ordre reposait jusque-là sur des fondements inébranlables. Les jeunes filles se vantaient fièrement de leur perversité ; le soupçon d'être encore vierge à seize ans serait alors passé pour honteux dans n'importe quelle école berlinoise, chacune voulait pouvoir raconter ses aventures, et plus elles étaient exotiques, mieux c'était. Mais le fin fond de cet érotisme pathétique était son abominable inauthenticité. Tout compte fait, le système orgiastique déclenché par l'inflation n'était qu'une singerie fébrile ; en observant ces jeunes filles issues de bonnes familles bourgeoises on voyait bien qu'elles auraient préféré une coiffure simple avec juste une raie plutôt que ces têtes masculines gominées, manger à la petite cuiller un gâteau aux pommes à la crème fouettée, plutôt que boire des alcools forts ; il était partout indéniable que dans son ensemble le peuple ne supportait pas cette surexcitation, cet écartèlement quotidien au supplice de l'inflation qui lui déchirait les nerfs, et que la nation entière, lasse de la guerre, n'aspirait en fait qu'à l'ordre, à la tranquillité, à un peu de sécurité et de vie bourgeoise. En secret, elle haïssait la République, non parce que celle-ci aurait réprimé cette liberté sauvage, mais au contraire parce qu'elle tenait la bride d'une main trop lâche.

Quiconque a vécu ces mois, ces années apocalyptiques, lui-même dégoûté et aigri, sentait bien qu'un contrecoup était inévitable, une réaction terrible. Et c'est le sourire aux lèvres, montre en main, qu'attendaient dans l'ombre ceux qui avaient pré-

cipité le peuple allemand dans ce chaos: « Plus la
situation empire dans le pays, meilleure elle est
pour nous. » Ils savaient que leur heure viendrait.
C'est autour de Ludendorff bien plus que de Hitler,
encore impuissant à cette époque, que la contre-
révolution se cristallisait déjà ouvertement ; les officiers, auxquels on avait arraché leurs épaulettes,
s'organisaient en sociétés secrètes, les petits bourgeois, auxquels on avait volé leurs économies, se
regroupaient silencieusement et se disposaient par
avance à suivre n'importe quel mot d'ordre pourvu
qu'il leur promît l'ordre précisément. Rien ne fut
plus fatal à la République allemande que sa tentative idéaliste d'accorder la liberté au peuple et même
à ses ennemis. Car le peuple allemand, un peuple
qui aime l'ordre, ne savait que faire de sa liberté et
jetait déjà des regards impatients en direction de
ceux qui allaient l'en priver.

Le jour où l'inflation allemande prit fin (1923)
aurait pu devenir un tournant de l'histoire. Quand,
au coup de cloche, un billion de marks frauduleuse-
ment multipliés furent échangés contre un seul nouveau mark, une norme fut établie. Et de fait, l'écume
trouble ne tarda pas à refluer avec toute sa boue et
sa fange, les bars et les débits d'alcool disparurent,
la situation se normalisa, désormais chacun pouvait faire le compte précis de ce qu'il avait gagné, de
ce qu'il avait perdu. La majorité, l'immense masse
avait perdu. Mais loin d'en rendre responsables les
fauteurs de guerre, on s'en prit à ceux qui, dans
un esprit de sacrifice, dont on ne leur sut pas gré,
avaient assumé la charge de créer le nouvel ordre.
Rien — il faut le rappeler sans cesse — n'a aigri le
peuple allemand, ne l'a rendu haineux au point de

le précipiter dans les bras de Hitler, autant que l'inflation. Car la guerre, si meurtrière qu'elle eût été, avait malgré tout connu ses heures d'allégresse, avec les cloches qui sonnent et les fanfares de victoire. Et l'Allemagne, nation incurablement militaire, se sentit confortée dans son orgueil par quelques victoires temporaires, alors que l'inflation ne fit que lui donner le sentiment d'être salie, trompée et rabaissée ; toute une génération n'a ni oublié ni pardonné ces années à la République allemande, préférant même rappeler ses propres bourreaux. Mais tout cela était encore lointain. Extérieurement, la désastreuse fantasmagorie semblable au passage d'une ronde de feux follets semblait avoir pris fin en 1924. C'était de nouveau le plein jour, on voyait distinctement où donner de la tête. Et déjà nous saluions dans la montée de l'ordre le début d'un apaisement durable. Une fois de plus, nous pensions que la guerre était vaincue, sots, incurables sots que nous avions toujours été. Pourtant, cette illusion trompeuse nous a quand même fait cadeau d'une décennie de travail, d'espoir et même de sécurité.

De notre point de vue d'aujourd'hui, ce bref intervalle de dix ans, qui va de 1924 à 1933, de la fin de l'inflation allemande à la prise du pouvoir par Hitler, constitue malgré tout une pause dans la suite de catastrophes dont notre génération fut témoin et victime depuis 1914. Non pas que cette période n'eût pas connu des tensions, des agitations et des crises, à commencer par la crise économique de 1929, mais au cours de cette décennie la paix paraissait assurée, ce qui n'est pas rien. On avait accueilli l'Allemagne avec tous les honneurs dans la Société des Nations, favorisé par des emprunts son redressement économique — en réalité son réarmement secret —,

l'Angleterre avait désarmé, en Italie Mussolini avait
pris en charge la protection de l'Autriche. Le monde
semblait disposé à se reconstruire. Paris, Vienne,
Berlin, New York, Rome, les villes des vainqueurs
comme celles des vaincus devenaient plus belles
que jamais, l'avion dopait les communications, les
règles d'obtention des passeports s'adoucissaient.
Les fluctuations monétaires avaient cessé, on savait
combien on gagnait, combien on pouvait dépenser,
l'attention n'était plus aussi fébrilement rivée à des
problèmes extérieurs. On pouvait recommencer à
travailler, se concentrer, penser aux choses de l'esprit. On pouvait même se remettre à rêver et à espérer une Europe unie. Pendant ces dix années, un
bref instant dans l'histoire du monde, on eût dit que
notre génération soumise à tant d'épreuves allait
retrouver une vie quasi normale.

Dans ma vie personnelle, le fait le plus remarquable de ces années-là fut qu'un hôte s'invita chez
moi et s'y établit généreusement, un hôte que je
n'avais jamais espéré — le succès. On comprendra
que je ne suis pas très à l'aise en évoquant le succès
extérieur de mes livres et, dans une situation normale, j'aurais pris soin d'omettre l'indication la plus
fugace qui pût être taxée de suffisance ou de van-
tardise. Mais j'ai un droit particulier, je suis même
contraint de ne pas passer cette réalité sous silence
dans le récit de ma vie, car depuis sept ans, depuis
l'arrivée de Hitler, ce succès appartient à l'histoire.
Des centaines de milliers et même des millions de
mes livres qui étaient en lieu sûr dans des librairies et d'innombrables maisons particulières, on
ne peut plus s'en procurer un seul dans toute l'Allemagne; celui qui en possède encore un exemplaire
le conserve soigneusement dans une cachette, et

dans les bibliothèques publiques ils restent enfermés dans ce qu'on appelle « l'armoire aux poisons »,
à la disposition des rares lecteurs bénéficiant d'une
autorisation officielle parce qu'ils souhaitent en
faire un usage « scientifique » — qui consiste la plupart du temps à me diffamer. Parmi les lecteurs et
les amis qui m'écrivaient, il y a longtemps que personne n'ose plus écrire mon nom proscrit sur une
enveloppe. Et comme si cela ne suffisait pas, même
en France, en Italie, dans tous les pays aujourd'hui
asservis, où mes livres traduits faisaient partie
des plus lus, l'anathème a aussi été jeté sur ordre
de Hitler. Aujourd'hui, en tant qu'écrivain, comme
disait notre cher Grillparzer, je suis quelqu'un qui
« marche vivant derrière son propre cadavre »; tout
ou presque tout ce que j'ai construit en quarante ans
sur le plan international, il a suffi de ce poing pour
le démolir. C'est ainsi qu'en mentionnant mon « succès », je ne parle pas de quelque chose qui m'appartient, mais de quelque chose qui m'appartenait
autrefois comme ma maison, mon pays natal, ma
sécurité personnelle, ma liberté, ma spontanéité; je
ne pourrais donc illustrer l'effondrement dont j'ai
été la victime — en même temps que tant d'autres
tout aussi innocents — dans toute sa profondeur et
sa totalité, si je ne commençais pas par montrer la
hauteur depuis laquelle on m'a précipité, de même
que le caractère unique et les conséquences de
cette extermination de toute notre génération littéraire, dont je ne trouve aucun autre exemple dans
l'histoire.

Ce succès n'avait pas fait brusquement irruption
dans ma maison; il vint lentement, précautionneusement, mais jusqu'au jour où Hitler le chassa
loin de moi avec le fouet de ses décrets, il demeura

constant et fidèle. Il s'accrut d'année en année.
Le premier livre que je publiai après *Jérémie*, premier volume de mes *Bâtisseurs du monde*, la trilogie des *Trois maîtres*[5], me fraya immédiatement la
voie; les expressionnistes, les activistes, les expéri-
mentistes avaient joué leur rôle, la partie était finie
pour eux, et la voie du peuple était de nouveau
libre pour ceux qui s'étaient montrés patients et
persévérants. Mes nouvelles, *Amok* et *Lettre d'une
inconnue*, devinrent aussi populaires que peut l'être
habituellement un roman, on les portait à la scène,
on les lisait en public, on en faisait des films; un
petit livre, *Grandes heures de l'humanité* — lu dans
toutes les écoles —, atteignit en peu de temps deux
cent cinquante mille exemplaires dans la collection
« Insel-Bücherei ». En quelques années, je m'étais
créé ce qui, pour ma sensibilité, constitue la forme
de succès la plus précieuse pour un écrivain: une
communauté, un groupe fidèle de gens qui attendaient chaque nouveau livre, qui achetaient chaque
nouveau livre, qui vous faisaient confiance, et dont
on n'avait pas le droit de décevoir la confiance. Peu à
peu cette communauté s'élargit; de chaque livre que
je publiais, il se vendait vingt mille exemplaires en
Allemagne dès le premier jour, avant qu'une seule
annonce eût paru dans les journaux. Parfois, je ten-
tais consciemment d'échapper au succès, mais il
me poursuivait avec une ténacité surprenante. C'est
ainsi que j'avais écrit un livre pour mon seul plaisir personnel, une biographie de Fouché; quand je
l'eus envoyé à mon éditeur, celui-ci m'écrivit qu'il
en faisait immédiatement imprimer dix mille exemplaires. Je le conjurai par retour du courrier de ne
pas en imprimer une telle quantité. Fouché était un
personnage antipathique, le livre ne contenait pas

un seul épisode avec des femmes et il était donc impensable qu'il pût attirer un large cercle de lecteurs ; je lui demandai donc de n'en tirer que cinq mille exemplaires pour commencer. Au bout d'un an, on en avait vendu cinquante mille en Allemagne, dans cette même Allemagne qui n'a pas le droit, aujourd'hui, de lire la moindre ligne de moi. Vu la méfiance quasi pathologique que j'éprouve envers moi-même, il m'arriva la même chose avec mon adaptation de *Volpone*. J'avais l'intention d'en donner une version en vers et en neuf jours, avec facilité et légèreté, j'en écrivis les scènes en prose. Le hasard faisant que le Hoftheater de Dresde, envers qui je me sentais moralement redevable, parce qu'il avait créé *Thersite*, ma première œuvre théâtrale, m'avait demandé ces jours-là quels étaient mes plans, je lui envoyai la version en prose assortie d'excuses : ce que je lui soumettais n'était qu'une première ébauche destinée à être retravaillée et mise en vers. Mais le théâtre me télégraphia immédiatement en me suppliant de n'y rien changer ; effectivement, la pièce a été ensuite représentée sous cette forme sur toutes les scènes du monde (à New York à la Theatre Guild avec Alfred Lunt). Quoi que j'entreprisse durant toutes ces années, le succès et un public de lecteurs allemands toujours plus nombreux me restèrent fidèles.

Comme je me suis toujours fait un devoir, s'agissant d'œuvres ou de personnalités étrangères, de rechercher par les voies de la biographie ou de l'essai les causes de l'influence qu'elles ont exercée ou non sur leur époque, je n'ai pu m'empêcher, à certains moments de réflexion, de me demander quelle pouvait bien être la qualité particulière de mes livres qui pouvait fonder un succès que je n'attendais pas.

En fin de compte, je crois qu'il provient d'un défaut personnel qui fait de moi un lecteur impatient et fougueux. Tout ce qui s'apparente à la prolixité, au débordement, à l'exaltation vague, tout ce qui manque de précision et de clarté, tout ce qui, superflu, ralentit le cours d'un roman, d'une biographie ou d'une discussion d'idées m'irrite. Seul un livre qui maintient constamment son niveau, page après page, et vous emporte d'un trait jusqu'à la dernière sans vous permettre de respirer, me procure un plaisir sans mélange. Je trouve que les neuf dixièmes de tous les livres tombés entre mes mains sont gonflés de descriptions inutiles, de dialogues bavards et de personnages secondaires sans utilité, ce qui leur enlève une partie de leur intérêt et de leur dynamisme. Même dans les chefs-d'œuvre classiques les plus célèbres, je suis dérangé par le nombre des passages sablonneux et traînants, et j'ai souvent exposé à des éditeurs le projet audacieux de publier dans une série limitée toute la littérature mondiale d'Homère à *La Montagne magique* en passant par Balzac et Dostoïevski dans des versions expurgées de tout le superflu purement individuel. Toutes ces œuvres, qui ont indubitablement un contenu et une valeur dépassant leur époque, pourraient alors revivre et agir dans la nôtre.

Cette aversion pour la prolixité et les longueurs devait nécessairement passer de la lecture des œuvres d'autrui à l'écriture des miennes et m'éduquer à une vigilance particulière. En soi, je produis vite et aisément, dans la première version d'un livre je laisse courir librement ma plume et livre par la fabulation tout ce qui me tient à cœur. De même que, dans une œuvre biographique, je commence par exploiter tous les détails imaginables des documents à ma disposition; pour une biographie comme *Marie-Antoinette*, j'ai effectivement vérifié le détail de chaque facture pour avoir une idée précise de sa consommation personnelle, étudié tous les journaux et pamphlets de l'époque, épluché toutes les pièces du procès de la première à la dernière ligne. Mais dans le livre imprimé, on ne trouve plus une seule ligne de tout cela, car à peine ai-je mis au propre la première version approximative d'un livre que commence pour moi le travail proprement dit, celui qui consiste à condenser et à composer, un travail dont je n'arrive pas à me satisfaire de version en version. C'est un perpétuel délestage, une condensation et une clarification permanentes de l'architecture interne; alors que la plupart des autres ne peuvent se résoudre à taire quelque chose qu'ils savent, et comme s'ils étaient amoureux de chaque ligne réussie veulent se montrer plus vastes et plus profonds qu'ils ne le sont réellement, mon ambition est d'en savoir toujours plus que je ne le laisse extérieurement paraître.

Ce processus de condensation et donc de dramatisation se reproduit ensuite encore une fois, deux fois, trois fois sur les épreuves; en fin de compte, c'est une sorte de chasse plaisante qui se met en place, consistant à trouver encore une phrase ou un simple mot, dont l'absence n'affecterait pas la précision tout en accélérant le rythme. Élaguer est la partie la plus agréable de mon travail. Et je me souviens qu'un jour où je quittais mon travail particulièrement satisfait, ma femme me dit que ce jour-là j'avais l'air d'avoir réussi quelque chose d'extraordinaire et je lui répondis fièrement: « En effet, j'ai encore réussi à biffer un paragraphe entier et du coup j'ai trouvé une transition plus rapide. » S'il

arrive donc que certains louent le rythme entraînant
de mes livres, cette qualité ne résulte nullement
d'une effervescence naturelle ou d'une agitation
intérieure, mais uniquement de cette méthode systématique qui consiste à éliminer constamment toutes
les pauses et les bruits superflus, et si j'ai conscience
de quelque forme d'art, c'est l'art de savoir renoncer, car je ne me plains pas de voir que sur deux
mille pages écrites mille huit cents atterrissent dans
la corbeille et qu'il n'en reste que deux cents qui en
sont l'essence filtrée. Si quelque chose peut me servir à expliquer l'audience de mes œuvres, c'est cette
stricte discipline qui m'a fait préférer des formes
brèves mais toujours concentrées sur l'essentiel,
et ce fut un vrai bonheur pour moi, dont la pensée
avait pris d'emblée une orientation européenne,
supranationale, de voir qu'à présent des éditeurs
s'adressaient aussi à moi de l'étranger, des éditeurs
français, bulgares, arméniens, portugais, argen-
tins, norvégiens, lettons, finlandais, chinois. Je fus
bientôt obligé d'acheter une grosse armoire murale
pour y entasser tous les exemplaires des différentes
traductions et, un beau jour, je lus dans les statistiques de la Coopération intellectuelle de la Société
des Nations à Genève que j'étais l'auteur le plus traduit dans le monde (vu mon tempérament, je crus
une fois encore que c'était une fausse nouvelle). Un
autre jour, arriva une lettre de mon éditeur russe
pour m'annoncer son intention de publier une édition de mes œuvres complètes et me demander si
j'étais d'accord pour que Maxime Gorki en rédigeât
l'introduction. Si j'étais d'accord ? À l'école, j'avais lu
les nouvelles de Gorki sous mon pupitre, je l'aimais
et je l'admirais depuis des années. Mais je n'avais
jamais imaginé qu'il eût entendu parler de moi, à

plus forte raison qu'il eût lu la moindre ligne de moi, et encore moins qu'un tel maître eût jugé important de préfacer mon œuvre. Et un autre jour encore, muni d'une recommandation — comme si celle-ci était indispensable —, c'est un éditeur américain qui se présenta chez moi, à Salzbourg, pour me proposer de prendre en charge mes œuvres complètes et de les publier en continu. C'était Benjamin Huebsch de la Viking Press. Depuis, il est resté pour moi le plus sûr des amis et des conseillers, et tout ce dont je viens de parler ayant été piétiné de fond en comble par la botte de Hitler, il m'a conservé une dernière patrie dans le langage puisque j'ai perdu l'ancienne, la vraie, ma patrie allemande et européenne.

Un succès extérieur de cette dimension était dangereusement propre à égarer quelqu'un qui, jusque-là, croyait plus à ses bonnes intentions qu'à ses capacités et aux répercussions de son travail. En soi, toute forme de publicité perturbe l'équilibre naturel d'un être humain. Dans une situation normale, le nom porté par un homme n'a pas plus d'importance pour lui que n'en a la bague pour un cigare : une plaque d'identité, un objet extérieur sans grande importance, qui n'a qu'un lien assez lâche avec le vrai sujet, le moi proprement dit. En cas de succès, ce nom commence en quelque sorte à enfler. Il se détache de celui qui le porte et devient lui-même un pouvoir, une force, une chose en soi, un article commercial, un capital et, par un violent choc en retour, une force intérieure qui se met à influencer son porteur, à le dominer, à le transformer. Certaines natures heureuses, sûres d'elles-mêmes, finissent par s'identifier inconsciemment avec l'effet qu'elles produisent. Un titre, une position, une décoration, et à plus forte raison la notoriété de leur nom ont le pouvoir de faire naître en eux un sentiment de sécurité, d'améliorer l'image qu'ils ont d'eux-mêmes et de les inciter à croire que la société, l'État et l'époque devraient leur reconnaître une importance particulière, si bien qu'ils se gonflent involontairement pour que leur personne atteigne le volume occupé par leur importance extérieure. Mais celui que sa nature dispose à se méfier de lui-même ressent toute forme de succès extérieur comme une obligation morale de se conserver tel qu'il est, pour autant que cela lui soit possible dans cette situation difficile.

Ce qui ne veut pas dire que je ne me réjouissais pas de mon succès. Bien au contraire, il me rendait très heureux, mais uniquement dans la mesure où il ne concernait que le produit qui s'était détaché de moi, mes livres et l'abstraction du nom qui leur était lié. C'était émouvant, quand on se trouvait par hasard dans une librairie allemande, de voir entrer un lycéen qui, sans vous reconnaître, demandait les *Grandes heures de l'humanité* et payait avec son maigre argent de poche. Votre vanité pouvait être agréablement chatouillée quand le chef de train, dans un wagon-lit, prenait le passeport avec plus de respect après avoir lu le nom qui y figurait, ou quand un douanier italien, par reconnaissance pour un livre qu'il avait lu, renonçait magnanimement à fouiller vos bagages. Même l'aspect purement quantitatif de l'effet qu'on produit peut avoir quelque chose de séduisant pour l'auteur. J'arrivai par hasard à Leipzig le jour même où on livrait un nouveau livre de moi. Je fus étrangement excité de voir quelle quantité de travail humain on mettait inconsciemment en branle avec ce qu'on avait écrit en trois ou quatre mois sur trois cents pages. Des ouvriers empaquetaient les livres dans des caisses imposantes, d'autres les descendaient en gémissant dans des camions qui les emportaient vers des wagons à destination du monde entier. Des dizaines de jeunes filles empilaient les feuilles à l'imprimerie, protes, relieurs, expéditeurs et commissionnaires œuvraient du petit matin jusqu'à la nuit et on pouvait calculer que ces livres, alignés comme des briques, pourraient déjà servir à édifier une rue imposante. Je n'ai jamais eu non plus l'arrogance de mépriser l'aspect matériel. À mes débuts, je n'avais jamais osé penser que je pourrais gagner de l'argent avec mes livres et encore moins construire une existence sur le profit que j'en tirerais un jour. Et voilà qu'ils me rapportaient subitement des sommes considérables, en constante augmentation — qui pouvait penser à ce qui allait arriver? —, apparemment propres à me décharger de tout souci. Je pouvais m'adonner libéralement à la vieille passion de ma jeunesse, collectionner des autographes, et bon nombre de ces merveilleuses reliques, parmi les plus belles et les plus précieuses, trouvèrent chez moi un abri tendrement protégé. En échange d'œuvres que j'avais écrites, finalement assez éphémères d'un point de vue plus élevé, je pouvais acquérir les manuscrits d'œuvres impérissables, des manuscrits de Mozart, de Bach et de Beethoven, de Goethe et de Balzac. Ce serait donc une pose ridicule si je prétendais que ce succès extérieur inattendu n'avait rencontré chez moi que de l'indifférence ou même une forte résistance intérieure.

Mais je suis sincère quand je dis que le succès me réjouissait s'il concernait mes livres et mon nom littéraire, mais qu'il m'importunait plutôt quand la curiosité s'étendait à ma personne physique. Ce qui l'emportait depuis ma prime jeunesse, c'était le désir

instinctif de rester libre et indépendant. Et je sentais
que chez tout homme la meilleure part de sa liberté
personnelle était paralysée et défigurée par la notoriété photographique. De plus, ce que j'avais commencé par goût menaçait de prendre la forme d'une
profession, voire d'une industrie. Chaque courrier
m'apportait des piles de lettres, d'invitations, de sol-
licitations, de demandes auxquelles il fallait bien
répondre, et quand il m'arrivait de partir un mois en
voyage, je perdais ensuite deux à trois jours à bazar-
der la masse accumulée et remettre mes « affaires »
en ordre. Sans que je le veuille, le succès marchand
de mes livres m'avait engagé dans une sorte de ges-
tion commerciale, qui nécessitait de l'ordre, de la
ponctualité, un savoir-faire et une maîtrise globale
pour être menée à bien — toutes qualités infiniment
respectables, mais qui ne correspondent malheureusement pas à ma nature et menaçaient de contrarier
la pure spontanéité qui s'attachait à ma réflexion et
à mes rêves. Aussi, plus on sollicitait ma présence,
plus on m'invitait à donner des conférences, à participer à des manifestations officielles, plus je me
retirais, et je n'ai jamais pu surmonter cette crainte
quasi pathologique d'avoir à répondre de mon nom
avec ma personne. Aujourd'hui encore, dans une
salle, au concert ou à une représentation théâtrale,
quelque chose d'absolument instinctif me pousse à
m'asseoir au dernier rang, le moins en vue, et rien
ne m'est plus insupportable que d'exhiber mon
visage sur une estrade ou à une autre place expo-
sée ; l'anonymat m'est absolument indispensable
pour vivre. Jeune garçon, je trouvais déjà incompréhensible que les écrivains et les artistes de la génération précédente cherchent à se faire remarquer
dans la rue par des vestes en velours et des cheveux

ondulant librement, par des boucles tombant sur le front comme mes vénérés amis Arthur Schnitzler et Hermann Bahr, ou par une barbe spectaculaire et des vêtements extravagants. Je suis convaincu que la publicité faite à l'apparence physique incite tout homme à vivre en « homme miroir » de son propre moi, pour reprendre le mot de Werfel, à adopter un certain style dans le moindre de ses gestes, et généralement cette modification du comportement extérieur prive la nature intérieure de sa chaleur, de sa liberté et de son insouciance. C'est pour cette raison qu'aujourd'hui, si je pouvais recommencer depuis le début, je chercherais à jouir en quelque sorte doublement de ces deux bonheurs, celui du succès littéraire et celui de l'anonymat personnel, en publiant mes œuvres sous un autre nom, un nom fictif, un pseudonyme ; car si la vie en elle-même est déjà pleine d'attraits et de surprises, que dire de la double vie !

CRÉPUSCULE

Ce fut pour l'Europe — je ne me lasserai pas de le rappeler avec gratitude — une période relativement paisible que cette décennie qui s'étend de 1924 à 1933 avant qu'un seul homme, celui-là, bouleversât notre monde. Et parce qu'elle avait tant souffert des troubles, notre génération prit cette paix relative comme un cadeau inespéré. Nous avions tous le sentiment qu'il fallait rattraper la part de vie, de liberté, de concentration intellectuelle que nous avaient volée les mauvaises années de la guerre et de l'après-guerre ; on travaillait davantage et sur un mode pourtant plus détendu, on voyageait, on tentait des choses, on redécouvrait chacun l'Europe, le monde. Jamais les hommes n'ont autant voyagé que ces années-là — était-ce l'impatience des jeunes gens désireux de regagner en hâte ce qu'ils avaient manqué dans leur enfermement mutuel ? Était-ce, peut-être, l'obscur pressentiment qu'il était temps de rompre ce carcan avant que le barrage fût rétabli ?

Moi aussi je voyageai beaucoup durant cette période-là, mais c'était déjà un autre genre de voyage que dans mes années de jeunesse. Car à présent je n'étais plus un étranger dans les pays, partout

j'avais des amis, des éditeurs, un public, je venais
en tant qu'auteur de mes livres et n'étais plus le
curieux anonyme d'autrefois. Cela procurait toutes
sortes d'avantages. Je pouvais promouvoir avec plus
de vigueur et de poids l'idée qui, depuis des années,
était devenue la grande idée de ma vie : l'Europe
unie de l'esprit. C'est dans ce sens que je donnais des
conférences en Suisse, en Hollande, je parlai français au palais des Arts à Bruxelles, italien à Florence
dans la Sala dei Dugento historique, où Michel-Ange
et Léonard avaient siégé, anglais en Amérique au
cours d'un *lecture tour* de l'Atlantique au Pacifique.
C'était une autre façon de voyager ; partout je voyais
maintenant en camarades les meilleurs esprits du
pays sans avoir à les chercher ; les hommes vers lesquels, étant jeune, je levais les yeux avec respect et
à qui je n'aurais jamais osé écrire une ligne, étaient
maintenant des amis. Je pénétrais dans des cercles
qui restent orgueilleusement fermés aux étrangers,
je voyais les hôtels du faubourg Saint-Germain,
les *palazzi* italiens, les collections privées ; dans les
bibliothèques publiques, je ne stationnais plus au
guichet en attendant qu'on satisfasse ma demande,
mais les directeurs en personne me montraient les
trésors cachés, j'étais reçu chez les antiquaires des
millionnaires en dollars, comme le docteur Rosen-
bach à Philadelphie, devant les boutiques desquels
le petit collectionneur était passé autrefois le regard
timide. J'accédais pour la première fois à ce qu'on
appelle la « haute » société, avec, en plus, l'agrément
et la commodité de n'avoir à solliciter personne pour
y être introduit, puisque tout venait à moi. Mais en
voyais-je mieux le monde pour autant ? Venait toujours un moment où j'étais pris par la nostalgie des
voyages de ma jeunesse, quand personne ne vous

attendait et que l'isolement donnait à toute chose
des couleurs plus mystérieuses; aussi je ne voulais
pas abandonner complètement mon ancienne façon
de voyager. Quand j'arrivais à Paris, je me gardais
bien de prévenir même mes meilleurs amis comme
Roger Martin du Gard, Jules Romains, Duhamel,
Masereel, dès le jour de mon arrivée. Je voulais
d'abord faire comme autrefois, quand j'étais étudiant, flâner dans les rues, sans entrave et sans être
attendu. Je fréquentais les anciens cafés et les petits
restaurants, je jouais à me replonger dans ma jeunesse; de la même façon, quand je voulais travailler,
je me rendais dans les endroits les plus incongrus,
de petites localités provinciales telles que Boulogne,
Tirano ou Dijon; c'était merveilleux d'être inconnu,
de descendre dans les petits hôtels après les palaces
au luxe écœurant, de me mettre tantôt en avant tantôt en retrait, de distribuer l'ombre et la lumière en
fonction de mon envie. Et quoi que Hitler m'eût
enlevé plus tard, le plaisir conscient d'avoir cependant vécu toute une décennie à l'européenne, selon
mon bon vouloir et dans la plus grande liberté intérieure, fut la seule chose que même lui n'a pu ni me
confisquer ni me gâter.

Parmi tous ces voyages, il en est un qui fut particulièrement excitant et instructif pour moi: un
voyage dans la Russie nouvelle. En 1914, peu de
temps avant la guerre, travaillant à mon livre sur
Dostoïevski, j'avais déjà préparé ce voyage; mais
la faux sanglante de la guerre m'en avait coupé et
depuis lors, une certaine circonspection me retenait.
L'expérience bolchevique avait fait de la Russie le
pays le plus fascinant de l'après-guerre aux yeux
de tous les hommes de l'esprit, elle faisait l'objet

d'une admiration enthousiaste comme d'une hostilité fanatique, en l'absence de toute information précise. Du fait de la propagande et d'une contre-propagande tout aussi acharnée, personne ne disposait d'informations fiables sur ce qui s'y passait. On savait néanmoins qu'une expérience tout à fait nouvelle y était tentée, quelque chose qui pourrait déterminer, en bien ou en mal, la forme à venir de notre monde. Shaw, Wells, Barbusse, Istrati, Gide et bien d'autres avaient fait le voyage, les uns étaient revenus enthousiastes, les autres déçus, et je n'aurais pas été l'homme intellectuellement concerné que je suis, ouvert à tout ce qui est nouveau, si je n'avais pas eu moi aussi l'envie de m'en faire une image de mes propres yeux. Là-bas, mes livres étaient largement diffusés, non seulement l'édition complète avec l'introduction de Maxime Gorki, mais également de petites éditions bon marché à quelques kopecks, qui atteignaient le grand public; j'étais donc sûr d'être bien accueilli. Mais ce qui me retenait, c'est qu'à l'époque tout voyage en Russie revenait d'emblée à prendre une sorte de parti, obligeait à se déclarer publiquement pour ou contre, alors que je détestais profondément la politique et le dogmatisme, et que je refusais, me fondant sur une vue générale acquise en seulement quelques semaines, de me laisser dicter un jugement sur un pays impossible à cerner et sur un problème encore loin d'être résolu. C'est ainsi qu'en dépit de ma brûlante curiosité je n'avais jamais pu me décider à me rendre en Russie soviétique.

Or, au début du printemps de 1928, me parvint une invitation à assister en qualité de représentant des écrivains autrichiens à la célébration du centième anniversaire de la naissance de Léon Tolstoï, pour prendre la parole à la soirée donnée en son

honneur à Moscou. Je n'avais aucune raison de me
dérober, car l'objet de ma visite n'étant pas partisan,
elle ne se situait pas sur le terrain politique. Apôtre
de la *non-violence**, Tolstoï ne pouvait être assimilé
au bolchevisme, et parler de lui comme écrivain
me revenait comme une sorte de droit manifeste,
puisque mon livre sur lui était diffusé à plusieurs
milliers d'exemplaires ; il me semblait aussi, d'un
point de vue européen, que c'était une importante
manifestation si les écrivains de tous les pays se
réunissaient pour rendre au plus grand d'entre eux
un hommage commun. Je donnai donc mon accord
et n'eus pas à regretter d'avoir pris cette décision
rapide. À elle seule, la traversée de la Pologne fut
déjà un événement pour moi. Je vis avec quelle rapidité notre époque est capable de guérir les blessures
qu'elle s'est infligées elle-même. Les mêmes villes de
Galicie, que j'avais vues en ruine en 1915, se dres-
saient à présent toutes neuves et propres ; je compris
une nouvelle fois que dix ans, soit une bonne tranche
de vie pour l'individu, ne sont qu'un clin d'œil dans
la vie d'un peuple. À Varsovie, aucune trace du flot
des armées victorieuses et des armées vaincues qui
avaient traversé deux fois, trois fois, quatre fois la
ville. Les cafés regorgeaient d'élégantes. Les officiers
qui se promenaient dans les rues, sveltes et sanglés
dans leurs uniformes, avaient plutôt l'air de parfaits
acteurs du Hoftheater jouant le rôle de soldats. Partout se faisaient sentir le dynamisme, la confiance, la
fierté légitime que la nouvelle république de Pologne
pût se relever aussi forte de décombres séculaires.
De Varsovie, le voyage se poursuivait en direction de
la frontière russe. Le pays devenait plus plat et plus
sablonneux ; à chaque gare, toute la population du
village était rassemblée en costume paysan bigarré,

car à l'époque il ne se rendait qu'un seul train de voyageurs par jour dans le pays interdit et fermé, et c'était le grand événement quand on voyait passer les wagons rutilants d'un express reliant le monde de l'Est à celui de l'Ouest. On parvenait enfin à Niégorolié, la gare frontière. Au-dessus des voies était tendue une grande banderole rouge sang avec une inscription, dont je ne pus déchiffrer les caractères cyrilliques. On me la traduisit : « Travailleurs de tous les pays, unissez-vous ! » En passant sous cette banderole rouge vif, on avait foulé le sol de l'empire du prolétariat, la République des soviets, un monde nouveau. Il est vrai que le train dans lequel nous voyagions n'avait rien de prolétaire. Ce train de wagons-lits datant de l'époque tsariste se révélait plus confortable et plus commode que les trains de luxe européens, à cause de ses dimensions plus vastes et de sa lenteur. C'était la première fois que je traversais la campagne russe et, curieusement, elle ne me fit pas une impression d'étrangeté. Tout me paraissait singulièrement familier, l'immense steppe vide et sa discrète mélancolie, les isbas et les petites villes avec leurs églises à bulbes, les hommes à longue barbe, mi-paysans mi-prophètes, qui nous saluaient d'un large sourire bienveillant, les femmes avec leurs fichus colorés et leurs blouses blanches, qui vendaient des kwas, des œufs et des concombres. Comment se faisait-il que je connaissais tout ça ? C'était grâce au talent souverain de la littérature russe — grâce à Tolstoï, Dostoïevski, Aksakov[1], Gorki —, qui nous avait décrit la vie du « peuple » avec un réalisme grandiose. Bien qu'ignorant la langue, je croyais comprendre les gens quand ils parlaient, aussi bien ces hommes d'une simplicité touchante, campés avec bonhomie dans leurs amples blouses, que les jeunes ouvriers qui jouaient aux échecs, ou lisaient ou discutaient dans le train, cet esprit nerveux et indomptable propre à la jeunesse, que la sollicitation de toutes les forces avait appelé à une singulière renaissance. Était-ce l'amour que Dostoïevski et Tolstoï nourrissaient pour le « peuple » qui vous faisait l'effet d'un souvenir — en tout cas, j'éprouvai déjà dans le train un sentiment de sympathie pour ce qu'il y avait d'enfantin et de touchant, d'avisé et de rustique chez ces gens.

Les quinze jours que je passai en Russie soviétique s'écoulèrent dans un état de tension constante. On voyait, on entendait, on admirait, on était rebuté, enthousiasmé, irrité, c'était une perpétuelle alternance de chaud et de froid. La ville de Moscou était elle-même un nœud de contradictions — ici la splendide place Rouge avec ses murailles et ses bulbes, quelque chose de merveilleusement tartare, oriental, byzantin et donc de fondamentalement russe, et à côté, comme une horde étrangère de géants américains, des gratte-ciel modernes, ultramodernes. Rien ne concordait ; dans les églises, la lueur crépusculaire des vieilles icônes noircies par la fumée et les autels de saints scintillant de bijoux, et à cent pas de là, dans son cercueil de verre, le cadavre de Lénine, dont on venait de rafraîchir les couleurs (je ne sais si c'était en notre honneur), reposait dans un costume noir. À côté de quelques automobiles rutilantes, des *istvochiks*[2] barbus et sales fouettaient leurs maigres petits chevaux à coups de mots tendres et sonores, le grand opéra, dans lequel nous intervenions, brillait d'un éclat pompeux et tsariste devant le public prolétarien, et dans les faubourgs, tels des vieillards sales et négligés, les vieilles maisons vermoulues devaient s'appuyer l'une contre l'autre pour ne pas s'effondrer. Tout avait été trop longtemps vieux, amorphe et rouillé, et voulait maintenant, d'un coup d'un seul, devenir moderne, ultramoderne, hyper-technique. Du fait de cette hâte, Moscou donnait l'impression d'être archicomble, archipeuplé, secoué dans tous les sens. Partout les gens se pressaient, dans les magasins, devant les théâtres, et partout ils étaient forcés d'attendre, tout était archiorga-nisé et de ce fait rien ne fonctionnait vraiment ; la nouvelle bureaucratie, censée mettre de « l'ordre », prenait encore plaisir à remplir des formulaires, des autorisations, et retardait tout. La grande soirée, qui devait commencer à 6 heures, commença à 9 heures et demie ; quand je quittai l'Opéra, recru de fatigue, aux alentours de 3 heures du matin, les orateurs continuaient imperturbablement à parler ; à chaque réception, à chaque rendez-vous, l'Européen arri-vait une heure trop tôt. Le temps vous filait entre les doigts et pourtant chaque seconde était pleine à cra-quer d'observations et de discussions ; il y avait je ne sais quelle fièvre dans tout cela et on se sentait insi-dieusement saisi par ce mystérieux embrasement de l'âme russe, son plaisir effréné d'extirper de soi des idées et des sentiments encore chauds. Sans vrai-ment savoir pour quelle raison ni dans quel but, on était légèrement exalté, cela tenait à l'atmosphère, nerveuse et nouvelle ; peut-être vous poussait-il une âme russe.

Il y avait des choses magnifiques. Leningrad avant tout, cette ville génialement conçue par des princes audacieux avec ses larges perspectives, ses palais imposants — qui restait en même temps l'op-pressant Saint-Pétersbourg des « nuits blanches » et de Raskolnikov[3]. L'Ermitage, impressionnant, et à l'intérieur le spectacle inoubliable de ces groupes

entiers d'ouvriers, de soldats, de paysans avec leurs
gros souliers, le chapeau respectueusement à la
main comme autrefois devant leurs icônes, parcourant les salles naguère impériales et regardant les
tableaux avec une fierté secrète : maintenant c'est
à nous et nous allons apprendre à comprendre ces
choses-là. Des instituteurs guidaient dans les salles
des enfants aux joues rondes, des commissaires aux
arts expliquaient Rembrandt et Titien aux paysans,
qui les écoutaient avec un léger embarras ; chaque
fois qu'on attirait leur attention sur des détails, ils
haussaient timidement les yeux sous leurs lourdes
paupières. Ici aussi, comme partout, on ne pouvait
nier un léger ridicule dans ces efforts purs et loyaux
pour entraîner du jour au lendemain le « peuple »
à la compréhension immédiate de Beethoven et de
Vermeer, mais cet effort, d'un côté pour faire comprendre du premier coup les plus hautes valeurs, de
l'autre pour les comprendre, témoignait de part et
d'autre d'une égale impatience. Dans les écoles, on
faisait peindre aux enfants les choses les plus sauvages, les plus extravagantes, sur les pupitres de
filles de douze ans on trouvait des œuvres de Hegel
et de Sorel (qu'à l'époque je ne connaissais pas
moi-même), des cochers, qui ne savaient pas encore
vraiment lire, tenaient à la main des livres, simplement parce que c'étaient des livres et que les livres
représentaient la « culture », donc l'honneur et le
devoir du nouveau prolétariat. Que de fois nous ne
pouvions nous empêcher de sourire quand on nous
montrait des usines de moyenne importance et
qu'on s'attendait à nous voir ébahis, comme si nous
n'avions encore rien vu de tel en Europe et en Amérique ; « électrique », me dit fièrement un ouvrier en
désignant une machine à coudre, et il me regardait

plein d'espoir, pensant que j'allais pousser des cris d'admiration. Voyant toutes ces choses techniques pour la première fois, le peuple croyait humblement que c'étaient la révolution et les petits pères Lénine et Trotski qui avaient conçu et inventé tout cela. Ainsi, on souriait d'admiration et on admirait, tout en étant secrètement amusé ; quel grand et brave enfant merveilleusement doué que cette Russie, pensait-on toujours, et on s'interrogeait : va-t-elle réellement apprendre sa formidable leçon aussi vite qu'elle s'est promis de le faire ? Ce plan grandiose va-t-il encore se développer ou se perdre dans les sables du vieil « oblomovisme[4] » russe ? À certaines heures on était confiant, à d'autres on doutait. Plus j'en voyais, moins je voyais clair.

Mais cette contradiction, tenait-elle à moi ou n'était-elle pas plutôt fondée dans la nature russe, et n'existait-elle pas aussi dans l'âme de Tolstoï que nous étions venus célébrer ? Dans le train qui nous menait à Iasnaïa Poliana j'en parlai avec Lounatcharski[5]. « Qu'était-il en fin de compte, me dit Lounatcharski, révolutionnaire ou réactionnaire ? L'a-t-il su lui-même ? En bon Russe qu'il était, il voulait tout trop vite, après des milliers d'années changer le monde entier en un tournemain. — Tout comme nous, ajouta-t-il en souriant, et avec une formule unique, exactement comme nous. On a une fausse image de nous, les Russes, quand on nous dit patients. Nous sommes patients avec nos corps et même avec notre âme. Mais avec notre pensée nous sommes plus impatients que tout autre peuple, nous voulons toujours connaître immédiatement toutes les vérités, "la" vérité. Et comme il s'est tourmenté pour la connaître, le vieil homme ! » Et de fait, en visitant la maison de Tolstoï à Iasnaïa Poliana, je ne fis que ressasser ce sentiment: « Comme il s'est tourmenté, le grand vieil homme! » Il y avait là le bureau sur lequel il avait écrit ses œuvres impérissables, et il l'avait quitté pour une misérable pièce voisine, dans laquelle il confectionnait des souliers, de mauvais souliers. Il y avait la porte, l'escalier par lequel il avait voulu s'échapper de cette maison, échapper à la contradiction de son existence. Il y avait le fusil avec lequel il avait tué des ennemis pendant la guerre, lui l'ennemi de toute guerre. Toute la question de son existence se trouvait étalée là devant moi, avec sa force et sa présence physique, dans cette maison domaniale, basse et blanche, mais ensuite, tout ce tragique s'adoucit merveilleusement quand nous nous rendîmes à sa dernière demeure.

Car je n'ai rien vu de plus grandiose ni de plus émouvant en Russie que la tombe de Tolstoï. Cet illustre lieu de pèlerinage est situé dans un endroit écarté et solitaire, posé dans la forêt. Un étroit sentier mène à ce tertre, qui n'est qu'un monticule de terre rectangulaire que personne ne surveille, que personne ne garde, simplement ombragé par quelques arbres. Ces arbres de haute taille, me raconta sa petite-fille devant la tombe, c'est Léon Tolstoï lui-même qui les avait plantés. Étant enfants, lui et son frère Nicolaï avaient entendu de la bouche d'une femme du village la légende selon laquelle un endroit où on plante des arbres est source de bonheur. C'est ainsi qu'à moitié par jeu ils avaient mis en terre quelques pousses. C'est plus tard seulement que le vieil homme se souvint de cette merveilleuse promesse et exprima aussitôt le vœu d'être enterré sous les arbres qu'il avait lui-même plantés. Ainsi fut fait, conformément à sa volonté, et sa simplicité, qui force le cœur, en a fait la tombe la plus impressionnante du monde. Un petit tertre rectangulaire en pleine forêt, dominé par des arbres pour toutes fleurs — *nulla crux, nulla corona*! Ni croix, ni pierre tombale, ni inscription. Le grand homme est enterré sans nom, lui qui avait souffert plus qu'aucun autre de son nom et de sa gloire, comme un vagabond trouvé par hasard, comme un soldat inconnu. Il n'est interdit à personne de s'approcher de sa dernière demeure; la mince clôture de planches qui l'entoure n'est pas fermée. Rien ne garde le dernier repos de celui qui ne connaissait pas le repos sinon le respect des hommes. Alors qu'ailleurs la curiosité se presse autour du faste d'un tombeau, ici une simplicité imposante bannit tout voyeurisme. Le vent passe sur la tombe anonyme en murmurant comme la parole de Dieu, on n'y perçoit pas d'autre voix, on pourrait passer devant en se disant simplement qu'un Russe quelconque est enterré là, dans la terre russe. Ni le spectacle de la crypte de Napoléon sous le dôme en marbre des Invalides, ni celui de la tombe de Goethe dans le caveau des princes, ni celui des tombeaux de l'abbaye de Westminster n'impressionnent autant que celui de cette tombe dans son silence magnifique et son anonymat touchant, quelque part dans la forêt, que seul entoure le chuchotement du vent et qui n'énonce elle-même aucun message, aucune parole.

J'étais en Russie depuis quinze jours et je continuais à ressentir cette tension intérieure, ce brouillard d'une légère ivresse de l'esprit. Qu'y avait-il, au fond, de si excitant? Je ne tardai pas à le découvrir: c'étaient les hommes et la cordialité spontanée qui émanait d'eux. Du premier au dernier ils étaient tous convaincus de partager une cause formidable qui concernait l'humanité entière, tous pénétrés

de l'idée que les privations et les restrictions qu'ils
devaient consentir étaient au service d'une mission
supérieure. Le vieux sentiment d'infériorité vis-à-vis
de l'Europe s'était transformé d'un coup en fierté
enivrante d'être en avance, en avance sur tous.
Ex oriente lux[6] — c'est d'eux que venait le salut, ils
le pensaient en toute honnêteté et en toute sincérité.
« La » vérité, ils l'avaient trouvée ; c'est à eux qu'était
donné d'accomplir ce dont les autres ne faisaient
que rêver. Quand ils vous montraient la chose la
plus insignifiante, leurs yeux étaient radieux : « C'est
nous qui l'avons fait. » Et ce « nous » courait dans
tout le peuple. Le cocher qui vous conduisait pointait
son fouet sur quelque maison neuve, un rire lui dila-
tait les joues : « C'est nous qui l'avons construite. »
Dans leurs salles d'études, Tatars et Mongols vous
abordaient en montrant leurs livres avec fierté :
« Darwin ! » disait l'un, « Marx ! » disait l'autre,
aussi fiers que s'ils les avaient écrits eux-mêmes.
Ils ne se lassaient pas de se presser autour de vous
avec quelque chose à montrer, à expliquer, tant ils
étaient reconnaissants que quelqu'un fût venu voir
« leur » œuvre. Chacun manifestait — des années
avant Staline ! — une confiance illimitée dans l'Européen, ils levaient vers vous de bons yeux fidèles
et vous serraient la main avec une vigueur fraternelle. Mais c'étaient justement les moins importants
qui tenaient à montrer que s'ils vous aimaient, ce
n'était pas du « respect » qu'ils vous témoignaient
— puisqu'on était frères, *tovaritch*, camarades. Il
en allait de même avec les écrivains. Nous étions
assis tous ensemble dans la maison qui avait appartenu autrefois à Alexandre Herzen, non seulement
des Européens et des Russes, mais aussi des Toun-
gouses, des Géorgiens, des Caucasiens, chaque État

soviétique ayant envoyé son délégué pour Tolstoï.
On n'avait pas de langue commune avec la plupart,
mais on se comprenait. Parfois l'un d'eux se levait,
vous abordait, nommait le titre d'un livre qu'on
avait écrit, mettait la main sur son cœur pour dire
« je l'aime beaucoup », puis il saisissait la vôtre et
la secouait comme s'il voulait vous briser le poignet
en signe d'amour. Et plus émouvant encore, chacun
apportait un cadeau. Les temps étaient encore durs ;
ils ne possédaient aucun objet de valeur, mais chacun allait chercher quelque chose pour donner un
souvenir, une vieille gravure sans valeur, un livre
qu'on ne pouvait lire, une sculpture sur bois faite
par un paysan. Cela m'était évidemment plus facile,
car je pouvais offrir en retour des objets précieux
que la Russie n'avait pas vus depuis des années
— une lame de rasoir Gillette, un stylo, quelques
feuilles de bon papier à lettres blanc, une paire de
pantoufles en cuir souple, si bien que je rentrai chez
moi avec le minimum de bagages. C'était justement
ce que cette cordialité avait de muet et de spontané
qui était irrésistible, et l'effet que nous produisions
avait une ampleur et une chaleur tangibles inconnues chez nous — où on ne parvenait jamais à
toucher le « peuple » —, et chaque rencontre avec
ces hommes exerçait une séduction dangereuse, à
laquelle ont effectivement succombé nombre d'écrivains étrangers au cours de leurs visites en Russie.
Comme ils se voyaient fêtés comme jamais, aimés
de la masse réelle, ils se croyaient obligés de célébrer le régime sous lequel on les lisait et les aimait ;
car il est dans la nature humaine de répondre à la
générosité par la générosité et à l'exubérance par
l'exubérance. Je dois avouer qu'en Russie, à certains
moments, j'ai moi-même failli verser dans l'hymne

et me laisser entraîner par l'enthousiasme naissant de l'enthousiasme.

Si je n'ai pas succombé à la magie de cette ivresse, ce n'est pas tant à ma propre force de résistance intérieure que je le dois, mais à un inconnu, dont j'ignore et ignorerai toujours le nom. C'était à la suite d'une fête chez des étudiants. Ils m'avaient entouré, étreint, m'avaient serré les mains. J'étais encore tout chaud de leur enthousiasme, je regardais avec joie leurs visages animés. Ils furent quatre ou cinq à me raccompagner, toute une troupe, et l'interprète qui m'avait été attribuée, étudiante elle aussi, me traduisait tout. Ce n'est qu'arrivé à l'hôtel, après avoir refermé derrière moi la porte de ma chambre, que je me retrouvai vraiment seul, seul pour la première fois depuis douze jours, car on était toujours accompagné, cerné, porté par des vagues chaudes. Je commençai à me déshabiller et ôtai mon habit. Je sentis alors quelque chose crisser. Je plongeai la main dans ma poche. C'était une lettre. Une lettre écrite en français, mais une lettre qui ne m'était pas parvenue par la poste, une lettre que quelqu'un avait dû me glisser adroitement dans la poche au cours de ces embrassades ou de ces bousculades.

C'était une lettre sans signature, une lettre sensée, pleine d'humanité, qui n'avait certainement pas été écrite par un « blanc », mais manifestait néanmoins une grande amertume contre la restriction croissante des libertés au cours des dernières années. « Ne croyez pas tout ce qu'on vous raconte », m'écrivait cet inconnu. « N'oubliez pas, dans tout ce qu'on vous montre, qu'il y a aussi beaucoup de choses qu'on ne vous montre pas. Rappelez-vous que la plupart du temps les gens qui parlent avec vous ne vous disent pas ce qu'ils voudraient vous dire mais uniquement ce qu'on les autorise à vous dire. Nous sommes tous surveillés et vous le premier. Votre interprète rapporte tout ce qu'elle entend. Votre téléphone est sur écoute, chacun de vos pas est contrôlé. » Il me donnait une série d'exemples et de détails que je n'étais pas en mesure de vérifier. Mais je brûlai cette lettre conformément à ses instructions — « Surtout ne la déchirez pas, car on en récupérerait les morceaux dans votre corbeille à papiers pour la reconstituer » — et me mis pour la première fois à réfléchir à tout cela. N'était-ce pas un fait qu'au milieu de cette chaleur spontanée, de cette merveilleuse camaraderie, je n'avais pas eu la moindre occasion de parler librement avec qui que ce fût en tête à tête ? Mon ignorance de la langue m'avait empêché de prendre directement contact avec les gens du peuple. Et puis, n'était-ce pas une infime partie de cet immense empire que j'avais pu voir pendant ces quinze jours ? Si je voulais être honnête envers moi-même et envers d'autres, il me fallait bien avouer que mon impression, si passionnante, si exaltante fût-elle, ne pouvait néanmoins prétendre à l'objectivité. Alors que presque tous les autres écrivains européens revenant de Russie avaient aussitôt publié un livre manifestant une adhésion enthousiaste ou une opposition acharnée, je me bornai donc à écrire quelques articles. Et j'ai bien fait de rester sur la réserve, car, trois mois après, bien des choses étaient déjà différentes de ce que j'avais vu, et un an après tout ce que j'aurais dit eût été démenti par les faits. Quoi qu'il en soit, j'ai rarement senti le fleuve du temps courir avec autant de force qu'en Russie.

À mon départ de Russie, mes valises étaient assez vides. J'avais distribué tout ce que je pouvais donner et n'avais emporté pour ma part que deux icônes, qui ont ensuite décoré ma chambre pendant longtemps. Mais ce que j'emportai chez moi de plus précieux fut l'amitié avec Maxime Gorki, que j'ai rencontré personnellement pour la première fois à Moscou. Je l'ai revu deux ou trois ans plus tard à Sorrente, où il avait dû se rendre pour soigner sa santé menacée, et j'y ai passé trois journées inoubliables invité dans sa maison.

Cette rencontre fut, à dire vrai, très étrange. Gorki ne maîtrisait aucune langue étrangère, et de mon côté j'ignorais le russe. Selon toute logique, nous aurions donc dû rester muets l'un face à l'autre ou ne soutenir une conversation qu'en recourant à notre vénérée amie la baronne Maria Budberg, qui nous servait d'interprète. Mais ce n'était certainement pas un hasard si Gorki était un des narrateurs les plus géniaux de la littérature mondiale ; pour lui, le récit n'était pas simplement une forme d'expression artistique, c'était une émanation fonctionnelle de tout son être. Il vivait, en racontant, dans ce qu'il racontait, devenait lui-même ce qu'il racontait, et je le comprenais sans comprendre la langue, en anticipant grâce à l'expressivité de son visage. En lui-même, il avait l'air tout simplement — on ne peut le dire autrement — « russe ». Rien ne frappait dans ses traits ; avec ses cheveux jaune paille et ses larges pommettes, on aurait pu imaginer ce grand escogriffe en paysan dans son champ, en cocher sur un fiacre, en modeste cordonnier, en vagabond dépenaillé — il n'était rien d'autre que « peuple », archétype concentré du Russe. Dans la rue, on l'aurait croisé sans le remarquer, sans s'apercevoir de sa particularité. C'est seulement quand on était assis en face de lui et qu'il se mettait à raconter qu'on découvrait qui il était. Car il devenait involontairement celui dont il faisait le portrait. Je me souviens comment il décrivait — j'avais compris avant qu'on me donnât la traduction — un vieux bossu fatigué qu'il avait rencontré un jour pendant une promenade. Il inclina involontairement la tête, ses épaules s'affaissèrent, ses yeux lumineux, d'un bleu rayonnant quand il avait commencé, prirent une couleur sombre et lasse, sa voix se brisa; il s'était transformé sans le savoir en vieux bossu. Et dès qu'il décrivait quelque chose de gai, son rire éclatait dans sa bouche, il s'appuyait nonchalamment en arrière, son front s'illuminait; l'écouter était un plaisir indescriptible, pendant qu'il disposait autour de lui décor et personnages avec des gestes ronds, analogues à ceux du sculpteur. Tout chez lui était simple et naturel, sa façon de marcher, de s'asseoir, d'écouter, sa pétulance; un soir il se déguisa en boyard, ceignit un sabre, et aussitôt son regard se fit altier. Ses sourcils se tendirent d'un air de commandement, il allait et venait dans la chambre d'un pas énergique, comme s'il envisageait un terrible oukase et l'instant suivant, ayant ôté son déguisement, il éclata d'un rire enfantin comme un jeune paysan. Sa vitalité était prodigieuse; avec son poumon abîmé il vivait, au fond, en bravant toutes les lois de la médecine, mais une formidable volonté de vivre, un sentiment d'airain du devoir à accomplir le maintenaient debout. Chaque matin, il travaillait à son grand roman dans sa belle calligraphie, répondait à des centaines de questions que lui adressaient depuis sa patrie de jeunes écrivains et travailleurs; me trouver avec lui c'était pour moi une expérience vivante de la Russie, non de la Russie bolchevique, ni de celle d'autrefois, ni de celle de demain, mais de l'âme du peuple éternel, grande, forte et obscure. Dans son for intérieur, à cette époque-là, il n'était pas encore décidé. En vieux révolutionnaire qu'il était, il avait souhaité le renversement, noué une amitié personnelle avec Lénine, mais il hésitait encore, à ce moment-là, à se lier complètement au parti, à « devenir pope ou pape », comme il disait, ce qui ne l'empêchait pas d'être accablé par le remords de ne pas être avec les siens pendant ces années où chaque semaine était décisive.

Ces jours-là, je fus témoin par hasard d'une de ces scènes caractéristiques de la nouvelle Russie, qui me dévoila toutes ses contradictions. Pour la première fois, un navire de guerre russe était entré dans le port de Naples au cours d'une croisière d'exercice. Les jeunes marins, qui ne connaissaient pas la métropole, se promenaient *via* Toledo dans leurs uniformes seyants, et ne pouvaient rassasier leurs grands yeux de paysans curieux en regardant toutes les nouveautés. Le lendemain, certains d'entre eux décidèrent d'aller en groupe à Sorrente pour rendre visite à « leur » écrivain. Ils ne s'annoncèrent pas ; avec leur conception russe de la fraternité, il allait de soi que « leur » écrivain était disponible pour eux à tout instant. Ils se présentèrent subitement devant sa maison, et ils avaient bien fait : Gorki ne les fit pas attendre et les invita à entrer. Mais — Gorki me le raconta lui-même en riant le lendemain — ces jeunes gens, pour qui la « cause » était au-dessus de tout, se montrèrent d'abord très sévères avec lui. « Comment tu es logé ! » dirent-ils, à peine entrés dans la belle et confortable villa. « Tu vis vraiment comme un bourgeois. Au fait, pourquoi tu ne reviens pas en Russie ? » Gorki dut tout leur expliquer dans le détail du mieux qu'il put. Mais au fond ces braves jeunes gens le jugeaient moins sévèrement qu'il n'y paraissait. Ils voulaient simplement montrer qu'ils n'avaient pas le « respect » de la célébrité et s'attachaient d'abord à évaluer les opinions de chacun. Ils s'assirent sans aucune gêne, burent du thé, bavardèrent, et à la fin ils le serrèrent l'un après l'autre dans leurs bras pour prendre congé. Gorki racontait merveilleusement la scène, absolument conquis par le style de cette nouvelle génération, sa liberté et sa spontanéité, sans être choqué le moins du monde par leur désinvolture. « Que nous étions différents, répétait-il sans cesse, tantôt soumis, tantôt véhéments, mais jamais sûrs de nous. » Ses yeux restèrent illuminés toute la soirée. Et quand je lui dis : « Je crois que ce que vous auriez préféré c'est de retourner au pays avec eux », il resta interdit et me lança un regard acéré. « Comment le savez-vous ? Je me suis effectivement demandé jusqu'au dernier moment si je n'allais pas tout planter là, livres, papiers, travail, et prendre le large pour quinze jours sur le bateau de ces jeunes gens. Alors j'aurais réappris ce qu'est la Russie. Quand on est loin, on désapprend l'excellence, aucun d'entre nous n'a rien fait de bon en exil. »

Mais Gorki se trompait quand il disait qu'à Sorrente il était en exil. Car il pouvait retourner chez lui à tout instant et il y est effectivement retourné. Il n'était pas proscrit avec ses livres, avec sa personne, comme l'était Merejkovski — que j'ai rencontré à Paris avec sa tragique amertume —, comme *nous* le sommes aujourd'hui, nous qui, selon le beau mot de Grillparzer, « sommes doublement étrangers et n'avons pas de patrie », sans abri dans des langues d'emprunt et chassés au hasard par le vent. C'est en revanche à un véritable exilé et d'une

espèce particulière que je pus rendre visite à Naples
au cours des jours suivants: Benedetto Croce. Pendant des dizaines d'années, il avait été le guide spirituel de la jeunesse, comme sénateur et ministre il
avait eu droit à tous les honneurs extérieurs dans
son pays, jusqu'à ce que sa résistance au fascisme
le fît entrer en conflit avec Mussolini. Il se démit de
toutes ses fonctions officielles et se retira; mais cela
ne suffit pas aux jusqu'au-boutistes, qui voulaient
briser sa résistance et même, au besoin, le châtier.
Les étudiants, qui, au contraire d'autrefois, forment
aujourd'hui les troupes de choc de la réaction, atta-
quèrent sa maison et lui cassèrent ses vitres. Mais
ce petit homme courtaud, qui ressemblait plutôt à
un bourgeois rassis avec ses yeux intelligents et sa
barbiche, ne se laissa pas intimider. Il ne quitta pas
le pays, resta dans sa maison derrière le rempart de
ses livres, bien qu'il eût reçu des propositions d'universités américaines et étrangères. Il poursuivit sa
revue *Critica* sans changer d'orientation, continua à
publier ses livres, et son autorité était si forte que la
censure, ordinairement impitoyable, fit une exception pour lui sur ordre de Mussolini, alors que ses
élèves et ceux qui partageaient ses opinions étaient
tous éliminés. Pour un Italien et même pour un
étranger, lui rendre visite nécessitait un certain courage, car les autorités savaient bien que dans sa cita-
delle, dans ses pièces surchargées de livres, il parlait
sans masque et sans fard. Ainsi vivait-il en quelque
sorte dans un lieu hermétiquement clos, dans une
sorte de bouteille de gaz au milieu de ses quarante
millions de compatriotes. Cet isolement total d'un
individu dans une ville, dans un pays comptant des
millions d'habitants, avait en même temps pour moi
quelque chose de fantomatique et de grandiose. Je

ne savais pas encore que cette situation constituait malgré tout une forme d'étouffement intellectuel singulièrement plus douce que celle qui allait être notre lot plus tard, et je ne pouvais m'empêcher d'admirer la fraîcheur et la concentration intellectuelle qui permettaient à cet homme tout de même âgé de mener à bien le combat quotidien. Mais il riait. « C'est justement la résistance qui vous rajeunit. Si j'étais resté sénateur, j'aurais eu la vie facile, il y a longtemps que mon esprit serait devenu paresseux et inconséquent. Rien n'est plus nuisible à l'homme de l'esprit que de s'abstenir de résister ; c'est seulement depuis que je suis seul et n'ai plus de jeunes autour de moi que je suis obligé de rajeunir moi-même. »

Mais il a fallu plusieurs années pour que je comprenne, moi aussi, que l'épreuve est un défi, que la persécution vous fortifie et que l'isolement vous grandit, s'il ne vous brise pas. Comme pour toutes les choses essentielles de la vie, ce n'est jamais par l'expérience d'autrui qu'on acquiert ce genre de certitudes mais par son propre destin.

Si je n'ai jamais rencontré l'homme le plus important d'Italie, Mussolini, cela est dû à la gêne que j'éprouve quand il s'agit de m'approcher des personnalités politiques ; même dans mon propre pays, la petite Autriche, je n'ai jamais rencontré, ce qui est un véritable exploit, aucun des principaux hommes d'État — pas plus Seipel que Dollfuss ou Schuschnigg. Et c'eût pourtant été un devoir d'aller remercier personnellement Mussolini, dont je savais par des amis communs qu'il était un des premiers et des meilleurs lecteurs de mes livres, pour la spontanéité avec laquelle il avait satisfait la première demande que j'aie jamais adressée à un homme d'État.

Voilà comment les choses se passèrent. Un jour,
je reçus d'un ami de Paris une lettre exprès m'annonçant qu'une dame italienne souhaitait me voir à
Salzbourg pour une affaire importante et me priant
de la recevoir immédiatement. Elle s'annonça le lendemain et ce qu'elle me dit était réellement bouleversant. Son mari, un médecin éminent issu d'une
famille pauvre, avait été élevé par Matteotti[7] à ses
frais. Lors du brutal assassinat de ce dirigeant socialiste, la conscience universelle, déjà passablement
fatiguée, avait une nouvelle fois réagi avec rage
contre un crime isolé. L'Europe entière s'était élevée, indignée. L'ami fidèle avait alors été une des
six personnes qui avaient eu le courage de porter
publiquement le cercueil de la victime dans les rues
de Rome ; peu de temps après, boycotté et menacé,
il avait pris le chemin de l'exil. Mais le sort de la
famille de Matteotti ne lui laissant pas de repos, il
voulut, en souvenir de son bienfaiteur, faire passer
clandestinement ses enfants d'Italie dans un pays
étranger. Au cours de sa tentative, il était tombé
entre les mains d'espions ou d'agents provocateurs
et avait été arrêté. Comme tout rappel de Matteotti
était embarrassant pour l'Italie, un procès pour ce
fait aurait eu fort peu de chances d'avoir une issue
qui lui fût défavorable ; mais le procureur le mêla
habilement à un autre procès qui se tenait au même
moment et avait pour objet un projet d'attentat à la
bombe contre Mussolini. Et ce médecin, qui avait
obtenu sur le front les plus hautes décorations militaires, fut condamné à dix ans de travaux forcés.
    La jeune femme était, on le comprendra, dans un
état d'extrême agitation. Il fallait faire quelque chose
contre cette condamnation, à laquelle son mari ne
survivrait pas. Il fallait réunir tous les grands noms

de la littérature européenne pour élever une vigoureuse protestation, et elle me priait de lui venir en aide. Je lui déconseillai immédiatement de recourir à la protestation. Je savais combien toutes ces manifestations avaient perdu de leur efficacité depuis la guerre. J'essayai de lui faire comprendre que pour de simples raisons d'orgueil national aucun pays n'acceptait qu'on redressât sa justice de l'extérieur et que dans le cas de Sacco et Vanzetti en Amérique la protestation avait eu un effet plus fâcheux que favorable. Je la priai instamment de ne rien entreprendre dans ce sens. Elle ne ferait qu'aggraver la situation de son mari, car jamais Mussolini ne voudrait, jamais il ne pourrait, quand bien même il le voudrait, ordonner un allègement de la peine si on tentait de la lui imposer de l'extérieur. Mais étant sincèrement bouleversé, je lui promis de faire mon possible. Le hasard faisait que je me rendais la semaine suivante en Italie, où j'avais des amis bien intentionnés occupant des positions influentes. Peut-être pourraient-ils agir discrètement en sa faveur.

J'essayai dès le premier jour. Mais je vis à quel point la peur avait déjà corrodé les âmes. À peine avais-je donné le nom que chacun se montrait embarrassé. Non, il n'avait aucune influence. C'était tout simplement impossible. J'allai ainsi de l'un à l'autre. Je revins honteux, car la malheureuse pourrait croire que je n'avais pas tenté le tout pour le tout. Et je ne l'avais d'ailleurs pas tenté. Il restait encore une possibilité, la voie droite, la voie franche : écrire à l'homme qui avait son sort entre ses mains, à savoir Mussolini en personne.

C'est ce que je fis. Je lui adressai une lettre vraiment sincère. Je lui écrivis que je ne voulais pas commencer par des flatteries, mais lui dire d'emblée

que je ne connaissais pas plus l'homme que la gra-
vité de ce qu'il avait fait. Mais j'avais vu sa femme,
certainement innocente, et sur elle aussi retombe-
rait tout le poids de la peine, si son mari passait
toutes ces années en prison. Je ne voulais pas porter
la moindre critique contre le verdict, mais je pouvais
imaginer que cela sauverait la vie de cette femme,
si son mari, au lieu d'être envoyé en prison, était
déporté sur une de ces îles pénitentiaires où femmes
et enfants sont autorisés à vivre avec les exilés.

Je pris la lettre et la jetai, adressée à Son Excellence Benito Mussolini, dans la boîte aux lettres
ordinaire à Salzbourg. Quatre jours plus tard, l'ambassade italienne à Vienne m'écrivait que Son Excellence la chargeait de me remercier et de me dire
qu'il avait accédé à ma demande et avait également
prévu de réduire la peine. En même temps arrivait
d'Italie un télégramme qui confirmait déjà le trans-
fert demandé. D'un seul trait de plume rapide, Mussolini avait satisfait personnellement ma demande
et, en fait, le condamné fut bientôt entièrement gracié. Aucune lettre ne m'a donné autant de joie et de
satisfaction dans la vie, et s'il est un succès littéraire
dont je puisse me souvenir avec une particulière
reconnaissance, c'est bien celui-là.

Il faisait bon voyager dans ces années de dernière
accalmie. Mais il était aussi agréable de rentrer chez
soi. Une chose singulière s'était produite en cati-
mini. La petite ville de Salzbourg avec ses quarante
mille habitants, que j'avais justement choisie pour
son isolement romantique, s'était transformée de
façon surprenante : en été, elle était devenue la capitale artistique non seulement de l'Europe mais du
monde entier. Pendant les années les plus difficiles

d'après-guerre, pour secourir la détresse des acteurs et des musiciens qui étaient sans travail l'été, Max Reinhardt et Hugo von Hofmannsthal avaient organisé quelques représentations, avant tout la fameuse représentation en plein air de *Jedermann*[8], sur la place du Dôme à Salzbourg, qui attirèrent, dans un premier temps, des visiteurs du voisinage immédiat ; plus tard, on avait également expérimenté des représentations lyriques qui ne cessèrent de s'améliorer et de se parfaire. Petit à petit le monde y prêta attention. Il y eut un afflux des meilleurs chefs d'orchestre, chanteurs et acteurs pleins d'ambition, heureux de l'occasion qui leur était offerte de montrer leurs talents non plus seulement devant leur public, étroitement local, mais devant un public international. D'un coup, le festival de Salzbourg devint une attraction mondiale, en quelque sorte de modernes jeux olympiques de l'art, où toutes les nations rivalisaient pour présenter leurs meilleures productions. Personne ne voulait plus manquer ces représentations extraordinaires. Rois et princes, millionnaires américains et stars de cinéma, amateurs de musique, artistes, écrivains et snobs se donnaient rendez-vous à Salzbourg dans les dernières années ; jamais en Europe on n'avait réussi pareil concentré de perfection théâtrale et musicale comme dans cette petite ville de la petite Autriche si longtemps négligée. Salzbourg devint une ville florissante. Dans ses rues, on rencontrait chaque été tous ceux, venus d'Europe et d'Amérique, qui recherchaient la plus haute forme de spectacle, en costume traditionnel de Salzbourg — culottes courtes et vestes de toile blanche pour les hommes, *Dirndl* de couleurs vives pour les femmes —, le minuscule Salzbourg régissant tout à coup la mode mondiale. On se battait

pour trouver des chambres dans les hôtels, le défilé
des automobiles se rendant au palais du festival
était aussi fastueux que celui qui menait autrefois
au bal de la Cour impériale, la gare était constamment submergée ; d'autres villes tentèrent de capter
elles aussi ce fleuve chargé d'or, aucune n'y parvint.
Salzbourg fut et resta durant ces dix années le haut
lieu de pèlerinage de l'Europe.

C'est ainsi que, dans ma propre ville, je vivais soudainement au centre de l'Europe. Une fois encore, le
destin avait exaucé un de mes vœux, que j'aurais à
peine osé concevoir moi-même, et notre maison sur
le Kapuzinerberg devint une maison européenne.
Qui n'en a pas été l'hôte ? Notre livre d'or pourrait
l'attester mieux que le simple souvenir, mais ce livre
aussi, avec la maison et bien d'autres choses encore,
est resté entre les mains des nationaux-socialistes.
Avec qui n'avons-nous pas partagé des heures cha-
leureuses, contemplant du haut de la terrasse le
beau et paisible paysage, sans nous douter que
juste en face, sur la montagne de Berchtesgaden,
était installé l'homme qui allait détruire tout cela ?
Romain Rolland a séjourné chez nous ainsi que
Thomas Mann, parmi les écrivains H. G. Wells, Hofmannsthal, Jakob Wassermann, Van Loon, James
Joyce, Emil Ludwig, Franz Werfel, Georg Brandes,
Paul Valéry, Jane Adams, Schalom Asch, Arthur
Schnitzler furent nos hôtes, accueillis avec amitié, parmi les musiciens Maurice Ravel et Richard
Strauss, Alban Berg, Bruno Walter, Bartók, sans
parler des peintres, des acteurs, des savants venus
de tous les points cardinaux. Combien de belles et
lumineuses heures d'échange intellectuel le souffle
de chaque été ne nous a-t-il pas apportées ! Un
jour, ce fut Arturo Toscanini qui gravit les marches

abruptes et dès la première heure commença une amitié qui me fit aimer plus que jamais la musique et l'apprécier d'une oreille plus informée. Je fus ensuite, pendant des années, l'auditeur le plus fidèle de ses répétitions et je vécus d'innombrables fois le combat passionné qu'il menait pour obtenir cette perfection qui donne l'impression, dans les concerts publics, d'être à la fois miraculeuse et naturelle (j'ai tenté un jour de décrire dans un article ces répétitions qui représentent pour tout artiste l'incitation la plus exemplaire à ne pas relâcher son effort tant qu'il reste une imperfection). C'était une magnifique confirmation des mots de Shakespeare quand il dit que « la musique est la nourriture de l'âme[9] », et considérant l'émulation qui existe entre les arts, je bénissais le destin qui m'avait accordé d'œuvrer durablement en liaison avec ceux-ci. Qu'elles furent riches et colorées ces journées d'été où l'art et ce paysage béni se renforçaient mutuellement ! Et quand, regardant en arrière, je me rappelais la petite ville dépérissante et grise, oppressée comme elle l'était immédiatement après la guerre, notre propre maison où nous avions lutté dans le froid contre la pluie qui traversait le toit, je sentais vraiment ce que ces années de paix heureuses avaient fait pour ma vie. Il était de nouveau permis de croire au monde, à l'humanité.

Nombre d'hôtes illustres et bienvenus vinrent dans notre maison ces années-là, mais même dans les heures de solitude se rassemblait aussi autour de moi tout un cercle magique de figures sublimes, dont j'étais progressivement parvenu à ressusciter l'ombre et la trace : dans ma collection d'autographes, que j'ai déjà mentionnée, les plus grands maîtres de tous les temps s'étaient retrouvés sous

forme manuscrite. Ce que j'avais commencé en dilettante à l'âge de quinze ans et qui n'avait d'abord été
qu'une simple juxtaposition s'était transformé au fil
de toutes ces années, grâce à l'expérience accumulée, des moyens accrus et une passion encore plus
vive, en une construction organique et, je peux bien
le dire, en une sorte d'œuvre d'art. Au début, j'avais
simplement cherché, comme tous les débutants, à
mettre la main sur des noms, des noms célèbres;
puis, par curiosité psychologique, je n'avais plus col-
lectionné que des manuscrits — des originaux ou
des fragments d'œuvre qui me donnaient en même
temps un aperçu de la façon de travailler d'un
maître aimé. Parmi tant d'énigmes insolubles de
l'univers, c'est le mystère de la création qui demeure
la plus profonde et la plus mystérieuse. Ici, la nature
ne se laisse pas épier, jamais personne ne pourra lui
arracher le secret dernier de son art : comment la
terre est née et comment naît une fleur, un poème,
un homme. Ici, elle tire le voile impitoyablement.
Même le poète, même le musicien ne pourront plus
éclairer après coup l'instant de leur inspiration. Une
fois que la création a pris sa forme achevée, l'artiste ne sait plus rien de sa genèse, ni de sa croissance et de son devenir. Jamais ou presque jamais
il n'est capable d'expliquer comment, dans l'exaltation de ses sens, les mots s'agencent pour former
une strophe, les sons isolés une mélodie, qui reten-
tiront ensuite pendant des siècles. La seule chose
qui puisse donner une petite idée de ce processus
de création si difficile à saisir, ce sont les pages
manuscrites et en particulier celles qui ne sont
pas encore destinées à l'impression, les premières
ébauches encore incertaines, semées de corrections,
à partir desquelles se cristallise ensuite progressive-

ment la future forme définitive. Réunir ce genre de pages de la main de grands écrivains, philosophes et musiciens, ces corrections, qui sont autant de témoignages de la lutte qu'a été leur travail, fut la seconde époque, plus savante, de ma collecte d'autographes. Ce fut pour moi un plaisir de les traquer dans les ventes publiques, une fatigue bien venue de les dénicher dans les coins les plus cachés, et en même temps une sorte de science, car petit à petit, à côté de ma collection d'autographes, une seconde est née, qui comprenait tous les livres jamais écrits sur les autographes, tous les catalogues jamais imprimés, au nombre de quatre mille, une bibliothèque d'usuels sans égale et sans rivale, car même les marchands ne pouvaient consacrer autant de temps et d'amour à un domaine aussi restreint. Qu'il me soit permis de dire — ce que je n'oserais affirmer pour la littérature ou tout autre domaine de la vie — que, durant ces trente ou quarante années d'activité de collectionneur, j'étais devenu une autorité de premier plan dans le domaine des manuscrits, que je savais pour chaque page importante où elle se trouvait, à qui elle appartenait et quel chemin elle avait parcouru jusqu'à son propriétaire, j'étais en somme un vrai connaisseur, qui pouvait déterminer du premier coup d'œil l'authenticité d'une pièce, et plus expérimenté pour l'évaluer que n'importe quel professionnel.

Mais peu à peu, mon ambition de collectionneur alla plus loin. Il ne me suffisait pas d'avoir une simple galerie manuscrite de la littérature mondiale et de la musique, un miroir des mille et un types de méthode créatrice ; je n'avais plus pour unique envie d'étendre ma collection, et ce que j'entrepris dans les dix dernières années de mon activité fut un

raffinement constant. Si je m'étais d'abord contenté
de posséder d'un écrivain ou d'un musicien certaines
pages qui le montraient dans un de ses moments
de création, mes efforts tendirent progressivement
à représenter chacun dans le moment le plus heureux de sa création, celui de sa plus haute réussite.
Ce que je cherchais d'un écrivain n'était donc plus
seulement le manuscrit d'un de ses poèmes, mais
celui d'un de ses plus beaux poèmes et, si possible,
d'un de ces poèmes qui, à la minute même où l'inspiration trouvait pour la première fois une inscription terrestre avec l'encre ou le crayon, accédait à
l'éternité. Dans la relique du manuscrit, je voulais
justement retenir de l'immortel — quelle audacieuse
prétention! — ce qui l'avait rendu immortel pour le
monde.

Ainsi, ma collection était en fait dans un flux
constant; toute feuille médiocre au regard de ma
plus haute exigence était éliminée, vendue ou échan-
gée, dès que je réussissais à en trouver une qui fût
plus essentielle, plus caractéristique, et — si je peux
m'exprimer ainsi — plus riche en éternité. Et la merveille fut que j'y parvenais dans bien des cas, car en
dehors de moi très peu de gens collectionnaient les
pièces importantes en connaisseurs, avec autant de
ténacité et de science. Ainsi, pour finir, un portefeuille d'abord, puis tout un coffre, qui les protégeait
de la détérioration avec du métal et de l'amiante,
réunissait les manuscrits originaux d'œuvres ou
d'extraits d'œuvres faisant partie des témoignages
les plus durables de l'humanité créatrice. Forcé que
je suis aujourd'hui de vivre en nomade, je n'ai plus
sous la main le catalogue de cette collection dispersée depuis longtemps et ne peux énumérer qu'au
petit bonheur quelques-unes de ces choses dans les-

quelles s'incarnait le génie terrestre en un moment
d'éternité.

Il y avait là une page des cahiers d'études de Léonard, des remarques en écriture spéculaire relatives
à des dessins ; de Napoléon, presque illisible, grif-
fonné à la hâte sur quatre pages, l'ordre du jour à
ses soldats à Rivoli ; il y avait là les épreuves d'un
roman complet de Balzac, chaque page un champ
de bataille avec mille corrections, représentant avec
une précision indescriptible le combat de titan qu'il
menait de biffure en biffure (fort heureusement une
photocopie a été sauvée pour une université américaine). Il y avait là *La Naissance de la tragédie* de
Nietzsche dans une première version inconnue
qu'il avait écrite bien avant la publication pour la
chère Cosima Wagner, une cantate de Bach et l'air
de l'*Alceste* de Gluck, un air de Haendel, dont les
partitions manuscrites sont les plus rares de toutes.
C'était toujours le plus caractéristique que je recherchais et, la plupart du temps, que je trouvais, de
Brahms les *Airs tsiganes*, de Chopin la *Barcarolle*, de
Schubert le lied immortel *À la musique*, de Haydn
l'impérissable mélodie « Que Dieu protège... » du
quatuor *L'Empereur*. Dans quelques cas, je réussis
même à étendre le témoignage unique de la créativité
pour qu'il donne une image complète de la vie d'une
individualité créatrice. De Mozart, par exemple, je
n'avais pas simplement une page maladroite de l'enfant de onze ans, mais également, comme exemple
de son art du lied, l'immortelle *Violette* de Goethe,
de sa musique de danse les menuets paraphrasant
le *Non più andrai* de Figaro, des *Noces de Figaro* l'air
de Chérubin, et puis, d'autre part, les lettres à sa
petite cousine, si délicieusement libertines qu'elles
n'ont jamais fait l'objet d'une publication intégrale,

un canon scabreux et, pour finir, une page écrite peu
avant sa mort, un air de *Titus*. Concernant Goethe,
j'avais longé l'arc de sa vie jusqu'à ses deux extrémités, la première page étant une traduction du latin
faite par le jeune garçon de neuf ans, la dernière un
poème écrit à quatre-vingt-deux ans juste avant sa
mort, et entre les deux une page imposante extraite
de la pièce maîtresse de son œuvre, une page in-folio
du *Faust* écrite recto verso, un manuscrit de sciences
naturelles, de nombreux poèmes et, en outre, des
dessins datant de différentes périodes de sa vie ;
avec ces quinze feuilles on embrassait toute la vie de
Goethe. Pour Beethoven, le plus vénéré de tous, il est
vrai qu'il me fut impossible de réunir un panorama
aussi complet. Comme l'était pour Goethe mon
éditeur le professeur Kippenberg, j'avais ici pour
adversaire et surenchérisseur un des hommes les
plus riches de Suisse, qui accumulait un trésor bee-
thovénien sans équivalent. Mais sans compter son
cahier de notes de jeunesse, le lied *Le Baiser* et des
fragments de la musique d'*Egmont*, j'étais parvenu
à donner une représentation optique d'un moment
au moins de sa vie, le plus tragique, à un degré de
perfection qu'aucun musée au monde n'est capable
de proposer. Un premier coup de chance me permit
de mettre la main sur tout ce qui restait du mobilier
de sa chambre, vendu aux enchères après sa mort
et acquis par le conseiller Breuning : avant tout son
bureau massif, dans les tiroirs duquel étaient cachés
les portraits des deux femmes qu'il aimait, la comtesse Giulietta Guicciardi et la comtesse Erdödy,
la cassette qu'il avait conservée jusqu'au dernier
moment à côté de son lit, le petit pupitre sur lequel
il avait encore écrit dans son lit ses dernières com-
positions et ses dernières lettres, une boucle de che-

veux blancs coupée sur son lit de mort, l'invitation à ses funérailles, la dernière note de blanchisserie, écrite d'une main tremblante, l'inventaire de ses biens pour les enchères publiques et la souscription de tous ses amis viennois pour venir en aide à Sali, sa cuisinière, demeurée sans ressources. Et comme le hasard joue toujours en faveur du vrai collectionneur, peu de temps après avoir acquis tous ces objets venant de sa chambre mortuaire, l'occasion me fut donnée de mettre la main sur les trois dessins faits de lui sur son lit de mort. On savait par les récits des contemporains qu'un jeune peintre ami de Schubert, Josef Teltscher, avait essayé, ce 26 mars où Beethoven était à l'agonie, de dessiner le mourant, mais qu'il avait été mis à la porte de la chambre par le conseiller Breuning, qui jugeait cela impie. Ces dessins disparurent pendant cent ans, jusqu'au jour où dans une petite vente publique à Brünn on vendit pour un prix dérisoire plusieurs dizaines de carnets d'esquisses de ce peintre médiocre, parmi lesquels se retrouvaient subitement ces esquisses. Et comme le hasard fait bien les choses, un marchand me téléphona un jour pour me demander si j'étais intéressé par l'original du dessin représentant Beethoven sur son lit de mort. Je répondis que c'était moi qui l'avais en ma possession, sur quoi il apparut que la feuille qui venait de m'être proposée était l'original de la lithographie de Danhauser, devenue ensuite si célèbre, qui représente Beethoven sur son lit de mort. C'est ainsi que j'avais maintenant réuni tout ce qui perpétuait sous une forme visuelle ce dernier instant mémorable et vraiment impérissable. Il allait de soi que je ne m'étais jamais senti le propriétaire de ces choses mais uniquement leur conservateur dans le temps. Ce n'était pas le sentiment de posséder, d'avoir pour moi, qui me séduisait, mais l'attrait de réunir, de donner à une collection la forme d'une œuvre d'art. Avec cette collection, j'étais conscient d'avoir créé quelque chose qui, dans son ensemble, était plus digne de durer que mes propres œuvres. Bien qu'on m'en eût fait souvent la proposition, j'hésitais à établir un catalogue, parce que j'avais quand même l'impression d'être encore en pleine construction et en plein travail et qu'insatiable comme je l'étais, il me manquait encore bien des noms et bien des pièces dans leurs formes les plus parfaites. Mon intention mûrement pesée était de léguer après ma mort cette collection unique à l'institution qui remplirait mes conditions particulières, c'est-à-dire qui s'engagerait à consacrer chaque année une somme déterminée à compléter la collection dans le sens qui était le mien. Ainsi ne serait-elle pas restée un ensemble figé, mais un organisme vivant, se développant et se complétant cinquante et cent ans au-delà de ma propre existence pour constituer un ensemble qui ne cesserait d'embellir.

Mais il est interdit à notre génération éprouvée de penser au-delà d'elle-même. Lorsque commença l'époque de Hitler et que je quittai ma maison, je perdis le plaisir de collectionner ainsi que l'assurance de conserver quoi que ce soit durablement. Pendant quelque temps je laissai encore des parties de ma collection dans des coffres de banque et chez des amis, mais je finis par me conformer à l'avis de Goethe avertissant que les musées, les collections et les cabinets d'armes anciennes se pétrifient si on ne les développe pas, et me résolus à prendre plutôt congé d'une collection à laquelle je ne pouvais plus consacrer mon effort créateur. En partant, je fis don d'une partie à la Bibliothèque nationale de Vienne,

principalement les pièces qui m'avaient été personnellement offertes par mes contemporains et amis, j'en
vendis une autre partie et ce qui est advenu ou advient
du reste n'occupe pas exagérément mes pensées. C'est
la création qui m'a procuré de la joie, jamais l'objet
créé. Aussi je ne déplore pas la perte de ce que j'ai un
jour possédé. Car si les êtres traqués et chassés que
nous sommes avaient encore à réapprendre un art en
ces temps d'hostilité à tout art et à toute collection, ce
serait bien celui de dire adieu à tout ce qui avait été
un jour notre fierté et notre prédilection.

C'est ainsi que les années passèrent à travailler et
à voyager, à apprendre, à lire, à collectionner et à
jouir de la vie. Un beau matin de novembre 1931, je
me réveillai âgé de cinquante ans. Cette date fut une
journée fort désagréable pour le brave facteur salz-
bourgeois aux cheveux blancs. Comme l'Allemagne
avait la bonne habitude de célébrer abondamment
dans les journaux le cinquantième anniversaire
d'un auteur, le vieil homme eut à traîner une lourde
charge de lettres et de télégrammes jusqu'au sommet
des marches abruptes. Avant de les ouvrir et de les
lire, je réfléchis à ce que ce jour signifiait pour moi.
La cinquantième année est un tournant ; on jette un
regard inquiet en arrière ; quel chemin a-t-on déjà
parcouru ? et on se demande secrètement s'il ira toujours de l'avant. Je méditai sur le temps que j'avais
vécu ; de même que, de ma maison, je contemplais
la chaîne des Alpes et la vallée qui descendait en
pente douce, je jetai un regard rétrospectif sur ces
cinquante années et je fus bien obligé de me dire
qu'il eût été impie de me montrer ingrat. Au total,
la vie m'avait beaucoup donné, infiniment plus que
je ne l'attendais ou que je n'avais espéré obtenir. Le

médium que j'avais choisi pour développer ce que
j'étais et l'exprimer, la production poétique et littéraire, avait eu un effet qui dépassait de beaucoup les
plus audacieux de mes rêves de gamin. Il y avait là,
comme cadeau d'Insel-Verlag, imprimée pour mon
cinquantième anniversaire, une bibliographie de
mes livres parus dans toutes les langues, et c'était
déjà un livre en soi ; pas une langue ne manquait, ni
le finnois ni le bulgare, ni le portugais ni l'arménien,
ni le chinois ni le marathi. En braille, en sténographie, dans tous les caractères et idiomes exotiques,
des mots et des pensées venus de moi avaient atteint
des hommes, j'avais immensément élargi mon existence au-delà des limites de ma sphère personnelle.
J'avais gagné l'amitié de bon nombre des meilleurs
esprits de notre temps, j'avais eu le plaisir d'assister
aux représentations théâtrales les plus parfaites ; il
m'avait été donné de voir et savourer les villes éternelles, les tableaux éternels, les plus beaux paysages
de la terre. J'avais gardé ma liberté, mon indépendance par rapport à tout emploi et toute profession,
mon travail était ma joie et, mieux encore, il avait
procuré de la joie à d'autres que moi ! Que pouvait-il
encore m'arriver de mal ? Mes livres étaient là :
quelqu'un pouvait-il les anéantir ? (C'est ce que je
pensais ingénument à cette heure.) Ma maison était
là — quelqu'un pouvait-il m'en chasser ? Mes amis
étaient là : pouvais-je les perdre un jour ? Je pensais
sans crainte à la mort, à la maladie, mais de près
ou de loin je n'avais pas la plus petite idée de ce qui
m'attendait, de ce que j'allais encore devoir vivre :
que je serais privé de patrie, que je serais traqué,
chassé, banni, et devrais encore errer de pays en
pays, traverser des mers et des mers, que mes livres
seraient brûlés, interdits, vilipendés, que mon nom

serait mis au pilori en Allemagne comme celui d'un criminel et que les mêmes amis, dont les lettres et les télégrammes s'accumulaient devant moi sur ma table, pâliraient s'ils me rencontraient par hasard. Que pourrait être effacé sans laisser la moindre trace tout ce que trente puis quarante années de persévérance avaient produit, que toute cette vie édifiée avec la solidité et l'apparence indestructible qu'elle avait à mes yeux pourrait s'effondrer en elle-même et que, si près du sommet, je serais contraint, avec des forces déjà déclinantes et l'âme égarée, de tout recommencer depuis le début. En vérité, ce n'était pas le jour d'imaginer des perspectives aussi insensées. Je pouvais être satisfait. J'aimais mon travail et c'est pourquoi j'aimais la vie. J'étais à l'abri des soucis ; même si je n'écrivais plus une ligne, mes livres prendraient soin de moi. Tout me semblait atteint et le destin dompté. La sécurité que j'avais connue très tôt dans la maison de mes parents et perdue pendant la guerre, je l'avais regagnée par mes propres forces. Que pouvais-je souhaiter d'autre ?

Mais chose étrange : le fait même qu'à cette heure je n'avais rien à désirer provoquait chez moi un mystérieux malaise. Serait-il bon, demandait quelque chose en moi — mais ce n'était pas moi —, que ta vie se poursuivît ainsi dans ce calme plat, si réglée, si lucrative, si confortable, sans tension ni épreuve nouvelle ? N'est-elle pas plutôt étrangère à toi, à l'essentiel de ta personne, cette vie privilégiée, assurée en elle-même ? J'allais et venais pensivement dans la maison. Celle-ci était devenue belle au cours de ces années, exactement telle que je l'avais voulue. Et pourtant, devais-je toujours vivre ici, toujours assis derrière le même bureau et écrire des livres, un livre et encore un livre, toucher ensuite mes

droits d'auteur, encore plus de droits d'auteur, devenant petit à petit un monsieur respectable qui doit
gérer son nom et son œuvre avec décence et dignité,
déjà à l'abri de tout accident, de toute tension et de
tout danger ? Cela devait-il continuer ainsi jusqu'à
soixante, soixante-dix ans, sur des rails rectilignes et
lisses ? Ne serait-il pas préférable pour moi — ainsi
se poursuivait le rêve intérieur — qu'arrivât quelque
chose d'autre, quelque chose de nouveau, quelque
chose qui pût me rendre plus inquiet, plus tendu,
qui me rajeunît en me poussant à mener un nouveau combat, encore plus dangereux ? Car un artiste
porte toujours en lui une mystérieuse contradiction : quand la vie le secoue brutalement, il aspire
au repos ; mais quand le repos lui est accordé, il
souhaite retrouver les tensions antérieures. C'est
ainsi que le jour de ce cinquantième anniversaire,
je n'avais au fin fond de moi-même qu'un seul souhait sacrilège : qu'il se passe quelque chose qui m'arrache encore une fois à cette sécurité et à ce confort,
qui m'oblige non pas simplement à continuer, mais
à recommencer. Était-ce la crainte de l'âge, de la
fatigue, de la paresse ? Ou est-ce un mystérieux pressentiment qui me fit désirer à ce moment-là une
autre vie, une vie plus dure favorisant mon développement intérieur ? Je l'ignore.

Je l'ignore. Car ce qui surgissait, en cette heure
étrange, de la demi-obscurité de l'inconscient n'avait
rien à voir avec un souhait clairement formulé et
n'était certainement pas lié à la volonté vigile. C'était
simplement une pensée fugitive qui venait m'ef-
fleurer, peut-être n'était-ce même pas une pensée
propre, mais une pensée qui venait de profondeurs
dont je ne savais rien. Mais la force obscure qui
régnait sur ma vie, la force insaisissable qui avait

déjà comblé tant de vœux que je ne me serais jamais autorisé à former, c'est sans doute elle qui l'avait perçue. Et déjà elle levait docilement la main pour briser ma vie jusque dans ses derniers fondements et m'obliger à faire renaître de ses ruines une vie absolument différente, plus dure et plus difficile.

INCIPIT HITLER

Cela reste une loi immuable de l'histoire qu'elle interdit précisément aux contemporains de discerner dès le début les grands mouvements qui déterminent leur époque. Ainsi, je suis incapable de me rappeler quand j'ai entendu prononcer pour la première fois le nom de Hitler, ce nom auquel nous sommes maintenant forcés, depuis des années, de faire une place dans nos pensées, que nous sommes obligés de prononcer, le nom d'un homme qui a déversé plus de malheurs dans notre monde qu'aucun autre avant lui. En tout cas, cela s'est sans doute produit assez tôt, car notre ville de Salzbourg, à deux heures et demie de train, était une sorte de voisine de Munich, si bien que même ses affaires purement locales nous devinrent rapidement familières. Je sais simplement qu'un jour — sans que je puisse reconstituer la date exacte — une de mes connaissances venue à Salzbourg se plaignit que Munich fût de nouveau en proie à l'agitation. Il y avait notamment un agitateur enragé du nom de Hitler, qui organisait des réunions accompagnées de bagarres brutales, et tonitruait dans un langage des plus vulgaires contre la République et les Juifs.

Le nom tomba en moi comme une chose vide et sans poids. Il ne m'occupa pas plus longtemps. Car combien de noms d'agitateurs et de putschistes, aujourd'hui oubliés depuis longtemps, surgissaient à l'époque dans l'Allemagne en ruine pour disparaître presque aussitôt. Celui du capitaine Erhardt avec ses troupes baltes, celui de Wolfgang Kapp, ceux des assassins vehmiques, des communistes bavarois, des séparatistes rhénans, des chefs de corps francs. Des centaines de petites bulles de cette espèce flottaient et s'entremêlaient dans la fermentation générale et, à peine crevées, ne laissaient plus d'autre trace qu'une mauvaise odeur qui trahissait la purulence cachée dans la plaie encore ouverte de l'Allemagne. Le petit bulletin publié par le nouveau mouvement national-socialiste me passa aussi entre les mains, le *Miesbacher Anzeiger*, qui allait ensuite se développer et devenir le *Völkischer Beobachter*. Or Miesbach n'était à tout prendre qu'un tout petit village et le style du journal des plus vulgaires. Qui cela concernait-il ?

Mais ensuite, on vit surgir d'un coup dans les localités voisines de la frontière, Reichenhall et Berchtesgaden, où je me rendais presque chaque semaine, des bandes, d'abord réduites puis de plus en plus importantes, de jeunes gaillards en bottes à revers et chemises brunes, chacun portant sur la manche un brassard de couleur vive avec une croix gammée. Ils organisaient des réunions publiques et des marches, paradaient dans les rues en chantant et en scandant des slogans en chœur, collaient d'immenses affiches sur les murs et barbouillaient ceux-ci de croix gammées ; je m'aperçus pour la première fois que derrière ces hordes qui avaient brusquement surgi devaient se trouver des

puissances financières ou d'autres appuis influents.
Ce n'était sûrement pas le seul Hitler — à l'époque,
il ne prononçait encore ses discours que dans
des caves de brasseries bavaroises — qui pouvait
avoir doté ces milliers de jeunes d'un équipement
aussi coûteux. C'étaient sans doute des mains plus
puissantes qui poussaient de l'avant ce nouveau
« mouvement ». Car les uniformes étaient flam-
bant neufs et les « groupes d'assaut » expédiés de
ville en ville, en pleine période de misère, alors
que les véritables vétérans de l'armée promenaient
encore des uniformes déchirés, disposaient pour
leur part d'un parc surprenant d'automobiles, de
motocyclettes et de camions neufs dans un état
impeccable. En outre, il était manifeste que ces
jeunes gens suivaient un entraînement tactique
dirigé par des militaires — ou, comme on disait à
l'époque, une discipline « paramilitaire » — et que
c'était certainement l'armée impériale elle-même,
la Reichswehr, dans les services secrets de laquelle
Hitler avait d'emblée travaillé comme agent provo-
cateur, qui trouvait là un matériel volontairement
mis à sa disposition pour lui donner une instruction
technique régulière. Par hasard, l'occasion me fut
donnée d'observer une de ces « actions de combat » ayant fait l'objet d'un entraînement préalable.
Dans une des localités proches de la frontière, où
les sociaux-démocrates organisaient justement une
réunion pacifique, quatre camions arrivèrent en
coup de vent, chacun avec un plein chargement de
jeunes nationaux-socialistes armés de matraques, et
tout comme je l'avais vu à Venise sur la place Saint-
Marc, leur attaque surprit par sa rapidité les partici-
pants à la réunion qui ne s'y attendaient pas. C'était
la même méthode apprise des fascistes, mais incul-

quée avec une précision militaire encore accrue et systématiquement préparée dans le moindre détail selon la tradition allemande. À un coup de sifflet, les S.A. sautèrent des autos en un éclair, matraquèrent tous ceux qui leur faisaient obstacle, et avant même que la police pût intervenir ou les ouvriers se regrouper, ils avaient sauté dans les voitures et filé. Je fus sidéré par la précision technique avec laquelle ils avaient sauté de leurs voitures et y étaient remontés, manœuvres qu'ils exécutaient en obéissant à un seul coup de sifflet strident du chef de leur bande. On voyait que chacun savait à l'avance dans ses muscles et dans ses nerfs avec quel geste, à quelle roue de l'auto et à quelle place il devait sauter pour ne pas se mettre en travers du voisin et compromettre ainsi la réussite de l'ensemble. Cela n'avait rien à voir avec l'agilité personnelle, mais chacune de ces manœuvres avait dû être répétée à l'avance des dizaines et peut-être des centaines de fois dans des casernes et sur des champs d'exercice. D'emblée — ce qui se voyait au premier coup d'œil — cette troupe était entraînée pour l'attaque, la violence et la terreur.

On eut bientôt des informations sur ces manœuvres souterraines en pays bavarois. Quand tout le monde dormait, les jeunes gens quittaient furtivement leurs maisons et se rassemblaient pour des « exercices sur le terrain » nocturnes ; des officiers de la Reichswehr en activité ou à la retraite payés par l'État ou par les mystérieux bailleurs de fonds du parti faisaient subir un entraînement intensif à ces troupes, sans que les autorités fissent très attention à ces étranges manœuvres nocturnes. Dormaient-elles vraiment ou ne faisaient-elles que fermer les yeux ? Jugeaient-elles ce mouvement sans importance ou allaient-elles jusqu'à en favoriser secrètement l'extension ? Quoi qu'il en soit, même ceux qui le soutenaient par-dessous finirent par s'effrayer de la brutalité et de la rapidité avec lesquelles il commençait ses opérations. Un beau matin, les autorités se réveillèrent et Munich était entre les mains de Hitler, les bâtiments administratifs occupés, les journaux forcés sous la menace d'un revolver d'annoncer triomphalement la révolution accomplie. Comme tombé des nuages, vers lesquels la République avait ingénument levé des yeux rêveurs, le *deus ex machina* fit son apparition, le général Ludendorff, premier de tous ceux qui se croyaient plus forts que Hitler et que celui-ci avait au contraire bernés. Dans la matinée commença le fameux putsch supposé conquérir l'Allemagne, à midi, on le sait (je n'ai pas à faire ici le récit d'événements de portée mondiale), il était déjà terminé. Hitler s'enfuit et fut bientôt arrêté, ce qui sembla mettre un terme au mouvement. En cette année 1923, les croix gammées et les sections d'assaut disparurent, et le nom d'Adolf Hitler retomba presque dans l'oubli. Personne ne pensa plus à lui comme à une force susceptible d'exercer un quelconque pouvoir.

Il fallut attendre quelques années pour le voir resurgir et dès lors la vague déferlante du mécontentement le porta rapidement au sommet. L'inflation, le chômage, les crises politiques, sans oublier la bêtise de l'étranger, avaient retourné le peuple allemand ; un immense désir d'ordre s'était répandu dans toutes les couches du peuple allemand, pour qui l'ordre avait toujours eu plus de prix que la liberté et le droit. Et il suffisait de promettre l'ordre — Goethe lui-même a dit qu'il préférait même une

injustice au désordre[1] — pour avoir d'emblée des
centaines de milliers de gens derrière soi.

Mais nous ne remarquions toujours pas le danger.
Les rares écrivains qui s'étaient réellement donné
la peine de lire le livre de Hitler, au lieu de s'occuper sérieusement de son programme, raillaient l'en-
flure de sa mauvaise prose. Les grands journaux
démocratiques, au lieu d'alerter leurs lecteurs, ne
cessaient de les rassurer tous les jours : le mouvement, qui avait en réalité des difficultés à financer
son énorme agitation avec les subsides de l'industrie lourde et en s'endettant dangereusement, allait
inévitablement s'effondrer un jour ou l'autre. Mais
il se peut qu'à l'étranger on n'ait jamais compris la
vraie raison pour laquelle l'Allemagne a sous-estimé
et minimisé à ce point la personne et la montée
en puissance de Hitler tout au long de ces années :
l'Allemagne n'a pas seulement toujours été un État
de classe, mais à l'intérieur de cet idéal de classe,
il faut encore ajouter le poids que faisait peser sur
elle la surestimation d'une instruction supérieure
qu'elle idolâtrait indéfectiblement. À l'exception
de quelques généraux, toutes les hautes charges de
l'État étaient exclusivement réservées à ceux qui
avaient reçu une formation académique. Alors qu'un
Lloyd George en Angleterre, un Mussolini en Italie, un Briand en France étaient vraiment issus du
peuple avant d'accéder aux plus hautes charges de
l'État, les Allemands jugeaient inimaginable qu'un
homme, qui n'avait même pas terminé l'école primaire et n'avait donc, à plus forte raison, aucun
diplôme universitaire, que quelqu'un qui avait cou-
ché dans des foyers pour hommes et gagné obscurément sa vie par des moyens qui n'avaient toujours
pas été éclaircis pût jamais ne fût-ce qu'approcher

une position qu'avaient occupée un baron vom
Stein, un Bismarck ou un prince Bülow. Rien n'a
autant aveuglé les intellectuels allemands que cette
arrogance académique qui les conduisait à tort à ne
voir dans Hitler que l'agitateur de brasserie qui ne
pourrait jamais représenter un sérieux danger, alors
que depuis longtemps, grâce à ceux qui tiraient
secrètement les ficelles, il avait gagné de puissants
soutiens dans les milieux les plus divers. Et même
en ce jour de janvier 1933 où il était devenu chancelier, la grande masse et même ceux qui l'avaient
poussé à ce poste le considéraient uniquement
comme un intérimaire et l'arrivée au pouvoir du
national-socialisme comme un épisode.

C'est alors que le génie cynique de Hitler se manifesta pour la première fois par une technique de
grand style. Cela faisait des années qu'il avait fait
des promesses dans toutes les directions et s'était
acquis dans tous les partis des soutiens straté-
giques, chacun croyant pouvoir se servir, pour ses
propres objectifs, des forces mystiques du « soldat inconnu ». Mais la même technique utilisée
plus tard dans la grande politique, qui consistait à
conclure par serment et en invoquant la loyauté allemande des alliances avec ceux qu'il comptait justement anéantir et exterminer, connut son premier
triomphe. Il savait si bien simuler des promesses
dans toutes les directions que, le jour où il prit le
pouvoir, l'allégresse prédominait dans les camps
le plus radicalement opposés. Les monarchistes de
Doorn pensèrent qu'il allait rester fidèle à l'empereur et lui ouvrir la voie, tandis que les monarchistes
bavarois, partisans des Wittelsbach[2], jubilaient
tout autant à Munich ; eux aussi le tenaient pour
« leur » homme. Les nationaux-allemands croyaient

qu'il allait fendre pour eux le bois qui chaufferait leurs poêles ; leur chef Hugenberg s'était assuré par contrat un poste éminent dans le cabinet de Hitler et croyait ainsi avoir le pied à l'étrier — naturellement, il fut éjecté après les premières semaines malgré l'accord juré. L'industrie lourde se sentait délivrée par Hitler de la peur du bolchevisme, elle voyait au pouvoir l'homme qu'elle avait secrètement financé depuis des années et, en même temps, la petite bourgeoisie appauvrie, à laquelle il avait promis de « briser l'esclavage des taux d'intérêt » dans des centaines de réunions, poussait des soupirs de soulagement enthousiastes. Les petits commerçants se souvenaient qu'il avait approuvé la fermeture des grands magasins, leurs concurrents les plus dangereux (promesse qui ne fut jamais tenue), et le meilleur accueil lui était réservé par les militaires, parce qu'il pensait en militaire et vilipendait le pacifisme. Même les sociaux-démocrates voyaient son ascension avec moins d'hostilité qu'on ne l'eût attendu, parce qu'ils espéraient qu'il les débarrasserait des communistes, leurs ennemis jurés, qui leur taillaient des croupières. Les partis les plus différents, les plus opposés, considéraient que ce « soldat inconnu », qui avait tout promis et tout juré à chaque classe, à chaque parti, à chaque tendance, était leur ami — et même les Juifs allemands n'étaient pas très inquiets. Ils se faisaient croire qu'un *ministre jacobin** n'était plus un jacobin, que bien entendu un chancelier de l'Empire allemand se débarrasserait des grossièretés d'un agitateur antisémite. Et tout compte fait quel type de violence pouvait-il imposer dans un État où le droit était solidement ancré, où la majorité du Parlement était contre lui et où chaque citoyen croyait sa liberté et l'égalité des droits garanties par la Constitution solennellement jurée ?

Puis vint l'incendie du Reichstag, le Parlement disparut, Göring lâcha ses hordes, d'un coup toute espèce de droit était démantelée en Allemagne. On apprit en frissonnant qu'il y avait des camps de concentration, en pleine paix, et que des cachots secrets étaient aménagés dans les casernes, où l'on supprimait des innocents sans jugement ni formalité. Ça ne pouvait être qu'un accès premier de rage insensée, se disait-on. Au XXᵉ siècle, des choses pareilles ne peuvent durer. Or ce n'était que le début. Le monde dressa l'oreille et se refusa tout d'abord à croire l'incroyable. Mais dès ces jours-là, je vis arriver les premiers réfugiés. Ils avaient franchi de nuit les montagnes de Salzbourg ou traversé à la nage le fleuve frontière. Affamés, en loques, ils vous fixaient d'un regard égaré ; avec eux avait commencé la fuite panique devant l'inhumanité, qui s'étendit ensuite à la terre entière. Mais en voyant ces proscrits, je ne soupçonnais pas encore que leurs visages blêmes annonçaient déjà mon propre destin et que nous serions tous les victimes de la furieuse envie de pouvoir de ce seul homme.

On peut difficilement se débarrasser en quelques semaines de trente à quarante années de foi intime dans le monde. Ancrés dans notre vision du droit, nous croyions à l'existence d'une conscience morale allemande, européenne, universelle, et nous étions convaincus qu'il y avait un certain degré d'inhumanité qui s'éliminait une fois pour toutes devant l'humanité. Comme j'essaie ici d'être aussi honnête que possible, je dois reconnaître que chaque fois, en 1933 et même en 1934 en Allemagne et en Autriche, nous n'avons pas cru possible un centième ni même un millième de ce qui allait faire irruption quelques semaines plus tard. Certes, il était clair d'emblée que nous autres, écrivains libres et indépendants, devions nous attendre à quelques difficultés, désagréments et manifestations d'hostilité. Immédiatement après l'incendie du Reichstag, je dis à mon éditeur que c'en serait bientôt fini de mes livres en Allemagne. Je n'oublierai jamais sa stupéfaction. « Qui irait interdire vos livres ? » dit-il à l'époque, en 1933, encore estomaqué. « Mais vous n'avez jamais écrit un mot contre l'Allemagne et ne vous êtes jamais mêlé de politique. » On le voit : toutes les monstruosités du genre bûchers de livres et fêtes du pilori, qui allaient devenir des réalités quelques semaines plus tard, étaient encore inconcevables, un mois après la prise du pouvoir par Hitler, y compris pour des gens qui voyaient loin. Car le national-socialisme, avec sa technique de l'imposture sans scrupule, se gardait de montrer toute la radicalité de ses visées avant qu'on eût endurci le monde. Il appliquait donc sa méthode avec prudence : jamais plus d'une dose et après la dose une petite pause. On n'administrait jamais qu'une pilule à la fois, après quoi on attendait un instant pour voir si elle n'avait pas été trop forte, si la conscience universelle supportait encore cette dose. Et comme la conscience européenne — pour le malheur et la honte de notre civilisation — s'empressait de montrer que cela ne la concernait pas, parce que aussi bien ces « violences » avaient lieu « au-delà de la frontière », les doses furent de plus en plus fortes, jusqu'à faire périr l'Europe entière. Hitler n'a rien inventé de plus génial que cette tactique consistant à tâter précautionneusement le terrain et à augmenter progressivement les doses face à une Europe moralement et

militairement affaiblie. De même, la campagne destinée à anéantir la liberté de parole et tout livre indépendant en Allemagne, décidée depuis longtemps
dans son for intérieur, fut menée conformément à
cette technique du tâtonnement. Ainsi, on se garda
bien de commencer par édicter une loi — cela ne fut
fait que deux ans plus tard — interdisant purement
et simplement nos livres ; en attendant, on organisa tout d'abord un petit test pour savoir jusqu'où
on pouvait aller, en déléguant la première attaque
contre nos livres à un groupe sans responsabilités
officielles, celui des étudiants nationaux-socialistes.
En appliquant le même système qui avait servi à
mettre en scène une prétendue « colère du peuple »
afin de mettre en œuvre le boycott des Juifs, on
donna secrètement aux étudiants le mot d'ordre de
manifester publiquement l'indignation que leur causaient nos livres. Et les étudiants allemands, ravis de
saisir la moindre occasion d'afficher leur état d'esprit réactionnaire, se rassemblèrent docilement en
bandes dans chaque université, allèrent chercher des
exemplaires de nos livres dans les librairies et marchèrent avec ce butin, bannières au vent, jusqu'à une
place publique. Là, ces livres furent tantôt cloués au
pilori suivant le vieil usage allemand, le Moyen Âge
étant subitement redevenu à la mode, et j'ai moi-
même possédé un exemplaire d'un de mes livres
transpercé par un clou, qu'un étudiant de mes amis
avait sauvé de l'exécution pour m'en faire cadeau —,
tantôt, puisqu'il était malheureusement interdit de
brûler des gens, ils furent brûlés sur des bûchers et
réduits en cendres tandis qu'on récitait des maximes
patriotiques. Certes le ministre de la Propagande,
Goebbels, avait finalement décidé, après de longues
hésitations, de donner sa bénédiction à cet autodafé

de livres, mais celui-ci restait pourtant une mesure semi-officielle, et rien ne montre plus clairement que l'Allemagne ne s'identifiait toujours pas avec de tels actes que la réaction du public, qui ne tira pas la moindre conséquence de ces autodafés et de ces mises au ban. Bien que les libraires eussent été sommés de ne présenter aucun de nos livres en vitrine ni sur leurs tables et qu'aucun journal n'en fît plus mention, le public réel ne se laissa nullement influencer. Tant que les travaux forcés et le camp de concentration ne vinrent pas en sanctionner l'achat, la vente de mes livres ne baissa pratiquement pas en 1933 et 1934, malgré toutes les difficultés et les chicanes. Il fallut que l'extravagant décret sur la « protection du peuple allemand », déclarant crime d'État l'impression, la vente et la diffusion de nos livres, prît force de loi pour nous aliéner par la force les centaines de milliers et les millions d'Allemands, qui préfèrent encore aujourd'hui nous lire plutôt que les tenants bouffis de la « littérature du sang et du sol » et nous accompagner fidèlement dans notre œuvre.

Subir l'anéantissement complet de l'existence littéraire à l'intérieur de l'Allemagne est un destin que j'ai ressenti comme un honneur plutôt qu'une honte, en le partageant avec des contemporains aussi éminents que Thomas Mann, Heinrich Mann, Werfel, Freud, Einstein et tant d'autres, dont j'estime l'œuvre incomparablement plus importante que la mienne, et la posture du martyr me répugne à ce point que je n'éprouve aucune satisfaction à faire état de mon appartenance au sort commun. Mais curieusement, c'est justement à moi qu'il est revenu de mettre dans le plus grand embarras les nationaux-socialistes et même Adolf Hitler en personne. Car parmi tous les proscrits, c'est ma personnalité littéraire qui n'a cessé de causer la plus vive irritation et de susciter des débats sans fin dans les cercles les plus élevés de la villa de Berchtesgaden, si bien qu'aux circonstances heureuses de ma vie, je peux ajouter la modeste satisfaction d'avoir provisoirement provoqué la colère de l'homme le plus puissant de l'époque moderne, Adolf Hitler.

Dès les premiers jours du nouveau régime, je m'étais innocemment rendu coupable d'une sorte d'émeute. Car à cette époque, on passait dans toute l'Allemagne un film dont le scénario était inspiré de ma nouvelle *Brûlant secret* et qui en reprenait le titre. Personne n'y trouvait à redire. Mais le lendemain de l'incendie du Reichstag, que les nationaux-socialistes cherchaient en vain à mettre sur le dos des communistes, il se trouva que les gens s'attroupèrent devant les enseignes lumineuses des cinémas et les affiches annonçant *Brûlant secret*, chacun poussant l'autre du coude en clignant de l'œil et en riant. Les hommes de la Gestapo ne furent pas longs à comprendre pourquoi ce titre faisait rire. Et le soir même, les policiers sillonnaient les rues sur leurs motos, les représentations étaient interdites, dès le lendemain le titre de ma nouvelle, *Brûlant secret*, disparaissait sans laisser de trace de toutes les annonces dans les journaux et de toutes les colonnes Morris. Or interdire un mot unique parce qu'il les dérangeait, et même brûler et détruire la totalité de nos livres avait été somme toute une affaire assez simple à régler. Mais dans un cas particulier, ils ne pouvaient pas m'atteindre sans nuire du même coup à l'homme dont ils avaient absolument besoin pour leur prestige dans le monde en cet instant critique, le plus grand, le plus célèbre musicien vivant de la nation allemande, Richard Strauss, avec qui je venais justement de terminer en commun un opéra.

C'était la première fois que je collaborais avec Richard Strauss. Auparavant, depuis *Électre* et *Le Chevalier à la rose**, c'était Hofmannsthal qui avait écrit pour lui les livrets de tous ses opéras et je n'avais jamais rencontré Richard Strauss personnellement. Après la mort de Hofmannsthal, il m'avait fait dire par l'intermédiaire de mon éditeur qu'il souhaitait commencer un nouveau travail et il me demandait si je serais disposé à lui écrire un livret d'opéra. Je fus très sensible à l'honneur qu'il me faisait par cette demande. Depuis que Max Reger avait mis en musique mes premiers poèmes, j'avais toujours vécu dans la musique et avec des musiciens. J'étais lié d'une amitié proche avec Busoni, Toscanini, Bruno Walter, Alban Berg. Mais je ne connaissais aucun musicien en activité de notre temps que j'eusse été plus disposé à servir que Richard Strauss, dernier descendant de la grande lignée allemande des musiciens pur sang, qui de Haendel et de Bach en passant par Beethoven et Brahms se perpétue jusqu'à nos jours. Je lui donnai aussitôt mon accord et dès notre première rencontre je proposai à Strauss de prendre pour sujet de son opéra le thème de *The Silent Woman* de Ben Jonson, et ce fut pour moi une agréable surprise de voir avec quelle rapidité, avec quelle clairvoyance Strauss se rallia à toutes mes propositions. Jamais je n'aurais soupçonné chez lui une telle rapidité de compréhension, une telle intelligence artistique, une connaissance aussi étonnante de l'art dramatique. Alors qu'on était encore en train de lui raconter un sujet, il lui donnait déjà une forme dramatique et l'adaptait aussitôt — ce qui était encore plus surprenant — aux limites de son

propre savoir-faire, qu'il appréciait avec une lucidité presque inquiétante. J'ai rencontré beaucoup de
grands artistes dans ma vie, mais aucun qui sût faire
preuve d'un tel détachement et d'une telle infaillibilité pour rester objectif vis-à-vis de lui-même. C'est
ainsi que dès la première heure Strauss reconnut
avec franchise qu'il savait bien qu'un musicien de
soixante-dix ans ne possédait plus la force première
de l'inspiration musicale. Il disait ne plus avoir celle
qui lui permettrait de réussir des œuvres sympho-
niques telles que *Till l'Espiègle* ou *Mort et transfi-
guration*, car c'était justement la musique pure qui
nécessitait un maximum de fraîcheur créatrice.
Mais la parole l'inspirait toujours. S'il s'agissait d'un
texte existant, d'une substance déjà formée, il se sentait toujours capable d'en donner une bonne illustra-
tion dramatique, parce que, partant des situations et
des paroles, des thèmes musicaux se développaient
spontanément en lui, raison pour laquelle à présent,
dans ses dernières années, il s'était exclusivement
tourné vers l'opéra. Certes il savait parfaitement
qu'au fond c'en était fini de l'opéra comme forme
d'art. Wagner était un sommet si éminent que personne ne pouvait le dépasser. « Mais », ajouta-t-il en
riant d'un gros rire bavarois, « je me suis tiré d'affaire en faisant un détour pour le contourner. »

Après que nous avions mis les grandes lignes au
clair, il me donna encore quelques petites instructions. Il dit vouloir me laisser une entière liberté car
ce qui l'inspirait n'était jamais un texte d'opéra taillé
sur mesure à l'avance dans le style de Verdi, mais
uniquement un travail de création poétique. Néanmoins, il lui serait agréable que j'introduise dans la
construction quelques formes complexes qui don-
neraient à son art de coloriste quelques possibilités

de développement. « Je ne suis pas comme Mozart, aucune mélodie longue ne me vient à l'esprit. Je n'invente jamais que des thèmes courts. Mais ce que je sais faire, c'est tourner et retourner ensuite un de ces thèmes, le paraphraser, en extraire tout ce qu'il recèle et je crois que dans ce domaine personne ne m'égale. » De nouveau, sa franchise me sidérait, car on a effectivement du mal, chez Strauss, à trouver une mélodie qui se poursuive au-delà de quelques mesures ; mais combien ces quelques mesures — par exemple celles de la valse du *Chevalier à la rose** — sont ensuite amplifiées et fuguées pour atteindre une parfaite plénitude !

De même que lors de notre première rencontre, à chacune de celles qui suivirent j'admirais la sûreté et l'objectivité avec lesquelles ce vieux maître se confrontait à lui-même dans son œuvre. Un jour, j'étais assis seul avec lui au cours d'une répétition à huis clos de son *Hélène d'Égypte* au théâtre du festival de Salzbourg. Il n'y avait personne d'autre dans la salle, l'obscurité était totale autour de nous. Il écoutait. Tout à coup, je l'entendis tambouriner de ses doigts légers et impatients sur le dossier du siège. Puis il me chuchota : « Mauvais ! Vraiment mauvais ! Là, je n'avais rien à dire. » Et quelques minutes après, il reprit : « Si seulement je pouvais supprimer ça. Mon Dieu, mon Dieu, c'est complètement creux et trop long, bien trop long ! » et quelques minutes après : « Ça, voyez-vous, c'est bon ! » Il jugeait sa propre œuvre avec autant d'objectivité et de déta-chement que s'il entendait cette musique pour la première fois et qu'elle eût été écrite par quelqu'un d'absolument étranger, et cette conscience éton-nante de sa propre mesure ne le quittait jamais. Il savait toujours précisément qui il était et ce dont il

était capable. Ce que valaient les autres comparés
à lui ne l'intéressait guère et tout aussi peu ce qu'il
valait pour les autres. Ce qui le réjouissait, c'était le
travail lui-même.

Chez Strauss le processus de travail est tout à
fait remarquable. Rien de démonique, pas de « rap-
tus » artistique, aucune trace des dépressions et
des désespoirs qu'on connaît par les biographies
de Beethoven ou de Wagner. Strauss travaille avec
froideur et sobriété, il compose — comme Johann
Sebastian Bach, comme tous ces sublimes artisans
de leur art — tranquillement et régulièrement. À
9 heures du matin, il s'assied à sa table et reprend le
travail à l'endroit précis où il a cessé de composer la
veille, écrivant régulièrement au crayon la première
esquisse, à l'encre la partition pour piano, et poursuit ainsi sans interruption jusqu'à midi ou 1 heure.
L'après-midi, il fait une partie de skat[3], écrit deux ou
trois pages de la partition d'orchestre, et dirige éventuellement le soir au théâtre. Toute nervosité lui est
étrangère, de jour comme de nuit son intelligence
artistique reste toujours claire et lucide. Quand son
serviteur frappe à sa porte pour lui apporter son frac
de chef d'orchestre, il se lève, laisse là son travail,
se fait conduire au théâtre et dirige avec la même
assurance et le même sang-froid qu'en jouant au skat
l'après-midi, et l'inspiration reprend le matin suivant
exactement au même endroit. Car Strauss « commande », selon le mot de Goethe, à ses idées ; pour
lui, art est synonyme de savoir-faire et de savoir-
tout-faire, comme l'atteste sa boutade : « Un musicien digne de ce nom doit pouvoir aussi composer
un menu. » Loin de l'effrayer, les difficultés ne font
qu'émoustiller sa maîtrise formelle. Je me rappelle
avec amusement comme ses petits yeux bleus bril-

laient quand il me dit un jour triomphalement à propos d'un passage: « Là, j'ai donné à la chanteuse un petit problème à résoudre! Il va falloir qu'elle se donne un mal de chien pour nous sortir ça. » Dans ces moments rares où son œil étincelle, on devine qu'une part démonique se cache au plus profond de cet homme singulier, dont la façon de travailler, ponctuelle, méthodique, rangée, artisanale, inspire d'abord une certaine méfiance, de même que son visage fait d'abord une impression plutôt banale avec ses grosses joues d'enfant, la rondeur assez commune de ses traits et la courbure un peu hésitante de son front. Mais il suffit de regarder ses yeux, ces yeux clairs, bleus, d'un rayonnement intense, pour sentir on ne sait quelle force magique particulière derrière le masque bourgeois. Ce sont peut-être les yeux les plus vifs que j'aie jamais vus chez un musicien, non pas démoniques, mais quelque part visionnaires, les yeux d'un homme qui a mesuré sa tâche dans toute sa profondeur.

De retour à Salzbourg après une rencontre aussi stimulante, je me mis aussitôt au travail. Moi-même curieux de savoir si mes vers lui conviendraient, je lui envoyai déjà le premier acte deux semaines plus tard. Il m'écrivit aussitôt une carte avec une citation des *Maîtres chanteurs*: « Réussi le premier chant ». Pour le deuxième acte, en guise de salutation encore plus chaleureuse, ce furent les premières mesures de son lied: « Ah! t'avoir trouvé, cher enfant! » et la joie, l'enthousiasme même qu'il manifestait ainsi firent que je poursuivis mon travail avec un plaisir indescriptible. Richard Strauss n'a pas modifié une seule ligne de tout mon livret et m'a simplement prié une seule fois d'insérer deux ou trois vers supplémentaires pour introduire une autre voix. C'est

ainsi que se développa entre nous la relation la plus
chaleureuse qui fût, il vint dans notre maison et
je me rendis chez lui à Garmisch où, de ses longs
doigts minces, il me joua petit à petit la totalité
de l'opéra au piano à partir de l'esquisse. Et sans
qu'il y eût contrat ni engagement, ce fut entre nous
chose naturelle et entendue qu'après avoir achevé
cet opéra, j'en esquisserais aussitôt un second, dont
il avait déjà ratifié les lignes directrices, d'avance et
sans réserve.

En janvier 1933, quand Adolf Hitler arriva au pouvoir, notre opéra, *La Femme silencieuse*, était pratiquement achevé dans la partition pour piano et à
peu près tout le premier acte orchestré. Quelques
semaines plus tard, on interdisait strictement aux
scènes allemandes de représenter des œuvres d'auteurs non-aryens ou même celles auxquelles un
Juif aurait collaboré d'une façon ou d'une autre;
le grand anathème fut même étendu aux morts et,
au grand chagrin de tous les amateurs de musique
du monde, on enleva la statue de Mendelssohn qui
se trouvait devant le Gewandhaus de Leipzig. Pour
moi, cet interdit réglait le sort de notre opéra. Il me
paraissait aller de soi que Richard Strauss ne pour-
suivrait pas ce travail et en commencerait un autre
avec quelqu'un d'autre. Au lieu de quoi il m'écrivit
lettre sur lettre en me demandant ce qui me prenait;
il m'enjoignait au contraire, étant donné qu'il s'attaquait maintenant à l'orchestration, de me mettre
sans tarder au livret de son prochain opéra. Il ne
comptait pas se laisser interdire par qui que ce fût
la collaboration avec moi; et je dois franchement
reconnaître que dans toute cette histoire il m'est
resté fidèle en bon camarade, aussi longtemps qu'il
a pu. Il est vrai qu'en même temps, il prit des dis-

positions qui m'étaient beaucoup moins sympathiques — il se rapprocha des tenants du pouvoir,
rencontra fréquemment Hitler, Göring et Goebbels
et à un moment où même Furtwängler se révoltait
encore ouvertement, il se fit nommer président de la
Chambre impériale de musique nazie.

À cette époque, sa collaboration publique avait
une énorme importance pour les nazis. Car non
seulement les meilleurs écrivains, mais aussi les
musiciens les plus éminents avaient eu la fâcheuse
idée de leur tourner ostensiblement le dos et le petit
nombre de ceux qui prenaient parti pour eux ou
passaient dans leur camp était largement inconnu.
En un moment aussi délicat, le fait de recevoir l'a-
dhésion déclarée du plus célèbre musicien allemand
représentait, pour Hitler et Goebbels, un gain inestimable d'un point de vue purement décoratif. Hitler
qui, au dire de Strauss, s'était rendu à Graz dès
l'époque de ses années de vagabondage à Vienne,
avec une somme d'argent péniblement réunie on
ne sait trop comment, pour assister à la création de
Salomé, l'honorait de façon démonstrative; à toutes
les fêtes données le soir à Berchtesgaden, on donnait presque uniquement, à part Wagner, des *Lieder*
de Strauss. En revanche, la collaboration de Strauss
était beaucoup plus concertée. Étant donné son
égoïsme d'artiste, qu'il était toujours prêt à reconnaître ouvertement et froidement, n'importe quel
type de régime lui était intimement indifférent. Il
avait servi l'empereur d'Allemagne en qualité de
maître de chapelle et orchestré pour lui des marches
militaires, puis l'empereur d'Autriche à Vienne en
qualité de maître de chapelle de la Cour, de même
qu'il avait été *persona gratissima* dans la République
autrichienne et allemande. Il était, en outre, d'un

intérêt vital pour lui de se montrer accommodant
avec les nationaux-socialistes, du fait qu'il avait
un compte dangereusement débiteur auprès d'eux.
Son fils avait épousé une Juive et il craignait forcément que ses petits-enfants, qu'il adorait, ne fussent
mis au rebut et exclus de l'école; son nouvel opéra
était suspect à cause de moi, ses opéras antérieurs
l'étaient aussi à cause de Hugo von Hofmannsthal,
qui n'était pas un « pur Aryen », enfin son éditeur
était juif. Il lui semblait donc d'autant plus urgent de
se ménager des appuis, et il le fit avec une extrême
constance. Il dirigeait là où les nouveaux maîtres
l'exigeaient, il mit un hymne en musique pour les
Jeux olympiques, m'écrivant en même temps des
lettres d'une incroyable franchise, qui témoignaient
de son manque d'enthousiasme pour cette commande. En réalité, la seule chose qui importait à
son *sacro egoismo* était de conserver à son œuvre
une influence vivante et surtout de voir représenté le
nouvel opéra qui lui tenait particulièrement à cœur.

Il va de soi que ces multiples concessions au
national-socialisme étaient particulièrement pénibles
pour moi. Car cela pouvait aisément donner l'impression que je collaborais secrètement ou même
simplement que j'approuvais l'exception unique qui
serait faite en ma faveur à un boycott aussi scandaleux. De toutes parts, mes amis me pressaient de
protester publiquement contre une représentation
dans l'Allemagne nationale-socialiste. Mais en premier lieu je déteste par principe tout geste public
et pathétique, en outre il me répugnait de créer des
difficultés à un génie du rang de Richard Strauss.
Après tout, Strauss était le plus grand musicien
vivant, âgé de soixante-dix ans, il avait consacré
trois ans à cette œuvre et, durant tout ce temps, il

s'était montré amical à mon égard, correct et même courageux. Aussi je trouvais pour ma part que le mieux était d'attendre sans rien dire et de laisser les choses aller leur cours. De plus, je savais que rien n'embarrasserait plus les nouveaux gardiens de la culture allemande que ma passivité totale. Car il était évident que la Chambre des écrivains du Reich national-socialiste et le ministère de la Propagande n'attendaient qu'un prétexte bienvenu pour justifier sur une base plus solide un interdit à l'encontre de leur plus grand musicien. C'est ainsi, par exemple, que tous les services et toutes les personnalités imaginables demandèrent à examiner le livret dans le secret espoir de trouver ce prétexte. Quelle facilité si *La Femme silencieuse* avait contenu une scène du genre de celle du *Chevalier à la rose**, où un jeune homme sort de la chambre à coucher d'une femme mariée! On aurait pu alléguer alors la nécessité de protéger la morale allemande. Mais à leur grande déception, mon livret ne contenait rien d'immoral. On fouilla dans tous les fichiers imaginables de la Gestapo et dans tous mes livres antérieurs. Mais là non plus on ne put rien découvrir à même de prouver que j'avais jamais écrit le moindre mot dépréciatif contre l'Allemagne (ni du reste contre quelque autre nation de la terre) ou que je m'étais livré à une quelconque activité politique. Ils eurent beau faire et essayer, c'était finalement à eux et à eux seuls que revenait inéluctablement la décision de refuser devant le monde entier au vieux maître, entre les mains duquel ils avaient eux-mêmes remis la bannière de la musique nationale-socialiste, le droit de faire représenter son opéra, ou bien — jour de honte nationale! — d'accepter que le nom de Stefan Zweig, que Richard Strauss exigeait expressément

de voir figurer en tant qu'auteur du livret, souil-
lât une fois encore les affiches des théâtres allemands, comme il l'avait fait si souvent. Comme
je me réjouissais secrètement du grand souci et
du douloureux casse-tête que cela leur causait !
Je devinais que même en ne faisant rien ou, au
contraire, justement si je ne faisais rien, ni pour ni
contre, ma comédie musicale allait irrésistiblement
tourner à la cacophonie dans la politique du parti.

Le parti laissa traîner et esquiva la décision
tant qu'il put. Mais au début de 1934, il dut enfin
se résoudre à se prononcer contre sa propre loi ou
contre le plus grand musicien de l'époque. La date
ne souffrait plus de report. La partition, les extraits
pour piano, le texte du livret étaient imprimés
depuis longtemps, le Hoftheater de Dresde avait
commandé les costumes, les rôles étaient distribués
et même déjà appris, et les différentes instances,
Göring et Goebbels, Chambre des écrivains du Reich
et Conseil de la culture, ministère de l'Instruction et
garde de Streicher, n'avaient toujours pas réussi à
s'entendre. Si bouffon que cela puisse paraître, l'affaire de *La Femme silencieuse* devenait une affaire
d'État excitante. De toutes les instances, aucune
n'osait assumer la responsabilité pleine et entière de
la décision libératrice, « autorisé » ou « interdit » : il
n'y avait pas d'autre solution que de s'en remettre à
la décision personnelle du maître de l'Allemagne et
du parti, Adolf Hitler. Auparavant, mes livres avaient
déjà eu l'honneur d'être lus abondamment par les
nationaux-socialistes, en particulier le *Fouché*,
qu'ils n'avaient cessé de lire et de discuter comme
un exemple d'absence de scrupules politiques. Mais
qu'après Goebbels et Göring, Adolf Hitler en personne se vît un jour obligé de prendre la peine d'étu-

dier *ex officio* les trois actes de mon livret lyrique, voilà une chose à laquelle je ne m'attendais vraiment pas. La décision ne fut pas facile à prendre pour lui. Elle donna encore lieu, comme je l'appris après coup par toutes sortes de détours, à une interminable série de conciliabules. En fin de compte, Richard Strauss fut convoqué devant le tout-puissant, et Hitler l'informa personnellement que, bien que cette représentation contrevînt à toutes les lois du nouveau Reich allemand, il l'autorisait exceptionnellement, décision vraisemblablement prise avec autant de mauvaise volonté et de mauvaise foi que celle de signer un pacte avec Staline et Molotov.

Ainsi se leva pour le national-socialisme la journée noire qui vit une nouvelle fois représenté un opéra où le nom proscrit de Stefan Zweig s'exhibait sur toutes les affiches. Naturellement, je n'assistai pas à la représentation, car je savais que la salle regorgerait d'uniformes bruns et que Hitler en personne était même attendu à l'une des représentations. L'opéra obtint un très grand succès et je dois constater, à l'honneur des critiques musicaux, que les neuf dixièmes d'entre eux profitèrent avec enthousiasme de cette bonne occasion pour manifester une nouvelle fois, et ce fut la dernière, leur intime résistance au point de vue racial en s'exprimant dans des termes on ne peut plus aimables sur mon livret. Tous les théâtres allemands, Berlin, Hambourg, Francfort, Munich, annoncèrent immédiatement la représentation de l'opéra pour la saison suivante.

Subitement, après la seconde représentation, un éclair tomba du haut des cieux. Tout fut annulé, l'opéra interdit du jour au lendemain, à Dresde et dans l'Allemagne entière. Et plus encore : on lut

avec surprise que Richard Strauss avait présenté
sa démission de président de la Chambre des musiciens du Reich. Chacun savait qu'il avait dû se
produire un événement particulier. Mais il fallut
attendre un certain temps avant de connaître toute
la vérité. Strauss m'avait encore écrit une lettre,
dans laquelle il me pressait de ne pas trop tarder à
m'attaquer, malgré tout, au livret d'un nouvel opéra
et s'exprimait sur sa position personnelle avec une
franchise excessive. Cette lettre était tombée entre
les mains de la Gestapo. Elle fut présentée à Strauss,
à la suite de quoi il fut obligé de donner sa démission, et l'opéra fut interdit. Il ne fut mis en scène
en allemand que dans la Suisse libre et à Prague,
puis en italien à la Scala de Milan avec l'autorisation
expresse de Mussolini, qui ne s'était pas encore soumis à cette époque à la perspective raciste. Quant au
peuple allemand, il ne fut plus autorisé à entendre
une seule note de cet opéra de vieillesse, en partie
ravissant, de son plus grand musicien vivant.

Pendant que le déroulement de cette histoire faisait un certain bruit, je vivais à l'étranger, sentant
que l'agitation en Autriche m'empêcherait de travailler tranquillement. Ma maison à Salzbourg était
si proche de la frontière que je pouvais voir à l'œil
nu la montagne de Berchtesgaden où se trouvait la
maison d'Adolf Hitler, voisinage assez désagréable
et très inquiétant. Il faut dire que cette proximité
de la frontière du Reich me donnait aussi la possibilité de mieux évaluer que mes amis de Vienne
les dangers de la situation autrichienne. Ceux qui
peuplaient les cafés et même les gens des ministères
considéraient que le national-socialisme était une
histoire qui, se passant « de l'autre côté », ne pou-

vait affecter l'Autriche. N'avions-nous pas, nous, le parti social-démocrate avec son organisation rigoureuse et près de la moitié de la population qui faisait bloc derrière lui? Et aussi le parti clérical d'accord avec lui pour opposer une résistance enflammée, depuis que les « chrétiens allemands » persécutaient ouvertement le christianisme en proclamant publiquement que leur Führer était littéralement « plus grand que le Christ »? La France, l'Angleterre et la Société des Nations n'étaient-elles pas les protectrices de l'Autriche? Mussolini n'avait-il pas pris expressément en charge le protectorat et même la garantie de l'indépendance autrichienne? Même les Juifs ne s'inquiétaient pas, ils faisaient comme si la décision de priver les médecins, les avocats, les savants, les acteurs de tous leurs droits avait été prise en Chine et non de l'autre côté de la frontière, à trois heures de chez eux, dans un pays où on parlait la même langue. Ils étaient confortablement installés dans leurs maisons et circulaient dans leurs automobiles. Chacun était prêt à sortir cette petite phrase réconfortante: « Ça ne peut pas durer très longtemps. » Mais moi, j'avais toujours en mémoire la conversation que j'avais eue à Leningrad avec mon ancien éditeur, au cours de mon bref voyage en Russie. Il m'avait raconté quel homme riche il était, combien de beaux tableaux il possédait, et je lui avais demandé pourquoi donc il n'était pas parti comme tant d'autres dès le début de la révolution. « Ah! m'avait-il répondu, qui donc, à l'époque, pouvait croire qu'une chose telle que la République des conseils et des soldats durerait plus de quinze jours? » C'était la même illusion, procédant de la même volonté de vivre, qui conduisait à s'illusionner soi-même.

Il est vrai qu'à Salzbourg, aussi près de la frontière,

on voyait plus clairement les choses. De constantes
allées et venues commencèrent à travers le petit
fleuve qui servait de frontière, les jeunes gens arrivaient furtivement de nuit et suivaient un entraînement, les agitateurs passaient la frontière en voiture
ou avec des alpenstocks en qualité de « touristes » et
organisaient leurs « cellules » dans tous les milieux.
Ils se mirent à recruter et menaçaient en même
temps ceux qui ne se rallieraient pas à temps d'avoir
à le payer plus tard. Cela intimidait les policiers
et les fonctionnaires de l'État. Une certaine incertitude dans le comportement me fit sentir que les
gens commençaient à chanceler. Or, dans la vie, ce
sont toujours les petites expériences personnelles
qui sont les plus convaincantes. À Salzbourg, j'avais
un ami de jeunesse, un écrivain très connu, avec
qui j'entretenais depuis trente ans une relation très
intime et très chaleureuse. Nous nous tutoyions. Un
jour, je rencontrai ce vieil ami dans la rue en compagnie d'un inconnu et je notai qu'il s'arrêta immédiatement devant une vitrine qui lui était indifférente
et, me tournant le dos, montra quelque chose au
monsieur avec un vif intérêt. Étrange, pensai-je : il
m'a sûrement vu. Mais c'était peut-être un hasard. Il
me téléphona le lendemain et me demanda inopinément s'il pouvait venir chez moi l'après-midi pour
bavarder un peu. J'acquiesçai, un peu surpris, car
d'habitude nous nous rencontrions toujours au café.
Il apparut qu'il n'avait rien à me dire de particulier,
bien qu'il se fût empressé de me rendre visite. Et je
compris aussitôt qu'il souhaitait, d'un côté, sauvegarder son amitié avec moi et, de l'autre, pour ne
pas être soupçonné d'être l'ami d'un Juif, ne plus se
montrer dans la petite ville dans une trop grande
intimité avec moi. Cela me fit réfléchir. Et je remar-

quai bientôt que, ces derniers temps, toute une série
de relations qui d'habitude venaient souvent me voir
s'abstenaient désormais de le faire. On était sur un
poste dangereux.

À l'époque, je ne songeais pas encore à quitter
définitivement Salzbourg, mais je me résolus plus
volontiers que d'habitude à passer l'hiver à l'étranger pour me soustraire à toutes ces petites tensions.
Pourtant, je ne devinais pas que c'était déjà une
sorte d'adieu quand je quittai ma belle maison en
octobre 1933.

Mon intention avait été de passer janvier et février
en France pour y travailler. J'aimais ce beau pays
de l'esprit comme une seconde patrie et ne m'y sentais pas étranger. Valéry, Romain Rolland, Jules
Romains, André Gide, Roger Martin du Gard, Duhamel, Vildrac, Jean-Richard Bloch, les écrivains les
plus éminents, étaient de vieux amis. Mes livres y
avaient presque autant de lecteurs qu'en Allemagne,
personne ne me considérait comme un écrivain
étranger. J'aimais le peuple, j'aimais le pays, j'aimais
la ville de Paris et me sentais à tel point chez moi
qu'arrivé gare du Nord j'avais chaque fois le sentiment d'être « de retour ». Mais cette fois j'étais parti
plus tôt que d'habitude du fait des circonstances
et ne voulais être à Paris qu'après Noël. Où aller
entre-temps ? Je me souvins alors que je n'étais plus
retourné en Angleterre depuis un quart de siècle, du
temps de mes études. Pourquoi toujours Paris ? me
dis-je. Pourquoi pas dix ou quinze jours à Londres,
pourquoi ne pas revoir les musées avec un autre
œil après des années et des années, revoir aussi le
pays et la ville ? Au lieu de l'express de Paris je pris
celui de Calais et me retrouvai à Victoria Station,
après trente ans, dans le brouillard réglementaire

d'un jour de novembre et m'étonnai simplement, à mon arrivée, de ne pas rouler en cab jusqu'à mon hôtel comme autrefois mais dans une voiture. Le brouillard, le gris froid et moelleux étaient comme autrefois. Je n'avais pas encore jeté un regard sur la ville, mais après trois décennies mon odorat avait reconnu cet air singulièrement âpre, épais, humide, qui vous enveloppe étroitement.

Le bagage que j'avais emporté était aussi mince que mes attentes. Je n'avais pour ainsi dire pas de relations amicales à Londres ; sur le plan littéraire, il n'existait pas non plus beaucoup de contacts entre écrivains continentaux et anglais. Ceux-ci avaient une sorte de vie propre, strictement délimitée, avec leur propre sphère d'influence à l'intérieur d'une tradition à laquelle il nous est difficile d'accéder ; parmi les nombreux livres du monde entier qui atterrissaient sur mon bureau, je ne me rappelle pas en avoir jamais trouvé un qui fût un don confraternel d'un auteur anglais. J'avais rencontré une fois Shaw à Hellerau, Wells était venu me voir un jour à Salzbourg, mes propres livres étaient certes tous traduits mais peu connus ; l'Angleterre avait toujours été le seul pays où leur audience était réduite. De même, alors que j'avais des relations personnelles d'amitié avec mes éditeurs américain, français, italien ou russe, je n'avais jamais rencontré un seul représentant de la maison qui publiait mes livres en Angleterre. J'étais donc préparé à m'y sentir aussi étranger que trente ans auparavant.

Or il en alla autrement. Au bout de quelques jours, je me sentis indescriptiblement bien à Londres. Non pas que Londres se fût profondément modifié. C'est moi qui avais changé. J'avais trente ans de plus et après les années de guerre et d'après-guerre, des années de tension et de surtension, j'aspirais à vivre de nouveau en toute tranquillité, sans entendre parler de politique. Naturellement, il y avait aussi des partis en Angleterre, whigs et tories, un parti conservateur, un parti libéral et le Labour, mais leurs discussions ne me concernaient pas. Il y avait aussi, sans aucun doute, des divisions et des courants dans la littérature, des querelles et des rivalités cachées, mais ici j'étais complètement en dehors de cela. Ce qui me faisait vraiment du bien, c'était que je sentais enfin autour de moi une atmosphère civile, courtoise, détendue, exempte de haine. Rien ne m'avait autant empoisonné la vie ces dernières années que de sentir toujours la haine et la tension autour de moi dans le pays, dans la ville, que d'avoir à me défendre d'être embarqué dans ces discussions. Ici, la population n'était pas sujette à autant d'égarement, ici davantage de légalité et de décence dominait la vie publique que dans nos pays devenus eux-mêmes immoraux à force d'être trompés par l'inflation. Les gens vivaient plus tranquilles, plus contents, et préféraient se concentrer sur leur jardin et leurs petites occupations favorites plutôt que sur leur voisin. Ici on pouvait respirer, penser et réfléchir. Mais c'était mon nouveau travail qui me retenait vraiment.

Voici comment les choses se passèrent. Mon *Marie-Antoinette* venait de paraître, et j'étais en train de relire les épreuves de mon livre sur Érasme, dans lequel j'avais essayé de dresser un portrait intellectuel de l'humaniste qui, bien qu'il comprît plus clairement que les professionnels de la réforme du monde l'absurdité de l'époque, fut pourtant incapable, avec toute sa raison, de lui barrer la route. Ayant achevé cet autoportrait déguisé, mon intention était d'écrire un roman que je projetais depuis longtemps. J'en

avais assez des biographies. Mais dès le troisième
jour il se trouva qu'au British Museum, attiré par
ma vieille passion pour les autographes, j'en vins à
examiner les pièces exposées dans la salle ouverte au
public. Parmi elles se trouvait le manuscrit du récit
de l'exécution de Marie Stuart. Involontairement, je
me posai cette question : mais qu'en est-il au juste de
Marie Stuart ? Avait-elle ou non réellement participé
à l'assassinat de son second mari ? Comme je n'avais
rien à lire ce soir-là, j'achetai un livre sur elle. C'était
un hymne qui la défendait comme une sainte, un
livre plat et sot. Avec mon incurable curiosité, j'en
achetai le lendemain un autre qui soutenait à peu
près le contraire exact. C'est alors que le cas commença à m'intéresser. Je m'enquis d'un livre réellement fiable. Personne ne put m'en indiquer un, si
bien qu'à force de chercher et de me renseigner je
me mis involontairement à comparer et que, sans
m'en rendre compte, j'avais commencé un livre
sur Marie Stuart qui me retint ensuite plusieurs
semaines dans les bibliothèques. Quand je revins en
Autriche au début de 1934, j'étais résolu à retourner
à Londres, qui m'était devenu cher, pour y achever
ce livre en toute tranquillité.

Il ne me fallut pas plus de deux ou trois jours
en Autriche pour voir combien la situation avait
empiré pendant ces quelques mois. Passer de l'atmosphère tranquille et sûre de l'Angleterre à cette
Autriche secouée par les fièvres et les luttes revenait à sortir brusquement dans une rue brûlante,
un jour torride de juillet à New York. Le chantage
national-socialiste commençait à détruire peu à
peu les nerfs des cercles cléricaux et bourgeois ; ils
sentaient de plus en plus durement le tour de vis

économique, la pression subversive de l'impatiente
Allemagne. Le gouvernement Dollfuss, qui voulait
maintenir l'indépendance de l'Autriche et la préserver de Hitler, cherchait de plus en plus désespérément un appui. La France et l'Angleterre étaient trop
éloignées et au fond trop indifférentes, la Tchécoslovaquie était encore pleine de rancune et de rivalité
contre Vienne — ne restait donc que l'Italie, qui visait
un protectorat économique et politique sur l'Autriche
pour s'assurer les cols alpins et Trieste. Il est vrai
que pour cette protection, Mussolini exigeait un prix
élevé. L'Autriche devait se conformer aux tendances
fascistes, le Parlement et donc la démocratie devaient
être liquidés. Or cela n'était possible que si on éliminait et privait de ses droits le parti social-démocrate,
le plus fort et le mieux organisé d'Autriche. Pour le
briser il n'y avait pas d'autre voie que celle de la violence la plus brutale.

Pour cette action terroriste, le prédécesseur de
Dollfuss, Ignaz Seipel, avait déjà créé une organisation, la Heimwehr[4]. Vue de l'extérieur, celle-ci
avait la plus misérable allure qu'on pût imaginer, de
petits avocats de province, des officiers mis à pied,
des existences obscures, des ingénieurs au chômage,
chacun représentant une médiocrité déçue, tous se
haïssant furieusement. Pour finir, on lui trouva en
la personne du jeune prince Starhemberg un « führer », qui s'était jadis traîné aux pieds de Hitler,
avait fulminé contre la République et la démocratie
et se présentait à présent partout, avec ses soldats
de location, comme l'antagoniste de Hitler, promettant de « faire rouler des têtes ». Ce que voulaient
positivement les membres de la Heimwehr était tout
à fait obscur. En réalité, la Heimwehr n'avait pas
d'autre but que d'avoir sa part du gâteau et toute

sa force était le poing de Mussolini, qui la poussait en avant. Avec leurs baïonnettes livrées par l'Italie, ces soi-disant patriotes autrichiens ne remarquaient pas qu'ils sciaient la branche sur laquelle ils étaient assis.

Le parti social-démocrate comprenait mieux où était le vrai danger. En soi, il n'avait pas besoin de craindre la lutte ouverte. Il avait ses armes et au moyen de la grève générale il pouvait paralyser tous les chemins de fer, tous les services de distribution d'eau, toutes les usines électriques. Mais il savait aussi que Hitler n'attendait qu'une telle « révolution rouge » pour avoir un prétexte d'envahir l'Autriche en se faisant passer pour le « sauveur ». Aussi préférait-il sacrifier une grande partie de ses droits et même le Parlement pour parvenir à un compromis acceptable. Tous les gens raisonnables approuvaient cet arrangement vu la situation de contrainte dans laquelle se trouvait l'Autriche à l'ombre menaçante de l'hitlérisme. Dollfuss lui-même, souple, ambitieux, mais foncièrement réaliste, paraissait enclin à conclure un accord. Mais le jeune Starhemberg et son compère, le major Fey, qui joua par la suite un rôle singulier dans l'assassinat de Dollfuss, exigèrent que le Schutzbund[5] livrât ses armes et que toute trace de liberté démocratique et civile fût supprimée. Les sociaux-démocrates refusèrent de se plier à ces exigences, les deux camps échangèrent des menaces. Une décision, on le sentait bien, était maintenant dans l'air et, dans le sentiment de tension générale, je songeais avec appréhension aux mots de Shakespeare : « Un ciel si noir ne s'éclaircit pas sans orage[6]. »

Je n'étais resté que quelques jours à Salzbourg et ne tardai pas à repartir pour Vienne. Et ce fut justement dans les premiers jours de février que l'orage éclata. À Linz, la Heimwehr avait attaqué la Maison des ouvriers pour s'emparer du dépôt d'armes qu'elle pensait y trouver. Les ouvriers avaient répondu en proclamant la grève générale, Dollfuss, de son côté, en donnant l'ordre de réprimer par les armes cette « révolution » artificiellement déclenchée sous la contrainte. C'est ainsi que l'armée régulière attaqua à la mitrailleuse et au canon les maisons ouvrières de Vienne. Pendant trois jours, on lutta avec acharnement de maison en maison ; ce fut la dernière fois, avant l'Espagne, que la démocratie se défendit en Europe contre le fascisme. Les ouvriers résistèrent pendant trois jours, avant de succomber à la supériorité technique.

Étant à Vienne pendant ces trois jours, je fus témoin de ce combat décisif et par là même du suicide de l'indépendance autrichienne. Mais comme je tiens à être un témoin honnête, je dois reconnaître le fait à première vue paradoxal que je n'ai absolument rien vu par moi-même de cette révolution. Quiconque entreprend de peindre un tableau aussi honnête et concret que possible de son époque doit avoir également le courage de décevoir les images romantiques. Et rien ne me paraît mieux caractériser la technique et la spécificité des révolutions modernes que le fait que, dans le gigantesque espace d'une métropole moderne, elles ne se déroulent en fait que dans un petit nombre d'endroits et restent donc absolument invisibles pour la majorité des habitants. Si singulier que cela paraisse, j'étais à Vienne pendant ces journées historiques de février 1934 et n'ai rien vu de ces événements historiques qui se déroulaient à Vienne, et je n'en ai rien su non plus, absolument rien, pendant qu'ils se produisaient.

On tira au canon, des maisons furent occupées, des centaines de cadavres emportés — je n'en ai pas vu un seul. N'importe quel lecteur de journaux à New York, à Londres ou à Paris était mieux informé de ce qui se passait réellement que nous, qui étions pourtant supposés en être les témoins directs. Et le fait qu'à notre époque on en sache moins sur des événements décisifs à une distance de dix rues que ceux qui habitent à des milliers de kilomètres est un phénomène surprenant que j'ai toujours vu se vérifier par la suite. Quand Dollfuss fut assassiné à Vienne quelques mois plus tard à midi, je vis les affiches dans les rues de Londres à 5 heures et demie de l'après-midi. Je tentai aussitôt de téléphoner à Vienne ; à ma grande surprise, j'obtins immédiatement la liaison et j'appris, plus surprenant encore, qu'à Vienne, à cinq rues du ministère des Affaires étrangères, on en savait beaucoup moins qu'à Londres à chaque coin de rue. Pour ce qui est de mon expérience directe de la révolution viennoise, je ne peux donc la décrire que sur son versant exemplairement négatif : et constater combien un contemporain voit peu aujourd'hui des événements qui changent la face du monde et sa propre vie, s'il ne se trouve pas par hasard à l'endroit décisif.

Voici tout ce que j'ai vécu : j'avais rendez-vous le soir avec la régisseuse du ballet de l'opéra, Margarete Wallmann, dans un café de la Ringstrasse. Je me rendis donc à pied sur le Ring et m'apprêtais à le traverser sans penser à rien. C'est alors que surgirent quelques personnes dans de vieux uniformes enfilés à la hâte, qui marchèrent sur moi avec des fusils et me demandèrent où j'allais. Quand je leur eus expliqué que j'allais au café J., ils me laissèrent tranquillement passer. Je ne savais ni pourquoi ces

gardes se trouvaient dans la rue, ni ce qu'ils faisaient là. En réalité, on tirait et on combattait déjà
avec acharnement dans les faubourgs depuis plusieurs heures, mais dans le centre personne ne soup-
çonnait rien. C'est seulement en revenant à l'hôtel le
soir et en voulant payer ma note, car mon intention
était de retourner à Salzbourg le lendemain matin,
que le portier me dit craindre que cela ne fût pas
possible parce que les trains ne circulaient pas. Il y
avait grève des chemins de fer et de plus il se passait
quelque chose dans les faubourgs.

Le lendemain, les journaux diffusèrent des informations plutôt vagues sur une insurrection des
sociaux-démocrates, mais qui serait déjà plus ou
moins réprimée. En réalité, c'était ce jour-là que le
combat atteignait toute son intensité et le gouvernement se résolut, après les mitrailleuses, à faire donner aussi le canon contre les maisons ouvrières. Mais
je n'entendis pas non plus les canons. Si l'Autriche
tout entière avait été occupée à ce moment-là par
les socialistes, les nationaux-socialistes ou encore
les communistes, je l'aurais aussi peu su que les
Munichois à l'époque où ils se réveillèrent le matin
et n'apprirent qu'en lisant les *Dernières nouvelles
de Munich* que leur ville était aux mains de Hitler.
Dans les arrondissements du centre, la vie suivait
son cours aussi tranquillement et régulièrement que
d'habitude, tandis que le combat faisait rage dans
les faubourgs, et nous étions assez fous pour croire
les informations officielles annonçant que tout était
déjà réglé et terminé. À la Bibliothèque nationale, où
j'avais quelque chose à vérifier, les étudiants lisaient
et étudiaient comme toujours, tous les magasins
étaient ouverts et les gens ne manifestaient aucune
agitation. C'est seulement le troisième jour, quand

tout était fini, qu'on apprit la vérité par bribes. Le quatrième jour, à peine les trains s'étaient-ils remis à circuler que je retournai le matin à Salzbourg, où deux ou trois connaissances croisées dans la rue m'assaillirent de questions, cherchant à savoir ce qui s'était réellement passé à Vienne. Et moi, qui avais pourtant été le « témoin oculaire » de la révolution, je me vis obligé de leur dire honnêtement: « Je n'en sais rien. Le mieux est que vous achetiez la presse internationale. »

Étrangement, quelque chose de décisif se produisit le lendemain dans ma propre vie en relation avec ces événements. J'étais revenu de Vienne l'après-midi dans ma maison de Salzbourg, j'y avais trouvé des piles d'épreuves et de lettres et travaillé jusqu'à une heure avancée de la nuit pour rattraper mon retard. Le lendemain matin, alors que j'étais encore dans mon lit, on frappa à la porte; notre vieux et brave serviteur qui, sinon, ne me réveillait jamais si je ne lui avais pas donné une heure précise pour le faire, apparut le visage défait et me pria de descendre car des messieurs de la police étaient là et voulaient me parler. Quelque peu surpris, j'enfilai ma robe de chambre et descendis au rez-de-chaussée. Il y avait là quatre policiers en civil, qui me déclarèrent qu'ils avaient l'instruction de fouiller la maison; ils me sommèrent de leur livrer sur-le-champ toutes les armes du Schutzbund supposées y être cachées.

Je dois avouer qu'au premier instant j'étais trop ébahi pour répondre quoi que ce soit. Des armes de la milice républicaine dans ma maison? La chose était vraiment trop absurde. Je n'avais jamais adhéré à aucun parti, ne m'étais jamais mêlé de politique. Je m'étais absenté plusieurs mois de Salzbourg et, même tout cela mis à part, c'eût été la chose la plus ridicule du monde que d'aménager un dépôt d'armes dans cette maison située sur une montagne en dehors de la ville, si bien qu'on pouvait observer en chemin quiconque aurait porté une arme ou un fusil. Je me contentai donc de répondre froidement : « Je vous en prie, vérifiez. » Les quatre détectives parcoururent la maison, ouvrirent quelques boîtes, tapotèrent sur quelques murs, mais la nonchalance avec laquelle ils procédaient me fit aussitôt claire- ment comprendre que c'était une perquisition pour la forme et qu'aucun d'eux ne croyait sérieusement que cette maison recelait un dépôt d'armes. Au bout d'une demi-heure ils déclarèrent l'inspection termi- née et disparurent.

Pour expliquer pourquoi cette comédie m'a tant exaspéré à l'époque, il me faut malheureusement introduire une remarque historique. Au cours des dernières décennies, l'Europe et le monde ont déjà presque oublié le caractère sacré qu'avaient aupara- vant les droits de la personne et les libertés civiques. Depuis 1933, perquisitions, arrestations arbitraires, confiscation de biens, expulsions de la maison et du pays, déportations, et toutes les autres formes d'avi- lissement imaginables sont presque devenues mon- naie courante ; je ne connais presque aucun de mes amis européens qui n'aurait pas vécu des choses analogues. Mais à l'époque, au début de 1934, une perquisition à domicile en Autriche était encore un énorme affront. Pour que quelqu'un comme moi, qui me tenais à l'écart de la vie politique et n'avais même pas fait usage de mon droit de vote depuis des années, fît l'objet d'une perquisition, il fallait sûre- ment une raison particulière, et il s'agissait en effet d'une affaire typiquement autrichienne. On avait enjoint au préfet de police de Salzbourg de prendre des mesures sévères contre les nationaux-socialistes, qui inquiétaient nuit après nuit la population avec des explosifs et des bombes, et cette surveillance était un acte de courage risqué, car le parti appliquait dès cette époque sa technique de la terreur. Chaque jour, les administrations recevaient des lettres de menaces : ils devraient payer s'ils continuaient à « poursuivre » les nationaux-socialistes, et en effet — quand il s'agissait de se venger, les nationaux-socialistes ont toujours tenu parole à cent pour cent — les fonctionnaires autrichiens les plus fidèles ont été traînés dans des camps de concentration dès le lendemain de l'entrée de Hitler en Autriche. Ainsi, on pouvait être tenté d'opérer une perquisition à mon domicile pour faire savoir ostensiblement que personne ne saurait être à l'abri de telles mesures. Mais pour ma part, derrière cet épisode en lui-même peu important, je sentais à quel point la situation était devenue sérieuse en Autriche et prédominante la pression exercée par l'Allemagne. Ma maison ne me plaisait plus depuis cette visite policière et un certain sentiment me disait que pareil épisode n'était que le timide prélude à des interventions beaucoup plus graves. Le soir même, je commençai à emballer mes papiers les plus importants, décidé à ne plus vivre désormais qu'à l'étranger, et cette séparation n'était pas simplement celle qui vous fait quitter une maison et un pays, car ma famille était attachée à cette maison comme à sa terre natale et elle aimait l'Autriche. Mais pour moi, la liberté personnelle était la chose la plus précieuse au monde. Sans avertir de mon intention aucun de mes amis et connaissances, je repris le chemin de Londres deux jours plus tard ; arrivé là-bas, ma première démarche fut pour informer les autorités de Salzbourg que j'avais définitivement quitté mon domicile. Ce fut le premier pas qui me détachait de mon pays natal. Mais je savais, depuis ces journées à Vienne, que l'Autriche était perdue — sans deviner encore, il est vrai, tout ce que je perdais par là.

L'AGONIE DE LA PAIX

> *Le soleil de Rome s'est couché. Nos jours sont finis.*
> *Viennent nuages, rosées et dangers, nos faits sont accomplis.*
>
> SHAKESPEARE, *Jules César*[1].

Pas plus qu'en son temps Sorrente pour Gorki, l'Angleterre ne fut pour moi un exil pendant les premières années. L'Autriche existait toujours, même après la prétendue « révolution » et la tentative que firent peu de temps après les nationaux-socialistes de s'emparer du pays par un coup de main et l'assassinat de Dollfuss. L'agonie de mon pays natal allait encore durer quatre ans. Je pouvais retourner chez moi à toute heure, je n'étais pas banni, je n'étais pas proscrit. Mes livres étaient encore intacts dans ma maison de Salzbourg, je portais encore mon passeport autrichien, ma patrie était encore ma patrie, j'étais encore citoyen de ce pays — et un citoyen jouissant de tous ses droits. Je ne connaissais pas encore cette affreuse condition d'apatride, qui ne peut être expliquée qu'à ceux qui l'ont eux-mêmes vécue, ce sentiment éreintant de tituber dans le vide les yeux bien ouverts et de savoir que là où on a pris pied, on peut être à tout instant refoulé. Mais je n'en étais qu'au tout début. J'arrivai tout de même dans d'autres dispositions quand je descendis du train à Victoria Station en février 1934 ; on porte sur une ville dans laquelle on a décidé de rester un autre regard que sur celles qu'on ne fait que visiter. Je ne savais pas combien de temps j'habiterais Londres. La seule chose qui m'importait était de me remettre à mon propre travail, de défendre ma liberté intérieure et extérieure. Je ne pris donc pas de maison, parce que toute propriété implique déjà une attache, mais un petit *flat*[2], juste assez grand pour accueillir dans deux bibliothèques murales les quelques livres dont je ne voulais pas être privé, et y installer un bureau. Ainsi, je disposais en fait de tout ce dont un travailleur intellectuel a besoin autour de lui. Il est vrai qu'il n'y avait pas assez de place pour recevoir. Mais je préférais habiter dans un cadre plus qu'exigu et pouvoir voyager de temps à autre librement : inconsciemment, ma vie s'orientait déjà vers le provisoire et non plus vers le permanent.

Le premier soir — le jour baissait déjà et les contours des murs s'estompaient dans le crépuscule —, j'entrai dans le petit appartement enfin aménagé, et je tressaillis. Car à cette seconde même, j'eus l'impression de pénétrer dans cet autre petit appartement que je m'étais aménagé à Vienne presque trente ans auparavant, avec des pièces aussi petites, les mêmes livres au mur comme unique signe de bienvenue, et les yeux hallucinés du *King John* de Blake, qui m'accompagnait partout. J'eus vraiment besoin d'un moment pour me reprendre, car pendant des années et des années j'avais perdu

tout souvenir de ce premier appartement. Était-ce
là un symbole de ce que ma vie, qui avait pris tant
d'ampleur au fil du temps, se recroquevillait à présent sur le passé et que je devenais l'ombre de moi-
même ? Lorsque, trente ans plus tôt, j'avais choisi
cette chambre à Vienne, c'était un commencement.
Je n'avais encore rien créé, du moins rien d'important ; mes livres, mon nom ne vivaient pas encore
dans mon pays. À présent — par une étrange simi-
litude — mes livres avaient de nouveau disparu
de leur langue, ce que j'écrivais restait désormais
inconnu pour l'Allemagne. Mes amis étaient loin, le
vieux cercle de connaissances était détruit, j'avais
perdu ma maison avec ses collections, ses tableaux
et ses livres ; je me retrouvais exactement comme
autrefois dans un environnement étranger. Tout ce
que j'avais tenté, fait, appris, goûté dans l'intervalle,
semblait balayé, je devais tout recommencer à plus
de cinquante ans, j'étais de nouveau l'étudiant assis
à son bureau, trottant le matin à la bibliothèque —
ayant simplement perdu une partie de sa confiance,
une partie de son enthousiasme, avec un reflet gris
sur les cheveux et un léger abattement qui assom-
brissait son âme fatiguée.

J'hésite à relater dans le détail ce que furent ces
années en Angleterre de 1934 à 1940, car je m'approche déjà de l'époque actuelle que nous avons tous
vécue à peu près de la même façon, dans la même
inquiétude exacerbée par la radio et la presse, avec
les mêmes espoirs et les mêmes soucis. Aujourd'hui,
nous ne sommes pas très fiers en pensant à son
aveuglement politique et sommes épouvantés en
voyant où cette époque nous a menés ; celui qui
voudrait expliquer devrait accuser, et qui d'entre
nous aurait le droit de le faire ? Et puis ma vie en

Angleterre ne fut que retrait et réserve. Même si je savais quelle sottise c'était de ne pouvoir dompter une inhibition aussi superflue, je vécus toutes ces années de demi-exil et d'exil en m'interdisant toute sociabilité spontanée, mû par l'illusion que, dans un pays étranger, je n'avais pas le droit de participer à des discussions sur l'actualité. En Autriche, je n'avais rien pu faire contre la bêtise des cercles dirigeants, alors comment agir autrement ici, où je me sentais l'hôte de cette bonne île, sachant que s'il essayait, avec les informations claires et plus précises dont il disposait, d'attirer l'attention sur le danger que Hitler représentait pour le monde, on ne manquerait pas de prendre cela pour une opinion dictée par l'intérêt personnel ? Certes, ce fut parfois une épreuve de ne pas desserrer les lèvres au vu d'erreurs manifestes. Il était douloureux de voir justement la vertu maîtresse des Anglais, leur loyauté, leur volonté sincère d'accorder d'emblée leur confiance à autrui sans exiger de contrepartie, être exploitée par une propagande qui était un chef-d'œuvre de mise en scène. On ne cessait de faire miroiter qu'à l'évidence Hitler voulait simplement intégrer les Allemands des régions limitrophes, qu'il serait alors satisfait et manifesterait sa gratitude en exterminant le bolchevisme ; cet appât produisait un excellent effet. Il suffisait que Hitler prononce une fois le mot « paix » dans un discours, et les journaux applaudissaient avec enthousiasme, oubliant tout ce qu'il avait commis et sans se demander, au fait, pourquoi l'Allemagne réarmait avec tant de rage. À leur retour de Berlin, des touristes qu'on avait pris la précaution de guider et d'entourer de flatteries vantaient l'ordre et son nouveau maître, petit à petit on commençait, en Angleterre, à reconnaître discrètement la légitimité de sa « revendication » d'une grande Allemagne — personne ne comprenait que l'Autriche était la clef de voûte de l'édifice et que l'Europe allait nécessairement s'effondrer si on la faisait sauter. Pour ma part, j'accueillais la naïveté, la noble crédulité avec laquelle les Anglais et leurs personnalités dirigeantes se laissaient abuser avec les yeux brûlants de celui qui, chez lui, avait vu de près le vrai visage des troupes d'assaut et les avait entendues chanter : « Aujourd'hui, l'Allemagne nous appartient, demain ce sera le monde entier. » C'est pourquoi, plus la situation politique se tendait, plus j'évitais toute discussion et toute action publique. L'Angleterre est le seul pays de l'Ancien Monde où je n'ai jamais publié dans les journaux le moindre article lié à l'actualité, jamais parlé à la radio[3], jamais pris part à la moindre discussion publique ; j'y ai vécu, dans mon petit appartement, plus anonymement que, trente ans plus tôt, l'étudiant dans sa chambre de Vienne. Aussi je ne me sens pas le droit de décrire l'Angleterre en qualité de témoin irrécusable, d'autant moins que j'ai dû m'avouer plus tard n'avoir pas su discerner avant la guerre la force profonde de l'Angleterre, retenue en elle-même et qui ne se révèle pleinement qu'à l'heure du danger suprême.

Je ne voyais pas non plus beaucoup d'écrivains. La mort a enlevé prématurément les deux avec lesquels j'avais commencé à me lier plus tard, John Drinkwater et Hugh Walpole, quant aux plus jeunes, je ne les rencontrais pas souvent, dès lors que le manque d'assurance, dont j'étais malencontreusement affecté en tant que *foreigner*[4], m'incitait à éviter les clubs, les dîners en ville et les manifestations publiques. J'eus tout de même le plaisir particulier et vraiment inoubliable de rencontrer un jour les deux esprits les plus caustiques, Bernard Shaw et H. G. Wells, dans un débat souterrainement tendu, mais extérieurement chevaleresque et brillant. C'était au cours d'un lunch en petit comité, et je me trouvais dans la situation pour partie séduisante, pour partie embarrassante, de celui qui n'était pas du tout au courant de ce qui provoquait la tension souterraine qu'on sentait électrique entre les deux patriarches à la façon dont ils se saluaient, manifestant une familiarité légèrement imbue d'ironie — il y avait sûrement eu entre eux une divergence de principe, qui avait été réglée peu de temps auparavant ou devait l'être grâce à ce lunch. Ces deux grandes figures, chacune faisant la gloire de l'Angleterre, avaient combattu côte à côte, un demi-siècle auparavant dans le Cercle des fabiens[5], pour un socialisme naissant qui avait le même âge qu'eux. Depuis, chacun obéissant à sa personnalité très marquée, leur évolution les avait éloignés l'un de l'autre, Wells en restant à son idéalisme militant, travaillant infatigablement à construire sa vision de l'avenir de l'humanité, Shaw, à l'inverse, considérant avec une ironie et un scepticisme croissants l'avenir aussi bien que le présent, qui lui servaient de terrain d'exercice pour le jeu de sa pensée sur un mode à la fois supérieur et amusé. Même l'apparence physique avait progressivement donné une forme tangible à ce qui les opposait. Shaw, octogénaire d'une fraîcheur invraisemblable, qui ne croquait au repas que des noix et des fruits, grand, maigre, constamment tendu, un rire caustique sur des lèvres toujours prêtes à bavarder, plus disposé que jamais à tirer le feu d'artifice de ses paradoxes; Wells, septuagénaire bon vivant, plus jouisseur, plus à l'aise qu'il ne l'avait jamais été, petit, les joues rouges, d'un sérieux implacable sous ses accès de gaieté occasionnels. Shaw éblouissant dans l'agressivité, variant avec promptitude et agilité ses angles d'attaque, l'autre tactiquement très fort dans la défensive, d'une foi et d'une conviction inébranlables. J'eus immédiatement l'impression que Wells n'était pas simplement venu pour une conversation amicale de lunch, mais pour une sorte de confrontation de principe. Et c'est justement parce que je n'étais pas informé des dessous du conflit d'idées que j'en ressentais plus vivement l'atmosphère. Dans chaque geste, dans chaque regard, dans chaque mot des deux protagonistes perçait l'envie d'en découdre, une envie souvent exubérante, mais qui n'était sans doute pas dénuée de sérieux; on aurait dit deux escrimeurs testant leur propre adresse par de petites bottes d'essai avant d'attaquer franchement l'adversaire. Shaw possédait l'intelligence la plus prompte. C'était toujours l'étincelle sous ses sourcils broussailleux, quand il faisait une réponse ou parait un coup, son plaisir du trait d'esprit, du jeu de mots, qu'il avait perfectionné pendant soixante ans pour atteindre un sommet de virtuosité sans égale, se déchaînait dans une sorte d'exaltation. Sa barbe blanche et broussailleuse tremblait parfois d'un léger rire caustique, et inclinant légèrement la tête sur le côté, il semblait toujours suivre la course de sa flèche pour voir si elle avait atteint sa cible. Wells, avec ses petites joues rouges et ses yeux paisibles et voilés, était plus mordant et ses coups plus directs; son intelligence travaillait aussi avec une extraordinaire promptitude, mais il n'exécutait pas d'aussi brillantes voltes, préférant porter des bottes félines et directes avec une touche de naturel. Les échanges se succédaient avec une telle acuité et une

telle promptitude, coup sur parade, parade sur coup,
tout en maintenant un semblant de pure plaisante-
rie, que le simple spectateur ne se lassait pas d'admirer le brio et l'art de l'esquive qui caractérisaient cet
échange au fleuret. Mais derrière ce dialogue alerte,
toujours d'une haute tenue, transparaissait une sorte
d'acharnement intellectuel, que disciplinait une subtile urbanité spécifiquement anglaise. Il y avait — ce
qui rendait la discussion aussi passionnante — du
sérieux dans le jeu et du jeu dans le sérieux, une
opposition tranchée entre deux caractères antago-
nistes, que n'enflammait qu'en apparence le sujet du
débat, et qui s'ancrait en réalité dans des fonds et
des arrière-fonds qui m'étaient inconnus. En tout
cas, j'avais vu les deux meilleurs esprits d'Angleterre
dans un de leurs meilleurs moments et la poursuite
de cette polémique, menée les semaines suivantes
sous forme imprimée dans la *Nation*, ne me procura plus le centième du plaisir que j'avais pris à
ce dialogue impétueux, parce que derrière les arguments devenus abstraits je ne voyais plus aussi bien
l'homme vivant ni l'essentiel de ce qui était en jeu.
Mais j'ai rarement pris autant de plaisir à la phos-
phorescence de deux esprits se frottant l'un à l'autre,
de même que dans aucune comédie au théâtre je
n'ai vu — avant ou après — s'exercer autant de virtuosité dans l'art du dialogue qu'en cette occasion,
où il s'accomplissait sans intention, sans rien de
théâtral et dans les formes les plus nobles.

Mais c'est uniquement comme occupant d'un
lieu que je vécus ces années-là en Angleterre et
non de toute mon âme. Et c'est justement le souci
de l'Europe, ce souci pesant douloureusement sur
nos nerfs, qui me fit entreprendre de nombreux
voyages et même traverser deux fois l'océan, dans

la période qui va de la prise du pouvoir par Hitler au début de la Seconde Guerre mondiale. Peut-être étais-je poussé par le pressentiment que, tant que le monde restait accessible et que les bateaux pouvaient encore tracer paisiblement leur sillage sur les mers, on devait amasser, en prévision de temps plus sombres, autant de provisions d'impressions et d'expériences que le cœur en pouvait recueillir, peut-être aussi par la nostalgie de savoir qu'un nouveau monde était en construction tandis que la méfiance et la zizanie détruisaient notre ancien monde, peut-être même par l'intuition encore vague que notre avenir et même mon avenir personnel se situaient au-delà de l'Europe. Une tournée de conférences à travers les États-Unis me donna l'occasion bienvenue de parcourir ce puissant pays d'est en ouest et du nord au sud et d'en voir toute la diversité en même temps que la profonde unité intérieure. Mais je fus peut-être encore plus impressionné par l'Amérique du Sud, où j'acceptai volontiers de me rendre en réponse à une invitation au congrès du Pen Club international ; rien ne me paraissait plus important à ce moment-là que de soutenir l'idée d'une solidarité intellectuelle au-delà des pays et des langues. Les dernières heures en Europe précédant ce voyage donnèrent un sérieux avertissement pour la route. Cet été de 1936, avait éclaté en Espagne une guerre civile qui, vue de l'extérieur, n'était qu'une dissension interne à ce pays, beau et tragique, mais constituait déjà, en réalité, les manœuvres préparant au futur conflit entre les deux blocs idéologiques. J'avais embarqué à Southampton sur un bateau anglais et je pensais en fait que, pour contourner la zone de guerre, le vapeur éviterait sa première escale habituelle à Vigo. À mon grand étonnement, nous entrâmes pourtant dans le port et les passagers furent même autorisés à débarquer pour quelques heures. Vigo était alors entre les mains des partisans de Franco, mais à l'écart du théâtre des opérations proprement dit. Pendant ces quelques heures, je pus néanmoins observer deux ou trois choses qui pouvaient légitimement susciter quelques réflexions accablantes. Devant la mairie, sur laquelle flottait le drapeau de Franco, étaient alignés des jeunes gens en vêtements paysans, la plupart conduits par des prêtres, qu'on était visiblement allé chercher dans les villages voisins. À première vue, je ne comprenais pas ce qu'on voulait d'eux. Étaient-ce des ouvriers qu'on réquisitionnait pour quelque service d'urgence ? Étaient-ce des chômeurs auxquels on allait donner un repas sur place ? Mais au bout d'un quart d'heure, je vis ces mêmes jeunes gens ressortir métamorphosés de la mairie. Ils portaient des uniformes neufs, rutilants, des fusils et des baïonnettes ; surveillés par des officiers, ils furent embarqués dans des automobiles tout aussi neuves et rutilantes et quittèrent la ville à vive allure. Je tressaillis. Où avais-je déjà vu ça un jour ? D'abord en Italie, puis en Allemagne ! Dans les deux cas avaient surgi ces uniformes neufs, impeccables, et les automobiles et les mitrailleuses neuves. Et je me demandai une nouvelle fois : qui livre, qui paye ces uniformes neufs, qui organise ces jeunes gens d'une extrême pauvreté, qui les pousse contre le pouvoir existant, contre le Parlement élu, contre leurs propres représentants légaux ? Le trésor de l'État se trouvait, je le savais, entre les mains du gouvernement légitime, de même que les dépôts d'armes. Ces automobiles, ces armes devaient donc avoir été livrées par des pays étrangers et il ne faisait aucun doute qu'elles avaient passé la frontière portugaise. Mais qui les avait livrées, qui les avait payées ? C'était une nouvelle puissance qui voulait s'emparer du pouvoir, une seule et même puissance à l'œuvre dans les deux cas, une puissance qui aimait la violence, avait besoin de la violence, aux yeux de laquelle toutes les idées auxquelles nous tenions et pour lesquelles nous vivions — paix, humanité, esprit de conciliation — n'étaient que des faiblesses archaïques. Il s'agissait de groupes mystérieux, planqués dans leurs bureaux et leurs cartels, qui exploitaient cyniquement l'idéalisme d'une jeunesse naïve au profit de leur volonté de puissance et de leurs affaires. C'était la volonté de violence, qui appliquait une technique nouvelle et plus subtile pour répandre sur notre malheureuse Europe la vieille barbarie de la guerre. Une seule impression visuelle, agissant sur les sens, a toujours plus d'effet que des milliers d'articles et de brochures. Et en cette heure où je voyais des jeunes gens innocents approvisionnés en armes par des inconnus qui tiraient les ficelles à l'arrière-plan, des armes qu'ils devaient ensuite tourner contre des jeunes gens de leur propre patrie tout aussi innocents, jamais je n'eus un pressentiment plus vif de ce qui nous attendait, nous et l'Europe entière. Puis lorsque le bateau leva l'ancre après cette halte de quelques heures, je descendis rapidement dans ma cabine. Il était trop douloureux pour moi de jeter un dernier regard sur ce beau pays, victime d'horribles dévastations par la faute d'autrui ; l'Europe me semblait vouée à la mort par sa propre folie, l'Europe, notre patrie sacrée, berceau et parthénon de notre civilisation occidentale.

Je fus d'autant plus heureux à la vue de l'Argentine qui s'offrit ensuite à moi. On y retrouvait l'Espagne et sa vieille culture, gardée, conservée sur une terre

nouvelle, plus vaste, pour laquelle le sang n'avait
pas encore servi d'engrais et que la haine n'avait
pas encore empoisonnée. Il y avait là abondance de
vivres, richesse et superflu, un espace infini et donc
de la nourriture pour l'avenir. Un bonheur incommensurable et une sorte de confiance nouvelle
s'emparèrent de moi. Les cultures n'avaient-elles
pas migré depuis des milliers d'années d'un pays à
l'autre, et même lorsque l'arbre était tombé sous les
coups de la hache, n'avait-on pas toujours sauvé les
graines et, partant, de nouvelles fleurs et de nouveaux fruits ? Ce qu'avaient créé les générations
qui nous précédaient et celles qui nous environ-
naient ne se perdait donc jamais. Il fallait simplement apprendre à penser à plus grande échelle, à
prendre en compte de plus longues durées. Il fallait
commencer, me dis-je, à ne plus simplement penser à l'échelle européenne, mais bien au-delà des
limites de l'Europe, ne pas s'enterrer soi-même dans
un passé moribond, mais participer à sa renaissance. Car en voyant la chaleur avec laquelle toute
la population de cette ville aux millions d'habitants
participait à notre congrès, je découvris qu'ici nous
n'étions pas des étrangers et que la foi dans l'unité
spirituelle, à laquelle nous avions consacré le meilleur de notre vie, y était encore vivante, reconnue et
influente, qu'à notre époque des nouvelles vitesses
l'océan lui-même ne nous séparait plus. Il y avait
une nouvelle tâche à la place de l'ancienne : édifier
la communauté dont nous rêvions dans de nouvelles
dimensions et des synthèses plus audacieuses. Si
j'avais jugé l'Europe perdue depuis ce dernier regard
jeté sur la guerre à venir, je recommençai à espérer
et à croire sous la Croix du Sud.

Le Brésil ne me fit pas une impression moins

forte, ne fut pas une promesse moindre, ce pays qu'une nature prodigue a doté de la plus belle ville du monde, ce pays dont ni les voies ferrées, ni les routes, ni même les avions ne peuvent parcourir la gigantesque étendue. Ici, le passé était encore plus soigneusement conservé que dans l'Europe elle-même, ici la brutalité apportée par la Première Guerre mondiale n'avait pas encore pénétré les mœurs ni l'esprit des nations. Ici les gens vivaient plus paisiblement les uns avec les autres, et même les rapports entre les races les plus diverses étaient plus courtois, moins empreints d'hostilité que chez nous. Ici, l'humanité n'était pas cloisonnée par d'absurdes théories du sang, de la tribu et de l'origine, ici on pressentait curieusement qu'il était encore possible de vivre en paix, ici l'espace, pour la moindre parcelle duquel, en Europe, les États se faisaient la guerre et les politiciens se lamentaient, s'ouvrait à l'avenir dans une abondance illimitée. Ici, la terre attendait encore de l'homme qu'il la cultive et la comble de sa présence. Ici, ce que l'Europe avait créé comme civilisation pouvait se perpétuer et connaître de prodigieux développements sous de nouvelles formes. L'œil enchanté par les mille beautés de cette nouvelle nature, j'avais jeté un regard sur l'avenir.

Mais voyager et même voyager loin, sous d'autres constellations et dans d'autres mondes, ne signifiait pas que je fuyais l'Europe et le souci de l'Europe. On pourrait presque croire que c'est une méchante revanche de la nature sur l'homme si toutes les conquêtes techniques grâce auxquelles il a mis la main sur ses pouvoirs les plus mystérieux lui perturbent en même temps l'âme. La pire malédiction que nous ait apportée la technique est qu'elle nous empêche d'échapper ne fût-ce qu'un instant à notre présent. Dans les périodes de catastrophe, les générations antérieures pouvaient se réfugier dans la solitude et la retraite; c'est à nous que fut réservé le privilège de connaître et de ressentir à l'heure et à la seconde près tout ce qui se produit de grave, où que ce soit sur notre terre. J'avais beau m'éloigner de l'Europe, son destin m'accompagnait. Atterrissant de nuit à Pernambouc, la Croix du Sud au-dessus de ma tête, entouré d'hommes à peau sombre, je trouvai affichée l'information du bombardement de Barcelone et la nouvelle qu'un ami espagnol, avec qui j'avais passé de bons moments quelques mois auparavant, venait d'être fusillé. Au Texas, filant dans un wagon pullman entre Houston et une autre ville pétrolière, j'entendis subitement quelqu'un hurler et vociférer en allemand: un compagnon de voyage sans malice avait allumé la radio du train sur la fréquence de l'Allemagne, si bien que roulant dans la plaine du Texas je fus obligé d'entendre un discours incendiaire de Hitler. Il n'y avait pas moyen d'y échapper, de jour comme de nuit; toujours il me fallait penser à l'Europe, torturé par l'inquiétude, et, à l'intérieur de l'Europe, toujours à l'Autriche. On jugera peut-être que dans ce gigantesque ensemble de dangers qui s'étendaient de la Chine à l'Èbre et à Manzanares, c'était un patriotisme mesquin que de s'occuper particulièrement du sort de l'Autriche. Mais je savais que le sort de l'Europe entière était lié à ce petit pays, qui se trouvait être, par hasard, mon pays natal. Si on cherche rétrospectivement à mettre en évidence les fautes politiques commises après la guerre mondiale, il apparaîtra que la plus grosse fut que les hommes politiques tant européens qu'américains ont tronqué le plan simple et clair de Wil-

son au lieu de le réaliser. Son idée était de donner
la liberté et l'autonomie aux petites nations, mais il
avait parfaitement compris que cette liberté et cette
autonomie n'étaient tenables que par un lien qui ras-
semblerait la totalité des grands et des petits États
au sein d'une unité supérieure. Or *en ne réalisant pas*
cette organisation supérieure — la véritable et définitive Société des Nations — mais uniquement la
seconde partie de son programme, l'autonomie des
petits États, on créait, au lieu de l'apaisement, une
perpétuelle tension. Car rien n'est plus dangereux
que la mégalomanie des petits, et la première chose
que firent les petits États, à peine les avait-on créés,
fut d'intriguer les uns contre les autres et de se quereller pour de minuscules territoires, la Pologne
contre la Tchécoslovaquie, la Hongrie contre la
Roumanie, la Bulgarie contre la Serbie, et le plus
faible d'entre eux dans ces rivalités était la toute
petite Autriche contre la surpuissante Allemagne. Ce
pays morcelé, mutilé, qui avait jadis régné sur toute
l'Europe, était, il me faut le répéter sans cesse, la
pierre angulaire. Je savais, ce que tous les gens qui
m'entouraient dans la métropole anglaise ne pouvaient concevoir, que la chute de l'Autriche entraî-
nerait forcément celle de la Tchécoslovaquie et que
les Balkans seraient ensuite une proie facile pour
Hitler, enfin qu'avec Vienne, en vertu de sa struc-
ture particulière, le national-socialisme prendrait
brutalement en main le levier qui lui permettrait de
soulever l'Europe entière hors de ses gonds. Nous
autres, Autrichiens, étions les seuls à savoir quelle
avidité aiguillonnée par le ressentiment poussait
Hitler à Vienne, la ville qui l'avait vu vivre dans la
plus grande misère et dans laquelle il voulait entrer
en triomphateur. C'est pourquoi, en repassant la

frontière après une brève visite à Vienne, je poussais toujours un soupir de soulagement : « Ce n'était pas encore pour cette fois », et je regardais derrière moi comme si c'était la dernière. Je voyais venir la catastrophe, inexorablement ; le matin, des centaines de fois durant toutes ces années, alors que les autres prenaient le journal sans appréhension, j'ai redouté en moi-même la manchette fatale : *Finis Austriae*. Ah, comme je m'étais moi-même illusionné en me flattant de m'être depuis longtemps détaché de son sort ! De loin, je compatissais tous les jours à sa lente et fiévreuse agonie — infiniment plus que mes amis restés dans le pays, qui s'abusaient eux-mêmes par des manifestations patriotiques et se rassuraient tous les jours les uns les autres : « La France et l'Angleterre ne peuvent pas nous laisser tomber. Et surtout, Mussolini ne le permettra jamais. » Ils croyaient à la Société des Nations, aux traités de paix, comme les malades croient à la médecine avec ses jolies vignettes. Ils se laissaient vivre, heureux et sans souci, tandis que moi, qui voyais plus clair, je me rongeais le cœur d'inquiétude.

Et mon dernier voyage en Autriche n'eut pas d'autre motif que cette crise d'angoisse intérieure spontanément déclenchée par la perspective d'une catastrophe imminente. Je m'étais rendu à Vienne à l'automne de 1937 pour rendre visite à ma vieille mère, et n'avais plus rien à y faire pour une longue période ; rien d'urgent ne m'y appelait. Un jour, vers midi, quelques semaines plus tard — sans doute fin novembre —, traversant Regent Street pour rentrer chez moi, j'achetai en passant l'*Evening Standard*. C'était le jour où Lord Halifax prenait l'avion pour Berlin, afin d'essayer pour la première fois de négocier personnellement avec Hitler. Dans cette édition

de l'*Evening Standard* étaient énumérés en première
page — je la vois encore devant moi, le texte était
imprimé en caractères gras dans la colonne de
droite — les différents points sur lesquels Halifax
voulait parvenir à un accord avec Hitler. Parmi eux
se trouvait aussi le paragraphe relatif à l'Autriche.
Et entre les lignes, je trouvai ou je crus lire : le sacrifice de l'Autriche, car quelle autre signification
pouvait avoir une explication avec Hitler ? Nous,
Autrichiens, savions très bien que sur ce point Hitler ne céderait jamais. Curieusement, cette énumé-
ration programmatique des sujets de discussion
ne figurait que dans l'édition de la mi-journée de
l'*Evening Standard* et avait disparu sans laisser de
trace dans toutes les éditions ultérieures du même
journal. (Apparemment, comme je l'appris plus tard
par des rumeurs, cette information avait été donnée en sous-main par l'ambassade italienne, car en
1937 la plus grande crainte de l'Italie était qu'une
entente entre l'Angleterre et l'Allemagne fût conclue
dans son dos.) Je suis incapable d'apprécier dans
quelle mesure cette note parue dans une seule des
éditions de l'*Evening Standard*, que la grande masse
ne releva sans doute pas, était vraie ou fausse. Je
sais seulement quelle incommensurable frayeur
s'empara de moi à l'idée que des négociations sur
l'Autriche avaient déjà lieu entre Hitler et l'Angleterre ; je n'ai pas honte de dire que la feuille du journal tremblait entre mes mains. Vraie ou fausse, la
nouvelle me rendait nerveux comme nulle autre
depuis des années, car je savais que si elle s'avérait,
ne fût-ce que pour une part minime, ce serait alors
le début de la fin, que la pierre tomberait du mur et
le mur avec elle. Je rebroussai aussitôt chemin, sau-
tai dans le premier autobus allant à Victoria Station

et me rendis aux Imperial Airways pour demander
s'il y avait encore une place dans un avion le matin
suivant. Je voulais voir une dernière fois ma vieille
mère, ma famille, ma patrie. Par hasard, je réussis
à avoir un billet, je jetai à la hâte quelques affaires
dans une valise et m'envolai pour Vienne.

Mes amis s'étonnèrent de me voir revenir aussi
rapidement et subitement. Mais comme ils se rirent
de moi lorsque je leur fis part de mon inquiétude !
J'étais toujours le vieux « Jérémie », dirent-ils en
se moquant. Ne savais-je donc pas que toute la
population autrichienne était désormais derrière
Schuschnigg ? Ils vantaient avec force détails les
manifestations grandioses du « Front patriotique »,
alors que j'avais déjà observé à Salzbourg que la
plupart de ces manifestants ne portaient qu'extérieurement l'insigne prescrit de l'unité sur le col
de leur veste, pour ne pas mettre en danger leur
situation, mais avaient pris en même temps la précaution de s'inscrire chez les nationaux-socialistes
à Munich — j'avais appris et écrit trop d'histoire
pour ignorer que la grande masse roule toujours
aussitôt du côté où se trouve le poids de la puissance du moment. Je savais que les mêmes voix qui
criaient aujourd'hui « *Heil Schuschnigg* » clame-
raient demain « *Heil Hitler* ». Mais tous ceux à qui
je parlais à Vienne manifestaient une franche insouciance. Ils s'invitaient mutuellement à des soirées
en smoking et en frac (sans pressentir qu'ils porte-
raient bientôt l'uniforme de détenu des camps de
concentration), ils prenaient d'assaut les magasins
en achetant des cadeaux de Noël pour leurs belles
maisons (sans pressentir qu'on les réquisitionne-
rait et les pillerait quelques mois plus tard). Et cette
perpétuelle insouciance de la Vienne traditionnelle,

que j'avais tant aimée jadis et dont je poursuis en réalité le rêve tout au long de mon existence, cette insouciance qu'Anzengruber, le poète national viennois, a résumée un jour dans ce bref axiome: « Que veux-tu qu'il t'arrive ? », me fit mal pour la première fois. Mais en fin de compte, peut-être étaient-ils plus sages que moi, tous ces amis viennois, parce qu'ils ne souffraient que lorsque le malheur était réellement là, alors que j'en souffrais déjà à l'avance en imagination et une seconde fois quand il avait lieu. Quoi qu'il en soit — je ne les comprenais plus et ne pouvais me faire comprendre d'eux. Après le deuxième jour, je ne mis plus personne en garde. Pourquoi troubler des gens qui refusaient de se laisser troubler?

Mais qu'on ne prenne pas ce que je dis pour un enjolivement après coup, alors que c'est la plus stricte vérité: pendant ces deux derniers jours passés à Vienne, c'est avec un « plus jamais » désespéré et muet que j'ai passé en revue chacune des rues familières, chaque église, chaque jardin, chaque coin de la vieille ville dans laquelle j'étais né. J'ai enlacé ma vieille mère avec cette pensée secrète: « C'est la dernière fois. » Tout dans cette ville, dans ce pays, je l'ai ressenti avec ce sentiment de « plus jamais! », avec la conscience que c'était un adieu, l'adieu pour toujours. Je suis passé à Salzbourg, la ville où se trouvait la maison dans laquelle j'ai travaillé pendant vingt ans, sans même descendre à la gare. Certes j'aurais pu voir de la fenêtre du wagon ma maison sur la colline avec tous les souvenirs des années vécues. Mais je n'ai pas regardé dans sa direction. À quoi bon — puisque je n'y habiterais plus jamais? À l'instant où le train franchit la frontière, je sus, à l'instar de Lot, le père archaïque de la

Bible, que derrière moi tout n'était plus que poussière et cendres, passé pétrifié en sel amer[6].

Je pensais avoir senti à l'avance ce qui pourrait arriver quand le rêve haineux de Hitler s'accomplirait et qu'il occuperait triomphalement Vienne, la ville qui l'avait rejeté quand il était jeune, pauvre et sans succès. Mais comme mon imagination, comme toute imagination humaine se révéla timorée, mesquine, pitoyable, au regard de l'inhumanité qui se déchaîna ce 13 mars 1938, le jour où l'Autriche et l'Europe avec elle tomba en proie à la violence nue! À présent, le masque était jeté. Comme les autres États avaient ouvertement manifesté leur crainte, la brutalité n'avait plus besoin de s'infliger le moindre frein moral, ni de continuer — quelle importance avaient encore la France, l'Angleterre, le monde? — à invoquer les prétextes hypocrites que leur fournissaient les « marxistes », qui devaient être politiquement éliminés. Désormais, on ne se contentait plus de piller et de spolier, on laissait libre cours à tout désir de vengeance privé. Des professeurs d'université devaient récurer la rue à mains nues, des Juifs pieux à barbe blanche étaient traînés au temple et forcés par de jeunes braillards à faire des génuflexions et à crier en chœur « *Heil Hitler* ». Dans la rue, on attrapait comme des lièvres des foules d'innocents qu'on traînait dans les chiottes des casernes de S.A. pour qu'ils les nettoient au balai; tout ce qu'une imagination haineuse, sale et morbide avait conçu dans des nuits d'orgie se déchaînait au grand jour. Qu'ils fissent irruption dans des appartements pour arracher leurs boucles d'oreilles à des femmes tremblantes — pareille chose avait pu tout aussi bien se produire il y a des centaines d'années, quand on pillait des villes dans les guerres du

Moyen Âge; ce qui était nouveau, c'était le plaisir
éhonté de la torture publique, du supplice des âmes,
de l'humiliation raffinée. Tout cela n'est pas le fruit
d'un témoignage isolé, mais celui de milliers de gens
qui l'ont subi, et une époque plus tranquille, qui
ne partagera pas notre fatigue morale, lira un jour
avec épouvante ce qu'un seul homme fou de haine
a commis au xxe siècle dans cette ville de culture.
Car c'est le triomphe diabolique de Hitler au milieu
de ses victoires militaires et politiques — à lui seul,
cet homme a réussi à émousser toute notion de
droit par un chantage permanent. *Avant* ce « nouvel
ordre », l'assassinat d'un seul homme sans la sen-
tence d'un tribunal ni raison apparente avait encore
bouleversé le monde, la torture était jugée inconcevable au xxe siècle, les expropriations étaient encore
clairement qualifiées de vol et de spoliation. Mais
maintenant, après les nuits de la Saint-Barthélemy
qui se succèdent sans interruption, après les tortures à mort quotidiennes dans les cellules des S.A.
et derrière les barbelés, que comptent encore une
injustice isolée et la souffrance humaine? En 1938,
après l'Autriche, notre monde s'était habitué à l'inhumanité, au déni du droit et à la brutalité, comme
jamais auparavant pendant un siècle. Alors qu'autrefois ce qui s'est produit dans cette malheureuse
ville de Vienne aurait suffi à provoquer une condamnation internationale, en 1938 la conscience mondiale
resta muette ou se borna à grogner légèrement avant
d'oublier et de pardonner.

Ces journées, où retentissaient les appels à l'aide
venus de ma patrie, où l'on savait que des amis
proches étaient traînés, torturés et humiliés, où l'on
tremblait pour ceux qu'on aimait sans pouvoir les
aider, font partie des plus terribles de ma vie. Et je

n'ai pas honte de dire — tant l'époque a perverti nos cœurs — que je ne fus pas effrayé en recevant la nouvelle de la mort de ma vieille mère que nous avions laissée à Vienne, et que j'éprouvai au contraire une sorte d'apaisement de la savoir désormais à l'abri de toute souffrance et de tout danger. Âgée de quatre-vingt-quatre ans, presque sourde, elle occupait un appartement dans notre maison de famille, et de ce fait, même selon les nouvelles « lois aryennes », elle ne pouvait être délogée et nous avions espéré que nous pourrions tout de même, au bout de quelque temps, la faire passer à l'étranger par un moyen quelconque. Une des premières mesures décrétées à Vienne lui avait porté d'emblée un coup sensible. Avec ses quatre-vingt-quatre ans, elle n'était plus très solide sur ses jambes et quand elle faisait sa petite promenade quotidienne, elle avait l'habitude, au bout de cinq à dix minutes de marche pénible, de se reposer sur un banc de la Ringstrasse ou du parc. Hitler n'était pas maître de la ville depuis huit jours que fut déjà pris l'arrêté bestial interdisant aux Juifs de s'asseoir sur un banc — une de ces interdictions visiblement conçues dans le seul but sadique de tourmenter méchamment. Car la spoliation des Juifs avait encore une logique et un sens intelligible, puisque le produit du vol d'usine, de mobilier d'appartement, de villa et les emplois libérés pouvaient toujours permettre de nourrir ses partisans et de récompenser ses vieux sbires ; tout compte fait, la collection de tableaux de Göring doit sa splendeur principalement à cette pratique exercée sur une grande échelle. Mais refuser à une vieille femme ou à un vieillard exténué de reprendre son souffle sur un banc pour quelques minutes était une mesure réservée au XXᵉ siècle et à un homme que des millions de gens adorent comme le plus grand homme de l'époque.

Fort heureusement, il fut épargné à ma mère de subir très longtemps des brutalités et des humiliations de ce genre. Elle mourut quelques mois après l'occupation de Vienne et je ne peux m'empêcher de rapporter un épisode lié à sa mort; il me paraît justement important de consigner de tels détails pour un temps à venir, aux yeux duquel ce genre de choses passera nécessairement pour impossible. Un matin, cette femme de quatre-vingt-quatre ans avait subitement perdu connaissance. Le médecin qu'on était allé chercher déclara aussitôt qu'elle ne passerait sans doute pas la nuit et fit venir à son chevet une garde-malade âgée d'environ quarante ans. Or ni mon frère ni moi, ses seuls enfants, n'étions sur place et nous ne pouvions naturellement venir car un retour, ne fût-ce qu'auprès du lit de mort d'une mère, eût été jugé criminel par les représentants de la culture allemande. Ce fut donc un de nos cousins qui se chargea de passer la soirée dans la maison, pour qu'au moins une personne de la famille fût présente à sa mort. Ce cousin avait alors soixante ans, n'était pas lui-même en bonne santé, et il est effectivement mort un an plus tard. Alors qu'il s'apprêtait à dresser son lit pour la nuit dans la chambre voisine, la garde-malade fit son apparition — assez honteuse, il faut le dire à son honneur — et déclara que les nouvelles lois nationales-socialistes ne lui permettaient pas de passer la nuit auprès de la mourante. Mon cousin était juif, et en tant que femme de moins de cinquante ans, elle n'était pas autorisée à passer la nuit sous le même toit que lui, fût-ce au chevet d'une mourante — conformément à la mentalité de Streicher, un Juif devait évidemment avoir pour première pensée de « déshonorer la race » sur sa personne. Naturellement, dit-elle, ce règlement lui était affreusement pénible, mais elle était tenue de se conformer à la loi. À seule fin de permettre à la garde-malade de rester auprès de ma mère mourante, mon cousin âgé de soixante ans fut donc obligé de quitter la maison dans la soirée ; maintenant, on comprendra peut-être pourquoi je l'estimais heureuse de n'avoir pas à vivre plus longtemps parmi de telles gens.

La chute de l'Autriche provoqua dans ma vie privée un changement que je considérai dans un premier temps comme insignifiant et purement formel ; elle me fit perdre mon passeport autrichien et je fus obligé de solliciter auprès des autorités anglaises un papier blanc pour le remplacer, un passeport d'apatride. Dans mes rêves cosmopolites, je m'étais souvent imaginé en secret combien il serait formidable, et à vrai dire conforme à ma sensibilité intime, de n'être citoyen d'aucun État, de n'avoir d'obligation envers aucun pays et d'appartenir, de ce fait, à tous sans distinction. Mais je dus reconnaître une nouvelle fois à quel point notre imagination terrestre est insuffisante, et qu'on ne comprend justement les sentiments les plus importants qu'après les avoir soi-même éprouvés. Dix ans auparavant, rencontrant un jour Dimitri Merejkovski à Paris, il s'était plaint auprès de moi que ses livres fussent interdits en Russie, sur quoi j'avais encore tenté, dans mon inexpérience, de le consoler assez légèrement en lui disant que cela n'était pas si grave au regard de sa diffusion dans le monde entier. Mais ensuite, lorsque mes propres livres disparurent de la langue allemande, comme je compris sa plainte de ne pouvoir faire paraître ses créations que dans des traductions, sous une forme diluée et altérée ! De même, ce n'est qu'à la seconde où, après une longue attente dans l'antichambre sur le banc des solliciteurs, je fus introduit dans le bureau de l'administration anglaise, que je compris ce que signifiait l'échange de mon passeport contre des papiers d'étranger. Car mon passeport autrichien était un droit. Tout employé d'un consulat autrichien, tout officier de police autrichien était tenu de m'en délivrer un en tant que citoyen jouissant de tous ses droits. En revanche, la carte d'étranger anglaise que je recevais devait être sollicitée. C'était une faveur sollicitée et, de plus, une faveur qui pouvait m'être retirée à tout instant. Du jour au lendemain, j'avais encore glissé un degré plus bas. Hier encore invité étranger et en quelque sorte *gentleman*, qui dépensait ici ses revenus internationaux et payait ses impôts, j'étais devenu un émigrant, un *refugee*. J'étais tombé dans une catégorie inférieure, même si elle n'était pas déshonorante. En outre, tout visa étranger sur cette feuille de papier blanc devait faire l'objet d'une demande particulière, car dans tous les pays on se montrait méfiant avec la « sorte » d'homme dont je faisais subitement partie, celui qui n'avait ni droit ni patrie, qu'on ne pouvait, en cas de besoin, éloigner et réexpédier dans son pays comme les autres, s'il devenait gênant et restait trop longtemps. Et j'étais toujours ramené à ce que m'avait dit un exilé russe des années auparavant : « Jadis, l'homme n'avait qu'un corps et une âme. Aujourd'hui il lui faut encore un passeport, sinon il n'est pas traité comme un être humain. »

Et de fait, rien ne rend peut-être plus palpable l'énorme régression dans laquelle est entrée l'humanité depuis la Première Guerre mondiale que les restrictions apportées à la liberté de mouvement des hommes et à leurs libertés. Avant 1914, la terre appartenait à tous ses habitants. Chacun allait où il voulait et y restait aussi longtemps qu'il voulait. Il n'y avait pas de permissions, pas d'autorisations, et cela m'amuse toujours de voir l'étonnement des jeunes dès que je leur raconte qu'avant 1914 je voyageais en Inde et en Amérique sans avoir de passeport et même n'en avais jamais vu aucun. On montait dans le train et on en descendait sans rien demander, sans qu'on vous demandât rien, on n'avait pas à remplir un seul de ces centaines de papiers qu'on réclame aujourd'hui. Il n'y avait ni permis, ni visas, ni tracasseries ; ces mêmes frontières qui, avec leurs douaniers, leur police, leurs postes de gendarmerie, sont aujourd'hui transformées en réseau de barbelés en raison de la méfiance pathologique de tous envers tous, n'étaient rien d'autre que des lignes symboliques qu'on traversait avec autant d'insouciance que le méridien de Greenwich. C'est seulement après la guerre que le monde se vit bouleversé par le national-socialisme, et le premier phénomène qu'engendra cette épidémie spirituelle de notre siècle fut la xénophobie : la haine ou du moins la peur de l'autre. On se défendait partout contre l'étranger, partout on l'excluait. Toutes les humiliations qu'autrefois on avait inventées exclusivement contre les criminels, on les infligeait maintenant à tous les voyageurs avant et pendant le voyage. Il fallait se faire photographier de droite et de gauche, de profil et de face, les cheveux coupés assez court pour que l'oreille fût visible, il fallait donner ses empreintes digitales, d'abord le pouce seul, puis les dix doigts, il fallait en plus présenter des certificats : de santé, de vaccination, de police, de bonne vie et mœurs, des recommandations, il fallait pouvoir présenter

des invitations et des adresses de parents, il fallait
fournir des garanties morales et financières, remplir
des formulaires et les signer en trois, quatre exemplaires, et s'il manquait ne fût-ce qu'une feuille de ce
tas de paperasses, on était perdu.

Ce semblent être des vétilles. Et à première vue, il
peut même paraître mesquin de ma part que je les
mentionne. Mais avec toutes ces absurdes « vétilles »
ma génération a stupidement gaspillé un temps précieux qu'elle ne rattrapera plus. Quand je fais le
compte de tous les formulaires que j'ai remplis tout
au long de ces années, des déclarations à chaque
voyage, des déclarations d'impôt, des certificats de
devises, des passages de frontières, des autorisations
de séjour, des autorisations de sortie, des déclarations d'installation et de départ, des heures que j'ai
passées dans les antichambres des consulats et des
administrations, du nombre de fonctionnaires que
j'ai eus en face de moi, aimables ou désagréables,
ennuyés ou surmenés, des fouilles et des interro-
gatoires que j'ai subis aux frontières, c'est là que je
ressens pour la première fois quelle part de dignité
humaine s'est perdue en ce siècle, dont nous avons
rêvé, avec la foi de notre jeunesse, qu'il serait celui
de la liberté, qu'il verrait s'instaurer l'ère du cosmo-
politisme. Quelle part de notre production, de notre
œuvre, de notre pensée nous ont prise ces sollicita-
tions puériles, à la fois stériles et humiliantes pour
l'âme ! Car pendant toutes ces années chacun d'entre
nous a étudié plus d'ordonnances administratives
que d'ouvrages de l'esprit, le premier pas que nous
faisions dans une ville étrangère, dans un pays
étranger, ne nous menait plus comme jadis dans
les musées, dans les paysages, mais à un consulat,
un poste de police pour aller chercher une « auto-

risation ». Quand nous étions ensemble, nous qui commentions naguère des poèmes de Baudelaire ou discutions des problèmes avec un esprit passionné, nous nous surprenions à parler affidavits et permis, nous demandant s'il fallait demander un visa permanent ou un visa de tourisme ; connaître une petite employée d'un consulat qui vous abrégeait l'attente devenait plus vital que l'amitié d'un Toscanini ou d'un Rolland. Il fallait constamment sentir, avec une âme née libre, qu'on était objet et non sujet, que rien ne nous revenait de droit et que tout n'était qu'une grâce que nous faisaient les autorités. On était constamment interrogé, enregistré, numéroté, identifié, tamponné, et aujourd'hui encore, moi qui suis un incorrigible représentant d'une époque plus libre et citoyen d'une république universelle rêvée, je ressens chacun de ces coups de tampon sur mon passeport comme un stigmate, chacune de ces questions et de ces fouilles comme une humiliation. Ce ne sont que des vétilles, je le sais, et des vétilles à une époque où la valeur de la vie humaine s'est effondrée encore plus vite que celle de la monnaie. Mais il faut bien retenir ces petits symptômes, si l'on veut qu'une époque future puisse décrire avec exactitude l'état clinique exact de la situation spirituelle et de l'égarement des esprits qui a saisi notre monde entre les deux guerres mondiales.

Peut-être avais-je été trop gâté jusqu'ici. Peut-être les changements brutaux des dernières années avaient-ils fini par solliciter à l'excès ma sensibilité. Inévitablement, toute forme d'émigration provoque déjà par elle-même une sorte de déséquilibre. On se tient déjà moins droit — là encore, il faut l'avoir vécu pour le comprendre — quand on n'a pas sa propre terre sous les pieds, on perd de son assurance, on

se méfie de soi. Et je n'hésite pas à reconnaître que
du jour où j'ai dû vivre avec des papiers ou des passeports somme toute étrangers, je ne me suis plus
jamais senti vraiment identique à moi-même. Une
partie de l'identité naturelle qui me reliait à mon moi
d'origine, à mon moi proprement dit, était détruite à
jamais. Je suis devenu plus réservé que ne le voulait
ma nature, et moi qui étais jadis cosmopolite, je ne
cesse aujourd'hui d'avoir l'impression que je devrais
dire merci pour chaque bouffée de l'air que j'enlève
à un peuple étranger en respirant le sien. Quand j'ai
l'esprit clair, je mesure bien entendu l'absurdité de
ces lubies, mais depuis quand la raison a-t-elle le
moindre pouvoir sur le sentiment! À quoi m'a servi
d'éduquer mon cœur depuis près d'un demi-siècle
à battre comme celui d'un *citoyen du monde**? À
rien, car du jour où mon passeport me fut retiré, je
découvris à l'âge de cinquante-huit ans qu'avec sa
patrie on perd beaucoup plus qu'un coin de terre
délimité par des frontières.

Mais je n'étais pas le seul à éprouver ce sentiment
d'insécurité. Petit à petit, l'inquiétude commença à
se répandre dans l'Europe entière. L'horizon politique restait sombre depuis que Hitler avait envahi
l'Autriche et les mêmes, en Angleterre, qui lui avaient
secrètement frayé la voie dans l'espoir d'acheter la
paix dans leur propre pays, commençaient maintenant à se poser des questions. À partir de 1938, à
Londres, à Paris, à Rome, à Bruxelles, dans toutes
les villes et dans tous les villages, il n'y avait plus
aucune conversation, si éloigné qu'en fût d'abord
le sujet, qui ne débouchât pas finalement sur cette
inévitable question: était-il encore possible d'éviter
la guerre ou du moins de la différer, et dans ce cas
comment? Quand je repense à tous ces mois d'an-

goisse permanente et croissante de la guerre en
Europe, je ne me souviens au total que de deux ou
trois jours où on reprit vraiment confiance, deux ou
trois jours pendant lesquels on eut encore une fois,
mais ce fut la dernière, le sentiment que le nuage
passerait et qu'on pourrait de nouveau respirer
tranquillement et librement comme autrefois. De
façon perverse, ces deux ou trois jours étaient justement ceux qui sont aujourd'hui considérés comme
les plus fatals de l'histoire moderne : ceux qui virent
Chamberlain et Hitler se rencontrer à Munich.

Je sais qu'aujourd'hui on n'aime pas beaucoup
se voir rappeler cette rencontre où Chamberlain et
Daladier, impuissants et le dos au mur, capitulèrent
devant Hitler et Mussolini. Mais comme je veux servir ici la vérité des faits, je suis obligé d'avouer que
tous ceux qui étaient en Angleterre à ce moment-là
y vécurent des journées merveilleuses. La situation
était désespérée en cette fin de septembre 1938.
Chamberlain revenait justement de son deuxième
voyage en avion pour voir Hitler, et on sut quelques
jours plus tard ce qui s'était passé. Chamberlain
était venu à Godesberg pour accorder sans réserve
à Hitler ce que celui-ci avait exigé auparavant de lui
à Berchtesgaden. Mais ce que Hitler avait jugé suffisant quelques semaines plus tôt ne l'était plus à
présent pour satisfaire son hystérie de puissance. La
politique d'*appeasement* et du *try and try again*[7] avait
lamentablement échoué, l'époque de la confiance et
de la crédulité avait pris fin du jour au lendemain.
L'Angleterre, la France, la Tchécoslovaquie, l'Europe
n'avaient pas d'autre choix : soit s'humilier devant
la volonté de puissance péremptoire de Hitler soit
lui barrer la route les armes à la main. L'Angleterre
semblait décidée à la dernière extrémité. On ne tai-

sait plus les préparatifs militaires, au contraire, on
les montrait ouvertement et ostensiblement. Subitement, des ouvriers apparurent et aménagèrent des
abris contre les bombardements au beau milieu des
jardins de Londres, à Hyde Park, à Regent's Park et
en particulier en face de l'ambassade d'Allemagne.
On mobilisait la flotte, des officiers du grand
état-major faisaient d'incessants allers et retours
en avion entre Paris et Londres pour prendre en
commun les dernières mesures, les bateaux à destination de l'Amérique étaient pris d'assaut par les
étrangers qui voulaient se mettre en lieu sûr quand il
était encore temps ; depuis 1914, jamais l'Angleterre
n'avait connu semblable réveil. Les passants avaient
la mine plus sévère et plus pensive. On regardait les
maisons et les rues encombrées avec la même pensée secrète : les bombes ne vont-elles pas s'abattre
sur elles dès demain ? Et derrière les portes, assis ou
debout, les gens étaient réunis autour de la radio.
Invisible et pourtant sensible en chacun et à chaque
seconde, une énorme tension pesait sur le pays tout
entier.

   Puis vint la séance historique du Parlement, où
Chamberlain rapporta qu'il avait tenté une nouvelle
fois de parvenir à un accord avec Hitler, qu'il lui
avait proposé une fois encore, la troisième, de lui
rendre visite en Allemagne à l'endroit de son choix,
pour sauver la paix gravement menacée. La réponse
à sa proposition n'était pas encore parvenue. Puis
arriva au beau milieu de la séance — qui prenait
un tour bien trop dramatique — la fameuse dépêche
annonçant que Hitler, avec l'accord de Mussolini,
convoquait une conférence commune à Munich, et
à la seconde même — cas presque unique dans l'histoire de l'Angleterre — le Parlement anglais perdit

les nerfs. Les députés se levèrent d'un bond, crièrent
et applaudirent, les galeries grondèrent de jubila-
tion. Cela faisait des années et des années qu'une
telle explosion de joie n'avait plus fait trembler la
vénérable maison comme à cet instant. Humainement, c'était un merveilleux spectacle que celui de
cet enthousiasme sincère à l'idée que la paix pouvait
encore être sauvée, surmontant la retenue que les
Anglais pratiquent habituellement avec tant de virtuosité. Mais politiquement, cette explosion constituait une faute énorme, car avec ce déchaînement
d'allégresse le Parlement, le pays avait trahi son horreur de la guerre et qu'il était prêt à tout sacrifier,
ses intérêts et même son prestige, pour avoir la paix.
D'emblée, cela faisait de Chamberlain quelqu'un
qui n'allait pas à Munich pour arracher la paix de
haute lutte mais pour la quémander. Or à l'époque
personne ne pressentait encore la capitulation qui
nous attendait. Tout le monde pensait — et moi le
premier, je ne le nie pas — que Chamberlain allait à
Munich pour négocier et pas pour capituler. S'ensuivirent deux jours, trois jours d'attente fiévreuse, pendant lesquels le monde entier retint pour ainsi dire
son souffle. On creusait dans les parcs, on travaillait
dans les usines de guerre, on dressait des batteries
de défense aérienne, on distribuait des masques à
gaz, on envisageait des transports permettant d'éva-
cuer les enfants de Londres et on faisait des préparatifs mystérieux, que personne en particulier ne
comprenait mais dont chacun savait pourtant ce
qu'ils visaient. Un nouveau matin s'écoula, le midi,
le soir, la nuit, occupés à attendre les journaux, à
écouter la radio. On revivait ces moments de juillet
1914 avec cette attente terrible, éprouvante pour les
nerfs, du oui ou du non.

Et puis soudain, les nuages lourds s'étaient dissipés, comme chassés par un formidable coup de
vent, les cœurs étaient soulagés, les âmes libérées.
La nouvelle était tombée que Hitler et Chamberlain,
Daladier et Mussolini étaient parvenus à un accord
complet, et mieux encore : que Chamberlain avait
réussi à conclure avec l'Allemagne un arrangement
qui garantissait à l'avenir le règlement pacifique de
tous les conflits éventuels entre les deux pays. La
ténacité d'un homme d'État au service de la paix,
en lui-même sans envergure et la peau dure, venait
de remporter une victoire décisive, et tous les cœurs
battaient de reconnaissance pour lui en cette première heure. À la radio, on entendit d'abord le message « *Peace for our time*[8] », qui annonçait à notre
génération éprouvée que nous pouvions encore une
fois vivre en paix, être encore une fois déchargés de
nos soucis, encore une fois apporter notre concours
à l'édification d'un monde nouveau et meilleur, et
on ment si on cherche à nier après coup combien
nous enivraient ces paroles magiques. Car qui pouvait croire que c'était un vaincu qui revenait chez lui
pour fêter un triomphe ? Si la foule avait su à quelle
heure précise de la matinée Chamberlain revenait de
Munich, des centaines de milliers de gens se seraient
précipités sur le terrain d'aviation de Croydon[9] pour
le saluer et acclamer l'homme qui, comme nous le
croyions tous à cette heure-là, avait sauvé la paix en
Europe et l'honneur de l'Angleterre. Arrivèrent les
journaux. Ils montraient des photos de Chamberlain, dont le visage dur avait généralement une ressemblance fatale avec la tête d'un oiseau irrité, cette
fois fier et rieur, en train de brandir à la porte de
l'avion la feuille historique proclamant « *Peace for
our time* », qu'il avait rapportée à son peuple pour

lui faire le plus précieux des cadeaux. Le soir, on passait déjà la scène au cinéma ; les gens bondissaient de leurs sièges, applaudissaient et criaient — c'est tout juste s'ils ne s'embrassaient pas dans le sentiment de la nouvelle fraternité qui devait maintenant commencer pour le monde. Pour tous ceux qui étaient alors à Londres, en Angleterre, ce fut une journée incomparable, de celles qui enfièvrent l'âme.

Durant de telles journées historiques, j'aime déambuler dans les rues pour sentir intensément, physiquement l'atmosphère, pour respirer, au sens propre du terme, l'air du temps. Dans les jardins, les ouvriers avaient cessé de creuser les abris, les gens les entouraient en riant et en bavardant : avec « *Peace for our time* », à quoi pouvaient encore servir des abris antiaériens ? J'entendis deux jeunes gens plaisanter dans le plus pur cockney, ils espéraient qu'on transformerait ces abris en lieux d'aisances, on en manquait vraiment à Londres. Tout le monde riait volontiers avec tout le monde, tous paraissaient plus frais, plus animés, comme des plantes après un orage. Ils marchaient plus droits que la veille, les épaules plus légères, et dans leurs yeux anglais, habituellement si froids, brillait un éclair de gaieté. Les maisons paraissaient plus lumineuses, depuis qu'on savait qu'elles n'étaient plus menacées par les bombes, les autobus plus coquets, le soleil plus brillant, la vie de milliers et de milliers de gens exaltée et fortifiée par ces paroles enivrantes. Et je sentais quel élan cela me donnait. Je marchais sans fatigue, toujours plus rapidement et plus détendu, j'étais emporté moi aussi par cette vague de confiance renouvelée, avec plus de force et de joie. À l'angle de Piccadilly, quelqu'un se précipita sur moi. C'était un fonctionnaire du gouvernement anglais, qu'à dire vrai je ne connaissais pas très bien, un homme aussi peu expansif que possible, très replié sur lui-même. Dans des circonstances ordinaires, nous nous serions contentés de nous saluer poliment, et jamais il n'aurait eu l'idée de m'adresser la parole. Mais à présent il m'aborda les yeux brillants. « Que dites-vous de Chamberlain ? dit-il rayonnant de joie. Personne ne l'a cru, et il a pourtant fait ce qu'il fallait. Il n'a pas cédé et c'est comme ça qu'il a sauvé la paix. »

Tous partageaient ce sentiment, moi aussi ce jour-là. Et le suivant fut encore un jour heureux. Les journaux, unanimes, applaudissaient, à la Bourse les cours flambaient, d'Allemagne nous parvenaient pour la première fois depuis longtemps des voix amicales, en France on proposait d'ériger un monument à la gloire de Chamberlain. Mais, hélas ! ce n'était que le dernier éclat de la flamme avant qu'elle s'éteigne à jamais. Dès les jours suivants, les détails qui fâchent transpirèrent, on avait totalement capitulé devant Hitler, on avait honteusement lâché la Tchécoslovaquie qu'on avait solennellement promis d'aider et de soutenir, et dès la semaine suivante il était manifeste que même la capitulation n'avait toujours pas suffi à Hitler, qu'avant même que sa signature eût séché sur le pacte, il l'avait déjà violé dans tous les détails. Sans se gêner, Goebbels criait à présent sur tous les toits qu'à Munich on avait mis l'Angleterre le dos au mur. Une grande lueur d'espoir s'était éteinte. Mais elle a brillé un jour, deux jours, et réchauffé nos cœurs. Je ne peux ni ne veux les oublier.

Dès le moment où nous comprîmes ce qui s'était réellement passé à Munich, paradoxalement, je ne vis plus beaucoup d'Anglais en Angleterre. C'était

moi le fautif, car je les évitais ou j'évitais, plus précisément, toute discussion avec eux, bien que je
fusse amené à les admirer plus que jamais. Avec
les fugitifs, qui débarquaient à présent en masse,
ils se montraient généreux, leur témoignant la plus
noble compassion et une sympathie secourable.
Mais entre eux et nous se dressa une sorte de mur
intérieur: d'un côté nous, à qui c'était déjà arrivé,
de l'autre eux, à qui ce n'était pas encore arrivé.
Nous comprenions ce qui était arrivé et ce qui arri-
verait, mais eux se refusaient à comprendre, en
partie malgré ce qu'ils savaient dans leur for intérieur. Ils essayaient malgré tout de conserver leur
illusion qu'une parole est une parole, qu'un pacte
est un pacte, et qu'on pouvait négocier avec Hitler
pour peu qu'on fût raisonnable, pour peu qu'on par-
lât avec lui humainement. Adeptes jurés du droit
depuis des siècles en vertu de la tradition démocratique, les cercles dirigeants anglais ne pouvaient ou
ne voulaient pas reconnaître qu'à côté d'eux s'édifiait une nouvelle technique de l'amoralité délibérément cynique et que l'Allemagne nouvelle renversait
toutes les règles en usage dans les rapports entre les
peuples et dans le cadre du droit dès lors que ces
règles l'importunaient. Ces Anglais aux vues pénétrantes et lucides, depuis longtemps hostiles à toute
aventure, jugeaient invraisemblable qu'un homme
qui avait obtenu autant de résultats, aussi rapidement et aussi facilement, risquerait le tout pour le
tout; ils croyaient et espéraient encore qu'il se tour-
nerait contre d'autres — de préférence contre la
Russie — et qu'en attendant on pouvait parvenir à
un accord quelconque avec lui. Nous, au contraire,
nous savions qu'il fallait s'attendre au pire et que le
pire allait de soi. Chacun d'entre nous avait derrière

la pupille l'image d'un ami abattu, d'un camarade
torturé, et donc un regard plus dur, plus perçant,
plus inflexible. Nous qui étions bannis, pourchassés,
dépouillés de nos droits, nous savions qu'aucun prétexte n'était trop absurde, trop mensonger, quand
il s'agissait de rapine et de pouvoir. Aussi, nous qui
étions éprouvés et eux qui ne l'étaient pas encore,
nous les émigrés et eux les Anglais, nous ne parlions pas la même langue; je ne crois pas exagérer
en disant qu'à part un nombre infime d'Anglais nous
avons été les seuls, en Angleterre, à ne pas nous
faire d'illusion sur l'ampleur du danger. Comme
naguère en Autriche, il me revint aussi en Angleterre
de prévoir plus clairement l'inévitable, avec le cœur
meurtri et une perspicacité douloureuse, à ceci près
qu'étant ici un étranger, un hôte toléré, je n'avais
pas le droit de prévenir du danger.

Nous que le destin avait stigmatisés, nous nous
voyions donc réduits à nous-mêmes, quand l'avant-
goût amer de ce qui s'annonçait nous rongeait les
lèvres, et nous nous sommes torturé l'âme avec le
souci que nous causait le pays qui nous avait fra-
ternellement accueillis! Mais que même dans la
période la plus sombre une conversation avec un
homme d'esprit d'une très haute moralité pût être
d'un réconfort immense et nous fortifier l'âme,
c'est ce que m'ont montré, de façon inoubliable, les
heures amicales qu'il m'a été donné de passer avec
Sigmund Freud au cours des derniers mois précédant la catastrophe. L'idée que cet homme malade
de quatre-vingt-trois ans était resté dans la Vienne
de Hitler m'obsédait depuis des mois, jusqu'à ce
que la merveilleuse princesse Marie Bonaparte, sa
disciple la plus fidèle, fût enfin parvenue à sauver
cet homme considérable, qui vivait dans la Vienne

asservie, en le faisant venir à Londres. Ce fut un jour de bonheur dans ma vie, quand je lus dans le journal qu'il avait débarqué dans l'île et que je vis revenir des Enfers le plus vénéré de mes amis, que j'avais déjà cru perdu.

C'est à Vienne que j'ai connu Sigmund Freud, ce grand esprit plein de rigueur, qui a approfondi et élargi comme nul autre notre connaissance de l'âme humaine, à l'époque où il passait encore pour un original têtu et difficile, qu'on détestait comme tel. Fanatique de la vérité, mais en même temps conscient des limites de toute vérité — il me dit un jour: « Il y a aussi peu de vérité à cent pour cent que d'alcool à cent pour cent ! » —, il s'était aliéné l'Université et ses précautions académiques par la fermeté inébranlable avec laquelle il s'aventurait dans les zones vierges et anxieusement évitées du monde terrestre et souterrain de la pulsion, c'est-à-dire précisément dans la sphère que cette époque avait solennellement déclarée « taboue ». Inconsciemment, le monde de l'optimisme libéral pressentait qu'avec sa psychologie des profondeurs cet esprit sans compromis minait inexorablement sa thèse de la répression progressive des pulsions par la « raison », ainsi que sa conception du « progrès », que sa technique impitoyable du dévoilement menaçait dangereusement l'ignorance systématique de tout ce qui dérangeait. Mais ce n'était pas seulement l'Université, ce n'était pas seulement la caste des neurologues obsolètes qui faisaient front commun contre cet « outsider » incommode — c'était le monde entier, le vieux monde tout entier, la vieille façon de penser, la « convention » morale, c'était l'époque tout entière qui redoutait en lui le découvreur. Un boycott médical se constitua lentement

contre lui, et comme ses thèses et même ses pro-
blématiques les plus audacieuses ne pouvaient être
réfutées scientifiquement, on chercha à disqualifier
ses théories du rêve dans le style viennois, c'est-à-
dire en usant d'ironie et en les réduisant à la banalité d'un jeu de société amusant. Seul un petit cercle
de fidèles se rassembla autour du solitaire et organisa des soirées de discussion hebdomadaires, au
cours desquelles la science nouvelle de la psychanalyse commença de prendre forme. Bien avant que je
mesure moi-même toute l'étendue de la révolution
intellectuelle qui s'élaborait lentement à partir des
premiers travaux fondamentaux de Freud, la fermeté, l'inflexibilité morale de cet homme extraordinaire m'avaient déjà conquis. Nous avions enfin
affaire à un homme de science qui était l'exemple
même dont un jeune homme peut rêver, prudent
dans ses affirmations tant qu'il n'avait pas la preuve
ultime et la certitude absolue, mais inébranlable
face à la résistance du monde entier aussitôt qu'une
hypothèse avait acquis pour lui la validité d'une certitude, un homme d'une grande modestie quant à
sa personne, mais d'une combativité résolue pour
défendre chacun des dogmes de sa doctrine et fidèle
jusqu'à la mort à la vérité immanente qu'il défendait
dans sa découverte. On ne pouvait imaginer un être
plus intrépide d'esprit ; Freud osait toujours exprimer ce qu'il pensait, même quand il savait que s'exprimer ainsi, avec cette clarté et cette inflexibilité,
était source d'inquiétude et de contrariété ; jamais
il ne cherchait à alléger la difficulté de sa position
en faisant la moindre concession, fût-elle de pure
forme. Je suis certain que Freud aurait pu formuler
les quatre cinquièmes de sa théorie sans se heurter
à la résistance académique s'il s'était montré disposé

à l'habiller prudemment, à dire « érotisme » au lieu de « sexualité », « Éros » au lieu de « libido », à ne pas tirer inflexiblement les dernières conséquences au lieu de se borner à les suggérer. Mais dès lors qu'il s'agissait de la doctrine et de la vérité, il restait intransigeant ; plus la résistance était forte, plus sa détermination se renforçait. Quand je cherche un symbole de la notion de courage moral — le seul héroïsme au monde qui ne fait pas de victime —, je vois toujours le beau visage de Freud, sa clarté virile, ses yeux foncés qui vous regardent droit et tranquillement.

L'homme qui fuyait sa patrie, dont il avait rehaussé la gloire sur terre et dans les siècles, pour se réfugier à Londres, était depuis longtemps un vieil homme et qui plus est gravement malade. Mais cet homme n'était ni las ni courbé. Dans mon for intérieur, je craignais un peu de le revoir aigri ou égaré après tous les tourments qu'il avait dû traverser à Vienne, et je le trouvai plus libre et même plus heureux que jamais. Il m'emmena dans le jardin de sa maison, située dans un faubourg de Londres. « Ai-je jamais été mieux logé ? » me demanda-t-il avec un sourire lumineux autour de sa bouche autrefois si sévère. Il me montra ses chères statuettes égyptiennes qu'avait sauvées pour lui Marie Bonaparte. « Ne suis-je pas de nouveau chez moi ? » Sur son bureau s'étalaient les grandes pages in-folio de son manuscrit, et il écrivait tous les jours, à quatre-vingt-trois ans, de la même écriture ronde et nette, aussi vif d'esprit que dans ses meilleurs jours et aussi infatigable ; sa forte volonté avait tout surmonté, la maladie, l'âge, l'exil, et à présent, pour la première fois, sa bonté foncière longtemps retenue pendant les années de lutte émanait librement de lui. L'âge n'avait fait que le rendre plus indulgent, les épreuves surmontées plus tolérant. Il lui arrivait maintenant d'avoir des gestes de tendresse, que je n'avais jamais connus auparavant chez cet être réservé ; il vous posait le bras sur les épaules, et derrière les lunettes brillantes, ses yeux vous regardaient plus chaleureusement. Pendant toutes ces années, une conversation avec Freud avait toujours été pour moi une extrême jouissance intellectuelle. On apprenait et on admirait tout à la fois, à chaque mot on se sentait compris de lui, qui était magnifiquement exempt de préjugés, qu'aucune confession n'effrayait, qu'aucune affirmation n'irritait, et pour qui la volonté d'éduquer à la clarté de la pensée et du sentiment était devenue de longue date une sorte de volonté instinctive de vie. Mais jamais je n'ai senti ce que ces longues conversations avaient d'irremplaçable avec plus de gratitude que dans cette année sombre qui fut la dernière de sa vie. Dès l'instant où on entrait dans sa chambre, la folie du monde extérieur était comme abolie. Les choses les plus cruelles devenaient abstraites, les plus embrouillées s'éclairaient, ce qui relevait du temps de l'actualité s'ordonnait humblement dans les grands cycles du temps. Je rencontrai pour la première fois le sage, celui qui s'élève au-dessus de lui-même, celui qui ne ressent plus la douleur et la mort comme une expérience personnelle, mais comme un objet de réflexion et d'observation dépassant la personne : son agonie ne fut pas moins que sa mort une prouesse morale. À cette époque, Freud était déjà gravement atteint par la maladie qui allait bientôt nous l'enlever. Il avait manifestement de la peine à parler avec son palais artificiel, et on était finalement honteux de chaque mot qu'il vous accordait, parce qu'il devait faire des efforts pour articuler. Mais il ne vous lâchait pas ; son âme d'acier éprouvait une fierté particulière à montrer à ses amis que sa volonté restait plus forte que les vulgaires tourments infligés par son corps. La bouche tordue par la douleur, il écrivit à sa table de travail jusqu'à ses derniers jours, et même la nuit, quand la douleur le martyrisait et le privait de sommeil — ce sommeil profond et sain, qui fut pendant quatre-vingts ans la source même de sa force —, il refusait les somnifères et toute injection de stupéfiants. Il n'acceptait pas que la clarté de son esprit fût amoindrie par ces calmants, fût-ce pour une heure ; plutôt penser et veiller dans les tourments que de ne pas penser, héros de l'esprit jusqu'au tout dernier moment. Ce fut un combat farouche et de plus en plus terrible à mesure qu'il durait. D'une rencontre à l'autre, la mort jetait sur son visage une ombre de plus en plus perceptible. Elle lui creusait les joues, lui burinait les tempes qui saillaient du front, elle lui tordait la bouche, elle lui paralysait la lèvre quand il parlait ; il n'y a que contre ses yeux que la sinistre étrangleuse ne pouvait rien, cette tour de guet imprenable du haut de laquelle cet esprit héroïque contemplait le monde : l'œil et l'esprit restèrent lucides jusqu'au dernier instant. Un jour, pour l'une de mes dernières visites, je me fis accompagner de Salvador Dalí, à mon sens le plus doué des peintres de la nouvelle génération, qui vouait à Freud une immense vénération, et pendant que je parlais avec celui-ci, il dessina un croquis. Je n'ai jamais osé le montrer à Freud, car Dalí avec sa clairvoyance avait déjà figuré la mort qui était en lui.

Le combat que menaient contre la déchéance la volonté la plus forte, l'esprit le plus pénétrant de notre temps, devint de plus en plus terrible ; mais c'est quand il comprit clairement, lui qui avait fait de la clarté la qualité suprême de la pensée, qu'il ne pourrait plus continuer à écrire et à agir qu'en vrai héros romain il autorisa son médecin à abréger sa souffrance. Ce fut la conclusion grandiose d'une vie grandiose, une mort mémorable, même au milieu de l'hécatombe de cette époque meurtrière. Et quand nous descendîmes son cercueil dans la terre anglaise[10], nous savions, nous, ses amis, que nous lui abandonnions la meilleure part de notre pays.

Pendant toutes ces heures, j'avais souvent parlé avec Freud de l'horreur du monde hitlérien et de la guerre. Il était profondément bouleversé en tant qu'homme épris d'humanité, mais en tant que penseur ce terrible accès de bestialité ne l'avait pas du tout surpris. On l'avait toujours blâmé, me dit-il, pour son pessimisme, parce qu'il niait la suprématie de la culture et de la civilisation sur les pulsions; on voyait à présent — et il n'en éprouvait évidemment aucune fierté — qu'il était impossible d'extirper de l'âme humaine le fonds barbare, la pulsion destructrice élémentaire et que sa thèse trouvait donc là une épouvantable confirmation. Peut-être que dans les siècles à venir, on trouverait le moyen de réprimer ces instincts, au moins dans la vie en commun des peuples; mais dans la vie de tous les jours et au plus intime de l'être, ils subsisteraient comme autant de forces indestructibles et peut-être indispensables pour maintenir une certaine tension. Dans ces derniers jours plus encore l'occupait le problème du judaïsme et de sa tragédie actuelle; sur ce point, l'homme de science en lui ne trouvait pas la formule et son esprit lucide ne trouvait pas la réponse. Il avait publié peu de temps auparavant son étude sur Moïse[11], dans laquelle il présentait

Moïse comme un non-Juif, comme un Égyptien, et cette assignation, difficile à fonder sur le plan scientifique, avait blessé les Juifs pieux autant que les nationalistes. À présent, il regrettait d'avoir publié ce livre à l'heure la plus affreuse qui fût pour les Juifs : « Maintenant qu'on leur enlève tout, je leur enlève aussi le meilleur d'entre eux. » Je dus lui donner raison : aujourd'hui tout Juif était devenu sept fois plus sensible, car même au milieu de cette tragédie mondiale ils étaient les véritables victimes, victimes partout, parce qu'ils étaient déjà égarés avant le coup qu'on leur portait, sachant partout que c'était eux que le malheur frappait d'abord et au sextuple, que c'était d'abord eux que l'homme le plus haineux de tous les temps voulait humilier et pourchasser jusqu'aux dernières extrémités du monde et sous la terre. Semaine après semaine, mois après mois, les réfugiés affluaient de plus en plus nombreux. Eux étaient, de semaine en semaine, encore plus pauvres et plus égarés que ceux qui les avaient précédés. Les premiers qui avaient pu quitter au plus vite l'Autriche et l'Allemagne avaient encore sauvé leurs vêtements, leurs valises, leurs meubles et leurs objets domestiques et, pour beaucoup, leur argent. Mais plus quelqu'un avait persisté à faire confiance à l'Allemagne, plus il avait hésité à s'arracher au pays qu'il aimait, plus il avait été durement châtié. On avait d'abord privé les Juifs de leur profession, on leur avait ensuite interdit d'aller au théâtre, au cinéma et dans les musées et aux chercheurs d'utiliser les bibliothèques : ils étaient restés par fidélité ou par paresse, par lâcheté ou par orgueil ; ils préféraient vivre rabaissés dans leur pays plutôt que de s'abaisser au rang de mendiants à l'étranger. Puis on leur avait pris leurs domestiques, la radio et le téléphone dans leur appartement, puis les appartements eux-mêmes, puis on les avait forcés à coudre l'étoile de David sur leurs vêtements ; il fallait que chacun pût les identifier, les éviter et les tourner en dérision dans la rue comme des lépreux, des rebuts, des proscrits. On les priva de tous leurs droits, on exerça sur eux toutes sortes de violences psychiques et physiques pour le plaisir et par jeu, et pour chaque Juif le vieux proverbe populaire russe était subitement devenu une vérité cruelle : « La besace du mendiant et la prison n'épargnent personne. » Celui qui ne partait pas de lui-même était jeté dans un camp de concentration, où la discipline allemande matait même les plus fiers, qu'on expulsait ensuite après les avoir spoliés, avec un seul costume et dix marks en poche, sans se demander où ils pourraient aller. Et on les retrouvait aux frontières, et on les retrouvait dans les consulats où ils mendiaient, presque toujours en vain, car quel pays voulait accueillir des miséreux, voulait accueillir des mendiants ? Jamais je n'oublierai le spectacle qui s'offrit à moi, un jour où j'entrai dans une agence de voyages londonienne ; elle regorgeait de réfugiés, presque tous des Juifs, et tous voulaient aller quelque part, où que ce fût. Peu importait dans quel pays, dans les glaces du pôle Nord ou dans le brûlant chaudron de sable du Sahara, l'essentiel étant de partir, de partir plus loin, car le permis de séjour était périmé, il fallait partir plus loin, avec femme et enfants, sous des constellations inconnues, dans un monde dont la langue était étrangère, chez des gens qu'on ne connaissait pas et qui ne voulaient pas de vous. Je rencontrai dans cette agence un industriel viennois jadis très riche et qui était en même temps un de nos collectionneurs d'œuvres d'art parmi les plus intelligents; d'abord je ne le reconnus pas, tant il était gris, vieux et fatigué. Dans un état de grande faiblesse, il se cramponnait des deux mains à la table. Je lui demandai où il voulait aller. « Je ne sais pas, dit-il. Qui donc, aujourd'hui, s'enquiert de ce que nous souhaitons? On va où on vous accepte encore. Quelqu'un m'a raconté qu'ici on peut encore obtenir un visa pour Saint-Domingue ou pour Haïti. » Mon cœur s'arrêta: un vieil homme exténué avec ses enfants et ses petits-enfants qui frémit d'espoir à l'idée d'aller dans un pays qu'il n'a jamais vraiment situé sur la carte, à seule fin d'y survivre en mendiant, étranger et ne servant à rien! À côté, quelqu'un demanda avec une précipitation désespérée comment gagner Shanghai, car il avait entendu dire qu'on était encore accepté chez les Chinois. Ils se pressaient ainsi l'un à côté de l'autre, anciens professeurs d'université, directeurs de banque, commerçants, propriétaires fonciers, musiciens, chacun disposé à traîner par terre et par mer les misérables ruines de son existence, où que ce fût, quoi qu'il dût faire, quoi qu'il dût endurer, simplement quitter l'Europe, partir au loin! C'était une troupe de fantômes. Mais pour moi, le plus bouleversant était que ces cinquante personnes tourmentées ne constituaient que la petite avant-garde isolée de l'immense armée des huit, peut-être dix millions de Juifs qui se préparaient déjà à partir et affluaient derrière eux, de ces millions de personnes spoliées, qui allaient être encore piétinées dans la guerre, attendant les colis des institutions de bienfaisance, les permis des autorités et le pécule de voyage, gigantesque masse terrorisée et fuyant dans une peur panique l'incendie de forêt allumé par Hitler, assiégeant les gares européennes à toutes les frontières et remplissant les prisons, tout un peuple expulsé auquel on interdisait d'être un peuple, un peuple, pourtant, qui, depuis deux mille ans, ne désirait pas autre chose que de n'être plus contraint à errer et de sentir sous les pieds une terre calme et paisible pour y trouver le repos.

Mais le plus tragique dans cette tragédie juive du XXᵉ siècle était que ceux qui en étaient les victimes ne pouvaient plus y trouver ni sens ni culpabilité. Tous les proscrits du Moyen Âge, leurs ancêtres, savaient au moins pourquoi ils souffraient : pour leur foi, pour leur loi. Ils avaient encore pour talisman de l'âme ce que ceux d'aujourd'hui ont perdu depuis longtemps, la foi inébranlable dans leur Dieu. Ils vivaient et souffraient dans la fière illusion d'être le peuple élu par le Créateur du monde et par les hommes pour connaître un destin particulier et une mission particulière, et la promesse de la Bible était à leurs yeux un commandement et une loi. Quand on les jetait sur le bûcher, ils pressaient les Saintes Écritures sur leur poitrine et sentaient que ce feu intérieur n'était pas aussi brûlant que les flammes meurtrières. Quand on les pourchassait de pays en pays, il leur restait encore une dernière patrie, leur patrie en Dieu, de laquelle aucune puissance terrestre, aucun empereur, aucun roi, aucune inquisition ne pouvait les expulser. Tant que la religion les unissait, ils étaient encore une communauté et donc une force ; quand on les extradait et les pourchassait, ils payaient pour la faute dont ils étaient coupables en s'isolant des autres peuples de la terre par leur religion et leurs coutumes. Or il y avait longtemps que les Juifs du XXᵉ siècle ne formaient plus une communauté. Ils n'avaient plus de foi commune, ils ressentaient leur judéité plutôt comme un

fardeau que comme une fierté, et ils avaient perdu la
conscience de leur mission. Ils s'écartaient des com-
mandements de leurs Livres autrefois sacrés et ne
voulaient plus de la vieille langue commune. S'intégrer, s'incorporer dans les peuples qui les entouraient, se fondre dans l'élément général, telle était
leur aspiration de plus en plus impatiente afin
d'avoir simplement la paix et d'échapper à la persécution, de trouver un repos dans leur fuite éternelle.
Car ils ne se comprenaient plus les uns les autres,
fondus qu'ils étaient dans les autres peuples, depuis
longtemps français, allemands, anglais ou russes
plus que juifs. À présent qu'on les jetait pour la première fois tous ensemble et qu'on les balayait dans
les rues comme des ordures, directeurs de banque
sortis de leur palais berlinois et hommes de service
des synagogues orthodoxes, professeurs de philosophie parisiens et cochers de fiacre roumains, laveurs
de cadavres et prix Nobel, artistes lyriques et pleu-
reuses d'enterrement, écrivains et distillateurs d'eau-
de-vie, nantis et miséreux, grands et petits, pieux et
libres penseurs, usuriers et sages, sionistes et assimilés, ashkénazes et séfarades, justes et injustes, et derrière eux, la foule égarée de ceux qui croyaient avoir
échappé depuis longtemps à la malédiction, étant
baptisés ou issus d'unions mixtes — pour la première fois depuis des centaines d'années, on imposait de nouveau aux Juifs une communauté qu'ils
n'avaient plus senti être la leur depuis longtemps,
celle qui n'avait cessé de revenir depuis l'Égypte,
la communauté de l'expulsion. Mais pourquoi ce
destin leur était-il réservé, toujours à eux seuls ?
Quelle était la raison, quel était le sens, quel était le
but de cette absurde persécution ? On les chassait de
tous les pays et on ne leur donnait aucun pays. On

disait : ne vivez pas avec nous, mais on ne leur disait pas où ils devaient vivre. On leur imputait la faute, mais on ne leur donnait pas les moyens de l'expier. Et dans leur fuite, ils se dévisageaient les yeux brûlants. Pourquoi moi ? Pourquoi toi ? Pourquoi moi avec toi que je ne connais pas, dont je ne comprends pas la langue, dont je ne saisis pas la manière de penser, à qui rien ne me rattache ? Pourquoi nous tous ? Et personne n'avait de réponse. Même Freud, le génie le plus lucide de ce temps, avec qui je parlais souvent à cette époque, ne trouvait aucune voie, ne trouvait aucun sens dans ce non-sens. Mais voilà, justement, le sens ultime du judaïsme est peut-être de répéter inlassablement, par son existence même, dont la perpétuation est une énigme, la question de Job à Dieu, afin qu'elle ne soit pas oubliée sur la terre.

Dans la vie, rien n'est plus inquiétant que de voir revenir subitement, sous la même forme, comme un fantôme, ce qu'on croyait mort et enterré. L'été de 1939 était arrivé, Munich était loin avec son mirage asthmatique de « *Peace for our time* » ; Hitler avait déjà envahi et annexé la Tchécoslovaquie mutilée au mépris de tout serment et de toute promesse, Memel était occupé, et une presse allemande artificiellement incitée à la frénésie réclamait Danzig et le corridor polonais. L'Angleterre se réveillait amère de sa crédulité. Même les gens simples et sans instruction, qui détestaient la guerre mais uniquement d'instinct, se mirent à manifester leur mauvaise humeur. Chacun de ces Anglais ordinairement si réservés vous apostrophait, le portier qui surveillait votre spacieuse *flat-house*, le liftier dans l'ascenseur, la femme de chambre en faisant le ménage. Aucun d'entre eux ne comprenait précisément ce qui se

passait, mais chacun se rappelait ce fait unique,
indéniable et manifeste : que Chamberlain, Premier
Ministre de l'Angleterre, avait pris trois fois l'avion
pour l'Allemagne dans l'intention de sauver la paix
et que cette complaisance cordiale n'avait pas suffi
à Hitler. Au Parlement anglais, on entendait subitement s'élever des voix pleines de dureté : « *Stop
agression !* », partout on sentait les préparatifs pour
(à proprement parler contre) la guerre à venir. Les
ballons clairs de la défense antiaérienne recommen-
cèrent à flotter au-dessus de Londres — ils avaient
encore l'air aussi innocent que les éléphants gris des
jeux d'enfants —, on se remettait à aménager des
abris souterrains et on vérifiait soigneusement les
masques à gaz déjà distribués. La situation s'était
de nouveau tendue comme un an auparavant et elle
était peut-être encore plus tendue, parce que, cette
fois, la population n'était plus naïve et confiante,
mais déjà déterminée, exaspérée, et solidaire de son
gouvernement.

Au cours de ces mois, j'avais quitté Londres pour
me retirer à la campagne à Bath. De ma vie, je n'avais
jamais ressenti plus cruellement l'impuissance de
l'être humain face au cours du monde. Il y avait un
homme vigilant, pensant, agissant à l'écart de la politique, se consacrant exclusivement à son travail, un
homme qui travaillait tranquillement et opiniâtrement à transformer ses années en œuvre. Et quelque
part, dans l'invisible, il y en avait d'autres qu'on ne
connaissait pas, qu'on n'avait jamais vus, une poignée de gens de la Wilhelmstrasse à Berlin, du Quai
d'Orsay à Paris, du Palazzo Venezia à Rome et de
Downing Street à Londres, et ces dix ou vingt personnes, dont très peu, jusque-là, avaient fait preuve
d'une intelligence et d'une habileté particulières,

parlaient, écrivaient, téléphonaient, pactisaient à
propos de choses dont on ne savait rien. Ils prenaient
des décisions auxquelles on n'avait aucune part et
dont on n'était pas informé dans le détail, décidant
ainsi sans appel de ma propre vie et de celle de tout
un chacun en Europe. C'était entre leurs mains et
non entre les miennes que mon sort reposait. Ils
nous détruisaient, nous qui n'avions aucun pouvoir,
ou bien nous épargnaient, ils laissaient la liberté ou
réduisaient en esclavage, ils décidaient de la guerre
ou de la paix pour des millions d'hommes. Et j'étais
là dans ma chambre comme tous les autres, aussi
exposé qu'une mouche, aussi impuissant qu'un
escargot, alors qu'il y allait de la vie et de la mort, de
mon moi le plus intime et de mon avenir, des pensées naissant dans mon cerveau, des projets viables
et des plans mort-nés, de ma veille et de mon sommeil, de ma volonté, de ce que je possédais, de mon
être entier. On était assis là à attendre et à fixer le
vide comme un condamné dans sa cellule, emmuré,
enchaîné dans cette attente interminable, absurde
et sans force, et nos compagnons de prison, à droite
et à gauche, interrogeaient et conseillaient et bavardaient, comme si un seul d'entre nous savait ou pouvait savoir ce qu'on nous réservait. Et le téléphone
sonnait, un ami demandait ce que je pensais. Il y
avait le journal et il ne faisait que nous embrouiller un peu plus. Il y avait la radio et chaque langue
contredisait l'autre. On descendait dans la rue et le
premier que je rencontrais me demandait mon avis,
à moi qui n'en savais pas plus que lui, voulait savoir
si nous aurions la guerre ou non. Et on l'interrogeait
à son tour, en proie soi-même à cette agitation, et on
parlait et on bavardait et on discutait, bien qu'on sût
parfaitement que tout le savoir, toute l'expérience,

toute la prévoyance qu'on avait accumulées, qu'on avait appris à acquérir, n'avaient aucune valeur au regard de la décision prise par cette dizaine d'inconnus, que pour la seconde fois en vingt-cinq ans on se retrouvait impuissant et sans volonté face au destin et que vos pensées cognaient désespérément contre les tempes douloureuses. À force, je ne supportais plus la grande ville, parce qu'à chaque coin de rue les posters et les affiches avec leurs mots en couleurs criardes vous assaillaient comme des chiens hargneux, parce que sans même y réfléchir, dans le flot des milliers de ceux que je croisais, je pouvais lire ce qu'il pensait sur le front de chacun. Et nous pensions évidemment tous la même chose, nous pensions uniquement au oui et au non, au noir et au rouge dans le jeu décisif, où c'était ma vie entière qui servait aussi de mise, les dernières années qui me restaient encore, les livres que je n'avais pas écrits, tout ce que j'avais toujours senti être la tâche et le sens de ma vie.

Mais c'est avec une lenteur éreintante que la boule irrésolue courait deçà et delà sur le tapis de la roulette diplomatique. Deçà et delà, delà et deçà, noir et rouge, rouge et noir, espoir et déception, bonnes nouvelles et mauvaises nouvelles, et toujours pas la nouvelle décisive, la dernière. Oublie! me disais-je. Enfuis-toi, réfugie-toi au fin fond de ton taillis intime, dans ton travail, là où tu n'es plus que ton moi qui respire, et pas le citoyen d'un État, pas l'objet de ce jeu infernal, où ton peu de bon sens est tout ce qui te reste pour agir raisonnablement dans un monde désormais en proie à la folie.

Je ne manquais pas de travail. Depuis des années, j'avais accumulé inlassablement les travaux préparatoires en vue d'une grande étude en deux volumes

sur Balzac et son œuvre, mais je n'avais jamais
trouvé le courage de commencer une œuvre de cette
ampleur et de si longue haleine. Or c'est justement
cette morosité qui me donna enfin ce courage. Je me
retirai à Bath, et si je choisis Bath, c'est parce que
cette ville, dans laquelle avaient écrit de nombreux
écrivains parmi les meilleurs de la glorieuse littérature anglaise, et avant tout Fielding, offre au regard
apaisé un reflet plus fidèle et plus incisif qu'aucune
autre ville anglaise d'un autre siècle plus paisible, le
XVIIIe. Mais quel contraste douloureux entre ce paysage amène, gratifié d'une beauté suave, et l'agitation croissante qui régnait désormais dans le monde
et dans mes pensées! De même qu'en 1914 ce fut
le plus beau mois de juillet dont je peux me souvenir en Autriche, ce mois d'août 1939 en Angleterre
était d'une magnificence tout aussi provocante. Une
nouvelle fois ce ciel suave, d'un bleu de soie, telle
une tente de paix dressée par Dieu, une nouvelle
fois cette douce lumière du soleil sur les prairies
et les forêts, et puis l'indescriptible splendeur des
fleurs — la même grande paix sur la terre, tandis
que ses habitants s'armaient pour la guerre. La folie
semblait tout aussi invraisemblable qu'autrefois en
regard de cette floraison paisible, tenace et abon-
dante, de cette respiration heureuse et paisible dans
les vallées de Bath, dont l'agrément me rappelait
secrètement celui du paysage de Baden en 1914.

Et une fois encore, je ne voulais pas y croire.
Une fois encore, je faisais mes préparatifs pour un
voyage d'été. Le congrès du Pen Club avait été fixé
à la première semaine de septembre à Stockholm
et les camarades suédois m'avaient invité en qualité d'hôte d'honneur puisque l'amphibie que
j'étais devenu ne pouvait plus représenter aucune

nation; du matin au soir, mon programme pour ces semaines à venir avait été déterminé à l'avance, heure par heure, par mes aimables hôtes. J'avais réservé depuis longtemps ma place sur le bateau, quand les nouvelles alarmantes d'une mobilisation imminente commencèrent à se précipiter. Selon toutes les lois de la raison, j'aurais dû me dépêcher d'emballer mes livres et mes manuscrits et de quitter les îles Britanniques, théâtre potentiel d'opérations militaires, car j'étais un citoyen étranger en Angleterre et en cas de guerre je devenais immédiatement ressortissant d'un pays ennemi, menacé de voir toutes mes libertés restreintes. Mais en moi quelque chose que je ne peux expliquer refusait de me sauver par la fuite. Pour une part, c'était l'obstination à ne pas vouloir fuir encore et encore, puisque à l'évidence le destin me poursuivait partout où j'allais, pour une autre aussi c'était le début de la lassitude. « Allons à la rencontre du temps, comme il nous cherche[12] », me disais-je avec Shakespeare. S'il te veut, à près de soixante ans, ne te défends pas plus longtemps contre lui! Il n'est plus en mesure de te prendre le meilleur de toi-même, ta vie vécue. Donc, je restai. Toutefois, je voulais d'abord mettre autant d'ordre que possible dans mon existence bourgeoise extérieure et, comme j'avais l'intention de me marier pour la seconde fois, ne pas perdre un instant pour ne pas être longtemps séparé de la future compagne de ma vie par un internement ou quelque autre mesure imprévisible. Je me rendis donc un matin — c'était le 1er septembre, un vendredi — à l'état civil de Bath pour y annoncer mon mariage. L'employé prit nos papiers, en se montrant excessivement aimable et empressé. Il comprenait comme tout le monde à cette époque notre désir de voir les choses aller très vite. La célébration du mariage devait être fixée au lendemain matin; il prit sa plume et se mit à écrire en belles lettres rondes notre nom dans son registre.

À cet instant — il devait être environ 11 heures — la porte de la pièce voisine s'ouvrit avec fracas. Un jeune employé entra précipitamment et enfila son manteau sans s'arrêter. « Les Allemands ont envahi la Pologne. C'est la guerre ! » s'écria-t-il dans la pièce silencieuse. Ces mots tombèrent sur mon cœur comme un coup de marteau. Mais le cœur de notre génération s'est déjà fait à toutes sortes de coups durs. « Ce n'est pas forcément la guerre », dis-je avec une conviction sincère. « Non, cria-t-il vivement, nous en avons assez ! On ne peut pas accepter que ça recommence tous les six mois ! Il est temps d'en finir ! »

Dans l'intervalle, l'autre employé qui s'était mis à rédiger notre acte de mariage avait reposé sa plume d'un air pensif. Il réfléchit que nous étions finalement des étrangers et qu'en cas de guerre nous deviendrions automatiquement des étrangers d'un pays ennemi. Il ne savait pas si la conclusion d'un mariage était encore autorisée en pareil cas. Il était désolé, mais il se voyait en tout cas obligé d'en référer à Londres. S'ensuivirent deux jours d'attente, d'espoir et de crainte, deux jours d'affreuse tension. Le dimanche matin, la radio annonçait la nouvelle que l'Angleterre avait déclaré la guerre à l'Allemagne.

Ce fut une matinée singulière. On s'écartait sans dire un mot de la radio, qui avait lancé dans la pièce un message qui allait survivre aux siècles, un message destiné à bouleverser notre monde et la vie de chacun d'entre nous. Un message qui portait en lui la mort de milliers de ceux qui l'avaient écouté en silence, le deuil et le malheur, le désespoir et le danger pour nous tous et peut-être, mais après des années et des années, un sens créateur. C'était de nouveau la guerre, une guerre plus terrible et plus étendue que ne l'avait jamais été aucune autre auparavant. Une fois de plus une époque s'achevait, une fois de plus une nouvelle époque commençait. Nous restions sans rien dire dans cette pièce où on n'entendait plus le moindre souffle. Du dehors nous parvenait le gazouillis insouciant des oiseaux qui se laissaient porter par le vent tiède dans leurs jeux amoureux pleins de légèreté, les arbres se balançaient dans la lumière dorée comme si leurs feuilles cherchaient à se toucher tendrement comme des lèvres. Une fois de plus, l'antique mère Nature ne savait rien de ce qui préoccupait ses créatures.

Je passai dans ma chambre et serrai mes affaires dans une petite valise. Si s'avérait ce que m'avait prédit un ami haut placé, les Autrichiens en Angleterre seraient assimilés aux Allemands et nous devrions nous attendre aux mêmes restrictions ; peut-être n'aurais-je plus le droit de dormir dans mon propre lit le soir même. De nouveau, j'étais tombé d'un degré, depuis une heure je n'étais plus un simple étranger dans ce pays, mais un *enemy alien*, un étranger ennemi, exilé de force dans un endroit où mon cœur ne battait pas. Pouvait-on imaginer situation plus absurde pour un homme depuis longtemps banni d'une Allemagne qui l'avait stigmatisé comme antiallemand du fait de sa race et de sa manière de penser que de se voir attribué de force par un décret bureaucratique, lui qui résidait à présent dans un autre pays, à une communauté qui n'avait pourtant jamais été la sienne puisqu'il était autrichien ? D'un seul trait de plume, le sens de toute une vie s'était transformé en non-sens ; je continuais à écrire, à penser en allemand, mais chacune de mes pensées, chaque vœu que je formais étaient du côté des pays qui avaient pris les armes pour défendre la liberté du monde. Tout autre lien, tout ce qui avait été, tout le passé était déchiré et brisé, et je savais qu'après cette guerre tout devrait recommencer depuis le début. Car la tâche la plus intime à laquelle j'avais consacré pendant quarante ans toute ma force de conviction, l'union pacifique de l'Europe, cette tâche avait échoué. Ce que j'avais craint plus que ma propre mort, la guerre de tous contre tous, s'était maintenant déchaîné pour la seconde fois. Et celui qui avait passionnément travaillé toute sa vie à l'union des hommes et des esprits, en cette heure qui exigeait comme nulle autre une solidarité indestructible, se sentait, du fait de cet ostracisme subit, inutile et seul comme il ne l'avait jamais été dans sa vie.

Je descendis une dernière fois en ville pour jeter un dernier regard à la paix. Elle reposait, tranquille, dans la lumière de midi et ne me parut pas très différente de ce qu'elle était d'habitude. Les gens suivaient leur chemin habituel de leur pas habituel. Ils ne se hâtaient pas, ils ne se rassemblaient pas pour bavarder. Leurs manières étaient aussi tranquilles et détendues qu'un dimanche ordinaire, et je me demandai un instant : « Serait-ce qu'ils ne sont pas au courant ? » Mais c'étaient des Anglais, exercés à dompter leurs émotions. Ils n'avaient pas besoin de drapeaux et de tambours, de bruit et de musique pour fortifier leur détermination opiniâtre, exempte de pathétique. Quelle différence avec ces journées de juillet 1914 en Autriche, mais comme j'étais moi-même différent du jeune homme inexpérimenté d'autrefois, moi sur qui pesait le poids des souvenirs! Je savais ce que signifiait la guerre, et en regardant les magasins remplis et rutilants, je revis dans une vision violente ceux de 1918, vides et déserts, qui vous fixaient avec des yeux quasi écarquillés. Comme dans un rêve éveillé, je voyais les longues files de femmes dévorées de chagrin devant les magasins d'alimentation, les mères affligées, les blessés, les estropiés, toute l'épouvante d'autrefois me revenait telle une cohorte de fantômes dans la lumière radieuse de midi. Je me souvenais de nos vieux soldats, éreintés, en loques, tels qu'ils étaient revenus du front, mon cœur palpitant sentait toute la guerre passée dans celle qui commençait aujourd'hui et dissimulait encore au regard son caractère abominable. Et je savais qu'encore une fois tout ce qui avait été était définitivement passé, que tout ce qui avait été fait se trouvait anéanti — que l'Europe, notre patrie, la patrie pour laquelle nous avions vécu, était détruite bien au-delà de notre propre vie. C'était quelque chose d'autre, c'était une ère nouvelle qui commençait, mais combien d'enfers et de purgatoires faudrait-il traverser pour y parvenir?

Un grand soleil brillait. En rentrant chez moi, je remarquai brusquement devant moi mon ombre, tout comme je voyais l'ombre de l'autre guerre dans celle d'aujourd'hui. Cette ombre ne m'a plus quitté depuis, elle a endeuillé chacune de mes pensées, jour et nuit; on aperçoit peut-être sa sombre silhouette sur bien des pages de ce livre. Mais en fin de compte toute ombre n'est-elle pas aussi enfant de la lumière? et seul celui qui a connu des heures lumineuses et des heures sombres, la guerre et la paix, la grandeur et la décadence, celui-là seul a vraiment vécu.

NOTES

PRÉSENTATION

1. *Correspondance 1932-1942*, trad. par Laure Bernardi, Grasset, 2008, p. 399.

2. Serge Niémetz, *Stefan Zweig. Le Voyageur et ses mondes*, Belfond, 1996, p. 524.

3. Voir *Ivresse de la métamorphose*, Stefan Zweig, *Romans, nouvelles et récits*, Gallimard, 2013, Bibliothèque de la Pléiade, t. II, n. 43, p. 277.

4. Voir Hannah Arendt, « Portrait of a Period » (compte rendu de *The World of Yesterday: An Autobiography by Stefan Zweig*), *The Menorah Journal*, vol. XXXI, n° 3, octobre-décembre 1943, p. 307-314.

[ÉPIGRAPHE.]

1. Shakespeare, *Cymbeline*, acte IV, sc. III, v. 33 (« *And meet the time as it seeks us* »).

AVANT-PROPOS.

1. L'invasion de la Pologne occidentale par les troupes nazies commence le 1er septembre 1939. La semaine suivante, l'armée soviétique envahit la Pologne orientale.

LE MONDE DE LA SÉCURITÉ

1. Troisième strophe du poème « An Lottchen » (Charlotte Buff, une jeune fille déjà fiancée dont Goethe tomba amoureux en 1772, et qui lui inspira *Les Souffrances du jeune Werther*), sans doute écrit en 1773 et publié en 1827.

2. La Moravie est un territoire situé aujourd'hui dans la partie orientale de la République tchèque, qui faisait partie intégrante de l'Empire austro-hongrois. — La Galicie, actuellement partagée entre la Pologne et l'Ukraine, fut rattachée à l'Autriche en 1772.

3. « La sécurité avant tout », en anglais.

4. Propos tenu par Goethe en mai 1827 à Moritz Oppenheim, jeune peintre de dix-sept ans, à qui il fit accorder un titre de professeur.

5. Lionel Walter Rothschild (1868-1937) délaissa la banque familiale pour se consacrer à sa passion : la zoologie ; il légua une partie de ses collections d'oiseaux au British Museum. — L'historien de l'art Aby Warburg (1866-1929) fonda l'« iconologie ». — Ernst Cassirer (1874-1945), philosophe d'origine allemande, était le représentant majeur du néo-kantisme fondé par Paul Natorp et Hermann Cohen (l'école de Marburg). — Le poète et écrivain anglais Siegfried Sassoon (1886-1967) était le descendant de Juifs de la communauté baghadadi, qui faisait fortune dans le commerce en Inde.

6. La Ringstrasse est l'avenue circulaire qui contourne les quartiers du centre de Vienne.

7. À l'origine, la Hofburg était la résidence d'hiver des Habsbourg. Ce palais impérial d'architecture composite, situé à proximité du Volksgarten, de la mairie et du Volkstheater, est le plus grand édifice palatal de la ville de Vienne. — L'empereur François-Joseph Ier fit du château de Schönbrunn, construit à la fin du XVIIe siècle, sa résidence d'été. Sous l'occupation française, en 1805 et 1809, le château viennois devint le quartier général de Napoléon.

8. *Cortigiano* : « courtisan », en italien. — Hoftheater était le nom primitif du Burgtheater.

9. Le comédien viennois Adolf Ritter von Sonnenthal (1834-1909), né à Budapest dans une famille juive, anobli en 1882, s'est rendu célèbre grâce à son interprétation de *Nathan le Sage* (1779), de Lessing. — Josef Kainz : voir *Impatience du cœur, Romans, nouvelles et récits*, Bibl. de la Pléiade, t. II, n. 7, p. 520.

10. Charlotte Wolter (1834-1897), comédienne autrichienne renommée pour ses interprétations d'héroïnes tragiques (Lady Macbeth, Marie Stuart, Médée, Phèdre), demeura au Hofburgtheater de 1862 à sa mort.

11. Bösendorfer est la plus célèbre marque de pianos autrichienne. La firme fut fondée en 1828.

12. Le quatuor Rosé, fondé en 1882 par Arnold Rosé, se produisit à Vienne pendant plus de cinquante ans, puis s'installa à Londres en 1938 (où il joua jusqu'en 1945). Ce quatuor à cordes créa de nombreuses œuvres de Dvořák, Brahms et Schönberg. Arnold Rosé était marié à une sœur de Mahler, Justine. Leur fille Alma est morte à Auschwitz-Birkenau en 1944.

13. Le Prater est une vaste zone de verdure située à l'est de Vienne, entre le Danube et le bras canalisé du fleuve qui longe la capitale. Il s'agit en quelque sorte de l'équivalent de la foire du Trône à Paris, à laquelle on ajouterait des champs de courses, les bois de Boulogne et de Vincennes réunis au parc de Sceaux, des restaurants, des brasseries, etc., tout cela dans des proportions beaucoup plus vastes. À l'origine, le Prater était un terrain de chasse de l'empereur Maximilien II (1560), cédé au peuple de Vienne pour sa distraction et son éducation par Joseph II en 1766, et très vite abondamment adopté par les Viennois. La superficie en avait été encore accrue par des défrichements à l'occasion de l'Exposition universelle de 1873, au cours de laquelle un incendie détruisit une partie des constructions. Zweig décrit ce paysage dans *Printemps au Prater, L'Amour d'Erika Ewald* et *La Nuit fantastique*.

14. Le compositeur Gustav Mahler (1860-1911) fut nommé directeur de l'opéra de Vienne en 1897 (avec l'aide de Brahms notamment) à un âge considéré comme

précoce (voir « L'École au siècle passé », p. 890), et malgré
ses origines juives, qui lui vaudront pendant toute sa vie,
et en dépit de sa conversion au catholicisme, des attaques
répétées des antisémites, nombreux dans l'univers musical
de l'époque.

15. Sacher: voir *Ivresse de la métamorphose*, *Romans*,
nouvelles et récits, Bibl. de la Pléiade, t. II, n. 27, p. 199.

16. Karl Lueger (1844-1910) devint maire de Vienne en
1897; il occupa cette fonction jusqu'à sa mort. Sa politique
municipale lui valut une popularité considérable. Son
antisémitisme militant (appuyé sur les thèses d'Édouard
Drumont) lui valut aussi l'admiration de Hitler, qui le cite
dans *Mein Kampf*. Voir aussi « L'École au siècle passé »,
p. 101.

L'ÉCOLE AU SIÈCLE PASSÉ

1. Richard Strauss (1864-1949) n'est pas viennois mais
munichois. Sa collaboration avec Zweig date des années
1930 (voir « Incipit Hitler », p. 1187-1195). — Dans les
années évoquées par Zweig, le prix Nobel de littérature
Gerhart Hauptmann (1862-1946) avait notamment publié
et fait jouer *Die Weber* (*Les Tisserands*), *Der Biberpelz*
(*La Peau de castor*) et la suite *Der rote Hahn* (*Le Coq rouge*),
Fuhrmann Henschel (*Le Voiturier Henschel*).

2. *Orbis sensualium pictus* (*Le Monde visible en images*)
est un livre pour enfants paru en 1658. L'auteur est le
pédagogue tchèque Comenius. L'usage métaphorique que
fait Zweig de cette expression s'applique à l'imaginaire des
étudiants lecteurs de journaux non illustrés.

3. Le poète Stefan George (1868-1933), également traducteur de Baudelaire, Dante et Shakespeare, publia ses
premiers recueils au début des années 1890.

4. Citation d'*Honorine*, nouvelle de Balzac publiée dans
La Presse du 17 au 29 mars 1843, puis annexée aux *Scènes
de la vie privée* (voir *La Comédie humaine*, Bibl. de la
Pléiade, t. II, p. 533-534).

5. Sur Sonnenthal, Kainz et la Wolter, voir « Le Monde de la sécurité », n. 9 et 10, p. 43 et 44.

6. Gottfried Keller (1819-1890), né à Zurich, auteur de nouvelles, de romans et de poèmes en langue allemande. — Le peintre allemand Wilhelm Leibl (1844-1900), classé « réaliste », appartenait à l'école de Munich. — Eduard von Hartmann (1842-1916) est l'auteur d'une *Philosophie de l'inconscient* (1869).

7. Eduard Hanslick (1825-1904), écrivain natif de Bohême, officiait également comme chroniqueur musical (souvent critique) de la *Neue Freie Presse*.

8. Les pièces du dramaturge allemand Frank Wedekind (1864-1918), très critiques à l'égard de la société bourgeoise, étaient fréquemment interdites.

9. En contexte, cette expression latine signifie « c'est notre cause qui est en jeu ».

10. Le Café Griensteidl, l'un des plus célèbres cafés viennois, au cœur historique de la ville, surnommé « Café folie des grandeurs », était le lieu de rassemblement des gens de lettres, en particulier des écrivains du groupe Jung Wien, dont faisait partie Stefan Zweig avec, entre autres, Hugo von Hofmannsthal, Arthur Schnitzler, Karl Kraus et Peter Altenberg.

11. *Der Tod des Tizian* (1892), drame lyrique en un acte de Hugo von Hofmannsthal.

12. Le mont Hymette, massif montagneux situé au sud-est d'Athènes, célébré par tous les poètes de l'Antiquité et par Hölderlin.

13. Il s'agit sans doute ici du neveu de l'écrivain Eduard von Keyserling (1855-1918), le philosophe Hermann von Keyserling (1880-1946), qui avait étudié à Vienne au début du siècle.

14. L'éphémère revue littéraire *Pan*, publiée à Berlin de 1895 à 1900, était considérée comme l'organe du Jugendstil. Les auteurs qui y publiaient leurs poèmes se rattachaient plutôt aux courants modernistes fin de siècle (symbolisme, naturalisme et impressionnisme).

15. Maximilian Harden est le pseudonyme du journaliste Felix Ernst Witkowski (1861-1927), rédacteur et

éditeur de la revue *Die Zukunft* à Berlin; on le considère comme le pendant et rival du Viennois Karl Kraus, fondateur de la revue *Die Fackel*.

16. Il s'agit du Lied *An die Musik*, composé par Schubert en 1817 sur un poème de son ami Franz von Schober.

17. Sur Karl Lueger, voir « Le Monde de la sécurité », n. 16, p. 55.

18. Julius Streicher (1885-1946), comparse précoce de Hitler (il participa au putsch de novembre 1923 à Munich), fut le directeur du journal antisémite *Der Stürmer* de 1923 à 1945; il sera condamné à mort lors du procès de Nuremberg.

19. L'homme politique viennois Georg Ritter von Schönerer (1842-1921), fils du pionnier du rail Matthias von Schönerer anobli par l'empereur François-Joseph Ier en 1860, pangermaniste et antisémite, antislave et anticatholique, est considéré comme l'un des précurseurs du nazisme.

20. Les *Burschenschaften* (*der Bursche* : « le gars ») sont les corporations étudiantes traditionnelles qu'on rencontre dans les pays de langue allemande. Comme la nouvelle *Fièvre écarlate* l'évoque déjà (voir *Romans, nouvelles et récits*, Bibl. de la Pléiade, t. I, p. 241-245), on y boit et s'y bat en duel (quand la corporation est dite *Schlagende Burschenschaft*). Ces associations jouent aussi, aujourd'hui encore, un rôle social de mise en relation des générations de même groupe socio-professionnel. Leur idéologie est en général ultraconservatrice.

21. Le roi Balthazar, prince de Babylone, tel que le représente Rembrandt sur le tableau consacré à la scène biblique du Livre de Daniel (*Le Festin de Balthazar*, 1635), tente de déchiffrer l'inscription *mene mene tekel upharsin* apparue sur le mur en lettres lumineuses, quand il a fait venir, pour y boire le vin, les coupes d'or dérobées par Nabuchodonosor, son père, dans le temple de Jérusalem. *Menetekel* signifie toujours en allemand quelque chose comme un « avertissement menaçant ».

EROS MATUTINUS

1. Renversement du commentaire des *Géorgiques* de Virgile par Servius, « *Naturalia non sunt turpia* » (« Les choses de la nature ne sont pas honteuses »). On trouve aussi ce principe des philosophes cyniques chez Euripide.

2. Sur Gottfried Keller, voir « L'École au siècle passé », n. 6, p. 899. — L'écrivain norvégien Bjørnstjerne Bjørnson (1832-1910) est l'auteur de romans paysans et de drames sociaux ; il a reçu le prix Nobel de littérature en 1903.

3. La danseuse américaine Isadora Duncan (1877-1927) rompit avec la tradition chorégraphique de son temps en prônant un retour à la liberté du corps (sur le modèle des Grecs). On la considère comme la fondatrice de la danse contemporaine.

4. *Outcast* : littéralement « hors caste », en anglais. La jeune fille est donc proscrite, mise à l'index.

5. L'expression juridique désigne un motif de refus de plainte ou d'annulation d'un acte : *condictio ob turpem vel injustam causam* (« en cas de cause immorale ou injuste »).

6. Le médecin prussien Paul Ehrlich (1854-1915), prix Nobel de médecine en 1908 (avec Ilya Ilitch Metchnikov), est le père de l'immunologie et le quasi-inventeur de la chimiothérapie. En 1914, il signa le Manifeste des 93 (voir « La Lutte pour la fraternité spirituelle », n. 1, p. 319).

7. Le *treponema pallidum*, ou tréponème pâle, responsable de l'infection de syphilis, n'est pas un virus mais une bactérie (identifiée à Berlin en 1905 par Fritz Schaudinn et Erich Hoffmann).

8. Christian Friedrich Hebbel (1813-1863), écrivain et dramaturge allemand, auteur notamment de la tragédie *Judith*, du drame bourgeois *Maria Magdalena* et du drame historique *Agnès Bernauer*. Sa trilogie des *Nibelungen* a inspiré Wagner. Il a vécu à Vienne de 1846 à sa mort.

UNIVERSITAS VITAE

1. *Attrappen*, dans l'original. Le terme désigne des imitations d'objets, des trompe-l'œil en quelque sorte. L'objet désigné est sans doute ici une des armes factices avec lesquelles les étudiants membres de ces corporations s'entraînaient au combat sans provoquer de blessures.

2. *Burschenschaften* : voir « L'École au siècle passé », n. 20, p. 103.

3. Le baron Friedrich Adolf Axel Detlev von Liliencron (1844-1909) était surtout connu pour ses œuvres poétiques, aux confins du naturalisme et du néo-romantisme. — Le poète Richard Dehmel (1863-1920), ami du précédent et engagé volontaire en 1914, fut l'un des modèles du jeune Zweig. Voir *Anthologie bilingue de la poésie allemande*, Bibl. de la Pléiade, p. 802-809. — Otto Julius Bierbaum (1865-1910), qui écrivait sous le pseudonyme de Möbius, est un journaliste allemand, auteur de poésies, d'un roman et d'un original récit de voyage en automobile. — L'écrivain allemand d'origine juive Alfred Mombert (1872-1942) était l'auteur d'ouvrages mystico-visionnaires admirés par Martin Buber et Richard Dehmel, influencés par Hölderlin, Nietzsche et Stefan George.

4. *Silberne Saiten* est le premier recueil de poèmes publié par Stefan Zweig, en 1901.

5. L'écrivain juif austro-hongrois Theodor Herzl (1860-1904), longtemps journaliste à la *Neue Freie Presse* (correspondant du journal à Paris, il est témoin de l'affaire Dreyfus), fonda le mouvement sioniste au congrès de Bâle en 1897. Il soutint beaucoup le jeune Zweig à ses débuts.

6. Zweig emploie ici le terme dans son sens métaphorique, pour désigner un démagogue hideux et méprisable. Thersite est le plus négatif des personnages de l'*Iliade*. Zweig, après Shakespeare (*Troïlus et Cressida*) et Kleist (*Penthésilée*), en fera le personnage central du drame éponyme publié en 1908 (voir « Détours vers moi-même », p. 231-234).

7. Une « jaquette », en anglais.

8. Ce « beau texte » est la nouvelle *Die Wanderung* (*Le Voyage*) publiée dans la *Neue Freie Presse* du 11 avril 1902 (voir *Romans, nouvelles et récits*, Bibl. de la Pléiade, t. I, p. 61-66).

9. Le critique dramatique Otto Brahm (1856-1912), né Abrahamson, était le directeur du Deutsches Theater à Berlin, et le fondateur de la compagnie Freie Bühne en 1889, sur le modèle du Théâtre-Libre d'Antoine à Paris. Ses mises en scène d'Ibsen et de Hauptmann (voir « L'École au siècle passé », n. 1, p. 72) ont fait date.

10. Le metteur en scène autrichien Max Reinhardt (1873-1943), de son vrai nom Max Goldmann, cofondateur du festival de Salzbourg, signataire du Manifeste des 93 en 1914 (voir « La Lutte pour la fraternité spirituelle », n. 1, p. 319), dut s'exiler en 1938, à Londres, puis aux États-Unis. Il a joué un rôle considérable dans l'histoire du théâtre allemand de la première moitié du xxe siècle.

11. Par allusion au règne de Frédéric-Guillaume IV de Prusse (1849-1850).

12. *Die Gesellschaft* (*La Société*). — *Die Kommenden* (littéralement : « Ceux qui arrivent ») est le nom donné à un cercle littéraire berlinois d'avant-garde du début du xxe siècle, par référence peut-être au « Dieu qui arrive » (*Der kommende Gott*), Dionysos.

13. L'écrivain allemand Peter Hille (1854-1904) se situe aux confins du naturalisme, du nietzschéisme et de l'anarchisme. Il eut de nombreux démêlés avec la police. Zweig commet un lapsus en évoquant un septuagénaire, alors que Hille n'avait pas encore cinquante ans lorsqu'il le rencontra à Berlin.

14. L'anthroposophie est un mouvement philosophique et pédagogique créé par Rudolf Steiner, inspiré de Goethe et de la tradition idéaliste allemande. Les « écoles Steiner » existent toujours : elles sont plus de six cents, réparties dans le monde entier.

15. Charles Van Lerberghe (1861-1907) était un poète et écrivain symboliste belge francophone. — L'homme de lettres bruxellois Camille Lemonnier (1844-1913) est parfois présenté comme le Zola belge ; d'inspiration réaliste et critique au départ, il évolue vers le décadentisme. Il est

notamment l'auteur du roman « scandaleux » *Un mâle*, paru en 1881. Zweig lui consacre une longue page dans son livre sur Émile Verhaeren (1910).

16. Constantin Meunier (1831-1905), peintre et sculpteur belge, militant socialiste, représenta la vie ouvrière de son pays. Il collabora avec le sculpteur bruxellois Pierre-Charles Van der Stappen (1843-1910) à l'ornementation sculptée du Jardin botanique de Bruxelles.

17. Ellen Key (1849-1926), née à Västervik en Suède, fut élevée par une gouvernante allemande et une gouvernante française. Elle devint une figure majeure du féminisme et du progressisme européen. C'était une disciple d'Émile Verhaeren et c'est dans le cadre de cette relation que Zweig entra avec elle en contact épistolaire, avant de la rencontrer à Paris. Elle devint pour lui une sorte de figure maternelle, à la fois confidente et protectrice ; l'écrivain lui dédia *La Gouvernante* (voir *Romans, nouvelles et récits*, Bibl. de la Pléiade, t. I, p. 211). De culture chrétienne, Key avait fini par abandonner la religion et se réclamait de Darwin et Ernst Haeckel, mais aussi de Nietzsche, John Stuart Mill et Auguste Comte, sans oublier Goethe, Rousseau et Johann Heinrich Pestalozzi.

PARIS,
VILLE DE L'ÉTERNELLE JEUNESSE

1. Louis-Philippe d'Orléans (1747-1793), qui avait changé son nom en Philippe-Égalité en 1792 et voté la mort du roi, membre du Club des jacobins, député à la Convention nationale, finit par devenir suspect et fut guillotiné.

2. *Anagnosis* signifie « connaissance » ou « reconnaissance » et, dans certains contextes, « lecture ».

3. Jean-Christophe Krafft, le héros du roman de Romain Rolland publié en dix volumes de 1904 à 1912.

4. Zweig reprend pour son propre usage cette expression créée à la fin du XVIe siècle pour un recueil de poèmes attribués à Shakespeare, et empruntée par Henry James,

en 1871, pour le titre de sa nouvelle *A Passionate Pilgrim* (*Un pèlerin passionné*) publiée dans l'*Atlantic Monthly*.

5. Ce ne sont pas les *Nénies sur Lord Byron*, écrites par Goethe en 1825 en hommage au poète anglais mort le 19 avril 1824, que Zweig cite ici de mémoire, mais les deux derniers vers du chant funèbre du Chœur après la mort d'Euphorion dans la seconde partie de *Faust* (1833).

6. Citation extraite de l'*incipit* d'*Auguste Rodin* (Leipzig, Insel-Verlag, 1903). Après lui avoir consacré cet essai, Rainer Maria Rilke fut le secrétaire du sculpteur français pendant deux ans.

7. Sainte-Hermandade, ou « Sainte-Fraternité ». La *hermandad* est une confrérie fondée en Espagne au Moyen Âge, à l'origine pour protéger les pèlerins sur le chemin de Saint-Jacques-de-Compostelle. L'institution fut redéfinie en force de police par les rois catholiques. Les *hermandades* furent abolies en 1835. Le terme est quasi synonyme de « police » en néerlandais.

8. Le protagoniste de *Découverte inopinée d'un vrai métier* (voir *Romans, nouvelles et récits*, Bibl. de la Pléiade, t. II, p. 73-106) éprouve la même compassion à l'égard d'un pickpocket officiant à Paris.

9. En anglais, le mot *parties* peut renvoyer à des « réceptions », des « soirées (dansantes)», ou des « dîners (mondains)». L'expression *small talk* désigne une conversation polie que l'on tient sur des sujets sans importance ou qui ne prêtent pas à controverse, notamment en société ou/et avec des inconnus. Ici, Zweig tient ce genre de conversations lors du petit déjeuner (*breakfast*) qu'il prend dans sa pension.

10. À propos de Baedeker, voir *Ivresse de la métamorphose*, *Romans, nouvelles et récits*, Bibl. de la Pléiade, t. II, n. 14, p. 136.

11. Ce poème dramatique de W. B. Yeats, publié en mai 1900 dans la *North American Review*, fut traduit en français sous les titres suivants : *Des ombres sur les eaux*, *Les Eaux d'ombre*, ou encore *Les Ombres sur la mer*.

12. Il s'agit du département conservant les ouvrages et documents imprimés.

DÉTOURS VERS MOI-MÊME

1. *Diletto* : « plaisir », « divertissement », en italien.

2. Frauenplan est le nom donné à la maison de Goethe à Weimar, d'après le lieu où elle est située.

3. Biedermeier : voir *Ivresse de la métamorphose*, *Romans, nouvelles et récits*, Bibl. de la Pléiade, t. II, n. 19, p. 165.

4. Morris Cohen (1842-1927), dit Georg Brandes, était un critique littéraire danois. On lui doit notamment l'introduction de Nietzsche dans l'univers scandinave. En janvier 1925, Zweig avait lu la biographie de *Jules César* (1918) par Georg Brandes, où il avait apprécié le portrait assez ambivalent fait de Cicéron (voir *Grandes heures de l'humanité*, *Romans, nouvelles et récits*, Bibl. de la Pléiade, t. I, p. 1274-1295).

5. *Thersite* : voir « Universitas vitae », n. 6, p. 151.

6. Le comédien allemand Adalbert Matkowsky (1857-1909), très célèbre en son temps, notamment pour ses interprétations des grands rôles shakespeariens, était également l'auteur de quelques ouvrages et un grand collectionneur d'œuvres d'art. Une rue de Berlin porte son nom.

7. Au sujet de Josef Kainz, voir *Impatience du cœur*, *Romans, nouvelles et récits*, Bibl. de la Pléiade, t. II, n. 7, p. 520.

8. Alexander Moissi (1879-1935), comédien autrichien d'origine albanaise, est considéré comme le plus grand comédien de langue allemande d'avant la Grande Guerre. Il a pratiquement tout joué, des Grecs à Hauptmann (voir « L'École au siècle passé », n. 1, p. 72), en passant par Shakespeare et Tolstoï.

9. Cette distinction est décernée par le plus grand acteur de langue allemande vivant à celui qu'il considère comme le plus digne de la recevoir. Le portrait d'August Wilhelm Iffland, acteur et dramaturge berlinois du xviiie siècle, est gravé sur cet anneau.

10. La pièce de Pirandello traduite en allemand par Zweig ne s'intitule pas *Non si sà mai*, mais *Non si sà come* (1935).

AU-DELÀ DES FRONTIÈRES DE L'EUROPE

1. La 8ᵉ symphonie de Mahler (la « Symphonie des mille ») fut créée à Munich le 12 septembre 1910. — *Le Chevalier à la rose* (*Der Rosenkavalier*), opéra en trois actes de Richard Strauss sur un livret de Hugo von Hofmannsthal, fut créé à Dresde en 1911.

2. Au sujet de Maximilian Harden et de la revue *Die Zukunft*, voir « L'École au siècle passé », n. 15, p. 92.

3. Jean Paul est le pseudonyme de l'écrivain allemand Johann Paul Friedrich Richter (1763-1825).

4. *Halfcast*: mot anglais désignant les individus déchus de leur caste d'origine (voir aussi *Amok, Romans, nouvelles et récits*, Bibl. de la Pléiade, t. I, p. 769). — Les *finishing schools* sont des établissements réservés aux jeunes filles de bonne famille afin de parfaire leur éducation culturelle, domestique et mondaine.

5. Les premiers grands voyages organisés par Thomas Cook (1808-1892) datent de 1845.

6. Le philosophe allemand Oswald Spengler (1880-1936), auteur du *Déclin de l'Occident*, l'un des « maîtres » de la droite conservatrice hostile à la république de Weimar, était plus proche de Mussolini que de Hitler. Sur le plan idéologique, il applique aux réalités culturelles la méthode goethéenne de recherche de la forme primitive et de la plante primitive.

7. Allusion à un poème du recueil *Leaves of Grass* (1900) de Walt Whitman, « As I lay with my head in your lap, Camerado... » (« J'avais posé ma tête sur tes genoux, camerado »; *Feuilles d'herbe*, trad. par Jacques Darras, Gallimard, coll. « Poésie / Gallimard », 2002, p. 436).

SPLENDEUR ET MISÈRE DE L'EUROPE

1. Zweig assimile le Berlin de 1901 aux dimensions de la ville royale, résidence officielle des rois de Prusse depuis 1701.

2. Le Salzkammergut est un massif alpin situé entre le Land de Salzbourg et la Haute-Autriche, qui donne son nom à une région. Le nom renvoie aux ressources en sel de cette zone, déjà connues et exploitées par les Celtes.

3. Le mot *breeches* (« culotte », en anglais) désigne ici des knickerbockers.

4. Tel est le sujet de la nouvelle *Obsessions* (voir *Romans, nouvelles et récits*, Bibl. de la Pléiade, t. I, p. 549-585).

5. Citation de la seconde partie du *Faust* (1833) de Goethe.

6. L'incident de Saverne fait référence à une crise politique déclenchée en 1913 par un militaire allemand qui avait tenu des propos humiliants pour la population alsacienne en général. La protestation populaire fut réprimée. Lors du débat qui s'ensuivit au Reichstag, le gouvernement fut mis en minorité par une motion de censure contre le chancelier.

7. *Fashionable* : « à la mode », en anglais.

8. L'infirmière britannique Florence Nightingale (1820-1910) fut une pionnière en matière de soins infirmiers modernes. Lors de la guerre de Crimée, elle organisa une intervention humanitaire et fut accueillie en héroïne à son retour en Angleterre (le 7 août 1857).

9. Après sa défaite aux primaires, la tradition républicaine aurait voulu que Raymond Poincaré se retire lors de l'élection présidentielle de 1913. Mais il se maintint et fut élu avec les voix de la droite, ce qui lui valut la rancune de Clemenceau.

10. *Le Penseur* fut inauguré devant le Panthéon le 21 avril 1906 ; la statue sera rapatriée au musée Rodin en 1922.

11. Le Caillou-qui-bique est un site touristique du Hainaut, dans le parc naturel des Hauts-Pays, en Belgique, proche de la frontière française.

12. Les trois maîtres de la littérature célébrés par Zweig dans cet ouvrage publié en 1920 sont Balzac, Dickens et Dostoïevski.

LES PREMIÈRES HEURES
DE LA GUERRE DE 1914

1. Biedermeier: voir *Ivresse de la métamorphose*, *Romans, nouvelles et récits*, Bibl. de la Pléiade, t. II, n. 19, p. 165.

2. Dmitri Merejkovski (1866-1941), écrivain et critique littéraire russe, proche des socialistes révolutionnaires, consacra une majeure partie de sa production romanesque à des figures historiques et littéraires (Toutankhamon, Julien l'Apostat, Dante, Léonard de Vinci, Luther, Calvin). Son étude sur Tolstoï et Dostoïevski parut pour la première fois en 1900-1901 dans la revue *Mir iskusstva* (*Le Monde de l'art*).

3. Élisabeth de Wittelsbach, impératrice d'Autriche et reine de Hongrie, épouse de François-Joseph Ier, fut assassinée par un anarchiste italien, à Genève, en 1898. Son fils, le prince héritier Rodolphe, avait trouvé la mort avec sa maîtresse Marie Vetsera dans le village de Mayerling en 1889 dans des circonstances jamais élucidées — attentat politique ou suicide?

4. Le dramaturge belge francophone Fernand Crommelynck (1886-1970) était notamment l'auteur d'un mélodrame pacifiste, *Maudite soit la guerre* (1914), et d'une farce intitulée *Le Cocu magnifique* (1921).

5. Comme telle, l'expression « *Unlust an der Kultur* » ne se trouve pas dans *Le Malaise dans la civilisation* (*Das Unbehagen in der Kultur*, 1930) de Freud, ni dans « Au-delà du principe de plaisir » (1920). Elle désigne ici également le peu de plaisir et d'envie provoqué par la civilisation ou la culture.

6. Cet épisode est l'objet d'une des miniatures des *Grandes heures de l'humanité*, « L'Échec de Wilson » (voir *Romans, nouvelles et récits*, Bibl. de la Pléiade, t. I, p. 1296-1313).

7. L'expression *peace for our time* (« la paix pour notre temps ») fut prononcée par le Premier Ministre britannique Neville Chamberlain le 30 septembre 1938 après les accords de Munich. Voir aussi « L'Agonie de la paix », p. 538.

8. Il s'agit de la guerre austro-prussienne de 1866, prélude à l'unité allemande, marquée par les défaites autrichiennes de Langensalza et de Sadowa.

9. Zweig oublie, semble-t-il, un certain nombre de textes
écrits par lui au début de la guerre, par exemple l'article
« Ein Wort von Deutschland » (« Un mot sur l'Allemagne »)
paru dans la *Neue Freie Presse* du 6 août 1914.

10. Le chant *Die Wacht am Rhein*, écrit en 1840 par Max
Schneckenburger, fut jusqu'en 1922 l'hymne national non
officiel de l'Allemagne. Les termes en sont aussi empha-
tiques que ceux de *La Marseillaise*, en plus germanique et
chrétien.

LA LUTTE POUR LA FRATERNITÉ
SPIRITUELLE

1. L'*Appel des intellectuels allemands aux nations civili-
sées* est un manifeste daté du 4 octobre 1914, dans lequel
les quatre-vingt-treize signataires, dont plusieurs prix
Nobel et savants reconnus, réagissaient aux accusations
de barbarie déclenchées par les exactions de l'armée allemande en Belgique. Il s'agissait d'un geste d'allégeance à
l'empereur Guillaume II et de soutien à l'armée allemande,
d'une mauvaise foi étonnante. On trouve parmi les signataires quelques personnalités de l'époque, comme Gerhart
Hauptmann (voir « L'École au siècle passé », n. 1, p. 72)
ou Max Planck, mais tout compte fait, peu de noms
mémorables.

2. L'infirmière anglaise Edith Cavell (1865-1915), agent
des services de renseignements britanniques, fut arrêtée
en octobre 1915, condamnée et fusillée, en présence de
l'écrivain expressionniste allemand Gottfried Benn (1886-
1956), par ailleurs médecin militaire. — Le torpillage du
paquebot transatlantique britannique *Lusitania* par un
sous-marin allemand, le 7 mai 1915, avec plus de mille
deux cents passagers (et un chargement secret de munitions), fut un élément décisif dans l'entrée en guerre des
États-Unis contre l'Allemagne en 1917.

3. Risorgimento (« renaissance », en italien) est le nom donné à la période de l'histoire italienne qui voit l'unification progressive du pays, après les révolutions de 1848.

4. Allusion à un poème de Franz Werfel (1890-1945), « Die Wortemacher des Krieges », daté d'août 1914 et publié dans le recueil *Einander : Oden, Lieder, Gestalten* (Leipzig, Kurt Wolff, 1917, p. 50).

AU CŒUR DE L'EUROPE

1. Le *Journal des années de guerre (1914-1919)* de Romain Rolland n'a paru qu'en 1952, huit ans après la mort de son auteur.

2. Cet épisode du wagon plombé est relaté dans l'une des miniatures des *Grandes heures de l'humanité* (voir *Romans, nouvelles et récits*, Bibl. de la Pléiade, t. I, p. 1262-1273).

3. Frans Masereel (1889-1972), graveur belge, politiquement proche du communisme, auteur d'ouvrages illustrés, et notamment de *Bilder der Großstadt* (*Images de la grande ville*, 1926), introduit par Romain Rolland. Il possédait une maison à Équihen, près de Boulogne-sur-Mer, où Zweig lui rendit visite.

4. Shakespeare, *La Vie d'Henry V*, acte IV, sc. III, v. 59 : « cette poignée, cette heureuse poignée d'hommes, cette bande de frères » (*Histoires*, Bibl. de la Pléiade, t. II, p. 892-893 ; trad. par Jean-Michel Déprats).

5. Béla Kun (1886-1938), éphémère dirigeant de la république des Conseils de Hongrie en 1919, proche de Lénine, émigra en U.R.S.S. où il fut victime des purges de Staline. — Kurt Eisner (1867-1919), écrivain et philosophe juif allemand (spécialiste de Nietzsche), socialiste, rédacteur du *Vorwärts* (le journal du S.P.D.), joua un rôle important dans la révolution de Novembre en Bavière. Il fut assassiné par un lieutenant de la garde du ministère des Affaires étrangères de la république de Bavière.

6. Paul Morisse était le secrétaire de la rédaction du

Mercure de France. Il est le traducteur de la biographie de Zweig consacrée à Émile Verhaeren (1910).

7. Voir « L'Échec de Wilson », *Grandes heures de l'humanité, Romans, nouvelles et récits*, Bibl. de la Pléiade, t. I, p. 1296-1313.

RETOUR EN AUTRICHE

1. L'emploi de la première personne du pluriel renvoie soudain ici à la vie sentimentale de Zweig — jusqu'ici passée sous silence. C'est en compagnie de sa future femme, Friderike Maria von Winternitz, que l'auteur emménage dans cette maison de Salzbourg, à laquelle elle fut toujours plus attachée que son époux.

2. Dans la seconde partie du *Faust* (1833) de Goethe, Méphistophélès se livre à des pratiques bancaires qui évoquent les dévaluations des assignats.

3. *Slums* : « bas quartiers », « taudis », en anglais.

4. Voir « L'Échec de Wilson », *Grandes heures de l'humanité, Romans, nouvelles et récits*, Bibl. de la Pléiade, t. I, p. 1296-1313.

5. Les *Wandervögel* (littéralement : « les oiseaux migrateurs »), dont le symbole était une grue prenant son envol, est un mouvement de jeunesse créé en 1896. Assez « pluraliste » au départ, beaucoup de ses membres furent peu à peu enrôlés dans les Jeunesses hitlériennes. Le mouvement fut dissous en 1936.

6. Le romancier britannique John Galsworthy (1867-1933), prix Nobel de littérature et auteur de *The Forsyte Saga*, fut le premier président du Pen Club, fondé en 1921 par Catherine Amy Dawson Scott. Cette association internationale d'écrivains comptait Joseph Conrad, G. B. Shaw et H. G. Wells parmi ses premiers membres. L'acronyme P.E.N., qui signifie « stylo » en anglais, fait référence aux professions du monde des lettres : P pour *poets* et *playwrights* (« dramaturges »); E pour *essayists* et *editors*; N pour *novelists* (« romanciers ») et *non-fiction authors*.

7. En 1935, Zweig réunit dans un seul volume *Les Bâtisseurs du monde* (*Die Baumeister der Welt*), les trois triptyques qu'il avait consacrés dans les années 1920 aux

génies ayant édifié le monde de l'esprit : *Trois maîtres* (Balzac, Dickens, Dostoïevski), *La Lutte avec le démon* (Kleist, Hölderlin, Nietzsche) et *Trois poètes de leur vie* (Casanova, Stendhal, Tolstoï).

DE NOUVEAU DANS LE MONDE

1. « Vous êtes autrichien, monsieur ? » ; « Ah, quel plaisir ! Enfin ! », en italien.

2. Giuseppe Antonio Borgese (1882-1952), écrivain et critique italien, antifasciste actif, était le gendre de Thomas Mann.

3. *Fra diavolo* (« frère diable ») est le surnom du chef des Napolitains insurgés contre l'armée de Napoléon, Michele Pezza (1771-1806), qui fut pendu à Naples, héros de l'opéra-comique de Scribe et Auber (*Fra Diavolo ou l'Hôtellerie de Terracine*, 1830), ainsi que du roman de Paul Féval, *Les Habits noirs* (1863-1875). Le surnom est donné par extension à d'autres meneurs.

4. Matthias Erzberger (1875-1921), député du Zentrum (parti du centre) au Reichstag, tenta dès 1917 de mettre fin à la guerre, puis signa l'armistice le 11 novembre 1918. Après un bref passage dans les gouvernements d'après-guerre, il fut assassiné par les nationalistes de la société secrète Organisation Consul, qui plus tard allaient assassiner également le ministre des Affaires étrangères Walther Rathenau.

5. *Trois maîtres* : voir « Splendeur et misère de l'Europe », n. 12, p. 286.

CRÉPUSCULE

1. Il s'agit plus vraisemblablement du mémorialiste Sergueï Aksakov (1791-1859) que de son fils Constantin (1817-1860), écrivain lui aussi.

2. *Istvochik* signifie « fiacre » ou « cocher de fiacre », en russe.

3. Rodion Romanovitch Raskolnikov est le protagoniste de *Crime et châtiment* (1866) de Dostoïevski.

4. L'« oblomovisme » désigne une attitude d'apathie rêveuse et d'inertie paresseuse débouchant sur le dégoût du travail et l'incapacité à prendre des décisions. Le mot est construit sur le nom du personnage d'Ivan Gontcharov, Oblomov, héros du roman auquel il donne son titre, paru en 1859, que Tolstoï admirait beaucoup, et qui était en fait une satire de la noblesse russe de l'époque.

5. Iasnaïa Poliana (« la Clairière lumineuse ») est le vaste territoire dont Tolstoï — qui y est enterré — avait hérité à la mort de sa mère. Il y a écrit ses plus grands romans et ouvert une école pour ses paysans. Zweig évoque les derniers jours de Tolstoï dans « La Fuite vers Dieu » (voir *Grandes heures de l'humanité, Romans, nouvelles et récits*, Bibl. de la Pléiade, t. I, p. 1210-1242). — Anatoli Lounatcharski (1875-1933), homme politique russe, d'origine noble, théoricien de l'art et de la religion, était un ami de Gorki. En 1917, il rejoint les bolcheviques et joue un rôle politique important dans le déroulement de la révolution, notamment sur le plan culturel. Peu à peu écarté du pouvoir, il est nommé ambassadeur en Espagne en 1933, mais meurt peu après, de maladie, à Menton, en France, sans avoir pu rejoindre son poste.

6. En latin : « la lumière vient de l'Est ».

7. Le juriste et député socialiste italien Giacomo Matteotti fut assassiné le 10 mai 1924 par un groupe fasciste.

8. *Jedermann* (littéralement : « Tout le monde ») est une pièce de théâtre de Hugo von Hofmannsthal créée en 1911 à Berlin, et reprise chaque année depuis 1920 dans le cadre du festival de Salzbourg — dont Hofmannsthal était l'un des fondateurs.

9. En réalité, dans le premier vers de *La Nuit des rois*, le duc d'Orsino déclare que « la musique est la nourriture de l'amour » (« *if music be the food of love, play on* »).

INCIPIT HITLER

1. Goethe, *Le Siège de Mayence* (1822) : « Je préfère commettre une injustice que tolérer un désordre. » Ce propos célèbre commente une décision par laquelle Goethe sauve la mise d'un cavalier « clubiste » (l'équivalent de « jacobin ») menacé de lynchage par la foule, après le départ des Français.

2. Réfugié à Doorn aux Pays-Bas, dont la maison de Hohenzollern était originaire, Guillaume II y mourut en 1941. Le lieu est devenu le site d'un pèlerinage des monarchistes allemands fidèles à la maison de Hohenzollern, tandis que les monarchistes de Bavière défendaient l'une des plus anciennes familles du Saint Empire romain germanique, la maison de Wittelsbach, dont un grand nombre de rois allemands sont également issus, le dernier étant le célèbre Louis II de Bavière, contraint d'associer la Couronne à l'Empire allemand en 1871.

3. Le skat est un jeu de cartes extrêmement populaire en Allemagne, dans lequel deux équipes de deux joueurs s'affrontent après des enchères.

4. Le groupe paramilitaire de la Heimwehr (« Milice patriotique »), constitué en Autriche après 1920, était composé essentiellement de soldats démobilisés. Il fut soutenu à l'origine par les grands industriels de Styrie et armé par les fascistes italiens. Il collabora avec le chancelier Engelbert Dollfuss, après avoir aidé la police à réprimer la révolte de juillet 1927.

5. Le Republikanischer Schutzbund est une organisation paramilitaire fondée en 1923 par le parti socialiste autrichien. Attaqué par un groupe de vétérans en janvier 1927, il fut interdit en 1933 et ses membres entrèrent partiellement dans la clandestinité ou émigrèrent.

6. Shakespeare, *Vie et mort du roi Jean*, acte IV, sc. II, v. 108 (*Histoires*, Bibl. de la Pléiade, t. I, p. 1188-1189 ; trad. par Jean-Michel Déprats).

L'AGONIE DE LA PAIX

1. Shakespeare, *Jules César*, acte V, sc. III, v. 61-62 (*Tragédies*, Bibl. de la Pléiade, t. I, p. 652-653 ; trad. par Jérôme Hankins).

2. Un petit « appartement », en anglais.

3. Zweig a été interviewé par Leslie Mitchell pour la télévision britannique (B.B.C.) le 23 juin 1937. Il a également accordé des entretiens à des radios suisses et allemandes (Berlin).

4. « Étranger », en anglais.

5. La Société des fabiens — par référence au général romain Quintus Fabius Maximus Verrucosus, dit Cunctator (le « Temporisateur ») —, fondée en 1884, est un club politique de centre gauche, d'où est partiellement issu le Parti travailliste de Grande-Bretagne.

6. *Cf.* Genèse, XIX, 23-26.

7. Allusion aux déclarations de Neville Chamberlain, le négociateur des accords de Munich, qui avait évoqué cette formule (« essayer, essayer, essayer encore ») pour caractériser sa pratique politique le jour où il quittait l'Angleterre pour l'Allemagne, le 28 septembre 1938.

8. À propos de ce message, voir « Les Premières Heures de la guerre de 1914 », n. 7, p. 301.

9. C'est à l'aérodrome de Heston que l'avion de Neville Chamberlain a atterri, et non à l'aéroport de Croydon.

10. Sigmund Freud n'a pas été enterré mais incinéré. Ses cendres reposent dans une urne grecque offerte par Marie Bonaparte, au crématorium de Golders Green, dans la banlieue nord de Londres.

11. Le *Moïse* de Freud parut en plusieurs temps à Londres dans la revue *Imago*. Les deux premières parties furent publiées en 1937. La totalité, quelque temps avant la mort du psychanalyste, en 1939. Voir *L'Homme Moïse et la Religion monothéiste*, trad. par Jean-Pierre Lefebvre, Éditions du Seuil, coll. « Points Essais », 2012.

12. Voir « Épigraphe », n. 1, p. 154.

APPENDICE

DU MÊME AUTEUR

Composition PCA/CMB Graphic
Impression 🦁 *Grafica Veneta*
à Trebaseleghe, le 16 septembre 2020
Dépôt légal : septembre 2020
1ᵉʳ dépôt légal dans la collection: mars 2016

ISBN : 978-2-07-079219-1./Imprimé en Italie

373257